한눈에 보이는
컴퓨터 구조
Computer Architecture

전중남 지음

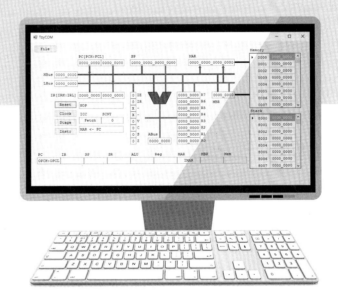

생능출판

저자 소개

전중남
연세대학교 공과대학 전자공학과
현재 충북대학교 전자정보대학 교수

〈저서〉
객체지향 프로그래밍(공저), 마이크로프로세서(공역), Verilog를 이용한 논리설계 기초(공역)

〈관심분야〉
컴퓨터 구조, 임베디드 시스템

한눈에 보이는 컴퓨터 구조

초판발행 2014년 7월 4일
제2판3쇄 2019년 8월 2일

지은이 전중남
펴낸이 김승기
펴낸곳 (주)생능출판사 / **주소** 경기도 파주시 광인사길 143
출판사 등록일 2005년 1월 21일 / **신고번호** 제406-2005-000002호
대표전화 (031)955-0761 / **팩스** (031)955-0768
홈페이지 www.booksr.co.kr

책임편집 신성민 / **편집** 김민보, 유제훈, 권소정 / **디자인** 유준범
마케팅 최복락, 김민수, 심수경, 차종필, 백수정, 최태웅, 김범용, 김민정
인쇄 새한문화사 / **제본** 은정문화사

ISBN 978-89-7050-924-2 93000
정가 28,000원

머리말

컴퓨터는 소프트웨어가 실행되는 하드웨어 장치이다. '컴퓨터 구조' 교과목은 컴퓨터라는 기계가 어떠한 구성 요소들로 만들어져 있는지, 그리고 프로그램을 실행하기 위하여 구성 요소들이 어떻게 동작하는지 학습하는 분야이다. 소프트웨어는 궁극적으로 컴퓨터 하드웨어 상에서 동작한다. 소프트웨어는 하드웨어가 처리할 수 있는 일들을 순차적으로 실행하도록 프로그램으로 만든 것이다. 그러므로 소프트웨어의 기본은 컴퓨터 구조인 셈이다. 이런 의미에서 컴퓨터 하드웨어 전공자뿐만 아니라 소프트웨어 전공자들도 컴퓨터 구조를 알고 있어야 한다.

선수과목

이 교재를 학습하기 위한 선수과목은 기초 프로그래밍 언어, 이산구조(또는 이산수학), 그리고 논리회로(또는 디지털 공학) 등이 있다. 프로그래밍 언어와 컴퓨터 구조는 서로 보완적이다. 컴퓨터는 프로그램을 수행하는 기계이므로, C언어와 같은 프로그래밍 언어를 알고 있는 것이 컴퓨터의 동작 원리를 공부하는데 많은 도움이 된다. 컴퓨터 구조를 이해하고 있다면, 프로그래밍 언어를 이해하는데 많은 도움을 받을 수 있다. 컴퓨터 내부의 동작은 0과 1로 구성된 2진 시스템으로 해석될 수 있다. 이산구조는 2진 시스템에 대한 수학적, 이론적 기초를 제공한다. 논리회로 과목에서 배우는 조합 논리회로인 게이트, 인코더, 디코더, 멀티플렉서와 순차 논리회로인 플립플롭, 레지스터, 카운터 등은 컴퓨터의 하드웨어를 조립하는 기본 부품으로 사용되기 때문에, 컴퓨터의 동작 원리를 학습하기 위하여 이 소자들의 동작을 이해하고 있을 필요가 있다. 이 교재는 컴퓨터 및 소프트웨어 관련 전공자들을 위하여 개발되었으며, 여기에서 제시한 선수과목들을 수강한 이후에 학습하기에 적당할 것이다.

교재의 구성

프로그램은 컴퓨터의 중앙처리장치 또는 프로세서가 제공하는 명령어들을 순차적으로 나열한 것이다. 프로그래머는 명령어들을 의미 있는 순서로 배열하여 프로그램을 작성하고, 컴퓨터는 그렇게 작성된 프로그램을 실행한다. 따라서 컴퓨터는 명령어를 해석하여 실행하는 기계라고 정의할 수도 있다. 교재의 구성은 다음과 같다.

1장과 2장은 컴퓨터 구조를 설명하기 위한 서론 부분에 해당한다. 1장은 컴퓨터 구조가 다루는 범위를 제시하고 컴퓨터의 발달 과정을 다룬다. 2장은 기초지식으로서 조합 논리회로와 순차 논리회로의 빌딩 블록들을 소개한다.

3장은 컴퓨터의 세 가지 구성 요소인 중앙처리장치, 기억장치, 그리고 입출력장치가 서로 협동하여 프로그램을 실행하는 과정을 설명한다. 4장부터 8장까지는 중앙처리장치를 설명한다. 중앙처리장치는 명령어 실행부와 제어신호 생성부로 나눌 수 있다. 명령어 실행부는 4장에서 주로 설명하는 레지스터와 5장에서 다루는 연산기로 구성되어 있다. 6장은 실행부와 제어부를 연결하는 개념인 명령어를 다룬다. 7장에서 RISC 형식의 8비트 프로세서인 ToyCOM을 설계한다. 중앙처리장치의 구성 요소들과 명령어의 특징을 종합하여 간단한 프로세서를 설계하는 과정을 제시하였다는 것이 이 교재만의 특징일 것이다. 8장은 제어장치를 구현하는 두 가지 방법인 하드와이어드 방법과 마이크로프로그램 방법의 특징과 구조를 설명한다.

9장은 기억장치 소자와 캐시 기억장치를 설명한다. 컴퓨터 하드웨어를 구동하는 운영체제를 위한 가상 기억장치도 간단하게 소개한다. 10장은 입출력장치의 개요와 프로그램, 인터럽트, 그리고 DMA 방식에 의한 세 가지 입출력 방식을 다룬다. 마지막으로, 11장은 RISC 프로세서의 특징과 슈퍼스칼라 프로세서, 그리고 고전적인 병렬 컴퓨터 분류 방식에 대하여 설명한다.

부록으로 제공하는 ToyCOM 시뮬레이터는 이 교재에서 개발한 프로세서인 ToyCOM을 프로그램으로 구현한 것으로, 프로그램의 실행 과정을 시스템 클럭 단위로 관찰할 수 있도록 개발한 응용 프로그램이다. 프로세서의 동작 원리를 이해하는데 많은 도움이 될 것으로 기대한다.

초판과의 차이점

이 교재는 2014년 7월에 초판이 나온 이래, 그 동안 교재로 채택한 교수님들의 피드백을 반영하고, 그 이후 수업을 진행하면서 부족하다고 느낀 부분을 추가하고, 최신 기술

동향을 반영하여 다음과 같은 부분을 보완하였다.

1장에 컴퓨터의 발달 과정을 간략하게나마 추가하였다. 2장에는 정논리와 부논리에 대한 설명을 추가하였다. 그리고 4장에 프로세서 레지스터의 예로써 ARM 프로세서 레지스터를 추가하였다.

7장 프로세서 설계에서 제안하는 ToyCOM 프로세서의 스택 운영 방법을 변경하였다. 초판에는 푸시 동작에서 스택 주소가 증가하는 것으로 설계하였는데, 일반적으로 반대로 동작하는 프로세서 사례가 많음을 고려하여, 푸시할 때 스택이 감소하는 것으로 변경하였다. 이에 따라 부록으로 제공하는 ToyCOM 시뮬레이터도 수정하였다. 초판에는 ToyCOM의 제어신호를 추출하는 과정을 8장에서 매우 자세하게 설명하였는데, 컴퓨터 하드웨어의 동작을 이해하는 수준으로 볼 때 이 부분이 어렵다고 판단되어, 제어신호 추출 결과만을 7.6절에 제시하였다. 즉, 초판의 '8.2 제어신호 추출'을 '7.6 제어신호'로 옮기면서 추출 과정을 생략하고 제어신호 생성 결과만을 제시하였다.

초판에는 '8장 하드와이어드 제어장치', '9장 마이크로프로그램 제어장치'로 분리하여 제어장치를 만드는 과정을 자세하게 설명하였으나, 이번에는 두 가지를 합쳐 각 제어장치의 구조 및 동작 원리 위주로 '8장 제어장치'를 다시 작성하였다.

11장 고성능 컴퓨터에는 SIMD형 컴퓨터에 최신 동향을 반영하여 SIMD형 명령어 확장과 그래픽 프로세서의 구조를 소개하는 부분을 추가하였고, 마지막 부분에 병렬처리의 속도 개선에 대한 한계를 논하는 암달의 법칙과 구스타프슨의 법칙에 대한 소개를 추가하였다.

마지막으로 교정을 도와준 박상환 군과 교재 출판을 위해 노력을 아끼지 않은 생능출판사 관계자 분들께 감사드리고, 마지막으로 교재의 부족한 점을 피드백 해 주신 여러 교수님들께 진심으로 감사의 마음을 전한다.

2017년 7월
전중남

강의 계획안

이 교재는 저자가 대학에서 10년 이상 컴퓨터 구조를 강의하면서 사용하였던 자료들을 바탕으로 집필한 것이다. 이 교재는 선수과목인 기초 프로그래밍 언어와 논리회로를 이수한 학생들을 대상으로 한 학기에 강의하기에 적당하도록 만들어졌다. 저자는 일반적으로 다음과 같이 15주 동안 수업을 진행한다.

주	장	강의 주제
1	1장 컴퓨터 구조 소개	컴퓨터 구조가 다루는 범위를 소개하고, 컴퓨터의 발달 과정, 그리고 교재의 구성에 따른 학기 강의 내용을 소개한다.
2	2장 논리회로 기초	논리회로 과목을 수강하였다고 가정하고, 조합 논리회로와 순차 논리회로 빌딩블록의 기능 위주로 설명한다.
3	3장 컴퓨터 구조의 개요	컴퓨터 구조의 세 가지 구성 요소인 중앙처리장치, 주기억장치, 입출력장치의 기능과 프로그램 실행 과정을 설명한다.
4	4장 중앙처리장치	레지스터의 종류를 자세히 설명하고, 인터럽트 개념을 소개한다. '4.2.5 베이스 레지스터'에서 소개하는 레지스터 활용 예제는 생략해도 좋다.
5	5장 연산기	연산 명령어와 연계한 컴퓨터 정수 산술을 소개하고, 실수 표현의 표준 방법인 IEEE754 형식을 소개한다. '5.5.3 곱셈', '5.4.4 나눗셈', 그리고 '5.7 실수 연산'은 생략해도 좋다.
6	6장 명령어 집합-주소지정방식	6장은 한 주에 모두 강의하기에 양이 많은 편이다. 첫 번째 주에 '6.3 주소지정방식'까지 강의하기를 권한다.
7	6장 명령어 집합-명령어 종류	'6.4 오퍼랜드 저장'과 '6.5 명령어 종류'를 한 주에 강의하기를 권한다. 명령어 종류에서 기계어 명령어 종류에 익숙해질 수 있을 것으로 기대한다.
8	중간고사	
9	7장 중앙처리장치 설계	ToyCOM 프로그래머 모델을 소개하고, 명령어를 소개한다. 이때 부록에 제시한 ToyCOM 시뮬레이터를 사용하여 프로세서 내부의 동작 과정을 확인함으로써 학습 효과를 높일 수 있다.
10	8장 제어장치	제어장치의 기능을 제시한 후에, 조합 논리회로와 순차 논리회로로 제어장치를 만드는 예를 제시하고, 하드와이어드 제어장치와 마이크로프로그램 제어장치의 구조를 소개한다.

11	9장 기억장치-캐시 기억장치	기억장치 특성을 소개한 후, '9.2 반도체 기억장치'와 '9.3 기억장치 모듈 설계' 부분에 대한 설명을 생략하고, '9.4 캐시 기억장치'를 설명한다. 대개의 경우 '9.4.4 매핑 함수'까지 진도를 나간다.
12	9장 기억장치-가상 기억장치	'9.4.5 교체정책' 이후 '9.5 가상 기억장치'를 설명한다.
13	10장 입출력	입출력 장치의 동작 원리를 소개한 후, 프로그램에 의한 입출력과 인터럽트 구동 입출력을 자세하게 설명한다.
14	11장 고성능 컴퓨터	명령어 파이프라인, 분기 예측, 그리고 슈퍼스칼라 프로세서를 자세히 설명하고, 병렬처리 컴퓨터는 소개 수준으로 수업을 진행한다.
15	기말고사	

이 교재는 처음으로 컴퓨터 구조를 학습하는 학생들에게 조금 어려운 주제 또는 예제를 포함하고 있다. 이런 부분은 다음과 같다.

- 4장 베이스 레지스터와 스택의 활용
- 5장 정수 곱셈, 나눗셈 연산 및 실수 연산
- 7장 '7.4 명령어 사이클' 이후
- 8장 '8.3 하드와이어드 제어장치'와 '8.4 마이크로프로그램 제어장치'
- 9장 '9.2 반도체 기억장치'와 '9.3 기억장치 모듈 설계'
- 10장 인터럽트 구별 방법
- 11장 슈퍼스칼라 스케줄링 정책

처음 읽을 때 이런 부분을 건너뛰고, 나중에 다시 읽을 때 또는 심화 학습이 필요할 때 해당 부분을 참고하는 것도 좋은 방법이다.

차례

CHAPTER 03 > 컴퓨터 구조의 개요

CONTENTS

CHAPTER **06** 명령어 집합

CHAPTER 07 중앙처리장치 설계

CHAPTER **08** 제어장치

CHAPTER 10 입출력

CHAPTER 11 고성능 컴퓨터

부록 〉 ToyCOM 시뮬레이터

컴퓨터 구조 소개

01 컴퓨터 구조 소개

컴퓨터는 성능, 크기, 응용 분야에 따라 그 종류가 매우 다양하지만, 전자식 컴퓨터가 도입된 이래 컴퓨터가 동작하는 기본 원리는 변하지 않고 있다. 컴퓨터는 기본적으로 프로그램(program)을 실행하는 기계이다. 프로그램은 데이터와 그 데이터를 조작하는 명령문의 모임으로 구성되어 있다. 컴퓨터의 중앙처리장치(CPU, central processing unit)는 자신이 실행할 수 있는 명령어의 집합(instruction set)을 제공한다. 프로그램은 여기에 속한 명령어들을 의미 있는 순서로 나열(sequence of instructions)하여 데이터를 처리하는 명령문을 만든다. 프로그램이 컴퓨터에서 실행되려면, 프로그램을 구성하는 명령어들의 모임과 데이터가 기억장치에 적재되어 있어야 한다. 컴퓨터는 기억장치에 저장된 명령어들을 하나씩 중앙처리장치로 가져와서 실행하고, 처리 결과를 기억장치에 저장한다. 컴퓨터 외부와 데이터를 주고받기 위하여 입출력장치를 사용한다.

이 교재는 처음으로 컴퓨터 구조를 학습하는 학생들에게 하드웨어적인 관점에서 컴퓨터의 동작 원리를 소개하는데 그 목적이 있다. 이 장에서는 컴퓨터 구조가 다루는 범위를 정의하고, 컴퓨터의 기본 구조를 살펴본다. 그러고 나서 컴퓨터의 발달 과정과 이 교재의 전반적인 구성을 소개한다.

1.1 컴퓨터 구조의 범위

컴퓨터(computer)는 그 이름이 의미하듯이 처음에 다량의 수치 계산을 빠르고 정확하게 수행하는 용도로 개발되었다. 컴퓨터의 발전과 더불어 수치 이외에도 문자를 포함하는 모든 종류의 데이터를 2진수 코드(code)로 표현하는 것이 가능해짐에 따라 컴퓨터의 응용 분야는 신호 및 영상 처리, 제어 계측, 데이터베이스 응용, 인터넷 활용, 인공지능, 가상현실 등 다양한 분야로 확장되었다.

현대의 컴퓨터는 계산을 수행하는 기계라기보다 프로그램을 수행하는 기계라고 정의하는 것이 더 적합하다. 프로그램은 명령어들이 의미 있는 순서로 나열된 것(sequence of instructions)이다. 컴퓨터는 프로그램에 포함된 명령어를 실행한다. 즉, 컴퓨터는 명령어를 실행하는 기계이다. [그림 1-1]은 컴퓨터를 계층적으로 분해해 본 것이고, 〈표 1-1〉은 컴퓨터 구조에 해당하는 부분에서 다루는 사항을 정리한 것이다.

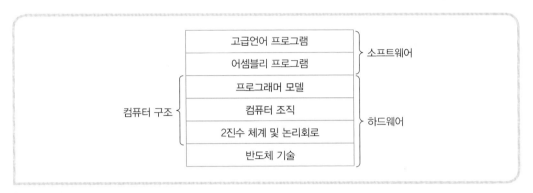

그림 1-1　계층적으로 본 컴퓨터

표 1-1　컴퓨터 구조 계층별 고려 사항

계층	대상
2진수 체계 및 논리회로	부울 대수, 게이트, 조합논리 빌딩블록, 레지스터, 카운터 등
컴퓨터 조직	중앙처리장치(제어장치, 연산장치), 기억장치, 시스템 버스
프로그래머 모델	레지스터 용도, 주소지정방식, 기억장치 구조, 데이터 형식, 명령어 집합

반도체 기술과 전자회로 이론이 제일 아래 계층을 받치고 있다. 반도체 기술은 반도체의 물리적 특성을 이용하여 전기적으로 동작하는 스위칭 소자를 제공한다. 스위칭 소자는 전기 신호를 전달하고 차단하는 기능을 갖는 소자이며, 스위칭 소자는 안정된 두 개의 상태를 갖는다. 각 상태를 논리 0과 논리 1에 대응시키면, 스위칭 소자는 2진수의 한 비트를 표현한다. 대표적인 스위칭 소자는 트랜지스터이다. 트랜지스터를 사용하여 논리 값을 다루는 기본 소자인 논리 게이트(logic gate)를 구현한다. [그림 1-2(a)]는 스위치 끊김과 연결을 논리 0과 1에 대응한 모습이고, [그림 1-2(b)]는 두 개의 트랜지스터를 사용하여 AND 게이트를 만든 회로도이다. 트랜지스터는 스위치 기능을 수행한다. [그림 1-2(c)]는 논리회로로 표현한 AND 게이트이다. 논리와 논리 게이트 개념을 도입함으로써 컴퓨터 구조가 다루는 부분을 반도체 기술 및 전자회로 계층으로부터 분리할 수 있다.

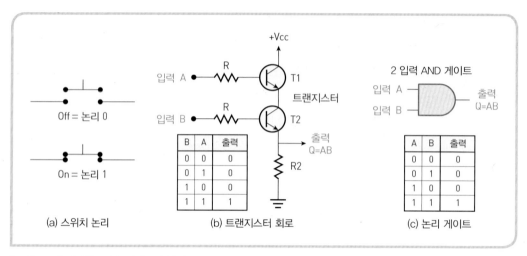

그림 1-2　전자회로와 논리회로의 분리

　　논리회로는 반도체의 물리적 특성을 논리적 개념으로 분리하는 역할을 한다. 논리적 개념
이란 실제로 회로에 발생하는 전압과 전류의 개념에서 탈피하여 보다 쉬운 개념인 참과 거짓
의 개념을 사용할 수 있는 것을 말한다. 논리회로 개념을 도입함으로써, 컴퓨터를 설계하는
사람들은 반도체 소자의 물리적 특성으로부터 해방된다. 논리회로의 수학적 배경이 부울 대
수(Boolean Algebra)이며, 부울 대수의 참과 거짓을 각각 숫자 1과 0으로 대응시켜 생각할 수
있으므로 2진수 체계(binary system)가 컴퓨터 시스템의 이론적 배경을 제공한다. 논리회로의
동작을 표현하는 기본 소자는 논리 게이트이다. 컴퓨터는 논리 게이트들로 만든 조합 논리소
자(combinational logic circuit)와 순차 논리소자(sequential logic circuit)로 만들어져 있다. 특
별한 기능을 수행하도록 미리 만들어둔 부품을 빌딩 블록(building block)이라고 한다. 조합
논리소자로 만든 빌딩블록은 디코더, 인코더, 멀티플렉서, 연산기가 있고, 순차 논리회로 빌
딩블록은 레지스터와 카운터가 있다.

　　컴퓨터의 구성 요소는 중앙처리장치, 기억장치, 그리고 입출력장치이다. 그 중에서도 중앙
처리장치가 컴퓨터 기능을 수행하는 핵심 요소이다. 중앙처리장치는 제어장치(control unit)
와 처리장치(processing unit)로 구성되어 있으며, 처리장치는 레지스터와 연산장치로 구성
되어 있다. 이러한 구성 요소들의 세부 사항과 서로 간의 물리적인 연결 상태를 컴퓨터 조직
(computer organization)이라고 부른다.

　　프로그래머는 컴퓨터 조직을 상세히 알지 못하더라도 프로그램을 작성할 수 있다. 컴퓨터
조직 중에서 프로그래머가 프로그램을 작성할 수 있도록 프로그래머에게 제공되는 부분을 프

로그래머 모델(programmer model)이라고 부른다. 프로그래머 모델은 컴퓨터가 제공하는 명령어 집합, 레지스터의 수 및 레지스터의 용도, 기억장치에 대한 주소지정방식, 기억장치 구성 방식 등을 포함한다. 프로그래머 모델은 컴퓨터 조직 중에서 논리적인 기능에 관점을 둔 부분이라고 말할 수 있다.

컴퓨터는 자신이 해석할 수 있는 명령어 집합(instruction set)을 제공하며, 명령어 집합은 컴퓨터가 제공하는 명령어들의 모임이다. 명령어(instruction)는 컴퓨터가 실행할 수 있는 가장 기본적인 작업 단위이다. 명령어 집합은 컴퓨터 하드웨어와 소프트웨어를 연결하는 인터페이스라고 생각할 수 있다. 프로그래머는 명령어 집합을 사용하여 프로그램을 작성하므로, 명령어 집합을 어떻게 설계하는지는 매우 중요한 주제이다. 명령어는 2진수 코드(binary code)로 정의되어 있다. 코드란 유한개의 데이터 집합에 대하여 각 원소를 구분할 수 있도록 서로 다른 숫자를 할당한 것이다. 컴퓨터는 모든 정보를 2진수로 표현하므로, 중앙처리장치가 제공하는 명령어도 2진수 코드로 표현되어 있다. 2진수 코드로 표현된 명령어를 기계 명령어, 기계어(machine instruction) 또는 기계 코드(machine code)라고도 부른다.

프로그래머 모델의 상위 단계는 소프트웨어 계층이다. 기계 명령어는 2진수로 정의되어 있기 때문에, 프로그래머는 직접 기계 명령어를 사용하여 프로그램을 작성하기 쉽지 않다. 따라서, 프로그래머는 기계 명령어를 프로그래머가 사용하기 쉬운 형태로 변환한 어셈블리 언어(assembly language)를 사용하여 프로그램을 작성한다. 어셈블리 언어는 기계어와 일대일로 대응된다. 어셈블러(assembler)가 어셈블리 언어로 작성된 프로그램을 기계어로 번역한다. 어셈블리 언어 프로그램을 작성하는 일은 컴퓨터의 프로그래머 모델에 의존적이다. 즉, 프로그래머는 프로그래머 모델을 알고 있어야 어셈블리 언어로 프로그램을 작성할 수 있다. 고급언어는 컴퓨터 구조와 독립적이다. 즉, 고급언어를 사용하는 프로그래머는 프로그래머 모델을 알고 있을 필요가 없다. 고급언어로 작성된 프로그램은 컴파일러(compiler)에 의하여 어셈블리 언어 프로그램으로 번역된다.

일반적으로 컴퓨터 구조의 범위는 [그림 1-1]의 논리회로 부분부터 명령어 집합까지를 포함한다. 컴퓨터 구조는 세부적인 논리 소자들의 연결로 컴퓨터를 해석하는 물리적인 측면보다 프로그램을 실행하는 기계로서 컴퓨터 구성 요소들의 기능을 주로 다룬다. 이 교재는 컴퓨터 구조를 처음으로 배우는 학생들을 위하여 컴퓨터 하드웨어의 기본적인 동작을 소개할 목적으로 만들어졌다. 소프트웨어 개발을 전공하는 학생들이라 할지라도 컴퓨터에서 이루어지는 최하위 동작을 이해할 필요가 있다. 프로세서를 설계하려는 학생들에게도 도움을 줄 수 있다. 또한, 시스템 프로그래밍, 마이크로프로세서 활용, 운영체제, 임베디드 시스템을 학습하는데도 선수 지식을 제공한다.

1.2 컴퓨터의 구성 요소

기계식 계산기가 발명된 이후 전자식 컴퓨터가 개발될 때까지 컴퓨터는 그 구조가 일정하지 않았다. 컴퓨터의 발달 과정에서 컴퓨터는 여러 가지 구조를 갖는 형태로 진화하였지만, 최종적으로 1940년대에 폰 노이만(Von Neumann)이 제안한 프로그램 내장(stored program) 구조로 귀결되었다. 프로그램 내장 구조란 프로그램과 데이터를 기억장치 안에 저장하는 것을 의미한다. 현대의 모든 컴퓨터는 프로그램 내장 구조를 따르고 있으며, 이 개념을 기반으로 컴퓨터가 프로그램을 실행하는 기계라고 정의할 수 있게 되었다. 지금은 당연하다고 생각되는 개념이지만, 현대의 컴퓨터로 진화하기까지 1642년 파스칼이 기계식 계산기를 만든 이래 약 300년의 세월이 걸린 셈이다.

프로그램 내장형 컴퓨터는 프로그램과 데이터를 입력하여 기억장치에 저장하고, 중앙처리장치에서 데이터를 처리하여 그 결과를 다시 기억장치에 저장하고, 처리 결과를 출력한다. 컴퓨터는 [그림 1-3]과 같이 중앙처리장치(CPU, central processing unit), 기억장치(memory unit), 입출력장치(input/output device), 그리고 이것들을 서로 연결하는 시스템 버스로 구성되어 있는 시스템이다. 시스템이란 각자 고유의 기능을 갖고 있는 여러 가지 구성 요소들이 조직적으로 결합하여 큰 개념의 새로운 기능을 수행하는 것을 의미하는 용어이다. 컴퓨터도 시스템이므로 각 구성 요소의 기능을 이해함으로써 전체적인 기능을 이해할 수 있다.

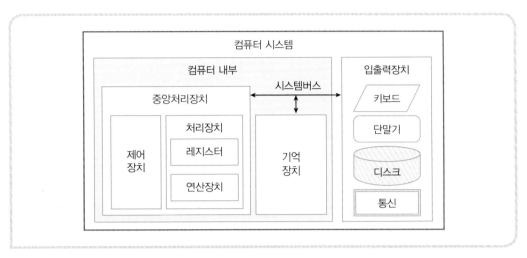

그림 1-3 컴퓨터 시스템의 구성 요소

　중앙처리장치는 기억장치에 저장된 명령어들을 하나씩 가져와 명령어의 의미를 해석하고 데이터를 처리한다. 중앙처리장치는 제어장치와 처리장치로 구성되어 있고, 처리장치는 레지스터와 연산장치로 구성되어 있다. 제어장치는 명령어를 해석하고 컴퓨터 시스템의 모든 동작을 제어하는 제어신호를 생성한다. 처리장치는 데이터를 처리하며, 중앙처리장치 안에 있는 레지스터는 연산에 필요한 데이터 및 상태를 잠시 저장하는 기억소자이고, 연산장치는 컴퓨터 내부에서 모든 연산을 담당한다.

　기억장치는 프로그램과 데이터를 저장하는 기능을 수행한다. 기억장치는 중앙처리장치와 온라인으로 연결되어 있어, 중앙처리장치가 필요할 때 즉각 명령어와 데이터를 가져올 수 있다. 명령어는 2진수 코드로 만들어져 있으므로, 넓은 관점에서 보면 명령어도 데이터의 일종이다. 이러한 의미에서 기억장치는 두 가지 형태의 데이터를 저장한다고 말할 수 있다. 한 가지는 중앙처리장치가 처리할 명령어이고, 나머지는 명령어가 처리할 대상인 좁은 의미의 데이터이다.

　입출력장치는 사용자 혹은 컴퓨터 외부에서 프로그램 또는 데이터를 컴퓨터에게 공급하고 처리 결과를 받아가는 기능을 수행한다. 만일 컴퓨터가 자체적으로 프로그램을 수행하고 그 결과도 자체적으로 보관한다면, 컴퓨터는 쓸모 없는 기계일 뿐이다. 컴퓨터 내부를 외부로 연결하는 입출력장치는 컴퓨터의 세 가지 주요 구성 요소 중 하나이다.

　컴퓨터의 구성 요소인 중앙처리장치, 기억장치, 그리고 입출력장치는 시스템 버스(system bus)를 통하여 서로 연결된다. 시스템 버스는 여러 개의 선으로 구성된 데이터 전달 경로(data path)이다. 한 개의 선은 한 비트의 정보를 전달할 수 있다. 시스템 버스는 주소(address), 데이터, 그리고 제어 신호를 전달한다.

1.3 컴퓨터의 발달 과정

일반적으로 컴퓨터를 만드는 하드웨어 소자에 따라 컴퓨터의 발달 과정을 나눈다. 1971년에 중앙처리장치를 한 개의 반도체 칩으로 구현한 마이크로프로세서가 개발됨에 따라 현대식컴퓨터가 획기적으로 발달하였다. 이 절에서는 먼저 세대별 컴퓨터의 특징을 간단하게 살펴보고, 마이크로프로세서 이후 컴퓨터의 발달 과정을 살펴보기로 한다.

1.3.1 세대별 컴퓨터 구분

기계식 계산기의 역사는 1600년대부터 시작되나 그 당시는 프로그램 개념은 없었고 주로산술 계산용으로 주로 사용되었다. 일반적으로 전자식 컴퓨터의 역사를 나눌 때, 컴퓨터를 만드는 기본 논리 소자로 구별한다.

1946년에 전자식 컴퓨터인 에니악(ENIAC)이 개발되면서, 제1세대 컴퓨터가 시작된다. 약18,000개의 진공관으로 만들어진 애니악은 무게가 무려 30톤이고 높이 3미터, 길이 24미터정도라고 한다. 아직 10진법 체계를 채택하고 있었고, 내부 기억장치가 없고, 계산기 전면의스위치 판에 붙어있는 스위치를 조작하여 분당 5,000회의 덧셈과 500회의 곱셈을 수행할 수있다고 한다. 이때까지 프로그래밍 언어가 없었다.

1945년에는 헝가리 출신 수학자인 폰 노이만은 컴퓨터의 명령어를 주기억장치 안에 저장한다는 개념을 도입한 내장형 프로그램(stored program) 방식의 컴퓨터 구조를 제안하였다. 그는 컴퓨터가 능률적으로 작동하려면 중앙처리장치, 중앙제어장치, 기억장치, 입력장치, 출력장치 등 5개의 구성요소로 만들어져야 하고, 컴퓨터는 기계식이 아닌 전자식이어야 하고, 한 번에 하나의 연산을 처리하고, 2진수를 사용해야 한다고 주장하였다. [그림 1-4]는 폰 노이만 구조를 보여주며, 이것은 오늘날까지 전자식 컴퓨터의 기본 구조로 채택되고 있다.

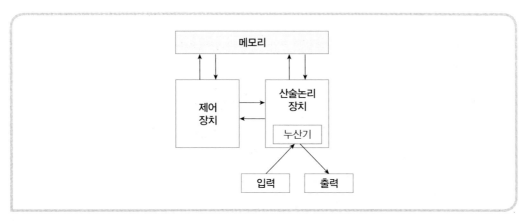

그림 1-4　폰 노이만 구조

　1948년 미국의 벨 연구소에서 트랜지스터를 발명하였고, 1954년에는 값이 싼 실리콘 트랜지스터가 개발되었다. 트랜지스터는 진공관과 같은 스위칭 기능을 수행하면서 진공관보다 훨씬 작고 발열이 적고 연산 속도가 빠르다. 1950년대 중반 이후 트랜지스터로 만든 컴퓨터가 등장하면서 컴퓨터는 제2세대로 들어선다. 주기억장치로 자기코어(magnetic core)를 사용하였다. 이때부터 ALGOL, COBOL, FORTRAN 등과 같은 프로그래밍 언어가 개발되어 사용되었다.

　1960년대 중반에 여러 개의 트랜지스터를 하나의 반도체 칩(chip) 안에 구현한 집적회로(IC, Integrated Circuit)가 개발되어 컴퓨터에 적용되면서, 컴퓨터는 제3세대에 들어선다. 요즈음 컴퓨터의 주기억장치로 사용되는 반도체 기억장치는 이때부터 사용되었다. 그리고 PASCAL, LISP과 같은 구조화된 프로그래밍 언어가 사용되기 시작하였고, 여러 개의 응용프로그램이 가격이 비싼 컴퓨터를 공유하기 위하여 운영체제(OS)가 개발되어 사용되기 시작하였다.

　반도체 집적 기술이 가속되어 고밀도 집적회로(LSI, Large Scale IC)가 개발되면서 컴퓨터는 제4세대로 들어선다. 일반적으로 1971년에 인텔에서 최초의 마이크로프로세서를 개발한 이후부터 현재까지를 제4세대로 분류하고, 미래의 컴퓨터를 제5세대로 분류한다. 제1세대부터 제3세대까지는 약 10년 정도의 시간이 걸렸고, 제4세대는 상당히 오랜 기간 지속되는 셈이다. 1970년대 말에 개인용 컴퓨터(PC, Personal Computer)의 등장으로 컴퓨터가 대중화되는 계기가 마련되었고, 1990년대에는 데이터 통신에 기반을 둔 인터넷 기술이 개인용 컴퓨터의 확산에 기여하였고, 2000년대에 보급된 스마트 폰은 개인마다 한 대의 컴퓨터를 갖는 계기를 마련하였고, 지금은 모든 사물에 컴퓨터가 내장될 시대를 맞이하고 있다. 컴퓨터 구조적인 측면에서 제3세대까지 컴퓨터의 기본 골격이 완성되었고, 제4세대 이후는 반도체 기술의 발전에 따라 처리 용량을 늘리고, 처리 방법에 있어서 병렬화를 도입하는 방향으로 컴퓨터 하드웨어가 발전하였다.

1965년 인텔의 공동 창업자 중 한 명인 고든 무어(Gordon E. Moore)는 "반도체 집적회로의 성능이 18개월마다 2배로 증가한다"고 발표하였다. 이것을 무어의 법칙이라고 하고, 놀랍게도 지금까지 반도체 칩당 트랜지스터의 수가 매 18~24개월마다 두 배로 증가하고 있고, 이에 따라 컴퓨터의 성능은 같은 기간에 2배씩 향상되고, 컴퓨터의 가격은 같은 기간에 반으로 떨어지고 있다. [그림 1-5]는 무어의 법칙을 도표로 표현한 것이고, 인텔 계열의 프로세서들이 24개월 라인을 따라 탑재된 트랜지스터의 수가 증가하고 있음을 확인할 수 있다. 이 경향은 지금도 지속되고 있다.

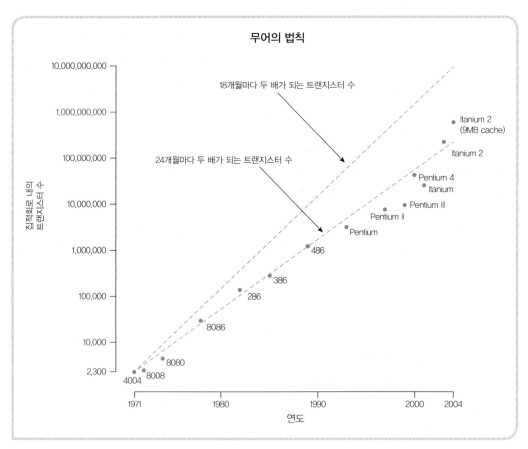

그림 1-5 인텔 프로세서의 트랜지스터 수와 무어의 법칙(위키백과)

[그림 1-6]은 반도체 칩과 중앙처리장치의 상대적인 크기를 비교한 것이다. 점선 사각형이 반도체 칩의 크기이다. 아직 집적회로 기술이 발달하기 이전인 1960년대에 컴퓨터의 핵심 구성 요소인 중앙처리장치는 [그림 1-6(a)]와 같이 넓은 프린트 기판(printed board) 위에 많은 전자회로 칩들을 사용해서 만들어졌다.

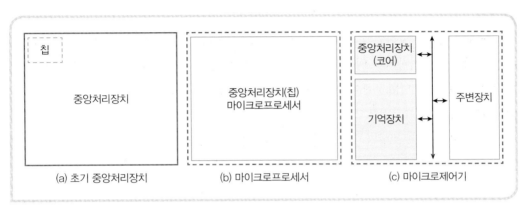

그림 1-6   중앙처리장치, 프로세서, 코어

현대의 컴퓨터에서 가장 중요한 사건은 마이크로프로세서(microprocessor)의 출현일 것이다. 마이크로프로세서는 [그림 1-6(b)]와 같이 중앙처리장치의 기능을 한 개의 칩 안에 내장한 소자이다. 크기가 큰 중앙처리장치를 작은 칩 안에 구현했다는 의미로 마이크로(micro)란 단어가 사용되었다. 최초의 마이크로프로세서는 1971년 인텔사에서 개발한 4비트 프로세서인 4004이다. 그 후 1970년대 말에 개발된 8비트 마이크로프로세서를 탑재한 개인용 컴퓨터들이 등장하여 컴퓨터의 대중화에 선도적 역할을 담당하였다. 그 예는 애플 컴퓨터와 IBM-PC/XT이다. 1980년대 후반까지 컴퓨터의 성능을 높이기 위하여 프로세서의 비트 수를 확장하고 기억장치 용량을 증가시키는 등 양적으로 컴퓨터의 성능을 개선하는 노력을 지속하였다. 물론 반도체 집적 기술의 발달이 컴퓨터 발달을 주도하였다. 그 동안 계열(family)의 개념을 바탕으로 마이크로프로세서가 발전하면서 프로그램의 호환성을 유지해 왔다. 즉, 버전이 낮은 마이크로프로세서의 구조를 그대로 유지하면서 새로운 명령어를 추가시키고 처리 용량을 높임으로써, 새로 개발된 마이크로프로세서도 이전에 사용하던 프로그램을 사용할 수 있었다. 이런 개념을 상향 호환성(upward compatibility)이라고 부른다.

1980년대 후반 이후에 하드웨어의 전기적 처리 속도가 한계에 달하면서 컴퓨터는 구조를 변경하는 새로운 형태로 발달하기 시작하였다. 기억장치 액세스 속도를 개선하기 위하여 캐시 기억장치(cache memory)를 도입하고, 기억장치 용량을 높이기 위하여 가상 기억장치(virtual memory)를 도입하고, 여러 개의 명령어를 동시에 처리하는 파이프라인 기법을 도입하였다. 한편으로 프로세서가 명령어를 실행할 때의 특성을 분석한 결과를 바탕으로 프로세서 구조를 개선하기 시작하였다. 그 결과로 프로세서의 내부 구조를 단순화한 RISC(Reduced Instruction Set Computer) 형 프로세서가 개발되었고, 한 번에 여러 개의 명령어를 처리하는 슈퍼스칼라(superscalar) 프로세서도 개발되었다. ARM, Power PC, MIPS 등이 그 예이다.

반도체 기술이 발달하면서 [그림 1-6(c)]와 같이 1980년대부터 한 개의 칩에 중앙처리장치뿐만 아니라 주기억장치와 입출력장치를 제어하기 위한 주변장치(peripheral)까지 내장한 단일 칩 마이크로컴퓨터(one-chip microcomputer)도 개발되어 산업용 제어기로 활용되었다. 요즘은 단일 칩 마이크로컴퓨터란 이름 대신에 마이크로제어기(microcontroller)라는 이름을 더 많이 사용한다. 주로 소형기기의 제어기로 많이 사용되기 때문이다. 마이크로제어기 안에 들어있는 중앙처리장치를 프로세서 코어(processor core) 또는 단순히 코어라고 부르기도 한다. 가장 핵심적인 처리를 담당하는 구성 요소란 의미이다.

이후 2000년대 들어서 이러한 발전과정은 지속되어 32비트 프로세서에 이어 64비트 프로세서도 대중화되었으며, 한 개의 칩 안에 여러 개의 프로세서를 탑재한 멀티 코어(multi-core) 프로세서도 사용되기 시작하였다. 최근의 프로세서는 용도에 따라 기억장치 제어기, 통신용 제어기, 네트워크 인터페이스, 보안 엔진 등 서로 다른 입출력 인터페이스를 포함하고 있다. 이러한 발전 과정에 휴대전화도 크게 이바지한 것으로 보인다.

1.4 교재의 구성

[그림 1-7]은 이 교재의 전체적인 구성을 제시한 것이다. [그림 1-1]의 계층 구조에 의하면 컴퓨터 구조는 논리회로부터 명령어까지를 포함하지만, 논리회로를 이미 학습하였다고 가정하고 간단하게 정리하는 의미로 2장에서 다룬다.

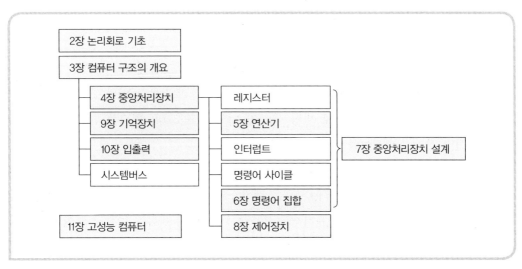

그림 1-7   교재의 구성

컴퓨터는 중앙처리장치, 기억장치, 입출력장치로 구성된다. 이 중에서 명령어를 처리하는 중앙처리장치가 컴퓨터 구조의 주요 대상이다. 4장부터 8장까지 중앙처리장치를 설명하면서 전체적인 기능을 이해하고 점차 세부 내용을 이해할 수 있도록 하향식 방법을 채택하였다. 구조적으로 중앙처리장치는 레지스터, 연산장치, 제어장치로 구성된다. 이와 같은 구성 요소 이외에 기능적인 면에서 명령어 사이클, 명령어 집합, 명령어 사이클을 알아야 중앙처리장치의 동작 원리를 이해할 수 있다. 4장부터 6장까지 중앙처리장치 구성 요소와 기능을 제시한 후, 이것들을 종합하여 간단하면서도 컴퓨터의 특징을 모두 갖춘 중앙처리장치를 설계하는 과정을 7장에서 제시한다. 그리고 컴퓨터에서 사용되는 모든 제어 신호를 생성하는 제어장치를 8장에서 다룬다. 간단한 조합 논리회로와 순차 논리회로를 하드웨어와 기억장치로 구현하는 예제를 제시함으로써 하드와이어드 제어와 마이크로프로그램에 의한 제어 방식을 쉽게 이해할 수 있도록 구성하였다. 그리고 나서 중앙처리장치를 벗어나 기억장치와 입출력장치를 다루고, 마지막으로 컴퓨터의 처리 능력을 개선하기 위한 고성능 컴퓨터를 소개한다. 각 장의 내용은 다음과 같다.

2장 논리회로 기초에서는 컴퓨터 구조를 이해하기 위한 기초 지식인 논리회로를 학습한다. 이 장은 수의 표현 방법과 컴퓨터의 구성 요소를 만드는데 사용되는 논리 소자의 종류와 기능을 이해하는데 목적을 둔다. 여기에서는 디지털 회로 분석 및 설계 과정에 대한 설명을 생략한다.

• 2.1 수와 코드: 2진수의 체계에 대한 이론적 배경을 점검하고, 수를 여러 가지 진

법으로 표현하는 방법과 숫자 이외의 정보를 코드(code)로 변환하는 방법을 설명한다.

- **2.2 조합 논리회로**: 논리 게이트를 소개하고, 입력의 조합에 의해 출력이 결정되는 조합 논리회로를 진리표, 논리식(부울식), 논리 회로도로 표현하는 방법을 소개한다. 이어서 조합 논리회로 빌딩 블록인 디코더, 인코더, 멀티플렉서, 디멀티플렉서와 가산기의 기능을 소개한다.
- **2.3 순차 논리회로**: 한 비트의 정보를 저장하는 플립플롭을 소개하고, 순차 논리회로의 빌딩 블록인 레지스터, 시프트 레지스터, 그리고 카운터의 기능을 소개한다.
- **2.4 레지스터 전송 언어**: 컴퓨터 또는 디지털 회로가 수행하는 동작을 표현하는 레지스터 전송 언어에 대하여 설명한다.

3장 컴퓨터 구조의 개요에서 처음으로 컴퓨터 구조를 다룬다. 이 장은 컴퓨터의 구성 요소들의 기능을 이해하고 컴퓨터가 프로그램을 실행하는 과정을 이해하는데 목적이 있다.

- **3.1 프로그램의 실행**: 고급 프로그래밍 언어로 작성된 프로그램이 일련의 명령어들로 번역된 모습을 제시하고, 프로그램 내장형 컴퓨터가 이것을 기억장치에 저장해 두고 실행한다는 것을 설명한다.
- **3.2 컴퓨터의 구성 요소**: 컴퓨터는 중앙처리장치, 기억장치, 입출력장치로 구성되어 있음을 설명하고 나서, 각 구성 요소의 기능을 개략적으로 설명한다.
- **3.3 시스템 버스**: 컴퓨터의 구성 요소들을 서로 연결하는 시스템 버스는 데이터 버스, 주소 버스, 제어 버스로 구분된다. 그리고 제어 버스에 속하는 여러 가지 제어 신호를 소개한다.
- **3.4 명령어**: 프로그램은 명령어들의 모임이다. 명령어는 실행 동작을 표현하는 동작 코드와 동작의 대상을 표현하는 오퍼랜드로 구성된다. 명령어를 데이터 전달 명령어, 데이터 처리 명령어, 프로그램 제어 명령어로 구분하여 그 기능을 소개한다.
- **3.5 명령어 실행 과정**: 간단한 프로그래머 모델의 예를 제시하고, 컴퓨터가 명령어 인출 단계와 실행 단계를 반복 수행하면서 프로그램을 실행하는 과정을 설명한다.

4장 중앙처리장치에서는 중앙처리장치를 조금 더 자세히 살펴본다. 중앙처리장치의 구성 요소인 제어장치, 레지스터, 연산장치에 대하여 설명한다. 레지스터를 상세하게 다루고, 인터럽트 개념과 명령어 사이클을 소개한다.

- **4.1 중앙처리장치의 구성 요소**: 중앙처리장치의 세 가지 구성 요소인 제어장치, 연산기, 레지스터를 소개한다. 제어장치의 기능을 순서 제어(sequence control)와 동작 제어(operation control)로 나누어 설명한다.
- **4.2 레지스터의 종류**: 중앙처리장치가 처리하는 데이터를 임시로 저장하는 레지스터를 제어용 레지스터, 데이터 레지스터, 주소 레지스터로 구분한다. 상태 레지스터 소개하고, 스택 포인터, 베이스 레지스터, 인덱스 레지스터 등과 같은 주소 레지스터를 활용하는 방법을 설명한다. 마지막으로 상용 프로세서의 레지스터를 소개한다.
- **4.3 인터럽트**: 컴퓨터에서 발생하는 갑작스러운 이벤트에 대응하는 중앙처리장치의 기능인 인터럽트 개념을 소개한다. 인터럽트를 처리하는 과정, 인터럽트를 허용하고 금지하는 방법, 그리고 인터럽트 서비스 루틴에 대하여 설명한다.
- **4.4 명령어 사이클**: 컴퓨터가 명령어를 처리하는 과정인 명령어 사이클에 대하여 설명한다. 기본적으로 인출 단계, 실행 단계, 인터럽트 단계를 포함하며, 프로세서에 따라 명령어 사이클의 단계를 더 세분화하기도 한다.

5장 연산기에서는 컴퓨터 안에서 모든 데이터 조작을 담당하는 연산장치에 대하여 자세히 설명한다. 이 장은 컴퓨터에서 정수와 실수를 표현하는 방법과 데이터 처리하는 연산의 종류를 이해하는데 목적이 있다.

- **5.1 연산기 개요**: 연산기의 구조와 입출력 신호를 설명한다.
- **5.2 정수**: 컴퓨터에서 표준으로 채택하고 있는 2의 보수에 의한 정수 표기법을 설명한다.
- **5.3 논리 연산**: 레지스터에 저장된 데이터에 대한 NOT, AND, OR, XOR 논리 연산을 소개한다.
- **5.4 시프트 연산**: 레지스터에 저장된 데이터에 대한 논리 시프트, 산술 시프트, 회전 연산을 소개한다.
- **5.5 정수 산술 연산**: 정수에 대한 사칙 연산을 소개한다.
- **5.6 실수**: 실수를 32비트로 표현하는 단정도 실수 형식(single precision)과 64비트로 표현하는 배정도 실수 형식(double precision)을 설명한다.
- **5.7 실수 연산**: 실수에 대한 시작 연산을 수행할 때 고려할 사항을 설명한다.

6장 명령어 집합에서는 프로세서가 제공하는 명령어에 대하여 다룬다. 명령어는 중앙처리장치가 프로그램을 실행하는데 필요한 모든 정보를 포함하고 있다. 이 장은 명령어의 구성 요소와 명령어를 표현하는 방법인 명령어 형식을 이해하는데 목적이 있다.

- 6.1 **명령어 특성**: 명령어가 동작 코드와 한 개 이상의 오퍼랜드로 구성되며, 니모닉 코드로 명령어를 표현하는 예제와 명령어의 종류, 그리고 명령어 형식을 소개한다.
- 6.2 **주소의 수**: 명령어에 포함되는 오퍼랜드 필드의 수에 따라 명령어를 1-주소, 2-주소, 3-주소 방식으로 표현하는 방법을 설명한다.
- 6.3 **주소지정방식**: 명령어에 표현된 오퍼랜드 필드로부터 실제로 처리되는 유효 데이터를 구하는 방법을 설명한다.
- 6.4 **오퍼랜드 저장**: 일반적으로 한 개의 레지스터는 단어 크기가 여러 바이트인 데이터를 저장하고, 기억장치는 바이트 단위로 데이터를 저장한다. 한 개의 단어를 여러 개의 기억장소에 저장하는 방법을 다룬다.
- 6.5 **명령어의 종류**: 컴퓨터가 제공하는 명령어의 종류별 목록을 제시하고 처리하는 과정을 상세하게 설명한다.

7장 중앙처리장치 설계는 다른 컴퓨터 구조 교재와 차별되는 부분이다. 이 장에서는 교육용으로 설계한 ToyCOM이라는 간단한 프로세서를 소개한다.

- 7.1 **프로그래머 모델**: 8비트 프로세서인 ToyCOM의 구조를 소개한다.
- 7.2 **명령어 형식**: ToyCOM 프로세서는 명령어의 길이가 16비트이고, 네 가지 명령어 형식을 갖는다.
- 7.3 **명령어 집합**: ToyCOM의 46개 명령어에 대한 비트 패턴과 동작을 정의한다.
- 7.4 **명령어 사이클**: 인출 단계, 실행 단계, 인터럽트 단계, 정지 단계로 구성되는 ToyCOM의 명령어 사이클을 소개한다.
- 7.5 **마이크로오퍼레이션**: ToyCOM의 명령어 사이클과 각 명령어에 대하여 클럭 단위의 동작을 정의한다.
- 7.6 **제어 신호**: ToyCOM의 제어 신호를 제시하고, 프로그래머 모델에 제어 신호를 할당한다. 간단한 프로그램이 실행되는 과정을 클럭 단위로 설명한다.

8장 제어장치에서는 제어장치를 구현하는 방법인 하드와이어드 제어장치와 마이크로프로그램 제어장치의 구조와 동작 원리를 설명한다.

- 8.1 **제어장치의 기능**: 제어장치의 순서 제어와 동작 제어 기능을 설명한다. 순서 제

어는 프로그램이 진행되도록 만들고, 동작 제어는 명령어를 실행하도록 만든다.

- 8.2 제어장치 종류: 간단한 순차 논리회로를 논리 회로도로 구현하는 예제와 기억장 치로 구현하는 예제를 사용하여, 제어장치를 두 가지 방식으로 구현할 수 있음을 보여준다.

- 8.3 하드와이어드 제어장치: 타이밍 신호 발생기, 명령어 디코더, 제어 신호 발생기 로 구성되는 하드와이어드 제어장치의 구조를 설명한다.

- 8.4 마이크로프로그램 제어장치: 제어주소 레지스터, 제어 기억장치, 제어버퍼 레지 스터, 그리고 마이크로프로그램 순서 제어기로 구성되는 마이크로프로그램 제어 장치의 동작 원리에 대하여 설명한다.

9장 기억장치는 컴퓨터의 주기억장치로 활용되는 반도체 기억 소자의 종류와 특성을 소개 한다. 컴퓨터가 기억장치 액세스 속도를 개선하기 위하여 기억장치를 계층적으로 구성한다. 이 목적으로 도입한 캐시 기억장치와 가상 기억장치를 설명한다. 중앙처리장치는 생각보다 복잡한 방법으로 기억장치를 액세스한다. 이 교재에서는 보조기억장치에 대한 내용을 다루지 않는다.

- 9.1 기억장치 특성: 기억장치의 종류를 소개하고, 기억장치의 물리적 특성, 용량 및 전송 단위, 액세스 방법, 성능 등 기억장치와 관련된 용어를 소개한다.

- 9.2 반도체 기억장치: 주기억장치로 활용되는 반도체 기억장치인 ROM과 RAM의 종류와 특성을 설명한다.

- 9.3 기억장치 모듈 설계: 용량이 작은 기억장치 모듈을 여러 개 연결하여 기억장치의 비트 폭과 용량을 늘리는 방법을 설명한다.

- 9.4 캐시 기억장치: 컴퓨터가 기억장치를 빠르게 액세스하기 위하여 도입한 캐시 기 억장치의 구조와 동작 원리를 설명하고, 이것이 올바로 동작하기 위하여 요구되는 기능을 설명한다.

- 9.5 가상 기억장치: 기억장치 용량을 증가시키기 위하여 도입한 가상 기억장치를 구 성하는 페이지 테이블과 변환 우선참조의 기능에 대하여 설명한다.

10장 입출력은 컴퓨터와 입출력장치 간에 데이터를 교환하는 방법을 다룬다. 입출력장치는 그 종류가 다양하며 컴퓨터를 사람 또는 기계와 연결하는 기능을 수행하기 때문에 중앙처리 장치나 기억장치보다 동작이 매우 느리다. 따라서 특별한 조치가 필요하다. 이 장은 컴퓨터와 입출력장치를 연결하는 방법과 컴퓨터와 입출력장치 사이에 데이터를 전송하는 방법을 이해하는데 목적이 있다.

- 10.1 입출력장치의 개요: 입출력장치와 컴퓨터를 연결하는 부분인 입출력 모듈의 구조와 기능, 그리고 입출력 주소를 할당하여 입출력장치를 구별하는 방법을 설명한다.

- 10.2 프로그램에 의한 입출력: 중앙처리장치가 프로그램을 수행하면서 입출력장치와 데이터를 주고받는 방법을 설명한다.

- 10.3 인터럽트 구동 입출력: 외부 인터럽트에 의하여 중앙처리장치가 입출력장치와 데이터를 주고받는 방법을 설명한다. 여러 장치가 동시에 인터럽트를 요청하는 다중 인터럽트를 관리하는 방법을 제시한다.

- 10.4 직접 기억장치 액세스: 중앙처리장치가 입출력 동작에 개입하지 않고, 입출력장치와 기억장치 간에 직접 데이터를 주고받는 방법을 설명한다.

11장 고성능 컴퓨터는 기본형의 컴퓨터 구조를 개선하여 컴퓨터의 처리 속도를 높이는 기법을 제시한다. 이 장은 기본형 컴퓨터에 대하여 구조적 관점에서의 문제점을 파악하고, 최신형 프로세서에 도입된 기술을 이해하고, 병렬처리 컴퓨터의 구조를 이해하는데 목적이 있다.

- 11.1 RISC: 기본형 컴퓨터가 명령어를 실행하는 과정을 분석한 결과를 제시하고, 명령어를 실행하면서 시간이 많이 소요되는 부분을 개선한 RISC(Reduced Instruction Set Computer) 프로세서를 소개한다. 이 프로세서는 명령어 파이프라인과 분기 예측 기법을 포함하고 있다.

- 11.2 슈퍼스칼라 프로세서: 슈퍼스칼라 프로세서는 여러 개의 단순한 명령어를 동시에 실행하는 특성을 갖는다. 이를 위하여 RISC 프로세서에서 채택된 기법 이외에 데이터 의존성 분석에 의한 스케줄링 정책이 필요해진다.

- 11.3 병렬처리 컴퓨터: 동시에 실행되는 명령어의 수와 데이터의 수에 따라 컴퓨터의 종류를 구분하고 나서, 동시에 여러 개의 명령어와 데이터를 처리하는 병렬처리 컴퓨터의 구조를 소개한다. 마지막으로 병렬처리의 한계를 규정하는 법칙을 소개한다.

연습문제

1.1 컴퓨터 구조의 범위

01 컴퓨터 구조가 다루는 범위가 아닌 것은?

① 기억장치 구조   ② 프로그래머 모델

③ 명령어 집합   ④ 프로세스 스케줄링

02 컴퓨터의 하드웨어와 소프트웨어를 연결하는 요소는?

① 명령어 집합   ② 프로그램

③ 논리 소자   ④ 반도체 소자

03 프로그래머 관점에서 본 컴퓨터 하드웨어를 표현하는 용어는?

① 어셈블러   ② 명령어 집합

③ 시스템 버스   ④ 프로그래머 모델

04 프로그래머가 컴퓨터에게 동작을 지시하는 최소의 작업 단위는?

① 명령어   ② 고급 언어

③ 논리 동작   ④ 제어 신호

05 기계 코드(machine code)란?

① 명령어를 2진수로 표현한 것

② 고급 언어로 작성한 프로그램

③ 기계식 컴퓨터의 숫자 표현 방법

④ 10진수의 정수를 2진수로 표현한 것

1.2 컴퓨터의 구성 요소

01 폰 노이만이 제안한 컴퓨터 구조는?

① 기계식 컴퓨터

② 진공관 컴퓨터

③ 트랜지스터 컴퓨터

④ 프로그램 내장형 컴퓨터

02 프로그램 내장(stored program) 구조에 대한 가장 올바른 설명은?

① 프로그램과 데이터를 기억장치 안에 저장한다.

② 프로그램과 데이터를 레지스터 안에 저장한다.

③ 프로그램과 데이터를 보조기억장치 안에 저장한다.

④ 프로그램과 데이터를 중앙처리장치 안에 저장한다.

03 중앙처리장치를 제어장치와 처리장치로 구분할 때 처리장치에 해당하는 것을 모두 선택하라.

① 레지스터   ② 연산장치

③ 주기억장치   ④ 시스템 버스

04 제어장치의 기능은?

① 데이터에 대한 산술 연산을 담당한다.

② 명령어를 해석하고 제어신호를 생성한다.

③ 중앙처리장치가 처리할 데이터를 임시로 저장한다.

④ 입출력장치를 제어하여 데이터를 입력하거나 출력한다.

05 컴퓨터 구성 요소들 간에 데이터를 교환하는 전달 경로를 부르는 이름은?

① 레지스터   ② 연산장치

③ 주기억장치   ④ 시스템 버스

06 제어장치에서 생성된 제어신호가 전달되는 곳은?

① 레지스터   ② 연산장치

③ 주기억장치   ④ 세 가지 모두

07 중앙처리장치에 있고 연산에 필요한 데이터를 잠시 저장하는 기억장소는?

① 레지스터　　　　　　　② 연산장치

③ 주기억장치　　　　　　④ 시스템 버스

08 컴퓨터의 기억장치에 저장되는 것을 모두 선택하라.

① 데이터　　　　　　　　② 레지스터

③ 프로그램　　　　　　　④ 입출력 포트

09 시스템 버스의 한 개의 선은 몇 비트의 정보를 전달하는가?

① 1비트　　　　　　　　② 4비트

③ 8비트　　　　　　　　④ 16비트

10 컴퓨터의 하드 디스크는 어느 구성 요소로 분류되는가?

① 레지스터　　　　　　　② 연산장치

③ 주기억장치　　　　　　④ 입출력장치

1.3 컴퓨터의 발달 과정

01 컴퓨터에 가장 먼저 주기억장치로 사용된 기억소자는?

① 자기 코어　　　　　　② 하드 디스크

③ 자기 테이프　　　　　④ 반도체 기억장치

02 제2세대 컴퓨터를 구성하는 기본 소자는?

① 진공관　　　　　　　　② 집적회로

③ 트랜지스터　　　　　　④ 고밀도 집적회로

03 설명에 해당하는 용어를 적어라.

(1) 최초의 전자식 컴퓨터를 구성하는 기본 소자는?

(2) 여러 개의 트랜지스터를 한 개의 칩 안에 넣은 소자는?

04 무어의 법칙에 따라 컴퓨터의 처리 속도가 24개월마다 2배로 빨라진다고 가정하자. 2016년의 컴퓨터는 1980년의 컴퓨터보다 대략 몇 배나 빠른가?

① 약 250배   ② 약 2500배

③ 약 2만5천배   ④ 약 25만배

05 구형 프로세서에서 개발된 프로그램을 신형 프로세서에서도 실행할 수 있다는 개념을 설명하는 가장 적합한 용어는?

① 상향 호환성   ② 하향 호환성

③ 프로그램 호환성   ④ 명령어 호환성

06 설명에 해당하는 용어를 적어라.

(1) 중앙처리장치를 한 개의 칩으로 구현한 소자는?

(2) 중앙처리장치, 기억장치, 입출력장치를 모두 한 개의 칩 안에 넣은 소자는?

07 멀티 코어 프로세서란?

① 한 번에 64비트의 데이터를 처리하는 프로세서

② 한 개의 칩에 여러 개의 주기억장치를 탑재한 프로세서

③ 한 개의 칩에 여러 개의 입출력 모듈을 탑재한 프로세서

④ 한 개의 칩에 여러 개의 중앙처리장치를 탑재한 프로세서

논리회로 기초

02 논리회로 기초

컴퓨터는 논리 소자들(logical elements)의 모임으로 구성되어 있으므로, 논리 소자에 대한 사전 지식이 있어야 컴퓨터 구조를 공부할 수 있다. 이 장은 컴퓨터 구조 과목의 선수 과목에 해당하는 논리회로(또는 디지털 공학)에서 심도 있게 다루는 논리회로에 대한 기본 지식을 요약하여 정리한다.

이 장에서는 2진수의 체계와 논리 소자를 설명한다. 논리회로를 설계하는 방법과 비동기 회로는 설명에서 제외한다. 논리회로를 구성하는 기본 소자는 게이트와 플립플롭이지만, 규모가 큰 회로를 설계할 때 기본 소자들을 사용하여 자주 사용되는 기능을 수행하도록 만들어진 구성 요소들을 사용하는데, 이러한 구성 요소를 빌딩 블록(building block)이라고 한다. 빌딩 블록의 예는 디코더, 인코더, 멀티플렉서, 레지스터, 카운터 등이다. 프로그래밍의 라이브러리 함수에 해당하는 하드웨어 부품을 빌딩 블록이라고 말할 수 있다. 여기에서는 컴퓨터 혹은 디지털 회로를 구성하는 빌딩 블록들(building blocks)의 기능 위주로 설명한다.

2.1절은 컴퓨터에서 데이터를 표현하는 방법인 2진수와 코드를 다룬다. 2.2절은 조합 논리회로를 구성하는 논리 게이트와 조합 논리회로 빌딩 블록을 다룬다. 2.3절은 순차 논리회로를 구성하는 플립플롭과 순차 논리회로 빌딩 블록을 다룬다. 마지막으로, 2.4절은 상위 수준에서 컴퓨터의 동작을 표현하는 레지스터 전송 언어를 소개한다.

2.1 수와 코드

이 절에서는 부호 없는 수(unsigned number)만을 고려하여 일반적인 R진법의 수를 표현하는 방법을 설명한다. 이 표현 방법으로부터 여러 가지 진법 간의 변환 방법을 유도할 수 있다. 그리고 나서 2진수를 소개한다. 컴퓨터는 전기 신호의 흐름/끊김(on/off)으로 수를 표현하기 때문에, 각 상태를 1과 0으로 대응시킨 수에 해당하는 2진수를 사용한다. 그러나 사람은 1과

0으로만 구성된 2진수를 다루기 불편하므로, 2진수 대신에 8진수 혹은 16진수로 변환한 수를 사용한다. 컴퓨터는 문자도 숫자로 표현한다. 이 절에서 영문자를 표현하는데 가장 널리 사용되는 아스키코드에 대하여 설명한다.

⟨ 2.1.1 ⟩ 수의 체계

역사적으로 볼 때 수를 표현하는 방법은 크게 두 가지가 있었다. 로마자나 한자와 같이 수의 무게(weight)를 의미하는 별도의 기호(예를 들면, 십, 천, 만 등)를 사용하여 수를 표현하는 방법과 아라비아 숫자와 같이 수의 크기만 정하고 수의 무게는 수가 위치한 자리에 따라 결정되는 방법이다. 현재 아라비아 숫자 표현 방법과 같이 자릿수에 의해 수의 무게를 결정하는 방법이 전 세계적으로 통용되고 있으며, 컴퓨터도 이 방식을 사용하고 있다.

이 절에서는 0을 포함하여 0보다 큰 수만을 대상으로 하는 부호 없는 수(unsigned number)만을 고려한다. 음수는 산술연산 장치(arithmetic and logic unit)를 다룰 때 설명하기로 한다.

수의 표현	⋯	1	2	3	4	.	5	6	⋯
자릿수	⋯	3	2	1	0		−1	−2	⋯
무게	⋯	10^3	10^2	10^1	10^0		10^{-1}	10^{-2}	⋯

그림 2-1 수의 표현

[그림 2-1]을 참고하여 10진수 1234.56이 무엇을 표현하는지, 수가 의미하는 값은 얼마인지 살펴보자. 10진수의 수는 각 자리의 크기를 나타내는 기호, 각 숫자가 나타나는 자리 또는 위치, 각 자리의 무게, 그리고 전체의 값으로 나누어 설명할 수 있다.

- 기호(symbol): 각 자리의 크기를 표현하기 위하여 0부터 9까지 10개의 기호를 사용한다.
- 자리(position): 소수점(.)을 기준으로 0보다 큰 정수는 0, 1, 2, 3, ⋯의 자리를 차지하고, 소수점 이하의 수는 −1, −2, −3, ⋯의 자리를 차지한다.
- 무게(weight): 각 숫자는 자리에 따라 무게가 다르다. 각 자리의 무게는 10^n이다. 여기서 n은 자리에 해당한다.
- 값(value): 전체의 값은 다음 식으로 계산할 수 있다.

$$(1234.56)_{10} = 1 \times 10^3 + 2 \times 10^2 + 3 \times 10^1 + 4 \times 10^0 + 5 \times 10^{-1}$$
$$+ 6 \times 10^{-2} \qquad \text{(식 2-1)}$$
$$= 1000 + 200 + 30 + 4 + 0.5 + 0.06$$
$$= 1234.56$$

당연히 10진수 1234.56의 값은 1234.56이다. 중요한 것은 10진수의 경우에 적용된 규칙이 임의의 R진법의 수에도 그대로 적용된다는 것이다.

예제 2-1

10진수 519.87을 (식 2-1)과 같은 형태로 표현하라.

풀이

$$(519.87)_{10} = 5 \times 10^2 + 1 \times 10^1 + 9 \times 10^0 + 8 \times 10^{-1} + 7 \times 10^{-2}$$
$$= 500 + 10 + 9 + 0.8 + 0.07 \qquad \text{(식 2-2)}$$
$$= 519.87$$

2.1.2 R진법의 수

10진수에 적용한 개념을 임의의 R진법의 수로 확장할 수 있다. 소수점 이상이 n자리, 소수점 이하가 m자리인 R진법의 수 N은 (식 2-3)과 같이 표현된다.

$$N : (A_{n-1}A_{n-2}\cdots A_1 A_0 \cdot A_{-1}A_{-2}\cdots A_{-m})_R \qquad \text{(식 2-3)}$$

여기서 $A_k(n-1 \le k \le -m)$는 각 자리에 표시되는 수이다. 10진수의 경우에 각 자리에 올 수 있는 수는 0부터 9까지 10개의 값 중 하나인 것과 마찬가지로, A_k는 0, 1, $\cdots$, (R−1)까지 R개의 값 중 하나이다. (식 2-3)으로 표현되는 R진법의 수 N의 값을 10진수로 변환한 값을 $V(N)$이라고 하면, $V(N)$을 (식 2-4)와 같이 계산할 수 있다.

$$V(N) = A_{n-1} \times R^{n-1} + A_{n-2} \times R^{n-2} + \cdots + A_{-m} \times R^{-m}$$
$$= \sum_{k=-m}^{n-1} A_k \times R^k \qquad \text{(식 2-4)}$$

예제 2-2

5진수에 대하여 질문에 답하라.

(1) 5진수의 각 자리에 표현할 수 있는 수는 무엇인가?
(2) 5진수 $(1234.2)_5$의 값은 10진수로 얼마인가?

풀이

(1) 5진법의 각 자리에 0, 1, 2, 3, 4의 5개의 수를 사용할 수 있다.
(2) 변환식

$$
\begin{aligned}
(1234.2)_5 &= 1 \times 5^3 + 2 \times 5^2 + 3 \times 5^1 + 4 \times 5^0 + 2 \times 5^{-1} \\
&= 1 \times 125 + 2 \times 25 + 3 \times 5 + 4 \times 1 + 2 \times 0.2 \\
&= 194.4
\end{aligned}
$$

(식 2-5)

예제 2-3

2진수에 대하여 질문에 답하라.

(1) 2진수의 각 자리에 올 수 있는 수는 무엇인가?
(2) 2진수 $(1011.1)_2$의 값은 10진수로 얼마인가?

풀이

(1) 2진법의 각 자리에 0, 1의 2개의 수를 사용할 수 있다.
(2) 변환식

$$
\begin{aligned}
(1011.1)_2 &= 1 \times 2^3 + 0 \times 2^2 + 1 \times 2^1 + 1 \times 2^0 + 1 \times 2^{-1} \\
&= 1 \times 8 + 0 \times 4 + 1 \times 2 + 1 \times 1 + 1 \times 0.5 \\
&= 11.5
\end{aligned}
$$

(식 2-6)

예제 2-4

8진수에 대하여 질문에 답하라.

(1) 8진수의 각 자리에 올 수 있는 수는 무엇인가?
(2) 8진수 $(427.3)_8$의 값은 10진수로 얼마인가?

풀이

(1) 8진법의 각 자리에 0, 1, 2, 3, 4, 5, 6, 7의 8개의 수를 사용할 수 있다.
(2) 변환식

$$
\begin{aligned}
(427.3)_8 &= 4 \times 8^2 + 2 \times 8^1 + 7 \times 8^0 + 3 \times 8^{-1} \\
&= 4 \times 64 + 2 \times 8 + 7 + 3 \times 0.125 \\
&= 279.375
\end{aligned}
$$

(식 2-7)

⟨ 2.1.3 ⟩ 진법 변환

수를 표현하는 진법 간의 변환을 다음과 같은 두 가지로 구분할 수 있다.

- 임의의 R진수를 10진수로 변환
- 10진수를 임의의 R진수로 변환

R진수를 10진수로 변환하는 과정은 '2.1.2 R진법의 수'에서 이미 설명하였다. 이 절에서는 10진수를 다른 진법의 수로 변환하는 방법을 설명한다. 10진수를 다른 진법으로 변환하려고 할 때, 소수점 이상의 정수 부분과 소수점 이하의 소수 부분을 나누어 처리하여야 한다.

정수 부분의 변환은 "나누기 R" 방법을 사용한다. 10진수의 정수 부분을 N_i라고 할 때, N_i의 실제 크기 $V(N_i)$는 R진수로 표현하여도 변하지 않아야 한다. 즉, 다음 식이 성립하여야 한다.

$$\begin{aligned} V(N_i) &= A_{n-1} \times 10^{n-1} + A_{n-2} \times 10^{n-2} + \cdots + A_0 \times 10^0 \\ &= X_{k-1} \times R^{n-1} + X_{k-2} \times R^{n-2} + \cdots + X_0 \times R^0 \end{aligned} \qquad \text{(식 2-8)}$$

(식 2–8)에서 $A_i(i=0, 1, 2, \cdots, n-1)$는 10진수를 표현하는 각 자리의 값으로 0부터 9까지의 값 중 하나이고, $X_j(j=0, 1, 2, \cdots, k-1)$는 R진수를 표현하는 각 자리의 값으로 0부터 R−1까지의 값 중 하나이다. 10진법의 정수를 R진법의 정수로 변환한다는 것은 결국 미지수에 해당하는 X_j를 구하는 것과 같다. (식 2–9)와 같이 $V(N_i)$를 R로 나누어 X_0를 구할 수 있다.

$$V(N_i)/R = X_{k-1} \times R^{n-2} + X_{k-2} \times R^{n-3} + \cdots + X_1 \times R^0 \; Remains \; X_0 \text{(식 2-9)}$$

이와 같이 X_0를 구한 것과 같은 방법으로 몫이 0이 될 때까지 계속 R로 나누면, 매 단계마다 $X_1, X_2, \cdots, X_{k-1}$을 구할 수 있다.

소수 부분의 변환은 "곱하기 R" 방법을 사용한다. 정수 부분과 마찬가지로 10진수의 소수 부분을 N_f라고 할 때, N_f의 실제 크기 $V(N_f)$는 R진수로 표현하여도 변하지 않아야 한다. 즉, 다음 식이 성립하여야 한다.

$$V(N_f) = A_{-1} \times 10^{-1} + A_{-2} \times 10^{-2} + \cdots + A_{-l} \times 10^{-l} \qquad \text{(식 2-10)}$$
$$= X_{-1} \times R^{-1} + X_{-2} \times R^{-2} + \cdots + X_{-m} \times R^{-m}$$

마찬가지로 (식 2-10)에서 $A_i(i=-1, -2, \cdots, -l)$는 10진수를 표현하는 각 자리의 값으로 0부터 9까지의 값 중 하나이고, $X_j(j=-1, -2, \cdots, -m)$는 R진수를 표현하는 각 자리의 값으로 0부터 R-1까지의 값 중 하나이다. 10진법의 소수를 R진법의 소수로 변환한다는 것은 결국 미지수에 해당하는 X_j를 구하는 것과 같다. (식 2-11)과 같이 $V(N_f)$에 R을 곱하여 X_{-1}을 구할 수 있다.

$$V(N_i) \times R = X_{-1} \times R^0 + X_{-2} \times R^{-1} + \cdots + X_{-m} \times R^{-m+1} \qquad \text{(식 2-11)}$$

(식 2-11)에서 X_{-1}은 정수 1의 자리에 나온 숫자이다. 이와 같이 X_{-1}를 구한 후에 X_{-1}을 제외하고 남은 값에 대하여, 결과 값이 0이 될 때까지 계속 R을 곱하면, 매 단계마다 $X_{-2}, \cdots, X_{-m}$을 구할 수 있다.

예제 2-5

10진수 527.390625를 8진수로 변환하라.

풀이

정수 부분: 527 / 8 = 65 ⋯ 7 $(X_0 = 7)$

                  65 / 8 = 8 ⋯ 1 $(X_1 = 1)$

                  8 / 8 = 1 ⋯ 0 $(X_2 = 0)$

                  1 / 8 = 0 ⋯ 1 $(X_3 = 1)$ 따라서 $(527)_{10} = (1017)_8$

소수 부분: 0.390625×8 = 3.125 $(X_{-1} = 3)$

                  0.125×8 = 1.0 $(X_{-2} = 1)$ 따라서 $(0.390625)_{10} = (0.31)_8$

$(527.390625)_{10} = (1017.31)_8$

예제 2-6

10진수 27.625를 2진수로 변환하라.

풀이

정수 부분: 27 / 2 = 13 ⋯ 1 $(X_0 = 1)$

                  13 / 2 = 6 ⋯ 1 $(X_1 = 1)$

$$6 / 2 = 3 \cdots 0 \quad (X_2 = 0)$$
$$3 / 2 = 1 \cdots 1 \quad (X_3 = 1)$$
$$1 / 2 = 0 \cdots 1 \quad (X_4 = 1) \qquad \text{따라서 } (27)_{10} = (11011)_2$$

소수 부분:
$$0.625 \times 2 = 1.25 \quad (X_{-1} = 1)$$
$$0.25 \times 2 = 0.5 \quad (X_{-2} = 0)$$
$$0.5 \times 2 = 1.0 \quad (X_{-3} = 1) \qquad \text{따라서 } (0.625)_{10} = (0.101)_2$$
$$(27.625)_{10} = (11011.101)_2$$

⟨2.1.4⟩ 2진수, 8진수, 16진수

사람은 손가락이 10개이므로 전통적으로 10진수를 사용한다. 10진수를 사용하기 위하여 0부터 9를 구별하는 10가지 서로 다른 기호(symbol)가 필요하며, 이것들이 전 세계적으로 통용되고 있는 아라비아 숫자 기호이다. 컴퓨터를 포함한 기계가 직접 10진수를 다루기 위해서 기계가 구별할 수 있는 10가지 신호가 필요한데, 10가지 서로 다른 안정된 상태를 갖는 신호를 만들기가 쉽지 않다. 따라서 두 가지 상태를 정의하고 각각을 숫자 0과 1에 대응시키는 것이 가장 편리하면서 오류가 적은 방법이다. 기계적으로 0과 1을 표현하는 방법의 예는 다음과 같다.

- 스위치가 끊어짐/연결(off/on)
- 전기가 통하지 않음/통함
- 자성이 N극/S극
- OMR 카드에서 검정색을 칠함/칠하지 않음

컴퓨터는 2진수를 사용하지만, 2진수는 0과 1로만 구성되어 있어서 사람이 직접 다루기 불편하다. 예를 들어, 다음 2진수를 노트에 옮겨 적어 보자. 어려운 일은 아니지만 불편함을 느낄 수 있을 것이다.

$$10110001101011.111100100$$

사람은 2진수로 변환이 쉬운 8진수(octal number) 또는 16진수(hexadecimal number)를 사용하는 것이 더 편리하다. 즉, 사람은 8진수 혹은 16진수를 사용하고, 컴퓨터는 이것을 2진수로 변환하여 사용한다.

8진수의 경우, $2^3 = 8$이므로 2진수 세 자리가 8진수 한 자리에 해당된다. 8진수는 0부터 7까지 8개의 기호를 사용한다. 2진수를 8진수로 변환하려면, 소수점을 기준으로 세 자리씩 나누어 변환하면 된다. 처음이나 마지막에 세 자리를 채우지 못하는 경우, 0을 채워 세 자리 수로 만든 후 변환한다. 숫자 앞에 있는 0(leading 0)과 소수점 이후의 가장 작은 숫자 다음에 있는 0(tailing 0)은 숫자의 크기에 영향을 미치지 않는다. 예들 들어, 앞에서 제시한 2진수를 세 자리씩 끊어서 다시 적으면 다음과 같다.

$$010\_110\_001\_101\_011.111\_100\_100$$

이 수를 8진수로 읽으면, "26153.744"이다. 8진수를 2진수로 변환할 때는 단순히 8진수 한 자리를 2진수 세 자리로 풀어내는 것으로 충분하다.

16진수의 경우, $2^4 = 16$이므로 2진수 네 자리가 16진수 한 자리에 해당된다. 16진법은 10진수 0부터 15에 해당하는 16개의 기호가 필요하다. 0부터 9까지는 10진수에 사용하는 기호를 그대로 사용하고, 10부터 15까지 여섯 개의 기호는 영문자 A부터 F를 사용한다. 즉, A는 10, B는 11, C는 12, D는 13, E는 14, 그리고 F는 15를 표현하는 기호이다. 2진수를 16진수로 변환하려면, 소수점을 기준으로 네 자리씩 끊어서 읽는다. 처음이나 마지막에 네 자리를 채우지 못하는 경우는 0을 채워 네 자리 수로 만든 후 변환한다. 예들 들어, 위에서 예로 사용

표 2-1 2진수, 8진수, 16진수 간의 대응 관계

10진수	2진수	8진수	16진수
0	0000	00	0
1	0001	01	1
2	0010	02	2
3	0011	03	3
4	0100	04	4
5	0101	05	5
6	0110	06	6
7	0111	07	7
8	1000	10	8
9	1001	11	9
10	1010	12	A
11	1011	13	B
12	1100	14	C
13	1101	15	D
14	1110	16	E
15	1111	17	F

한 2진수를 네 자리씩 끊어서 다시 적으면 다음과 같다.

$$0010\_1100\_0110\_1011.1111\_0010$$

이 수를 16진수로 읽으면, "2C6B.F2"이다. 16진수를 2진수로 변환할 때는, 단순히 16진수한 자리를 2진수 네 자리로 풀어 적는다.

〈표 2-1〉은 0부터 15까지의 10진수에 대한 2진수, 8진수, 16진수의 대응 관계를 보여준다.

| 예제 2-7 | 8진수 523.25를 2진수로 변환하라. |

풀이

8진수의 각 자릿수를 단순히 세 자리로 확장한다. 편의상 '_'를 추가하였다.
$$(523.25)_8 = (101\_010\_011.010\_101)_2$$

| 예제 2-8 | 16진수 D1AF를 8진수로 변환하라. |

풀이

16진수를 2진수로 변환한 다음에 2진수를 8진수로 변환한다.
$$(D1AF)_{16} = (1101\_0001\_1010\_1111)_2 = (1\_101\_000\_110\_101\_111)_2 = (150657)_8$$

이 교재에서 수를 표현할 때 자릿수가 많아 구분하기 어려운 경우에 일정한 간격으로 '_'를 추가하여 수를 표현하기로 한다. 또한 여러 자리의 수가 영역별로 표현하는 의미가 다를 때, 영역을 구별하기 위하여 '_'를 추가하기도 한다. '_'는 단지 숫자를 구분하기 위한 것이며, 수의 크기와는 아무 관계가 없다. 이것은 하드웨어를 표현하는 프로그래밍 언어의 일종인 Verilog 언어에서 채택하고 있는 방법이기도 하다.

2.1.5 코드(Code)

코드는 유한 개의 원소로 구성된 어떤 집합에 대하여 각 원소를 서로 구분하기 위하여 부여한 숫자이다. 원소들을 서로 구분할 수 있도록 각 원소에 유일한 숫자가 부여되어야 하고, 가능하면 원소를 표현하는 데 필요한 비트 수가 적도록, 그리고 사용 목적에 맞도록 부여되어야 한다. 컴퓨터에서 자주 사용되는 코드는 숫자 코드, 문자 코드, 그리고 명령어 코드가 있다. 데이터를 표현하는 숫자 코드와 문자 코드는 표준화되어 있으나, 명령어를 표현하는 명령어 코드는 컴퓨터의 중앙처리장치마다 다르게 정의되어 있다. 2장에서는 숫자 코드와 문자 코드에 대하여 설명한다.

⟨2.1.6⟩ 이진화 십진 코드

이진화 십진(BCD, Binary Coded Decimal) 코드는 10진수를 표현한다. 이것은 10진수의 0부터 9까지 열 개의 기호에 2진수를 할당하여 서로 구별할 수 있도록 만든 코드이다. 여기서 10진수의 열 가지 기호라고 표현하였다. 즉, 10진수를 나타내는 숫자를 수로 생각하는 것이 아니고 기호라고 생각하는 것이다. 따라서 앞에서 다룬 10진수를 2진수로 변환하는 것과는 근본적으로 다르다. 단지 10진수의 열 개의 기호에게 열 가지 서로 다른 2진수를 부여하여 10진수를 표현하는 것이다. 열 개의 수를 2진수로 표현하기 위하여, $2^3 = 8$이고 $2^4 = 16$이므로 최소 4비트가 필요하다. 〈표 2-2〉는 가장 대표적인 두 가지의 이진화 십진 코드이다.

표 2-2   이진화 십진 코드의 예

10진수 기호	0	1	2	3	4	5	6	7	8	9
8421 BCD 코드	0000	0001	0010	0011	0100	0101	0110	0111	1000	1001
3초과 BCD 코드	0011	0100	0101	0110	0111	1000	1001	1010	1011	1100

8421 BCD 코드는 가장 대표적인 이진화 십진 코드이다. 특별한 수식어를 사용하지 않고 단순히 BCD 코드라고 하면 이 코드를 의미한다. 8421 BCD 코드는 10진수의 크기에 해당하는 2진수 값을 부여하여 만들었다. 각 자리의 무게를 $2^3 = 8, 2^2 = 4, 2^1 = 2$, 그리고 $2^0 = 1$로 정하고, 각 자리의 무게를 더하여 만든 코드이다. 이와 같이 각 자리에 일정한 무게가 부여된 코드를 무게 코드(weighted code)라고 한다.

3초과(Excess-3) BCD 코드는 8421 코드의 값에 3(0011)을 더하여 만든 코드이다. 각 자리의 무게는 의미가 없다. 그렇지만 3초과 코드는 임의의 수 n(n=0 ~ 9)에 대하여 1의 보수를 취하면 9의 보수가 된다. 예를 들면, 3에 해당하는 0110에 대한 1의 보수인 1001은 6에 해당하는 코드이다. 이와 같은 특성을 갖는 코드를 자보수(self-complementary) 코드라고 한다.

<table>
<tr><td>예제
2-9</td><td colspan="2">10진수 1225를 8421 코드와 3초과 코드로 변환하라.</td></tr>
</table>

풀이

8421 코드: 10진수의 각 숫자를 해당 코드로 직접 변환한다.

8421 BCD 코드:　　　　 1225 → 0001_0010_0010_0101

3초과 코드: 각 자리에 3(0011)을 더한 후 2진수로 변환한다.

3초과 BCD 코드:　　　　 4558 → 0100_0101_0101_1000

⟨ 2.1.7 ⟩ 문자 코드

　문자 코드는 영문자와 특수기호, 숫자를 표현하는 코드이며, 미국에서 제정된 아스키코드 (ASCII code, American Standard for Information Interchange code)를 가장 많이 사용한다. 〈표 2-3〉은 아스키코드 표이다.

표 2-3 　아스키코드 표

$b_3b_2b_1b_0$	$b_6b_5b_4$							
	000	001	010	011	100	101	110	111
0000	NUL	DLE	SP	0	@	P	`	p
0001	SOH	DC1	!	1	A	Q	a	q
0010	STX	DC2	"	2	B	R	b	r
0011	ETX	DC3	#	3	C	S	c	s
0100	EOT	DC4	$	4	D	T	d	t
0101	ENQ	NAK	%	5	E	U	e	u
0110	ACK	SYN	&	6	F	V	f	v
0111	BEL	ETB	'	7	G	W	g	w
1000	BS	CAN	(	8	H	X	h	x
1001	HT	EM	)	9	I	Y	i	y
1010	LF	SUB	*	:	J	Z	j	z
1011	VT	ESC	+	;	K	[	k	{
1100	FF	FS	,	〈	L	\	l	l
1101	CR	GS	-	=	M	]	m	}
1110	SO	RS	.	〉	N	^	n	~
1111	SI	US	/	?	O	_	o	DEL

　아스키코드는 영문자, 숫자, 편집 기호, 그리고 통신용 특수 기호들을 모아 만든 7비트 코드이다. 각 기호에 대하여 가로에 해당하는 3비트와 세로에 해당하는 4비트를 모아 7비트의 코드를 형성하고, 일반적으로 맨 앞에 0을 추가하여 8비트로 표현한다. 예를 들어, 문자 'A'에

해당하는 아스키코드는 01000001이다. 16진수 00부터 1F까지는 편집용 또는 통신 제어용으로 사용되는 코드로 눈에 보이지 않는 기호에 해당한다. 이 중에서 키보드로 입력할 수 있는 것만 몇 가지 소개하면, BS(00001000, 08h)는 백스페이스, HT(00001001, 09h)는 수평 탭, CR(00001101, 0Dh)는 엔터 키, ESC(00011011, 1bh)는 이스케이프, 그리고 SP(00100000, 20h)는 공백에 해당한다. 여기서 숫자 뒤의 'h'는 16진수를 의미한다.

예제 2-10

"Good Morning!"에 해당하는 아스키코드를 16진수로 나열하라.

풀이

G	o	o	d	공백	M	o	r	n	i	n	g	!
47h	6Fh	6Fh	64h	20h	4Dh	6Fh	72h	6Eh	69h	6Eh	67h	21h

인터넷이 활성화되면서 세계 각국의 언어를 통일된 방법으로 표현할 수 있는 방법이 필요하게 되었고, 이에 따라 국제적으로 통용되는 16비트 문자 코드 체계가 제정되었는데, 이것을 유니코드(unicode)라고 한다. 유니코드에 대하여 독자 스스로 찾아보기 바란다.

2.2 조합 논리회로

컴퓨터는 크기가 큰 논리회로이다. 컴퓨터를 구성하는 전자회로는 물리적(physical) 신호인 전압과 전류로 구동된다. 2.1절의 소개와 같이 전기가 흐름과 흐르지 않음을 2진수 1과 0으로 표현할 수 있고, 또한 논리학에서 다루는 참(false)과 거짓(false)의 개념으로 표현할 수 있다. 일반적으로 논리값 참을 2진수 1에 대응시키고, 논리값 거짓을 2진수 0에 대응시킨다. 물리적 신호인 전기의 흐름을 1과 0에 대응하는 논리값으로 바꾸어 표현하면, 물리적 신호를 직접 다루는 것보다 간편하면서도 같은 해석을 유도할 수 있다. 1과 0으로 구성된 값을 다루는 회로를 논리회로라고 부른다. 논리 개념을 도입함으로써 컴퓨터의 동작을 간단하게 표현할 수 있다.

논리회로는 크게 조합 논리회로와 순차 논리회로로 구분된다. 조합 논리회로는 같은 입력 값에 대하여 항상 출력 값이 같은 회로이고, 순차 논리회로는 같은 입력에 대하여 출력 값이 다르게 나타날 수 있는 회로이다. 조합 논리회로는 입력 값의 조합에 의해 출력이 결정되고,

순차 논리회로는 내부에 기억소자(storage element)를 포함하고 있어 기억소자의 값과 입력의 조합에 의해 출력이 결정되기 때문이다. 기억소자의 값을 회로의 상태(state)라고 부른다. 2.2절에서는 조합 논리회로를 설명하고, 2.3절에서 순차 논리회로를 설명한다.

조합 논리회로를 구성하는 기본 요소는 논리 게이트(logic gates)이다. 2.2.1절에서 논리 게이트들을 소개한다. 조합 논리회로는 논리식, 진리표(truth table), 또는 논리 회로도(logical circuit diagram)로 표현될 수 있다. 이에 관하여 2.2.2절에서 설명한다. 2.2.3절 이후는 조합 논리회로로 만든 빌딩 블록들을 소개한다.

⟨ 2.2.1 ⟩ 논리 게이트

논리 게이트(logic gate)는 전기 신호를 논리값으로 해석하는 가장 기본적인 논리 소자이다. 논리 게이트는 0 또는 1의 논리값을 갖는 한 개 이상의 신호를 입력으로 받고, 0 또는 1의 값을 갖는 한 개의 신호를 출력한다. 게이트는 '문'이란 뜻인데, 이진 신호가 통과하는 문이란 의미이다. 논리 게이트의 종류는 AND 게이트, OR 게이트, XOR 게이트가 있고, 이 논리 게이트들의 출력 값을 반전한 NAND 게이트, NOR 게이트, XNOR 게이트가 있다. 그리고 한 개의 입력 신호를 다루는 NOT 게이트와 버퍼(buffer)가 있다. 〈표 2-4〉는 각 논리 게이트에 대한 동작 특성표이고, [그림 2-2]는 각 게이트에 해당하는 그래픽 기호이다.

표 2-4　기본 논리 게이트의 동작 특성표

입력		AND	NAND	OR	NOR	XOR	XNOR	NOT	BUFFER
X	Y	F=X · Y	F=(X · Y)′	F=X+Y	F=(X+Y)′	F=X⊕Y	F=(X⊕Y)′	F=X′	F=X
0	0	0	1	0	1	0	1	1	0
0	1	0	1	1	0	1	0	1	0
1	0	0	1	1	0	1	0	0	1
1	1	1	0	1	0	0	1	0	1

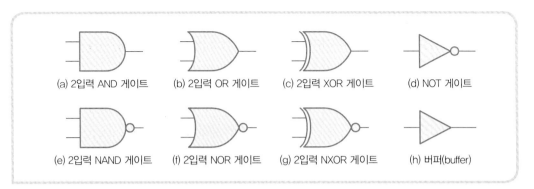

그림 2-2 논리 게이트의 그래픽 기호

AND 게이트는 두 개 이상의 입력을 가질 수 있고, 입력 신호들의 값이 모두 1일 때 1을 출력한다. 입력선이 세 개 이상일 때는 AND 게이트 그래픽 기호의 왼쪽에 입력선의 수가 늘어난다. AND 연산을 논리곱(logical product)이라고 한다. 두 개의 입력 신호를 X와 Y, 출력 신호를 F라고 할 때, AND 동작을 나타내는 논리식을 $F = X \cdot Y$ 혹은 '·'를 생략하여 단순히 $F = XY$로 표기한다.

OR 게이트도 역시 두 개 이상의 입력을 가질 수 있고, 입력 신호들 중 적어도 한 개의 값이 1일 때 1을 출력한다. 입력선이 세 개 이상일 때는 OR 게이트 그래픽 기호 왼쪽에 입력선의 수가 늘어난다. OR 연산을 논리합(logical sum)이라고도 한다. 두 개의 입력 신호를 X와 Y, 출력 신호를 F라고 할 때, OR 동작을 나타내는 논리식을 $F = X + Y$로 표기한다.

XOR(exclusive OR) 게이트는 영어 단어의 의미를 그대로 번역하여 배타적 OR 게이트라고도 한다. 〈표 2-4〉의 동작 특성표는 입력 신호가 두 개일 때의 출력값을 보여준다. 입력 신호가 두 개일 때, 입력 신호의 값이 같으면 0, 서로 다르면 1을 출력한다. 그렇지만, 입력 신호가 세 개 이상일 때에는 입력 신호들 중 값이 1인 입력의 수가 홀수이면 1, 그리고 짝수이면 출력이 0을 출력한다. 두 개의 입력 신호를 X와 Y, 출력 신호를 F라고 할 때, XOR 동작을 나타내는 논리식을 $F = X \oplus Y$로 표기한다.

NOT 게이트는 입력과 출력의 수가 모두 한 개이고, 출력값은 항상 입력 논리값의 반대이다. 즉, 입력이 0이면 1을 출력하고, 입력이 1이면 0을 출력한다. 입력을 X라고 할 때, NOT 게이트의 동작을 나타내는 논리식은 $F = X'$ 또는 $F = \overline{X}$로 표기한다.

NAND 게이트는 AND 게이트의 출력을 반전시켜 만든 게이트이다. 입력 신호 역시 두 개 이상일 수 있고, 입력 신호들의 값이 모두 1일 때 0을 출력한다. [그림 2-2(e)]의 게이트 기호에서 출력단의 작은 동그라미는 출력이 반전됨을 의미한다. 두 개의 입력 신호를 X 와 Y, 출력 신호를 F라고 할 때, NAND 동작을 나타내는 논리식을 $F = (X \cdot Y)'$ 혹은 $F = \overline{X \cdot Y}$ 로 표기한다. AND 연산을 의미하는 '·'을 생략할 수 있다.

NOR 게이트는 OR 게이트의 출력을 반전시켜 만든 게이트이다. 입력 신호 역시 두 개 이상일 수 있고, 입력 신호들 중에 값이 1인 것이 하나 이상일 때 0을 출력한다. 두 개의 입력 신호를 X와 Y, 출력 신호를 F라고 할 때, NOR 동작을 나타내는 논리식을 $F = (X + Y)'$ 혹은 $F = \overline{X + Y}$ 로 표기한다.

XNOR(exclusive NOR) 게이트는 배타적 NOR 게이트라고도 하며, XOR 게이트의 출력이 반전된 신호를 출력한다. 입력 신호가 두 개인 경우, 입력들의 값이 같으면 1, 다르면 0을 출력한다. 입력이 세 개 이상일 때에는 입력값들 중에 1의 수가 홀수면 0, 짝수면 1을 출력한다. 두 개의 입력 신호를 X와 Y, 출력 신호를 F라고 할 때, XNOR 동작을 나타내는 논리식을 $F = (X \oplus Y)'$ 혹은 $F = \overline{X \oplus Y}$ 로 표기한다.

버퍼(buffer)는 입력과 출력이 모두 한 개이고, 출력값은 입력값과 같다. 즉, 입력값이 0이면 0을 출력하고, 입력이 1이면 1을 출력한다. 버퍼는 실제 회로에서 논리값을 바꾸지 않는다. 다만, 힘이 약한 신호를 입력으로 받아 논리값은 같고 힘이 센 신호로 변경하는 역할을 한다.

〈 2.2.2 〉 정논리와 부논리

디지털 회로의 신호는 다음과 같이 두 가지 방법으로 사용된다.

- 수치 데이터: 여러 비트들이 모여 2진수 숫자를 형성한다.
- 이진 신호: 일반적으로 한 비트 단위로 사용되며, 어떤 사건(event)이 발생하였음을 나타낸다.

예를 들어, 엘리베이터를 생각해 보자. 사람이 이동하려는 층의 번호는 수치 데이터에 해당한다. 엘리베이터의 문을 여닫는 버튼은 엘리베이터 시스템으로 입력되는 이진 신호이고, 엘리베이터에 탑승한 사람들의 무게가 탑승 한도를 초과하였음을 나타내는 경보(alarm)는 출력 이진 신호이다. 여기에서는 이진 신호에 2진수 값을 부여하는 방법을 설명한다.

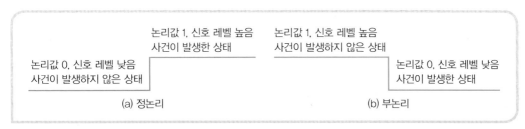

논리값 1, 신호 레벨 높음
사건이 발생한 상태

논리값 1, 신호 레벨 높음
사건이 발생하지 않은 상태

논리값 0, 신호 레벨 낮음
사건이 발생하지 않은 상태

논리값 0, 신호 레벨 낮음
사건이 발생한 상태

(a) 정논리   (b) 부논리

그림 2-3   이진 신호의 정논리와 부논리

이진 신호에 2진수의 값을 부여하는 방법은 다음과 같이 두 가지가 있을 수 있다.

- 정논리(positive logic): [그림 2-3(a)]와 같이 신호의 전압 레벨이 0(low)일 때 사건이 발생하지 않음을 나타내고, 전압 레벨이 1(high)일 때 중요한 사건이 발생함을 나타낸다. 일반적으로 신호의 이름에 아무 표시를 하지 않는다. 예를 들어, 경보 신호의 이름을 *alarm*으로 표시한다.

- 부논리(negative logic): [그림 2-3(b)]와 같이 신호의 전압 레벨이 1(high)일 때 사건이 발생하지 않음을 나타내고, 전압 레벨이 0(low)일 때 중요한 사건이 발생함을 나타낸다. 일반적으로 신호의 이름 위에 바(bar)를 그리거나, 이름 앞에 '/' 또는 '−' 기호를 붙인다. 예를 들어, 경보 신호의 이름을 $\overline{alarm}$, /*alarm*, 또는 −*alarm*으로 표시한다.

일반적으로 논리회로에서 논리식을 표현할 때 1을 true, 0을 false로 대응시키기 때문에, 우리에게 정논리 개념이 더 친숙하다. 그렇지만, 실제 회로는 부논리로 만들어지는 경우도 자주 볼 수 있다. 정논리와 부논리 개념은 입력 신호와 출력 신호에 별도로 적용될 수 있다. 그리고 논리 회로도에 포함된 신호선이 부논리임을 표현하기 위하여 신호선에 작은 동그라미(bubble, o)를 붙인다.

2.2.1절에서 기본적인 논리 게이트들에 대한 동작 특성, 그래픽 기호를 소개하였다. AND, OR, XOR 게이트는 입력과 출력에 모두 정논리 개념이 적용된 것으로 생각할 수 있고, NAND, NOR, XNOR 게이트는 출력에 부논리 개념이 적용된 것으로 생각할 수 있다.

⟨2.2.3⟩ 조합 논리회로의 표현

조합 논리회로는 입력 값들의 조합에 의하여 출력이 결정된다. 즉, 같은 입력의 조합에 대하여 항상 출력이 같다. 조합 논리회로는 [그림 2-4]와 같이 n개의 입력($n \geq 1$)과 k개의 출력($k \geq 1$), 그리고 출력 값을 결정하는 논리 게이트들로 구성된다. 조합 논리회로는 내부에 궤환 경로(feedback path)를 포함하지 않는다. 한 게이트의 출력이 그 게이트를 포함하여 그 게이트보다 이전 단에 있는 게이트의 입력으로 사용되는 경로를 궤환 경로라고 한다. 회로 상에 궤환 경로가 존재하면, 내부적으로 이진값을 저장하는 기억 기능이 만들어지는 데, 조합 논리회로는 내부적으로 정보를 기억하는 기능이 없다.

그림 2-4 ▌ 조합 논리회로의 입력과 출력

조합 논리회로의 입력과 출력 신호는 모두 0 또는 1의 값을 갖는 이진 신호이다. 조합 논리회로의 동작을 세 가지 방법(논리식, 논리 회로도, 진리표)으로 표현할 수 있다. 조합 논리회로는 n개의 입력 신호에 대하여 2^n개의 출력 조합을 갖는다. 진리표로 표현할 때, 왼편에 2^n개의 입력 조합을 모두 나열하고, 그 오른편에 해당 입력 신호의 조합에 대한 k개의 출력 신호들의 값을 적는다. 각 출력 신호에 대한 k개의 논리식으로 조합 논리회로의 동작을 표현할 수 있으며, 출력 논리식은 n개의 입력 변수의 함수이다.

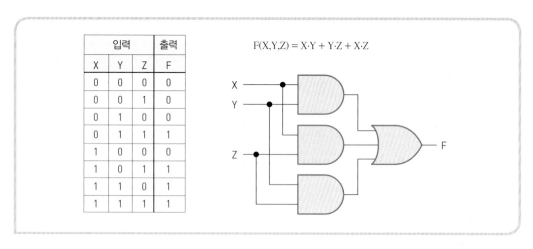

그림 2-5 ▌ 다수 함수의 논리식, 논리 회로도, 진리표

예를 들어, 입력 신호가 X, Y, Z 세 개이고, 출력이 F인 다수 함수(majority function)를 생각해 보자. 입력 신호 중에 값이 1의 신호의 수가 0인 신호의 수보다 많으면, 다수 함수의 출력 F는 1이고, 그 외의 경우는 출력 F의 값이 0이다. 이 경우 출력 F는 정논리이다. [그림 2-5]에 다수 함수의 진리표, 논리식, 그리고 논리 회로도를 제시하였다. 조합 논리회로를 설계할 때, 회로의 동작에 대한 진리표를 구하고, 진리표에서 논리식을 유도하고, 이로부터 논리 회로도를 구한다. 반대로 조합 논리회로를 분석할 때는 주어진 논리 회로도에 대하여 논리식을 구한 후 진리표를 작성하여 해석한다. 이와 같이 논리식, 논리 회로도, 그리고 진리표 중에서 어느 하나라도 주어지면 다른 것을 유도할 수 있다.

규모가 큰 논리회로를 설계할 때 미리 만들어져 있는 부품들을 사용하는데 이러한 부품을 빌딩 블록(building block)이라고 한다. 조합 논리회로 빌딩 블록의 예는 디코더, 인코더, 멀티플렉서, 디멀티플렉서가 있고, 연산기를 구성하는 기본 소자인 전가산기가 있다. 조합 논리회로 빌딩 블록들에 대하여 게이트 레벨의 자세한 논리 회로도를 이해하는 것도 중요하지만, 전체를 하나의 블록으로 취급하고 입력 신호와 출력 신호, 그리고 그 기능에 대하여 잘 알고 있어야 한다. 빌딩 블록들을 설계하는 방법은 논리회로 교재를 참고하여 학습하기로 하고, 여기에서는 각 빌딩 블록들의 기능 및 용도에 대하여 설명한다.

2.2.4 〉 디코더

디코더(decoder)란 '코드를 푸는 장치'라는 의미이다. 예를 들어, 2비트로 00, 01, 10, 11의 네 가지 정보를 표현할 수 있는 데, 만약 이 값들이 차례대로 봄(00), 여름(01), 가을(10), 겨울(11)을 나타낸다면, 두 비트로 표현된 숫자는 계절에 대한 코드이다. 이 코드를 다시 네 가지 정보인 봄, 여름, 가을, 겨울로 풀어내는 장치가 디코더이다.

n비트의 이진 코드는 2^n개의 이진 정보를 나타낼 수 있다. 디코더는 n비트의 코드화된 입력을 최대 2^n비트의 단일 출력으로 변환하는 조합 논리회로다. 입력이 n비트이고 출력이 m비트인 디코더를 $n \times m$ 디코더 또는 $n-to-m$ 디코더라고 표현한다. 이 때, $m \leq 2^n$이어야 하고 $m < 2^n$일 때에는 사용하지 않는 출력을 포함하고 있는 것이다. 디코더는 최대 2^n비트의 출력 중 한 비트만 다른 비트들과 다른 값을 갖는다.

[그림 2-6]은 정논리 출력을 갖는 2×4 디코더의 블록도(block diagram)와 동작 특성표이다. 입력 신호는 $I_1 I_0$ 두 비트이고, 이에 대한 출력 신호는 $Y_3 Y_2 Y_1 Y_0$의 네 비트이다. 입력 신호의 2진수 값에 해당하는 출력 신호만 값이 1이고 나머지는 값이 0이다. 의미가 있는 신호의

값이 1로 표현되므로, 이 회로의 출력은 정논리이다.

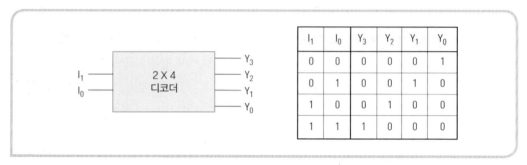

I_1	I_0	Y_3	Y_2	Y_1	Y_0
0	0	0	0	0	1
0	1	0	0	1	0
1	0	0	1	0	0
1	1	1	0	0	0

그림 2-6 ┃ 정논리 2×4 디코더의 블록도와 동작 특성표

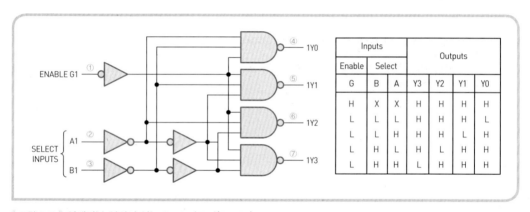

Inputs			Outputs			
Enable	Select					
G	B	A	Y3	Y2	Y1	Y0
H	X	X	H	H	H	H
L	L	L	H	H	H	L
L	L	H	H	H	L	H
L	H	L	H	L	H	H
L	H	H	L	H	H	H

그림 2-7 ┃ 인에이블 입력이 있는 2×4 디코더(74139)

[그림 2-7]은 인에이블 입력이 있는 2×4 디코더이다. 특성표의 X는 don't care임을 의미한다. 즉, 값이 X인 것은 H(high)이던 L(low)이던 상관이 없다는 의미이다. 인에이블 신호 /G가 H일 때, 출력은 모두 H로 되어 디코더의 기능이 수행되지 않는다. 인에이블 신호 /G가 L일 때, 입력 신호 (B, A)에 해당하는 출력이 L이고 나머지 출력은 H이다. 그러므로 인에이블 신호 /G는 부논리이고, 출력 역시 부논리이다.

인코더(encoder)는 '코드를 만든다'는 의미로 디코더와 반대의 동작을 수행하는 조합 논리 회로다. 인코더는 최대 2^n 비트의 입력 신호를 코드로 만들어 n비트의 출력 신호를 생성한다. 인코더의 출력은 입력 신호 순서에 대응하는 이진 코드이다.

〈표 2-5〉는 입력이 8비트이고 출력이 3비트인 인코더의 동작 특성표이다. 입력이 8비트이 므로 $2^8 = 256$개의 가능한 입력 조합이 있으나, 입력 조합 중에서 여덟 개만 사용하고 있다. 여기에는 입력 신호들 중에서 동시에 값이 1이 되는 경우가 없고, 언제나 한 개의 입력 신호 값만 1이라는 전제가 있어야 한다. 이 인코더는 입력 신호들 중에서 여러 개가 동시에 1이 되 면, 인코더의 기능을 상실한다. 이러한 문제점을 해결하기 위하여 인코더의 입력에 우선순위 를 부여한 것이 우선순위 인코더(priority encoder)이다.

표 2-5   8 × 3 인코더

I_7	I_6	I_5	I_4	I_3	I_2	I_1	I_0	Y_2	Y_1	Y_0
0	0	0	0	0	0	0	1	0	0	0
0	0	0	0	0	0	1	0	0	0	1
0	0	0	0	0	1	0	0	0	1	0
0	0	0	0	1	0	0	0	0	1	1
0	0	0	1	0	0	0	0	1	0	0
0	0	1	0	0	0	0	0	1	0	1
0	1	0	0	0	0	0	0	1	1	0
1	0	0	0	0	0	0	0	1	1	1

〈표 2-6〉은 9×4 우선순위 인코더의 동작 특성표이다. 이 회로는 입력과 출력이 모두 부 논리이다. 그러므로 전압 레벨인 H, L을 2진수로 해석할 때, H를 0, L을 1로 해석해야 한다. 10개의 입력이 모두 H일 때, 출력은 모두 H로 되어 입력 신호가 없음을 나타낸다. 큰 숫자 에 해당하는 입력이 우선순위가 높다. 우선순위가 가장 높은 9번 입력이 L이면 다른 입력들 과 무관하게, 출력 신호 DCBA는 LHHL로 되어 9(1001)를 출력한다. 8번 입력은 두 번째로 우선순위가 높다. 자신보다 우선순위가 높은 9번 입력이 H이고 8번 입력이 L일 때, 출력 신 호 DCBA는 LHHH로 되어 8(1000)을 출력한다. 1번 입력은 우선순위가 가장 낮다. 자신보 다 우선순위가 높은 다른 입력 신호들이 모두 H이고 1번 입력만 L일 때, 출력 신호 DCBA는 HHHL로 되어 1(0001)을 출력한다.

표 2-6 | 9 x 4 우선순위 인코더(74147)

INPUTS									OUTPUTS			
1	2	3	4	5	6	7	8	9	D	C	B	A
H	H	H	H	H	H	H	H	H	H	H	H	H
X	X	X	X	X	X	X	X	L	L	H	H	L
X	X	X	X	X	X	X	L	H	L	H	H	H
X	X	X	X	X	X	L	H	H	H	L	L	L
X	X	X	X	X	L	H	H	H	H	L	L	H
X	X	X	X	L	H	H	H	H	H	L	H	L
X	X	X	L	H	H	H	H	H	H	L	H	H
X	X	L	H	H	H	H	H	H	H	H	L	L
X	L	H	H	H	H	H	H	H	H	H	L	H
L	H	H	H	H	H	H	H	H	H	H	H	L

〈2.2.6〉 멀티플렉서와 디멀티플렉서

멀티플렉서는 여러 개의 입력선 중에서 하나를 선택하여 한 개의 출력선으로 전달하는 조합 논리회로이다. 디멀티플렉서는 멀티플렉서의 반대 동작을 수행하는 빌딩 블록으로 하나의 선으로 전송된 신호를 여러 곳으로 분배한다. [그림 2-8(a)]는 멀티플렉서와 디멀티플렉서의 기능을 스위치 형태로 표현한 것으로, 멀티플렉서는 네 개의 입력선 중에서 하나를 선택하여 출력으로 전달하는 스위치 기능을 수행하고, 디멀티플렉서는 하나의 입력선을 네 개의 출력 중 하나로 전달하는 스위치 기능을 수행한다.

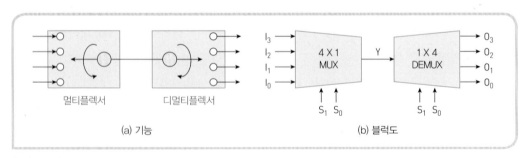

그림 2-8 | 멀티플렉서와 디멀티플렉서

60 • Chapter 02 논리회로 기초

표 2-7 멀티플렉서와 디멀티플렉서의 동작 특성표

멀티플렉서			디멀티플렉서					
S_1	S_0	Y	S_1	S_0	0_3	0_2	0_1	0_0
0	0	I_0	0	0	0	0	0	Y
0	1	I_1	0	1	0	0	Y	0
1	0	I_2	1	0	0	Y	0	0
1	1	I_3	1	1	Y	0	0	0

멀티플렉서의 입력은 회로를 통과하려는 신호선들과 통과하는 신호를 선택하는 제어선으로 구성되어 있다. [그림 2-8(a)]의 멀티플렉서는 스위치로 표현되어 있지만, 논리회로로 만들어진 멀티플렉서는 스위치를 어느 입력으로 연결할지 결정하기 위하여 별도의 선택선을 필요로 한다. 2^n비트의 입력선을 제어하기 위하여 n비트의 선택선이 필요하다. [그림 2-8(b)] 4×1 멀티플렉서의 경우, 입력 신호가 네 비트이고 선택선은 두 비트이다. 디멀티플렉서는 한 개의 입력선과 출력을 제어하는 선택선, 그리고 여러 비트의 출력선으로 구성되어 있다. 한 비트의 입력선을 2^n비트의 출력선들 중 하나로 연결하기 위하여 n비트의 제어선이 필요하다. [그림 2-8(b)] 1×4 디멀티플렉서의 경우, 입력 신호를 두 비트의 선택선에 의하여 네 개의 출력 중 하나로 연결한다. 〈표 2-7〉은 [그림 2-8]의 멀티플렉서와 디멀티플렉서에 대한 동작 특성표이다.

디멀티플렉서는 하드웨어 회로의 관점에서 볼 때 인에이블 신호가 있는 디코더와 같다. [그림 2-7(a)]의 디코더는 인에이블 입력을 입력 신호로 해석하고, A1과 B1 입력을 선택선으로 해석하면, 디멀티플렉서 역할을 한다.

〈2.2.7〉 가산기

산술 연산 회로는 이진 숫자에 대한 덧셈, 뺄셈, 곱셈, 나눗셈 등 산술 연산을 수행하는 조합 논리회로다. 연산 회로들은 사람과 같이 산술 연산의 의미를 생각하여 계산하는 것은 아니고, 계산 결과가 출력되도록 설계한 조합 논리회로일 뿐이다. 여기에서는 연산 회로의 가장 기본적인 빌딩 블록인 반가산기(half adder)와 전가산기(full adder)를 소개한다.

[그림 2-9(a)]의 반가산기(HA)는 [그림 2-9(b)]와 같이 한 비트의 수 두 개를 더하여 합과 자리올림수를 구하는 조합 논리회로다. 두 개의 입력 비트를 X, Y라 하고, 입력의 합을 S(Sum), 그리고 자리올림수를 C(Carry)라고 할 때, 반가산기의 동작은 [그림 2-9(c)]의 논리

식으로 표현된다. 반가산기의 동작 특성표는 〈표 2-8〉과 같다.

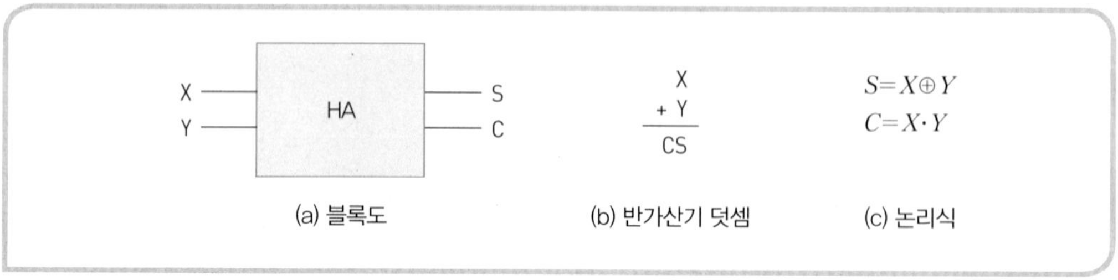

X ──	HA	── S		X		$S = X \oplus Y$
Y ──		── C		+ Y		$C = X \cdot Y$
				CS		

(a) 블록도 　　　　　 (b) 반가산기 덧셈 　　　　　 (c) 논리식

그림 2-9　반가산기

표 2-8　반가산기 동작 특성표

입력		출력		설명
X	Y	C	S	
0	0	0	0	0 + 0 = 00
0	1	0	1	0 + 1 = 01
1	0	0	1	1 + 0 = 01
1	1	1	0	1 + 1 = 10

[그림 2-10(a)]의 전가산기(FA)는 [그림 2-10(b)]와 같이 한 비트의 2진수 두 개와 그 자리의 수보다 한 자리 아래 단에서 올라오는 자리올림수까지 세 비트의 값을 더하여 합과 자리올림수를 구하는 조합 논리회로다. 두 개의 입력 비트를 X, Y, 그리고 이전 단에서 올라오는 자리올림수를 Z라 하고, 이 세 비트의 합을 S(Sum) 그리고 자리올림수를 C(Carry)라고 할 때, 〈표 2-9〉와 같은 값을 출력한다. 전가산기의 출력 논리식은 [그림 2-10(c)]와 같다.

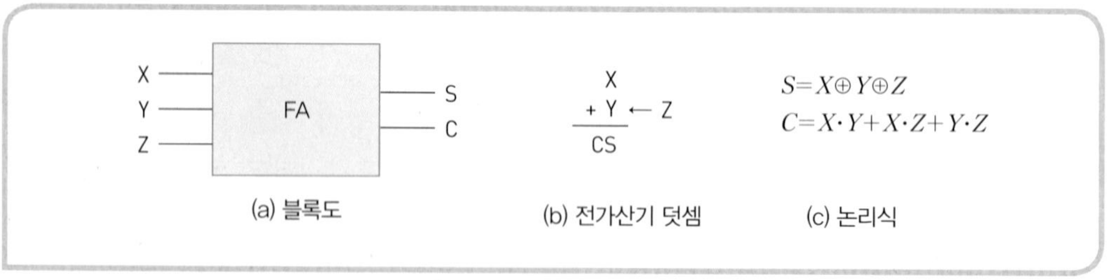

X ──		── S		X		$S = X \oplus Y \oplus Z$
Y ──	FA	── C		+ Y ← Z		$C = X \cdot Y + X \cdot Z + Y \cdot Z$
Z ──				CS		

(a) 블록도 　　　　　 (b) 전가산기 덧셈 　　　　　 (c) 논리식

그림 2-10　전가산기

표 2-9 전가산기의 동작 특성표

입력			출력		설명
X	Y	Z	C	S	
0	0	0	0	0	0 + 0 + 0 = 00
0	0	1	0	1	0 + 0 + 1 = 01
0	1	0	0	1	0 + 1 + 0 = 01
0	1	1	1	0	0 + 1 + 1 = 10
1	0	0	0	1	1 + 0 + 0 = 01
1	0	1	1	0	1 + 0 + 1 = 10
1	1	0	1	0	1 + 1 + 0 = 10
1	1	1	1	1	1 + 1 + 1 = 11

전가산기 여러 개를 사용하여 여러 비트를 병렬로 더하고 빼는 병렬 가산기(parallel adder)를 만들 수 있다. 그리고 병렬 가산기를 사용하여 여러 번 더하기 혹은 빼기를 반복하여 수행하면, 곱셈기와 나눗셈기도 만들 수 있다. '5장 연산기'에서 이러한 연산 장치에 대하여 설명한다.

2.3 순차 논리회로

조합 논리회로의 출력은 입력의 조합에 의하여 결정되기 때문에, 항상 같은 입력에 대하여 같은 출력이 나타난다. 반면에 순차 논리회로(sequential circuit, 또는 순서 논리회로)는 입력의 조합뿐만 아니라 회로 내부에 포함되어 있는 기억 소자의 값에 따라 출력이 변할 수 있다. 그러므로 같은 입력이 인가되어 있다고 해도, 기억 소자의 값에 따라 서로 다른 출력이 나타날 수 있다. 기억 소자의 값을 상태(state) 또는 내부 상태(internal state)라고 한다. 입력 신호의 값에 의하여 상태가 변하고, 입력 신호의 값과 내부 상태에 의하여 출력 신호의 값이 결정된다.

순차 논리회로는 동기 순차 논리회로(synchronous sequential logic circuit)와 비동기 순차 논리회로(asynchronous sequential logic circuit)가 있다. [그림 2-11]의 동기 순차 논리회로는 회로에 포함된 기억 소자들이 모두 같은 시간에 동작한다. 동작 시간을 맞추기 위하여 클럭 펄스(clock pulse)를 사용한다. 클럭은 주기적으로 0과 1이 계속 반복되는 신호이다. 컴퓨터는 거대한 동기 순차 논리회로이다. 비동기 순차 논리회로는 회로의 동작을 동기화하기 위하여 클럭을 사용하지 않는다. 이 경우, 회로에 포함된 기억 소자들이 동시에 동작하지 않고, 입력 신호 및 내부 상태의 변화에 따라 변하는 신호가 연결된 기억 소자의 출력이 변한다.

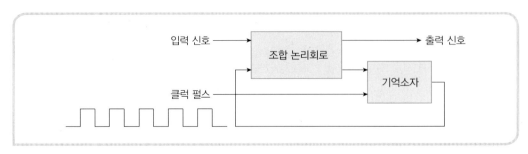

▌ 그림 2-11 ▌ 동기 순차 논리회로

이 교재에서는 비동기 순차 논리회로는 다루지 않는다. 2.3.1절에서 기억 소자인 플립플롭에 대하여 설명하고, 그 이후에 순차 논리회로의 빌딩 블록인 레지스터, 시프트 레지스터, 그리고 카운터를 소개한다.

⟨ 2.3.1 ⟩ 플립플롭

플립플롭(flip-flop)은 한 비트의 정보를 저장하는 기억 소자이다. [그림 2-12]는 플립플롭을 일반적인 형태로 표현한 것이고, 이것은 입력 신호(I), 클럭 펄스(CP), 그리고 출력 신호(Q)를 갖는다. 클럭이 변하는 시간에 맞추어 입력 신호의 값에 따라 출력 신호가 변한다. 클럭 펄스는 영구적으로 0과 1을 반복한다. 클럭의 한 주기 동안에 기억 소자의 동작과 조합 논리회로 부분의 동작이 완료되어야 한다. 다음과 같은 두 가지 사항으로 구분하여 플립플롭의 동작을 알아둘 필요가 있다.

- 플립플롭이 동작하는 시기
- 입력 신호의 종류에 따른 플립플롭의 동작 특성

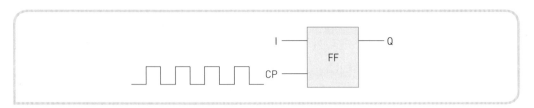

▌ 그림 2-12 ▌ 플립플롭의 일반 형태와 클럭 펄스

플립플롭의 출력은 입력이 변하더라도 클럭이 변하지 않으면 출력값이 변하지 않는다. 클럭이 변할 때, 입력값에 따라 출력의 상태가 변한다. 플립플롭의 출력값을 현재상태(current state)라고 하고, 클럭 펄스가 인가된 후에 변경될 출력값을 다음상태(next state)라고 한다. 플립플롭의 동작 시기는 [그림 2-13]과 같이 세 가지 방법으로 구분할 수 있다.

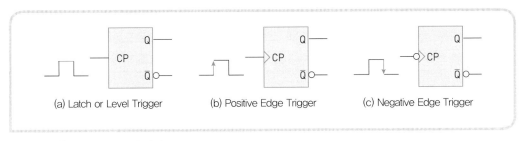

(a) Latch or Level Trigger   (b) Positive Edge Trigger   (c) Negative Edge Trigger

그림 2-13　플립플롭의 동작 시기

- 클럭이 high인 상태(값이 1인 구간)일 때 동작하는 플립플롭을 래치(latch) 또는 레벨 트리거(level trigger) 플립플롭이라고 한다. 일반적으로 레벨 트리거는 클럭을 그릴 때 아무 표시도 하지 않는다.
- 클럭이 0에서 1로 변하는 시간에 동작하는 플립플롭을 상승 에지(rising edge triggered 혹은 positive edge triggered) 플립플롭이라고 한다. 일반적으로 클럭 단자에 작은 삼각형을 그려 클럭의 상승 에지에서 동작하는 플립플롭임을 표시한다.
- 클럭이 1에서 0으로 변하는 시간에 동작하는 플립플롭을 하강 에지(falling edge triggered 혹은 negative edge triggered) 플립플롭이라고 한다. 일반적으로 이 경우에는 작은 삼각형과 함께 작은 동그라미를 그려 클럭의 하강 에지에서 동작하는 플립플롭임을 표시한다.

(a) 미시적 관점   (b) 거시적 관점

그림 2-14　상승 에지 플립플롭의 입력과 출력 타이밍

플립플롭의 출력은 동작 시간에서의 입력 신호의 값에 따라 출력이 변한다. [그림 2-14]는 상승 에지 플립플롭에 대한 동작 타이밍을 표현한 것이다. [그림 2-14(a)]는 시간을 나노초 단위로 정밀하게 나눈 경우의 타이밍이다. 입력 신호는 플립플롭의 동작 시기에 해당하는 상승 에지보다 셋업 시간(t_{setup}) 이전에 안정되어야 하고, 상승 에지 이후에 유지 시간(t_{hold}) 동안 변하지 않아야 한다. 이 조건을 만족하는 경우, 상승 에지부터 지연 시간(t_{delay})이 지난 후 출력 값이 결정된다. 이 과정을 거시적으로 본 타이밍이 [그림 2-14(b)]이다. 거시적으로 해석할 때 플립플롭은 클럭의 상승 에지 직전 입력 값에 따라 상승 에지 직후에 출력 값이 변한다.

입력 신호에 따른 플립플롭의 종류는 D 플립플롭, SR 플립플롭, JK 플립플롭, T 플립플롭 이 있다. [그림 2-15]는 네 가지 종류의 플립플롭에 대한 그림과 동작 특성표이다. 편의상 네 가지 모두 상승 에지 플립플롭으로 설명한다. 레벨 트리거 혹은 하강 에지 방식의 플립플롭도 존재하며, 이 경우에 다음상태로 변하는 동작 시기가 달라진다. 플립플롭의 출력을 두 가지로 표시하였는데, 하나는 정상 출력(Q)이고 다른 하나는 정상 출력과 항상 반대 값을 갖는 부출력 $\overline{Q}$이다. 종류별 플립플롭의 동작은 다음과 같다. 에지 트리거 방식인 플립플롭은 클럭이 인가되기 직전의 입력 신호에 따라 출력 신호가 변한다. 이후의 설명에서 다음상태는 클럭이 인가된 직후의 출력을 말한다.

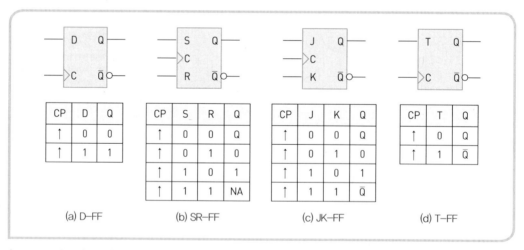

그림 2-15 **플립플롭의 종류**

• D 플립플롭
　- 입력선이 하나(D)이다.
　- 클럭의 상승 에지 직전 입력 값에 따라 상승 에지 직후에 출력의 다음상태가 결정

된다.

  - 입력 값이 클럭이 인가된 후에 출력에 나타나므로 입력값이 지연(delay)되는 효과
  가 있다.

- **SR 플립플롭**

  - 입력선이 S(set)와 R(reset) 두 개이다.
  - 클럭이 변할 때 입력값이 S=0, R=0이면 현재상태를 그대로 유지한다. 이것을 특
  성표에 Q로 표현하였다.
  - 클럭이 변할 때 입력값이 S=0, R=1이면 다음상태는 0(reset)이다.
  - 클럭이 변할 때 입력값이 S=1, R=0이면, 다음상태는 1(set)이다.
  - 클럭이 변할 때 입력값이 S=1, R=1인 경우는 사용할 수 없도록(not allowed) 규정
  하고 있다. 즉, SR 플립플롭은 S와 R의 값이 동시에 1이 되도록 사용할 수 없다.

- **JK 플립플롭**

  - 입력선이 J와 K 두 개이다.
  - 클럭이 변할 때 입력값이 (J=0, K=0), (J=0, K=1), 그리고 (J=1, K=0)인 경우는
  SR 플립플롭과 동작이 같다.
  - 클럭이 변할 때 입력값이 J=1, K=1인 경우의 다음상태는 현재상태의 반대값이다.
  이것을 동작 특성표에 $\overline{Q}$로 표현하였다. 이렇게 출력의 상태가 현재상태의 반대
  값으로 변하는 것을 토글(toggle)이라고 한다.

- **T 플립플롭**

  - 입력선이 T 하나이다.
  - 클럭이 변할 때 입력값이 T=0이면, 출력의 다음상태는 현재상태를 그대로 유지한
  다. 즉, 값이 변하지 않는다.
  - 클럭이 변할 때 입력값이 T=1이면, 출력은 토글된다.

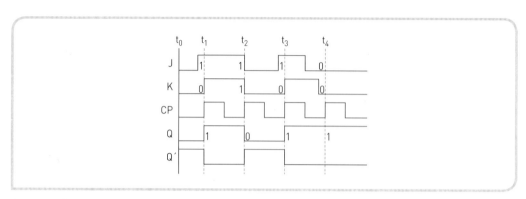

그림 2-16 상승 에지 JK 플립플롭의 동작 예

[그림 2-16]은 상승 에지에서 동작하는 JK 플립플롭의 동작 예이다. t_0에서 초깃값은 J=0, K=0, Q=0으로 가정한다. 상승 에지에서 동작하므로, 클럭이 0에서 1로 변하는 순간(t_1, t_2, t_3, t_4)에 입력의 클럭 직전 값에 따라 클럭 직후의 출력이 변한다. 여기서 상승 에지 직전의 입력 J와 K의 값에 따라 상승 에지 직후의 출력이 변한다는 것이 중요하다. 다른 구간에서 JK 플립플롭의 다음상태는 변하지 않는다. 각 시간별 동작은 다음과 같다.

- t_1에서 클럭의 상승 에지 직전의 J=1, K=0이므로, Q는 세트되어 1로 값이 변한다.
- t_2에서 클럭의 상승 에지 직전의 J=1, K=1이므로, Q는 값이 토글된다. 즉, 현재상태가 1이므로 다음상태는 0으로 변한다.
- t_3에서 클럭의 상승 에지 직전의 J=1, K=0이므로, Q는 값이 다시 1로 세트된다.
- t_4에서 클럭의 상승 에지 직전의 J=0, K=0이므로, Q는 이전 상태가 유지되어 그대로 1로 남아 있다.
- 부출력 $\overline{Q}$는 항상 Q와 반대 값을 갖는다.

2.3.2 레지스터

레지스터(register)는 여러 비트의 이진 정보를 저장하는 빌딩 블록이며, 저장하고자 하는 비트 수만큼의 플립플롭을 포함하고 있다. [그림 2-17]은 D 플립플롭 네 개로 만든 가장 간단한 레지스터이다. 레지스터를 구성하는 플립플롭들은 한 개의 소자처럼 동작하도록, 클럭이 함께 연결되어 있다. 그러므로 플립플롭들의 출력이 모두 동시에 변한다.

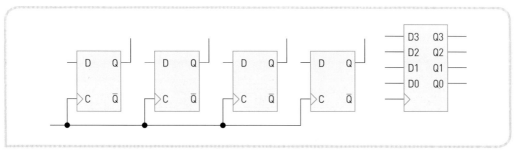

그림 2-17 4비트 레지스터

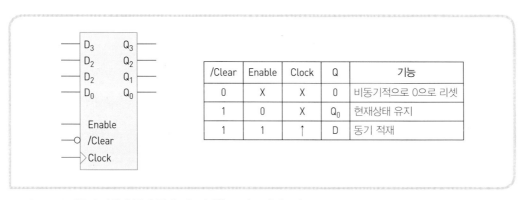

그림 2-18 비동기 리셋과 동기 적재 기능이 있는 4비트 레지스터

/Clear	Enable	Clock	Q	기능
0	X	X	0	비동기적으로 0으로 리셋
1	0	X	Q_0	현재상태 유지
1	1	↑	D	동기 적재

[그림 2-18]은 비동기 리셋과 동기 적재 기능이 있는 4비트 레지스터의 모양과 동작표이다. 이 레지스터는 다음과 같이 동작한다. Enable은 정논리이고, /Clear는 부논리 제어 신호이다.

- /Clear가 0일 때, 클럭의 상태와 무관하게 출력은 즉시 0으로 변한다. 이와 같이 클럭 신호와 상관 없이 아무 때나 동작하게 만드는 입력 신호를 비동기 입력이라고 한다.
- /Clear가 1이고 Enable이 0일 때, 출력은 현재상태를 유지한다.
- /Clear가 1이고 Enable이 1일 때, 클럭의 상승 에지에서 입력 신호 D의 값을 레지스터의 출력 Q로 전달한다.

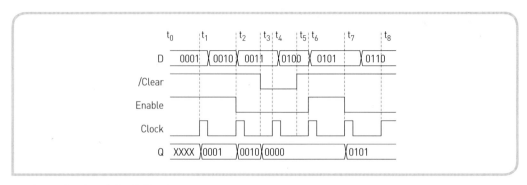

그림 2-19 | 4비트 레지스터의 동작

[그림 2-19]는 이 레지스터의 동작 예이다. 4비트의 신호가 동시에 변하는 것을 나타내기 위하여 입력 D와 출력 Q의 신호를 두 줄로 표현하였고, 각 구간에서의 D와 Q의 값을 2진수로 적어 넣었다. 해석은 다음과 같다.

- t_0에서 초깃값은 D=0001이고, Q는 임의의 값(XXXX)이라고 가정하였다.
- t_1에서 /Clear=1이고 Enable=1이므로, 클럭의 상승 에지 직전에 입력 D의 값 (0001)이 레지스터에 적재되어, 클럭의 상승 에지 직후에 출력 Q의 값이 0001로 변한다.
- t_2에서도 /Clear=1이고 Enable=1이므로, 클럭의 상승 에지 직전에 입력 D의 값 (0010)이 레지스터에 적재되어, 클럭의 상승 에지 이후에 출력 Q의 값이 0010으로 변한다.
- t_3에서 비동기 /Clear 입력이 0으로 변함과 동시에 출력 Q는 0000으로 변한다. 이 때 입력 D는 아무 역할도 하지 못한다.
- 비동기 /Clear 입력이 t_5까지 유지되므로, t_4의 클럭 상승 에지는 레지스터의 출력에 아무 영향을 주지 못하고, 출력 Q는 계속 0000을 유지한다.
- t_6에서 /Clear=1이고 Enable=0이므로, 출력 Q는 이전 값인 0000을 계속 유지한다. 이와 같이 조건을 검사할 때는 클럭 상승 에지의 직전 값을 보아야 하고, 출력은 클럭 상승 에지의 직후에 변한다는 것에 주의해야 한다.
- t_7에서 /Clear=1이고 Enable=1이므로, 다시 입력 D의 값(0101)이 클럭 상승 에지 이후에 출력 Q로 나타난다.
- t_8에서 /Clear=1이고 Enable=0이므로, 출력 Q는 이전 값인 0101을 계속 유지한다.

지금까지 간단한 레지스터의 기능을 설명하였다. 컴퓨터의 중앙처리장치 내부에 여러 개의 레지스터가 있으며 이 레지스터들은 [그림 2-18] 형태의 구조와 기능을 갖는다. 중앙처리장치는 처리하려는 데이터를 임시로 저장하는 용도로 레지스터를 사용한다.

⟨2.3.3⟩ 시프트 레지스터

레지스터에 저장된 데이터를 왼쪽 또는 오른쪽으로 자리 이동(shift)하는 레지스터를 시프트 레지스터(shift register)라고 한다. 시프트 레지스터는 병렬 데이터를 직렬로 출력하거나 직렬로 입력되는 데이터를 모아 병렬 데이터로 변환하는 용도로 사용된다. D 플립플롭을 사용한 가장 간단한 시프트 레지스터는 [그림 2-20]과 같은 구조로 만들어져 있다. 왼쪽에 있는 플립플롭의 출력이 오른쪽 플립플롭의 입력에 연결되어 있다. 따라서 클럭이 인가될 때마다 각 플립플롭의 출력이 오른편에 있는 플립플롭의 출력으로 나타나게 되어, 플립플롭의 값이 자리 이동하는 효과를 나타낸다.

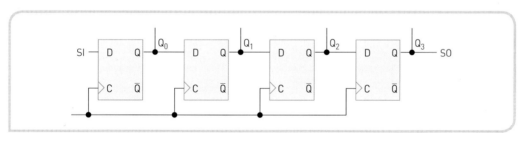

그림 2-20 간단한 시프트 레지스터

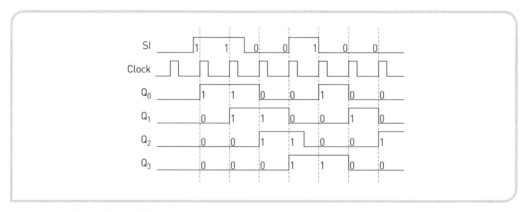

그림 2-21 시프트 레지스터의 동작

[그림 2-21]은 시프트 레지스터의 동작 예이다. 클럭의 상승 에지에서 입력(SI, Serial In)은 Q_0로, Q_0의 출력은 Q_1로, Q_1의 출력은 Q_2로, 그리고 Q_2의 출력은 Q_3로 전달된다. 전체적으로 보면 왼쪽에서 오른쪽으로 값이 전달되기 때문에 오른쪽 시프트(shift-right) 기능을 수행한다.

[그림 2-22]는 병렬 적재 기능이 있는 4비트 양방향 시프트 레지스터이다. 이 레지스터는 값을 적재하는 일반 레지스터의 기능과 데이터를 왼쪽 또는 오른쪽으로 이동하는 시프트 레지스터 기능을 모두 갖고 있다. 레지스터의 출력을 0으로 만들기 위한 비동기 /Clear 제어선과 레지스터의 기능을 선택하기 위한 두 비트의 선택선(S_1, S_0)을 갖고 있다.

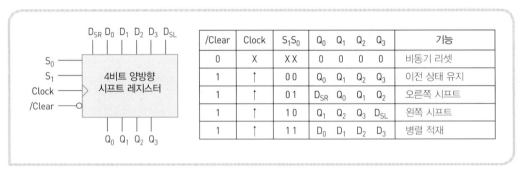

/Clear	Clock	S_1S_0	Q_0	Q_1	Q_2	Q_3	기능
0	X	X X	0	0	0	0	비동기 리셋
1	↑	0 0	Q_0	Q_1	Q_2	Q_3	이전 상태 유지
1	↑	0 1	D_{SR}	Q_0	Q_1	Q_2	오른쪽 시프트
1	↑	1 0	Q_1	Q_2	Q_3	D_{SL}	왼쪽 시프트
1	↑	1 1	D_0	D_1	D_2	D_3	병렬 적재

그림 2-22 4비트 양방향 시프트 레지스터

2.3.4 카운터

카운터(counter)는 클럭 펄스가 인가됨에 따라 미리 정해진 순서로 상태를 계속 반복하는 레지스터의 일종이다. 이진 카운터(binary counter)는 미리 정해진 순서의 상태가 2진수 순서로 증가한다. n비트 이진 카운터는 0부터 2^n-1까지의 값을 순환적으로 반복 카운트 한다. 4비트 이진 카운터의 동작은 [그림 2-23(a)]와 같이 0000부터 1111까지(즉, 0부터 15까지)의 16개의 상태를 갖는 상태도로 표현할 수 있다. 클럭이 0에서 1로 변할 때 상태가 변하는 4비트 이진 카운터의 동작은 [그림 2-23(b)]와 같이 변한다. 클럭이 변할 때마다 출력($Q_3Q_2Q_1Q_0$)의 값을 16진수로 읽으면, 0, 1, 2, ..., D, E, F, 0, 1, ...의 순서로 변하는 것을 알 수 있다.

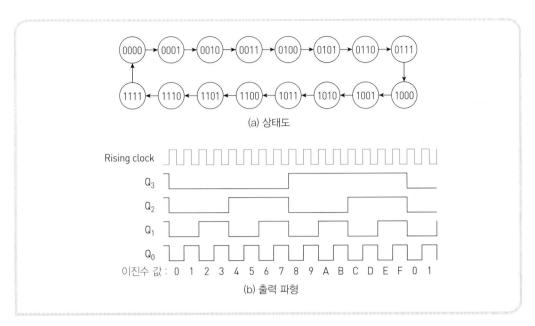

(a) 상태도

(b) 출력 파형

그림 2-23   4비트 이진 카운터

[그림 2-24]는 병렬 적재가 가능한 4비트 이진 카운터이다. 이것은 레지스터와 카운터의 기능을 모두 갖고 있다. 블록도 왼쪽의 /Clear, /Load, Enable, Clock은 제어 신호이고, 위의 $D_3D_2D_1D_0$는 내부 레지스터로 인가되는 입력 신호이다. 그리고 아래의 $Q_3Q_2Q_1Q_0$는 카운터의 출력 신호이다. 카운터의 CO(Carry Out)의 출력 값은 카운트 모드로 동작 중이고 출력 $Q_3Q_2Q_1Q_0$=1111일 때 1이고 나머지는 0이다. 이 신호는 4비트 카운터 여러 개를 연결하여 8비트, 16비트 카운터로 확장할 때 사용된다. 이 카운터의 기능은 다음과 같다.

- /Clear가 0일 때, 클럭 신호와 상관 없이 출력은 비동기적으로 0으로 리셋된다.
- /Clear가 1이고 Enable이 0일 때, 카운터의 출력은 변하지 않는다.
- /Clear가 1이고 Enable이 1이고 /Load가 0일 때, 레지스터처럼 동작하여 클럭의 상승 에지에서 입력 D가 출력 Q에 나타난다.
- /Clear가 1이고 Enable이 1이고 /Load가 1일 때, 카운터 모드로 동작하여 클럭의 상승 에지에서 출력 Q의 값이 증가한다.

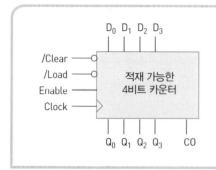

/Clear	Enable	/Load	Clock	기능
0	X	X	X	비동기 리셋
1	0	X	X	이전 상태 유지
1	1	0	↑	동기 병렬 적재
1	1	1	↑	카운트

그림 2-24 ▏ 병렬 적재 가능한 4비트 카운터

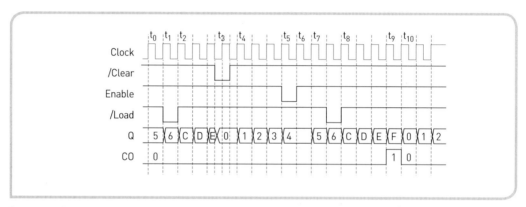

그림 2-25 ▏ 병렬 적재 가능한 4비트 카운터의 동작 예

[그림 2-25]는 카운터의 입력 $D(D_3D_2D_1D_0)$에 1100(16진수 C)이 인가되어 있고, /Clear, Enable, /Load 제어 신호가 그림과 같이 인가될 때 카운터의 동작 예이다.

- t_0에서 출력 Q의 초깃값을 0101(5h)로 가정한다. CO의 출력은 Q의 값이 F일 때만 1이므로, CO의 값은 0이다. 입력 D에는 값 C가 연결되어 있으며 이 값은 변하지 않는다고 가정한다.
- t_1에서 클럭이 인가되기 직전에 Enable = 1이고 /Load = 1이므로, Q는 6으로 증가한다.
- t_2에서 클럭이 인가되기 직전에 Enable =1이고 /Load = 0이므로, 동기 방식으로 입력을 출력에 적재한다. 동기식으로 적재하기 때문에 입력이 출력으로 나타나는 시간은 클럭의 상승 에지 이후이다. 따라서 t_2 직후에 출력 Q에 입력 D의 값인 C가 나타난다.
- 이후 t_3 이전까지 계속 카운트하여 출력의 값이 E까지 증가한다. t_3에서 비동기 리

셋 신호인 /Clear가 0으로 변하고, 따라서 즉시 출력 Q의 값은 0으로 변한다.

- t_4에서 다시 카운트를 시작하여 출력 Q의 값이 1, 2, 3으로 증가한다.
- t_5에서도 클럭이 인가되기 직전에 Enable = 1이고 /Load = 1이므로, 계속 카운트하여 Q의 값이 4로 증가한다.
- t_6에서 클럭이 인가되기 직전에 Enable = 0이므로, 카운트하지 않고 Q의 값은 4를 유지한다.
- t_7에서 다시 카운트 모드로 전환되어 Q의 값은 5, 6으로 증가한다.
- t_8에서 클럭이 인가되기 직전의 Enable =1이고 /Load = 0이므로, 입력 D의 값을 적재한다. 따라서, 출력 Q는 C로 변한다. 이후 계속 카운트하여 출력은 F까지 증가한다.
- t_9에서는 출력 Q의 값이 F이고, 이 때 출력 CO는 1을 출력한다.
- 4비트 카운터이므로, t_{10}에서 카운터의 출력이 F에서 0으로 변하고, 이후 계속해서 카운트한다.

2.4 │ 레지스터 전송 언어

컴퓨터는 거대한 순차 논리회로이므로, 레지스터 간의 데이터 전송이 순차적으로 발생하는 것으로 컴퓨터의 동작을 표현할 수 있다. 컴퓨터에서 수행되는 최소 단위의 동작을 마이크로오퍼레이션(micro-operation)이라고 하며, 마이크로오퍼레이션을 표현하기 위하여 레지스터 전송 언어(register transfer language)를 사용한다. 이 절에서는 마이크로오퍼레이션을 정의하고 레지스터 전송 언어의 표기법에 대하여 설명한다.

2.4.1 │ 마이크로오퍼레이션

컴퓨터는 논리회로의 전반적인 동작을 제어하기 위한 타이밍 신호 발생기(timing signal generator)를 포함하고 있으며, 이 회로는 [그림 2-26]과 같이 클럭 신호에 대하여 현재 진행되고 있는 클럭이 몇 번째 클럭 구간에 해당하는지 결정한다. 간단한 타이밍 발생기는 2비트 카운터와 2×4 디코더를 연결하여 만들 수 있다.

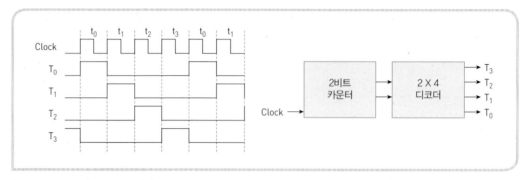

그림 2-26 타이밍 신호 발생기

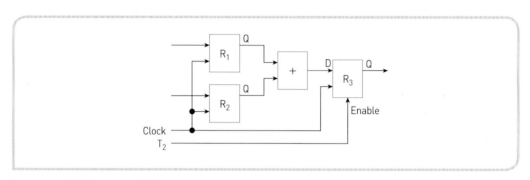

그림 2-27 마이크로오퍼레이션의 예

컴퓨터는 한 개의 클럭 구간마다 기본 동작인 마이크로오퍼레이션을 수행한다. 예를 들어, [그림 2-27] 회로의 동작을 해석해 보자. 그림의 R_1, R_2, R_3은 [그림 2-18]의 동기 적재가 가능한 레지스터이고, 가운데의 덧셈기는 조합 논리회로이다. 레지스터 R_1과 R_2의 출력이 덧셈기로 연결되어 있고, 덧셈기의 출력은 레지스터 R_3으로 연결되어 있다. 현재 시간이 t_2가 시작하는 시점이라고 가정하자. 덧셈기는 조합 논리회로이므로 클럭과 무관하게 레지스터 R_1과 R_2의 출력을 더하여 레지스터 R_3의 입력으로 전달한다. 레지스터 R_3의 제어 입력 Enable에 T_2가 연결되어 있으므로, T_2가 끝나는 시점에 레지스터 R_3의 입력이 출력으로 전달된다. 결과적으로 t_3이 시작하는 시점에, R_1과 R_2의 합을 레지스터 R_3으로 전달한다.

마이크로오퍼레이션은 한 개의 클럭 구간 안에서 레지스터 간에 수행하는 동작이다. 레지스터 간 동작은 한 개 이상의 레지스터 출력이 조합회로를 거쳐 다른 레지스터의 출력으로 전달되는 과정이다. 한 개의 클럭 구간의 길이는 레지스터 동작에 필요한 셋업 시간, 유지 시간, 지연시간과 조합 논리회로의 지연시간을 모두 수용할 수 있을 만큼 충분히 길어야 한다.

2.4.2 레지스터 전송 언어의 표현

마이크로오퍼레이션을 표현하기 위하여 레지스터 전송 언어를 사용한다. 예를 들어, [그림 2-27]의 동작을 레지스터 전송 언어로 표현한 것은 다음과 같다.

$$T_2 : R_3 \leftarrow R_1 + R_2$$

이것은 T_2에서 레지스터 R_1과 R_2를 더하여 레지스터 R_3에 적재한다는 것을 의미한다. 레지스터 전송 언어는 콜론(:), 문자와 숫자, 화살표, 콤마(,), 논리식과 산술식으로 구성된다.

- **콜론(:)**: 해당 마이크로오퍼레이션이 수행될 조건을 콜론(:) 앞에 기술한다. 조건은 논리식으로 표현된다.
- **문자와 숫자**: 문자와 숫자의 조합으로 마이크로오퍼레이션에 관련되는 레지스터를 표현한다. 여러 비트로 구성된 레지스터의 일부 비트만 동작하는 경우에는 괄호 안에 해당 비트를 나타내는 숫자를 적는다.
- **화살표**: 데이터가 전달되는 방향을 나타낸다.
- **콤마(,)**: 한 개의 클럭 구간에서 여러 개의 마이크로오퍼레이션이 동시에 수행되는 경우에 마이크로오퍼레이션을 구분한다.
- **논리식과 산술식**: 조건 오른쪽에 나타나며, 조합회로의 동작을 나타낸다. 조합회로의 동작이 포함되지 않는 경우도 있다.

레지스터 전송 언어로 마이크로오퍼레이션을 표현한 예는 다음과 같다. 예제에 나타난 MAR, MBR, PC, IR 등은 중앙처리장치 안에 있는 레지스터의 이름이다.

- **MAR ← PC**: 조건은 표현되어 있지 않으며, 단지 PC의 값이 MAR로 전달된다는 것만 나타내고 있다.
- **IR ← MBR(7:0)**: MBR의 크기가 몇 비트인지 표현되어 있지 않으나, MBR의 일부인 7번 비트부터 0번 비트까지 8비트의 데이터가 레지스터 IR로 전달된다는 것을 나타내고 있다.
- **R_2 ← R_1, R_1 ← R_2**: R_1과 R_2는 레지스터의 이름이다. 한 개의 클럭 구간에서 R_1과 R_2의 데이터가 서로 교환되는 것을 의미한다. 즉, 두 가지 동작이 동시에 수행된다. 동작 조건은 표현되어 있지 않다.
- **$T_2 + T_3$: R_3 ← $R_1 + R_2$**: 조건 신호 T_2가 1이거나 혹은 T_3이 1일 때, R_1과 R_2를 더하여

R_3에 저장하는 것을 나타낸다. 조건의 '+'는 OR 연산을 의미하고, 동작의 '+'는 덧셈 연산을 의미한다. 즉, 콜론 오른쪽의 동작은 T_2가 1일 때도 수행되고 T_3이 1일 때도 수행된다.

- if (START = 1), R1 ← 0: 레지스터 전송문의 실행 부분에 조건을 별도로 if (조건) 형태로 표현하기도 한다. 이 예는 조건을 결정하는 신호 START가 1이면, 레지스터 R_1을 0으로 초기화 하는 마이크로오퍼레이션을 나타내며, 'START: R1 ← 0'과 같은 의미이다.

지금까지 레지스터 전송문의 표현 방법을 설명하였다. 컴퓨터의 동작은 마이크로오퍼레이션을 나타내는 여러 개의 레지스터 전송문으로 표현된다. 중앙처리장치를 설계하는 것은 레지스터 전송문을 지원할 수 있는 하드웨어를 설계하는 문제로 귀결된다. 레지스터 전송문은 3장 이후에 자주 사용되므로 레지스터 전송문의 표현 방법을 잘 알고 있어야 한다.

2.5 요약

지금까지 논리회로 시간에 학습하는 기본적인 수의 체계, 진법, 코드, 조합 논리회로와 순차 논리회로의 빌딩 블록, 그리고 상위 수준에서 순차 논리회로의 동작을 표현하는 레지스터 전송 언어에 대하여 설명하였다.

수의 체계에서 자릿수에 무게를 곱하여 수의 크기를 계산하는 방법을 알고 있어야 하고, 10진수를 2진수로 변환하고, 2진수를 10진수로 변환하는 방법을 알아야 한다. 기계는 안정된 상태를 두 개 갖는 2진수를 사용하지만, 사람은 2진수를 사용하려면 불편하다. 따라서 사람은 2진수를 세 자리씩 묶어 8진수로 표기하고, 네 자리씩 묶어 16진수로 표기하는 것이 더 편리하다. 컴퓨터는 모든 정보를 2진수로 표현하므로, 숫자 이외의 정보는 코드로 변환된다.

조합 논리회로에서는 기본적인 논리 게이트를 소개하고 디코더, 인코더, 멀티플렉서, 디멀티플렉서, 그리고 가산기의 기능을 설명하였다. 순차 논리회로에서는 기본적인 기억 소자인 플립플롭을 소개하고 레지스터, 시프트 레지스터, 카운터의 기능을 설명하였다. 간단히 설명하기 위하여 디코더, 인코더 등의 조합 논리소자나 레지스터와 카운터를 설명할 때 네 비트 소자를 위주로 설명하였지만, 실제로 컴퓨터에서는 비트 수가 8비트, 16비트, 32비트로 확장된 소자를 많이 사용한다. 컴퓨터의 동작은 마이크로오퍼레이션의 집합으로 표현될 수 있으며, 마이크로오퍼레이션을 표현하는 방법이 레지스터 전송 언어이다. 자세한 설계 방법과 회로에 대한 설명은 생략하였지만, 논리회로에서 이러한 빌딩 블록들을 설계하는 방법까지 자세히 다루고 있으므로 참고하기 바란다.

2장에서 소개한 빌딩 블록들은 컴퓨터 내부의 중앙처리장치에 있는 레지스터, 연산기, 제어 장치 등의 구성 요소로 모두 중요하게 사용되고 있다. 그러므로 적어도 2장에서 설명한 소자들의 기능에 관하여 반드시 알고 있어야 3장 이후를 학습할 수 있다. 이 장의 내용이 어렵다고 느끼는 학생들은 별도로 논리회로 과목을 학습하기 바란다.

연습문제

2.1 수와 코드

01 $(2195.12)_{10}$를 (식 2-1)과 같은 형식으로 표현하라.

02 문제에 주어진 진법의 수를 10진수로 변환하라.

(1) $(421.3)_5$ (2) $(726.4)_8$

03 7진법의 수의 각 자리를 표현하기 위한 숫자를 모두 적어라.

04 10진수를 주어진 진법의 수로 변환하라.

(1) 381을 2진수로   (2) 381을 8진수로   (3) 381을 16진수로

05 2진수 1010100111011010.1010111에 대한 8진수와 16진수 표현을 구하라.

06 집합 $\{\spadesuit, \diamondsuit, \heartsuit, \clubsuit\}$의 원소에 차례대로 {00, 01, 10, 11}의 코드를 부여한다. 질문에 답하라.

(1) '$\heartsuit \diamondsuit \diamondsuit \spadesuit$'를 인코드한 2진수를 16진수로 표현하라.
(2) '10111100'을 디코드하여 기호로 표현하라.

07 다음 동물에 2진수 코드를 부여하고, 어떠한 점을 고려하였는지 설명하라.

> 소, 말, 닭, 오리, 개, 양, 도마뱀, 두꺼비, 원숭이, 치타, 뱀, 개구리, 거위, 학, 호랑이, 늑대

08 10진수에 대한 BCD 코드와 3초과 코드를 구하라.

(1) 301   (2) 408   (3) 516   (4) 1026   (5) 1225

09 "Computer Architecture"에 대한 ASCII 코드를 16진수로 적어라.

2.2 조합 논리회로

01 논리식에 대한 논리 회로도를 그려라.

(1) $F = A \cdot B + A' \cdot C$ (2) $F = (X \oplus Y + Y \cdot Z)'$

02 네 비트의 수를 더하여 두 비트의 합과 한 비트의 자리올림수를 출력하는 조합 논리회로의 진리표를 완성하라.

입력				자리올림수	합		설명
A	B	C	D	C	S_1	S_0	
0	0	0	0	0	0	0	0 + 0 + 0 + 0 = 000(0)
0	0	0	1				
0	0	1	0				
0	0	1	1				
0	1	0	0				
0	1	0	1				
0	1	1	0				
0	1	1	1				
1	0	0	0				
1	0	0	1				
1	0	1	0				
1	0	1	1				
1	1	0	0				
1	1	0	1				
1	1	1	0				
1	1	1	1	1	0	0	1 + 1 + 1 + 1 = 100(4)

03 [그림 2-6] 2×4 디코더의 네 개의 출력에 대한 논리식을 입력신호의 조합으로 표현하라.

04 [그림 2-7] 디코더의 신호가 정논리인지 부논리인지 밝혀라.

(1) Enable 신호   (2) Select 신호   (3) Output 신호

05 〈표 2-5〉와 같이 동작하는 인코더의 문제점은 무엇인가?

06 〈표 2-6〉의 우선순위 인코더의 입력과 출력이 정논리인지 부논리인지 밝혀라.

07 〈표 2-6〉 우선순위 인코더에서 다음과 같은 입력값에 대한 출력을 구하라.

입력									출력			
1	2	3	4	5	6	7	8	9	D	C	B	A
H	L	H	H	L	L	H	L	H				
H	L	H	H	L	H	H	H	H				

08 멀티플렉서의 선택선 S_1S_0의 값이 01이고 디멀티플렉서의 선택선 S_1S_0의 값이 11일 때, 신호가 전달되는 과정을 아래 그림 위에 선으로 표시하라.

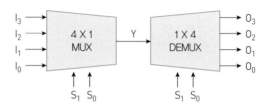

09 [그림 2-7]의 74139 디코더를 디멀티플렉서로 사용하려고 한다. 입력 신호가 다음과 같을 때, 회로도 위에 각 게이트의 출력값을 표시하라. 그리고 이 때 회로가 어떻게 디멀티플렉서로 동작하는지 설명하라.

입력 신호: ENABLE G1 = 0, SELECT INPUTS A1 = 0, B1 = 1

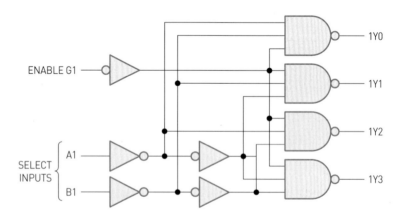

10 그림의 전가산기 네 개를 선으로 연결하여 4비트 병렬 가산기 회로를 그려라.

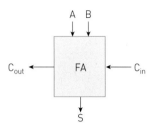

2.3 순차 논리회로

01 입력 파형에 대한 하강 에지 D 플립플롭(negative-edge triggered D-FF)의 출력을 그려라. 출력 Q의 초깃값을 0으로 가정한다.

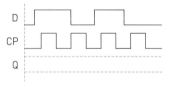

02 [그림 2-18]의 4비트 레지스터에 대하여 입력 파형이 다음과 같을 때 출력 파형을 그려라. 출력의 초깃값은 don't care로 처리하라.

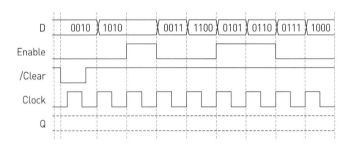

03 전화기의 키 12개를 코드로 변환한 후 직렬로 한 비트씩 전송하려고 한다.

(1) 각 키에 할당하여야 할 비트의 최소 수는?
(2) 코드를 만드는 장치의 이름은?
(3) 코드를 저장하기에 적합한 장치의 이름은?

04 카운터는 시간을 측정하거나 숫자를 세는데 사용된다. 일상 생활에서 카운터가 사용되는 예를 세 가지 이상 제시하라.

2.4 레지스터 전송 언어

01 마이크로오퍼레이션에 대한 설명으로 옳은 것을 모두 선택하라.

① 타이밍 신호 발생기가 수행하는 동작이다.
② 컴퓨터에서 수행되는 최소 단위의 동작이다.
③ 컴퓨터 회로에서 한 개의 논리 게이트를 통과하는 동작이다.
④ 컴퓨터가 한 개의 클럭 사이클 구간 동안 수행하는 동작이다.

02 다음 설명을 레지스터 전송 언어로 표현하라.

① 제어 신호인 INT의 값이 1이면, 레지스터 PC에 8을 적재한다.
② 레지스터 R1에서 R2를 뺀 값을 레지스터 R3에 적재한다.
③ 제어 신호 A가 1이거나 B가 1일 때, 레지스터 R1의 비트 0을 1로 만든다.
④ 타이밍 신호 발생기의 T2가 1일 때, 레지스터 IR에 레지스터 MBR의 값을 적재한다.

컴퓨터 구조의 개요

03 컴퓨터 구조의 개요

3장은 실질적으로 컴퓨터 구조를 다루는 첫 번째 장이다. 컴퓨터는 프로그램을 실행하는 기계이다. 컴퓨터는 중앙처리장치, 기억장치, 그리고 입출력장치로 구성되어 있으며, 이 장치들이 서로 역할을 분담하여 프로그램을 실행한다. 이 장은 최상위 레벨에서 본 컴퓨터 구성요소들의 구조와 기능에 대하여 설명한다.

컴퓨터는 기계어로 작성된 프로그램을 이해하며, 프로그램은 명령어들의 모임이고, 명령어는 컴퓨터가 수행할 동작을 나타내는 부분과 명령어가 처리할 데이터로 구성되어 있다. 컴퓨터는 프로그램을 기억장치에 저장해 두고 프로그램을 구성하는 명령어를 중앙처리장치로 하나씩 가져와 해석하고 실행한다. '3.1 프로그램의 실행'은 컴퓨터 구조를 이해하는 도입부에 해당하며, 고급언어와 기계어 프로그램과의 관계, 프로그램 내장형 컴퓨터, 그리고 명령어 사이클에 대하여 설명한다. '3.2 컴퓨터의 구성 요소'는 중앙처리장치, 주기억장치, 입출력장치에 대하여 설명한다. 중앙처리장치 내부의 프로그램 카운터, 명령어 레지스터, 제어장치, 연산기 등을 소개하고, 컴퓨터가 주기억장치와 입출력 장치를 액세스하는 방법에 대하여 설명한다. '3.3 시스템 버스'는 구성 요소들을 서로 연결하는 방법에 대하여 설명한다. 여기에서는 주소 버스, 데이터 버스, 그리고 제어 버스에 대한 개념을 소개한다. '3.4 명령어'는 중앙처리장치가 명령어를 처리하데 필요한 명령어의 종류, 명령어를 2진수로 표현하는 방법, 그리고 명령어가 처리하는 데이터의 종류에 대하여 설명한다. 마지막으로 '3.5 명령어 실행 과정'은 컴퓨터의 기본적인 동작을 이해할 수 있도록 아주 간단한 컴퓨터 구조를 정의하고, 여기에서 실행할 수 있는 명령어들을 설계한 후, 이 컴퓨터가 기계어 프로그램을 실행하는 과정을 설명한다.

3장은 비록 하나의 장이지만, 4장 이후에 나오는 컴퓨터 구조와 관련된 모든 개념을 포함하고 있다. 이 장만 잘 이해하더라도 컴퓨터의 전반적인 동작을 이해할 수 있다.

프로그램의 실행

컴퓨터는 프로그램을 실행한다. 사용자가 컴퓨터에서 데이터를 처리하여 결과물을 얻고자 할 때, 컴퓨터가 이해할 수 있는 언어로 컴퓨터가 수행할 일을 순차적으로 나열한 것이 프로그램이다. 일반적으로 프로그램은 C 언어와 같은 고급 언어(high-level language)로 작성된다. 컴퓨터는 고급 언어로 작성된 프로그램을 직접 실행할 수 없고, 컴퓨터가 실행할 수 있는 형태의 언어에 해당하는 기계어 프로그램(machine language)을 실행할 수 있다. 컴파일러(compiler)는 고급 언어로 작성된 프로그램을 컴퓨터가 이해할 수 있는 형태인 기계어 프로그램으로 번역한다. 고급 언어와 상대적인 개념으로 기계어 프로그램을 저급 언어(low-level language)라고 한다.

이 절에서는 고급 언어와 저급 언어 간의 관계를 살펴보고, 컴퓨터가 기계어 프로그램을 실행하기 위하여 채택한 프로그램 내장형 컴퓨터(stored program computer)의 개념에 대하여 설명한다.

3.1.1 기계어 프로그램

여기에서는 고급 프로그램을 기계어 프로그램으로 번역한 결과를 제시하고, 기계어 프로그램의 특징에 대하여 설명하고자 한다. 기계어 프로그램은 일련의 명령어들(instructions)의 집합이다. 명령어는 프로그래머가 컴퓨터에 지시할 수 있는 최소 작업 단위이다. 고급 언어의 한 개의 문장(statement)은 한 개 이상의 명령어들로 번역될 수 있다.

[그림 3-1(a)]는 1부터 100까지 더하는 C 언어 프로그램이고, [그림 3-1(b)]는 이 프로그램을 Pentium 프로세서의 기계어 프로그램으로 번역한 것이고, [그림 3-1(c)]는 이 프로그램을 Atmega128 프로세서의 기계어 프로그램으로 번역한 것이다.

[그림 3-1(b)]와 [그림 3-1(c)]에서 번호는 편의상 차례대로 부여한 라인 번호이고, 주소 부분은 해당 기계어 명령어가 배치된 주기억장치의 주소이고, 기계어 코드 부분은 해당 주소에 배치된 기계어 명령어이고, 어셈블리 언어 부분은 기계어 명령어에 대한 어셈블리 언어 명령어이다. 주소와 기계어 명령어는 16진수로 표현되어 있다. 기계어는 위에서 알 수 있는 바와 같이 2진수 코드로 만들어져 있다. 따라서 2진수로 표현된 기계어 명령어를 기계어 코드(machine code)라고 부른다. 2장에서 설명한 바와 같이, '코드'란 한정된 개체의 집합에 부여한 2진수이다. 기계어 명령어도 2진수로 표현되므로 일종의 코드이다.

```
int n = 1;
int sum = 0;
while (n <= 100) {
    sum = sum + n;
    n = n + 1;
}
```

(a) C 언어 프로그램

번호	주소	기계어 코드	어셈블리 언어	
1.	0041138E	c745f800000001	mov	dword ptr [n],1
2.	00411395	c745ec00000000	mov	dword ptr [sum],0
3.	0041139C	837df864	cmp	dword ptr [n],64h
4.	004113A0	7f14	jg	wmain+46h (4113B6h)
5.	004113A2	8b45ec	mov	eax, dword ptr [sum]
6.	004113A5	0345f8	add	eax, dword ptr [n]
7.	004113A8	8945ec	mov	dword ptr [sum], eax
8.	004113AB	8b45f8	mov	eax, dword ptr [n]
9.	004113AE	83c001	add	eax, 1
10.	004113B1	8945f8	mov	dword ptr [n],eax
11.	004113B4	ebe6	jmp	wmain+2Ch (41139Ch)

(b) Pentium 프로세서의 기계어 프로그램

번호	주소	기계어 코드		어셈블리 언어	
1.	000067	e001		LDI	R16, LOW(1)
2.	000068	e010		LDI	R17, HIGH(1)
3.	000069	e020		LDI	R18, LOW(0)
4.	00006a	e030		LDI	R19, HIGH(0)
5.	00006b	3605	_0x3:	CPI	R16, LOW(101)
6.	00006c	e0e0		LDI	R30, HIGH(101)
7.	00006d	071e		CPC	R17, R30
8.	00006e	f42c		BRGE	_0x5
9.	00006f	0f20		ADD	R18, R16
10.	000070	1f31		ADC	R19, R17
11.	000071	5f0f		SUBI	R16, LOW(-1)
12.	000072	4f1f		SBCI	R17, HIGH(-1)
13.	000073	cff7		RJMP	_0x3
14.	000074		_0x5:		

(c) Atmega128 프로세서의 기계어 프로그램

그림 3-1 고급 언어 프로그램과 기계어 프로그램

기계어는 2진수로 코드화되어 있으므로, 사람이 그 의미를 알아보기 매우 어렵다. 따라서 기계어의 의미를 쉽게 이해할 수 있도록, 각 기계어와 일대일로 대응되는 기호를 사용하여 프로그램을 작성하는 방법을 도입하여 편리를 도모한다. 기계어를 대신하는 언어를 어셈블리어 (assembly language, 또는 어셈블리 언어)라고 하고, 어셈블리어로 작성된 프로그램을 어셈블리어 프로그램이라고 한다. 어셈블리어 프로그램을 기계어 프로그램으로 번역하는 프로그램을 어셈블러(assembler)라고 한다. [그림 3-1]에서 볼 수 있듯이, 기계어와 어셈블리어는 프로세서의 종류마다 서로 다르다. 프로세서를 설계하는 사람이 그 프로세서를 위한 기계어와 어셈블리어를 정의한다. 지금으로선 [그림 3-1]의 기계어와 어셈블리어를 이해할 필요는 없다. 다만, 어셈블리어를 보면 Pentium 프로세서의 경우 데이터의 이동(move), 비교(compare), 더하기(add), 분기(jump) 정도의 명령어들이 나열되어 있고, Atmega128 프로세서의 경우 적재 (load), 비교, 분기(branch), 더하기(add), 빼기(subtract) 정도의 명령어들이 나열된 것으로 대략 유추해 보는 것만으로 충분하다. 어셈블리어로 표현된 명령어를 정확하게 이해하려면 각 프로세서 제조사가 제공하는 프로세서에 대한 명령어 설명서(instruction manual)를 찾아보아야 한다.

3.1.2 프로그램 내장형 컴퓨터

현대의 모든 컴퓨터는 기계어 프로그램을 주기억장치에 저장해 놓고, 중앙처리장치에서 실행한다. 헝가리 출신 미국의 수학자 폰 노이만(Von Neumann)이 1946년에 다음과 같은 개념을 처음으로 제안하였으며, 이러한 컴퓨터를 프로그램 내장형 컴퓨터(stored program computer, 혹은 Von Neumann computer)라고 부른다.

- 프로그램과 데이터를 주기억장치에 저장한다.
- 컴퓨터는 프로그램을 구성하는 명령어를 하나씩 중앙처리장치로 가져와 실행한다.

프로그램 내장형 컴퓨터는 [그림 3-2]와 같은 구조를 갖는다. [그림 3-2(a)]는 중앙처리장치와 주기억장치 간의 통신 채널이 한 개이다. 따라서 중앙처리장치는 명령어와 데이터를 동시에 가져올 수 없다. [그림 3-2(b)]와 같이 주기억장치를 프로그램 기억장치와 데이터 기억장치로 분리하면, 명령어와 데이터를 동시에 액세스할 수 있으므로 기억장치 액세스 속도를 개선할 수 있다. 이 구조를 하버드 구조(Harvard architecture)라고 한다.

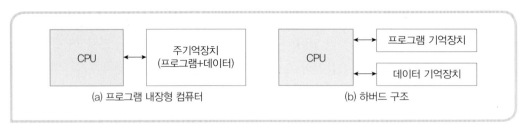

그림 3-2 프로그램 내장형 컴퓨터의 개념

프로그램 내장형 컴퓨터의 중앙처리장치는 다음과 같은 두 가지 단계를 반복하여 수행함으로써 프로그램을 실행한다.

- **인출(fetch)**: 주기억장치에 저장된 명령어 하나를 중앙처리장치로 가져온다.
- **실행(execute)**: 명령어를 해독하고 실행한다. 명령어를 실행하기 위하여 주기억장치에서 데이터를 가져올 수 있다.

중앙처리장치는 컴퓨터에 전원이 인가된 후 [그림 3-3]과 같이 두 가지 단계를 무한히 반복한다. 이 과정을 명령어 사이클(instruction cycle)이라고 한다. 첫 번째 사이클을 명령어 인출 단계(fetch stage), 두 번째 과정을 명령어 실행 단계(execute stage)라고 한다. 인출 단계는 주기억장치에 저장된 명령어 하나를 중앙처리장치 안으로 가져오므로, 이 단계에서 중앙처리장치가 수행하는 일은 명령어 종류와 상관없이 항상 같다. 실행 단계에서 중앙처리장치는 인출한 명령어의 의미에 해당하는 동작을 수행한다.

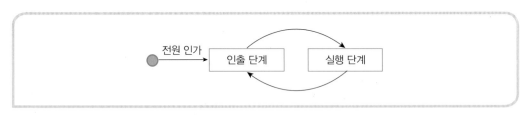

그림 3-3 명령어 사이클

3.2 컴퓨터의 구성 요소

컴퓨터는 [그림 3-4]와 같이 중앙처리장치, 주기억장치, 그리고 입출력장치로 구성되어 있다. 중앙처리장치는 프로그램을 실행하며 컴퓨터의 모든 동작을 제어한다. 주기억장치는 프로그램과 데이터를 저장한다. 입출력장치는 중앙처리장치 혹은 주기억장치와 외부 세계와의 데이터 전송을 담당한다. 그리고 이 세 가지 구성 요소들은 시스템 버스에 의하여 연결되어 있으며, 서로 데이터를 주고받을 수 있다. 이 절에서는 각 구성 요소의 기능 및 특징에 대하여 설명한다.

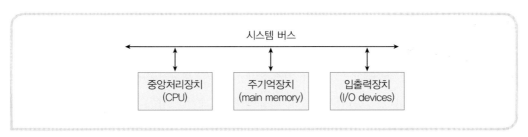

그림 3-4 컴퓨터의 구성 요소

⟨3.2.1⟩ 중앙처리장치

중앙처리장치는 명령어 사이클을 반복하여 수행함으로써 프로그램을 실행한다. 명령어 사이클의 각 단계를 처리하기 위하여 필요한 구성 요소가 무엇인지 알아보자.

인출 단계에서 중앙처리장치는 주기억장치에서 명령어를 하나씩 가져온다. 이 과정을 수행하기 위하여 다음에 실행할 명령어가 저장된 기억장소의 주소를 저장할 레지스터와 인출한 명령어를 저장할 레지스터가 필요하다. 이 레지스터들을 각각 프로그램 카운터(program counter, PC)와 명령어 레지스터(instruction register, IR)라고 한다. 프로그램 내장형 컴퓨터가 명령어를 실행하려면 반드시 이 두 가지 레지스터를 포함하고 있어야 한다. 각 레지스터의 기능은 다음과 같다.

- 프로그램 카운터(PC): 다음에 실행할 명령어의 주소를 저장한다. 프로그램을 구성하는 명령어들은 주기억장치에 차례대로 저장되어 있으므로, 프로그램 카운터의 값은 명령어 한 개를 인출한 다음에 그 명령어의 길이만큼 증가한다. 프로그램 카운터는 명령어를 인출하고 나서 항상 다음에 실행할 명령어가 저장된 기억장소의 주소를 가리키도록 수정된다. 따라서 인출 단계가 끝나면 프로그램 카운터는 '다음에 실행할 명령어의 주소'를 저장한다.
- 명령어 레지스터(IR): 인출 단계에서 프로그램 카운터가 지정한 기억장소에서 인출된 명령어를 저장한다. 명령어 레지스터는 '현재 실행 중인 명령어'를 저장한다.

인출 단계에서 수행하는 일을 레지스터 전송 언어로 표현하면 다음과 같다.

인출 단계: IR ← Mem[PC], PC ← PC + [명령어의 길이]

즉, 주기억장치의 PC 번지에 있는 명령어를 IR에 저장하고, 이와 동시에 PC의 값을 다음 명령어를 가리키도록 증가시킨다.

실행 단계는 명령어 레지스터에 저장된 명령어를 해독하여 명령어를 실행한다. 중앙처리 장치 안에서 명령어를 해독하는 장치가 필요하며, 이것을 제어장치(Control Unit, CU)라고 한다. 명령어를 처리하기 위하여 제어장치 이외에 내부 레지스터(internal registers)와 연산기 (Arithmetic and Logic Unit, ALU, 또는 산술논리연산장치)가 필요하다. 각 구성 요소의 기능 은 다음과 같다.

- 제어장치: 명령어 레지스터에 저장된 명령어를 해독하고, 필요한 제어 신호(control signals)를 생성한다. 제어장치는 컴퓨터 안에서 사용되는 모든 제어 신호를 생성 한다. 제어장치는 중앙처리장치 내부의 구성 요소를 제어하는데 필요한 제어 신호 이외에 중앙처리장치 외부의 주기억장치와 입출력장치를 제어하기 위한 제어 신 호도 생성한다.
- 내부 레지스터: 중앙처리장치가 명령어를 처리하기 위하여 중앙처리장치 안에 데이 터를 저장하는 임시 기억장치가 필요한데, 이것들이 내부 레지스터이다. 프로세서 종류별로 내부 레지스터의 이름, 개수, 용도가 서로 다르다.
- 연산기: 중앙처리장치 안에서 데이터를 처리하는 기능을 담당한다. 주로 레지스터 혹은 주기억장치에 저장된 데이터에 대한 산술 연산 혹은 논리 연산을 수행한다. 연산기는 일반적으로 조합 논리회로로 만들어져 있으며, 두 개의 입력 데이터를 연산하여 하나의 출력을 산출한다.

[그림 3-5]는 단순하게 표현한 중앙처리장치의 내부 구조이다. 각 구성 요소는 내부 버스 (internal bus)에 의하여 연결되어 있다.

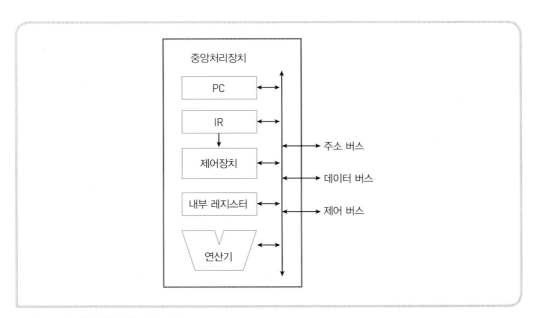

그림 3-5 중앙처리장치의 내부 구조

실행 단계에서 중앙처리장치가 처리하는 일은 명령어의 종류에 따라 다르다. 명령어를 기능별로 데이터 전달(data transfer), 데이터 처리(data processing), 그리고 프로그램 제어 (program flow control)의 세 가지로 분류할 수 있다. 각 명령어 그룹의 기능은 다음과 같다.

- 데이터 전달: 데이터의 값을 조작하지 않고 단순히 컴퓨터의 구성요소들에 데이터를 전달한다. 내부 레지스터, 주기억장치, 입출력장치의 임의의 쌍에 대한 데이터 전달 명령어가 있을 수 있다.
- 데이터 처리: 내부 레지스터 또는 기억장치에 저장되어 있는 데이터에 대하여 산술 또는 논리 연산을 수행하여 값을 산출하고, 처리 결과를 다시 레지스터나 기억장치로 저장한다. 컴퓨터 안에서 수행되는 데이터 처리는 모두 연산기에서 수행된다.
- 프로그램 제어: 명령어의 실행 순서를 변경한다. 프로그램 실행 순서를 변경한다는 것은 궁극적으로 프로그램 카운터의 값을 변경하는 것이다.

예제
3-1

다음 레지스터 전송문은 어느 그룹의 명령어에 해당하는가?

(1) R1 ← Mem[400]
(2) R2 ← R3 + Mem[401]
(3) PC ← R2
(4) Mem[402] ← R2
(5) if (ZERO) PC ← IR(ADDRESS)

(1) 데이터 전달: 기억장치 400번지의 값을 레지스터 R1로 적재한다.

(2) 데이터 처리: 레지스터 R3과 기억장치 401번지의 값을 더하여 레지스터 R2에 저장한다.

(3) 프로그램 제어: 레지스터 R2를 프로그램 카운터에 저장한다. 프로그램 카운터의 값을 변경하는 명령어는 프로그램 제어 명령어에 속한다.

(4) 데이터 전달: 레지스터 R2를 기억장치 402번지에 저장한다.

(5) 프로그램 제어: 조건 ZERO가 참이면, 명령어 레지스터의 ADDRESS 부분을 프로그램 카운터에 적재한다. 조건 ZERO가 거짓이면, 프로그램 카운터는 변하지 않는다.

3.2.2 주기억장치

이 절에서는 컴퓨터의 동작 원리를 개략적으로 이해할 수 있는 수준에서 기억장치의 내부 구조와 동작 원리에 대하여 설명한다. 기억장치의 특성과 캐시 기억장치, 가상 기억장치 등과 같은 자세한 사항은 '9장 기억장치'에서 다룬다. 기억장치 중에서 중앙처리장치와 항상 연결되어 있어서 중앙처리장치가 필요할 때 바로 사용할 수 있도록 온라인(on-line)으로 연결된 것을 주기억장치(main memory)라고 한다.

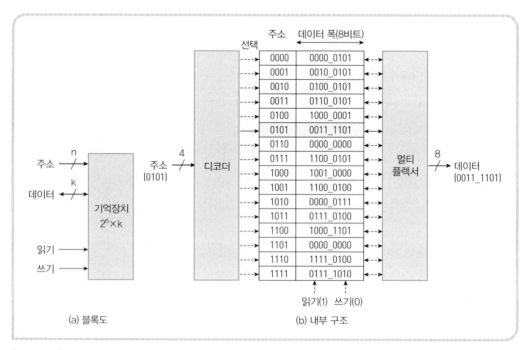

그림 3-6 ▌ 기억장치의 구조

기억장치는 중앙처리장치가 처리해야 할 프로그램과 데이터를 저장한다. 기억장치는 주소에 의하여 내부 데이터를 액세스하는 거대한 1차원 배열로 생각할 수 있으며, [그림 3-6(a)]와 같이 외부에 n비트의 주소선(address lines), k비트의 데이터선(data lines), 그리고 읽기(read)와 쓰기(write) 제어선(control lines)을 통하여 외부와 연결되어 있다. 각 선의 용도는 다음과 같다.

- 주소선: 기억장치에 대한 입력 신호로 작용하며, 기억장치 안에 포함된 여러 개의 기억장소(location) 중 하나를 지정한다. 주소선이 n비트로 구성된 경우, 기억장치는 2^n개의 기억장소를 포함한다.
- 데이터선: 기억장치와 외부 다른 장치(예를 들면 중앙처리장치) 간에 데이터를 주고받는 용도로 사용된다. 데이터선이 k비트라는 것은 한 개의 기억장소에 k비트의 데이터가 저장된다는 의미이다.
- 제어선: 기억장치의 제어선은 읽기와 쓰기 신호가 있다. 만일 읽기 제어신호가 인가되면, 주소선으로 지정된 기억장소에 저장된 데이터가 읽혀 나온다. 만일 쓰기 제어신호가 인가되면, 주소선으로 지정된 기억장소에 데이터선으로 인가된 데이터가 저장된다.

중앙처리장치는 다음과 같은 두 가지 방법으로 기억장치를 액세스한다. 일반적으로 적재와 저장을 동시에 지칭할 때 액세스라고 표현한다.

- 적재(load): 기억장치의 임의의 한 장소에서 데이터를 읽어 중앙처리장치의 레지스터로 가져온다. 주소선에 특정한 기억장치 주소가 인가되고, 기억장치 읽기(memory read) 제어신호가 인에이블 된다.
- 저장(store): 중앙처리장치의 레지스터에서 기억장치의 임의의 주소로 데이터를 저장한다. 주소선에 특정한 기억장치 주소가 인가되고, 기억장치 쓰기(memory write) 제어신호가 인에이블 된다.

기억장치의 용량은 (기억장소의 수×데이터의 폭)으로 표현된다. [그림 3-6(b)]는 16×8비트 기억장치에 대한 논리적 내부 구조를 보여준다. 괄호 안의 2진수 숫자는 현재 인가된 신호의 값이다. 그 해석은 다음과 같다.

- 주소선은 4비트이고, 기억장소의 수는 2^4 = 16개이다.
- 데이터선은 8비트이다.
- 주소선의 값이 0101이다. 기억장치는 내부적으로 디코더를 갖고 있으며, 디코더

의 출력으로 동작할 기억장소를 선택한다(그림의 실선).

- 읽기 제어신호가 1이고 쓰기 제어신호가 0이므로, 이 기억장치는 읽기 모드로 동작한다.
- 기억장소 0101 번지의 데이터 값(0011_1101)이 스위치로 동작하는 멀티플렉서를 지나 데이터선으로 출력된다.

실제로 기억장치는 수많은 기억장소를 포함하고 있지만, 이해를 돕기 위하여 [그림 3-6(b)]에 기억장소를 16개만 할당하였다. 기억장소의 수가 많아지더라도 주소선에 할당되는 비트 수가 증가하며 동작 원리는 같다.

예제 3-2

[그림 3-6(b)]에 대하여 질문에 답하라.

(1) 주소선=1010, 읽기=0, 쓰기=1, 데이터선=1101_0000일 때, 기억장치의 동작을 설명하라.
(2) 주소선=1101, 읽기=1, 쓰기=0일 때, 데이터선에 어떤 값이 출력되는가?

풀이

(1) 기억장소 1010 번지의 이전 값 0000_0111이 1101_0000으로 갱신된다.
(2) 기억장소 1101 번지의 값 0000_0000이 데이터선으로 출력된다.

예제 3-3

다음과 같은 용량을 갖는 기억장치의 주소선의 수와 데이터선의 수를 구하라.

(1) 16M x 16비트
(2) 4G x 8비트

풀이

(1) 16M=2^{24}이므로, 주소선은 24비트, 데이터선은 16비트
(2) 4G=2^{32}이므로, 주소선은 32비트, 데이터선은 8비트

일반적으로 중앙처리장치가 제공하는 데이터 비트 수와 주기억장치의 비트 수가 같다. 중앙처리장치는 한 번에 자신이 제공하는 데이터 비트 수만큼의 데이터를 액세스할 수 있다. 중앙처리장치가 한 번에 액세스하는 데이터를 단어(word)라고 한다. 컴퓨터가 발달한 역사적으로 볼 때 문자를 8비트(한 바이트)로 표현하였기 때문에, 단어의 크기는 일반적으로 바이트의 배수이다. 그리고 중앙처리장치 내부의 레지스터의 비트 수도 단어의 크기와 같은 것이 일반적이다. 예를 들어, 32비트 프로세서는 내부 레지스터의 크기도 32비트, 기억장치를 액세스하는 단어의 크기도 32비트, 기억장치도 한 개의 기억장소에 32비트의 데이터를 저장한다.

⟨3.2.3⟩ 입출력장치

이 절에서는 컴퓨터 시스템에서 입출력장치(input/output device, I/O device) 또는 주변장치(peripheral)의 역할, 종류, 연결 방법, 입출력 방식 등에 대하여 간단히 설명한다. 자세한 입출력 동작에 대하여 '10장 입출력'에서 다룬다.

컴퓨터는 외부에서 데이터를 받아 처리하고 그 결과를 외부로 제공한다. 입출력장치는 기계적인 동작을 수반하기 때문에, 대부분 동작 속도 면에서 전기 신호로 동작하는 중앙처리장치나 주기억장치보다 느리다. 입출력장치는 컴퓨터와 외부 세계를 연결하는 역할을 수행한다. 컴퓨터로 데이터를 제공하는 장치가 입력장치이고, 컴퓨터가 처리한 데이터를 내보내는 장치가 출력장치이다. 외부 기억장치로 사용되는 디스크와 같이 입력과 출력을 겸하는 장치도 있다. 다음과 같은 다양한 종류의 입출력장치가 존재한다.

- **입력장치**: 키보드, 마우스, 마이크, 카메라, 터치 스크린, 스캐너
- **출력장치**: 모니터, 프린터, 플로터, 스피커
- **입출력장치**: 보조 기억장치(디스크, USB 메모리 등), 네트워크 어댑터

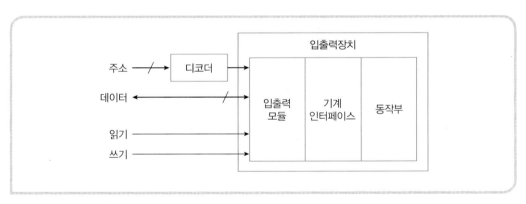

그림 3-7 **입출력장치의 구조**

입출력장치는 그 종류가 너무나 다양하여 한 가지 구조로 그 기능을 표현하기 어렵지만, 공통적으로 [그림 3-7]과 같은 세 가지 기능을 포함하고 있는 구조를 갖고 있다. 각 부분의 역할은 다음과 같다.

- **입출력 모듈**(I/O module): 입출력장치를 컴퓨터 시스템과 연결하는 입출력 인터페이스(I/O interface)를 제공한다. 입출력장치와 중앙처리장치 간의 차이점인 동작 방식, 데이터 전송 속도, 데이터 형식을 조절한다.

- 기계 인터페이스(machine interface): 전기 신호를 입출력장치 고유의 기계 동작으로 변환하고, 또한 그 반대의 변환을 수행한다.
- 동작부(actuator): 실제 입출력장치 고유의 역할을 수행한다. 예를 들어 프린터의 동작부는 기계장치를 구동하여 종이를 공급하고 그 위에 글자를 인쇄한다.

한 개의 컴퓨터에 여러 개의 입출력장치가 동시에 연결된다. 컴퓨터는 입출력장치를 구별하기 위하여 장치마다 고유 번호를 할당한다. 입출력장치에 할당한 번호를 입출력 주소(I/O address) 혹은 입출력 포트(I/O port)라고 한다. 일반적으로 한 개의 장치는 여러 개의 주소를 사용한다. 컴퓨터는 입출력장치마다 서로 다른 주소 영역을 할당한다. [그림 3-8]은 개인용 컴퓨터에 연결된 입출력장치에 할당된 입출력 포트의 예이다. 컴퓨터의 장치관리자 메뉴의 [보기/리소스 종류별]에서 입출력장치에 할당된 자원을 확인할 수 있다.

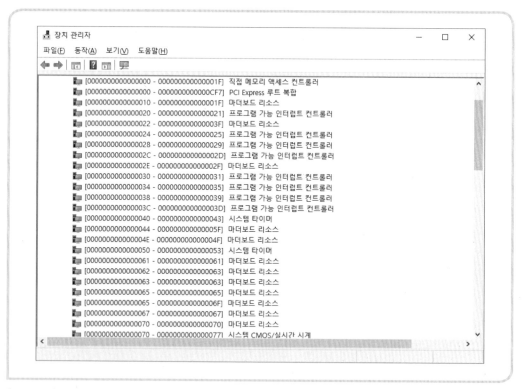

그림 3-8　개인용 컴퓨터의 입출력 포트 예

입출력 장치는 물리적으로 [그림 3-7]의 왼편에 있는 신호선으로 컴퓨터 시스템에 연결되며, 연결에 사용되는 신호 및 그 역할은 다음과 같다.

- 주소선(address lines): 입출력장치는 주소선을 디코드하여 자신에게 할당된 주소를 선택한다. [그림 3-8]에서 '시스템 타이머'라는 장치는 0040h~0043h 범위의 주소 영역이 할당된 것을 볼 수 있다. 주소선의 값이 이 영역 중 하나에 해당할 때, 디코더는 시스템 타이머가 동작하도록 만든다.
- 데이터선(data lines): 입출력장치는 중앙처리장치와 데이터선을 통하여 데이터를 주고받는다. 네트워크 카드, 디스크와 같이 전송 용량이 많은 입출력장치를 제외한 경우, 일반적으로 8비트 단위로 데이터를 송수신한다.
- 제어선(control lines): 기억장치의 경우와 마찬가지로 입출력 동작을 제어하기 위하여 읽기(read)와 쓰기(write) 제어신호를 사용한다. 읽기 제어신호가 인가되었을 때 입출력장치에서 컴퓨터로 데이터를 전송하고, 쓰기 제어신호가 주어졌을 때 컴퓨터에서 입출력장치로 데이터를 전송한다.

입출력장치는 궁극적으로 기억장치와 데이터를 교환한다. 입출력장치와 컴퓨터가 데이터를 주고받는 방법은 크게 두 가지 방식이 있다. 여기에서는 간단하게 방식만 소개하고 자세한 처리 과정은 '11장 입출력'에서 설명한다.

- 중앙처리장치가 중간에 개입하는 방법: 이 방식에서 중앙처리장치가 모든 입출력 동작을 제어한다. 데이터를 입력할 때, 중앙처리장치는 입출력장치에서 데이터를 읽어와 기억장치로 저장한다. 데이터를 출력할 때, 기억장치에서 데이터를 읽어 중앙처리장치로 가져오고 그것을 입출력장치로 전송한다. 중앙처리장치와 입출력장치 간에 데이터를 교환하기 전에 중앙처리장치는 입출력장치가 데이터를 송수신할 준비가 되어 있는지 확인하여야 하는데, 이것을 처리하는 방법에 따라 프로그램에 의한 입출력(programmed I/O) 방식과 인터럽트에 의한 입출력(interrupt-driven I/O) 방식이 있다.
- 입출력장치와 기억장치가 직접 데이터를 교환하는 방법: 중앙처리장치는 입출력 동작에 관여하지 않고, 입출력장치와 기억장치가 직접 데이터를 교환하는 방법이다. 이 방법을 DMA(Direct Memory Access) 방식이라고 한다.

중앙처리장치는 기억장치 주소 공간(memory address space)만 제공할 수도 있고, 기억장치 주소 공간과 입출력 주소 공간(I/O address space)의 두 가지를 모두 제공할 수도 있다. 기본적으로 기억장치 주소 공간은 주기억장치를 연결하기 위한 주소 공간이고, 입출력 주소 공간은 입출력장치를 연결하기 위한 주소 공간이다. 그렇지만 입출력장치가 기억장치 주소 공간에 연결되어 있을 수도 있다. 만일 입출력장치가 기억장치 주소 공간에 연결되어 있다면, 중앙처리장치는 입출력장치를 기억장치로 취급하여 적재(load)와 저장(store) 명령어로 입출력장치를 액세스한다. 만일 입출력장치기 입출력 주소 공간에 연결되어 있다면, 중앙처리장치는 다음과 같은 두 가지 명령어를 사용하여 입출력장치를 액세스한다.

- 입력(input): 입출력장치의 임의의 한 포트에서 데이터를 읽어 중앙처리장치의 레지스터로 가져온다. 주소선에 입출력 포트가 인가되고, 입력(I/O read 혹은 input) 제어신호가 인에이블 된다.
- 출력(output): 중앙처리장치의 레지스터에서 입출력장치의 임의의 한 포트로 데이터를 출력한다. 주소선에 임의의 포트가 인가되고, 출력(I/O write 혹은 output) 제어신호가 인에이블 된다.

중앙처리장치가 기억장치 혹은 입출력장치를 액세스할 때 모두 주소선을 통하여 기억장치 주소 혹은 입출력 포트 번호를 전달한다. 중앙처리장치는 기억장치 읽기/쓰기 제어 신호와 입출력 장치 읽기/쓰기 제어 신호로 주소선에 실린 주소가 기억장치 주소인지 아니면 입출력 포트인지를 구별한다.

입출력장치는 중앙처리장치가 제공하는 기억장치 주소 공간에 연결될 수도 있고, 또는 입출력 주소 공간에도 연결될 수 있다. 첫 번째 방법을 기억장치 맵에 의한 입출력(memory mapped I/O)이라고 하고, 두 번째 방법을 독립 입출력(isolated I/O)이라고 부른다.

3.3 시스템 버스

3.2절의 설명과 같이 컴퓨터 시스템은 중앙처리장치, 주기억장치, 그리고 입출력장치들로 구성되어 있으며, 이 장치들이 서로 데이터를 주고받음으로써 프로그램을 실행한다. 컴퓨터의 구성 요소들을 서로 연결하는 신호선들의 모임을 시스템 버스(system bus)라고 부른다. 이 절에서는 시스템 버스의 구성과 제어 신호의 종류에 대하여 설명한다.

3.3.1 시스템 버스의 구성

시스템 버스는 구성 요소들을 서로 연결하는 통신 경로(communication channel)이며, 여러 신호선의 모임이다. 한 개의 신호선은 한 번에 한 비트의 정보를 전달한다. 컴퓨터 시스템 안에는 여러 개의 모듈이 있으므로, [그림 3-9]와 같이 멀티 드롭(multi-drop) 방식으로 시스템 버스를 구성한다. 이러한 구조를 갖는 시스템 버스는 한 번에 한 개의 장치만 데이터를 전송할 수 있다. 시스템 버스를 구성하는 신호선들을 기능에 따라 주소 버스(address bus), 데이터 버스(data bus), 그리고 제어 버스(control bus)로 구별할 수 있다.

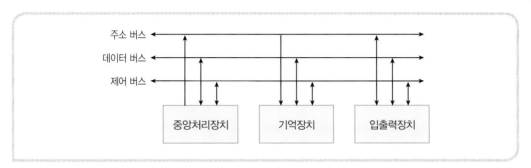

그림 3-9   시스템 버스

- 주소 버스(address bus): 기억장치의 주소 혹은 입출력장치의 포트 번호를 지정한다. 주소 버스의 폭(혹은 주소 버스에 할당된 비트 수)은 기억장치의 최대 용량과 관련이 있다. 주소 버스의 폭이 n비트인 경우 이 시스템에 부착할 수 있는 최대 기억장치 용량은 2^n이다.
- 데이터 버스(data bus): 시스템 구성 요소들 간에 데이터를 전달하는 경로이다. 데이터 버스의 폭(width)은 일반적으로 8의 배수이며, 기억장치의 단어의 크기, 레지스터의 크기와 같다.
- 제어 버스(control bus): 신호선 중에서 주소 버스와 데이터 버스를 제외한 모든 신호선을 모은 것을 제어 버스라고 부른다. 제어 버스에 속하는 제어신호는 각 비트별로 고유한 기능을 갖는다.

컴퓨터의 구성 요소들은 시스템 버스를 통하여 서로 통신한다. 중앙처리장치와 기억장치, 중앙처리장치와 입출력장치, 그리고 입출력장치와 기억장치 간의 데이터 통신이 가능하다. 대부분은 중앙처리장치가 모든 데이터 통신을 제어한다. 중앙처리장치를 거치지 않고 직접 입출력장치와 기억장치 간에 데이터를 주고 받는 방법을 직접 기억장치 액세스(DMA)라고 한다.

중앙처리장치와 기억장치 간의 데이터 전송은 적재(load)와 저장(store) 명령어에 의하여 수행된다. 데이터를 적재할 때, 중앙처리장치가 주소 버스를 구동하고, 제어 버스로 기억장치 읽기 신호(memory read)를 보낸다. 기억장치는 해당 주소에 저장된 데이터를 출력한다. 데이터를 저장할 때, 중앙처리장치가 주소 버스를 구동하고, 데이터 버스로 데이터를 제공하고, 제어 버스로 기억장치 쓰기(memory write) 신호를 보낸다. 기억장치는 해당 주소에 데이터 버스로 받은 데이터를 저장한다.

중앙처리장치와 입출력 장치 간의 데이터 전송은 입력(input)과 출력(output) 명령어에 의하여 수행된다. 데이터를 입력할 때, 중앙처리장치가 주소 버스를 구동하고, 제어 버스로 입출력장치 읽기 신호(input 혹은 I/O read)를 보낸다. 해당 입출력장치는 데이터를 출력한다. 데이터를 출력할 때, 중앙처리장치가 주소 버스를 구동하고, 데이터 버스로 데이터를 제공하고, 제어 버스로 입출력 쓰기 신호(output 혹은 I/O write)를 보낸다. 해당 입출력장치는 데이터 버스에서 수신한 데이터를 저장한다. 입출력장치는 중앙처리장치에게 입출력 동작을 시작하라고 요청할 수 있는데, 이때 제어 버스의 인터럽트 요청(interrupt request) 신호와 인터럽트 확인(interrupt acknowledge) 신호가 사용된다.

DMA 제어기(DMA controller)라는 장치가 입출력장치와 기억장치 간의 데이터 통신을 주관한다. DMA 제어기도 입출력장치 중 하나이다. DMA 동작 중에 중앙처리장치는 아무 일도 하지 않으며, DMA 장치가 주소 버스와 제어 버스의 신호들을 구동한다. DMA 제어기는 자신이 버스를 구동하기 전에, 중앙처리장치에게 버스 사용 허가를 받은 후에 버스를 구동하여야 한다.

⟨3.3.2⟩ 제어 신호의 종류

주소 버스와 데이터 버스를 구성하는 신호선들은 그룹으로 동작하지만, 제어 버스에 속한 신호선들은 그 종류마다 용도가 다르다. 제어 버스는 다음과 같은 제어신호를 포함한다.

- 기억장치 읽기(memory read): 기억장치에서 데이터를 읽는다.
- 기억장치 쓰기(memory write): 기억장치로 데이터를 기록한다.
- 입출력 읽기(input 혹은 I/O read): 입출력 포트에서 데이터를 읽는다.
- 입출력 쓰기(output 혹은 I/O write): 입출력 포트로 데이터를 기록한다.
- 인터럽트 요청(interrupt request): 입출력 준비를 마친 입출력장치가 중앙처리장치에게 입출력 동작을 시작할 것을 요청한다.
- 인터럽트 확인(interrupt acknowledge): 인터럽트 요청을 받은 중앙처리장치가 입출력 동작을 시작할 것임을 입출력장치에게 통보한다.

- 버스 요청(bus request): DMA 제어기가 중앙처리장치를 거치지 않고 직접 기억장치를 액세스하기 위하여 자신이 직접 버스를 사용할 수 있도록 허락해 줄 것을 중앙처리장치에게 요청한다.
- 버스 승인(bus grant): 중앙처리장치가 버스 사용을 요청한 DMA 제어기에게 버스의 사용권이 허가되었음을 통보한다.
- 시스템 클럭(system clock): 컴퓨터 시스템의 모든 동작을 동기화한다.
- 리셋(reset): 컴퓨터 시스템의 모든 구성 요소들을 초기화한다. 이 신호에 의하여 컴퓨터 시스템은 부팅을 시작한다.
- 전력선(power lines): 시스템의 모든 구성 요소들에게 동작 전원을 공급한다.

전력선과 접지(signal ground)는 제어 버스에서 제외하여 별도로 취급하기도 한다. 여기에 소개된 제어 신호 이외에도 프로세서 별로 자신만의 동작을 수행하기 위하여 특별한 제어 신호들을 더 갖고 있을 수 있다.

〈 3.3.3 〉 계층적 버스

시스템 버스에 여러 장치가 연결될 수 있다. 어떤 장치가 시스템 버스를 사용하고자 할 때 다른 장치도 시스템 버스를 사용하려고 할 수 있다. 따라서 시스템 버스에 연결되는 장치가 많아질수록 시스템 버스에 대한 경쟁이 심해지고 결과적으로 데이터 전송 속도가 느려지는 현상이 발생한다.

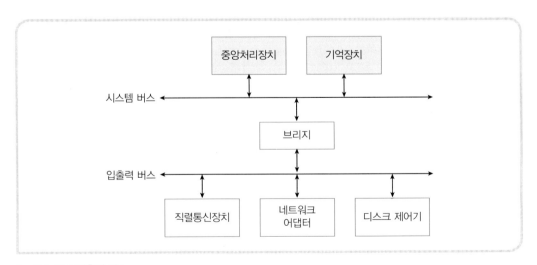

그림 3-10 계층적 버스

이 문제를 해결하기 위하여, 최근의 컴퓨터 시스템은 [그림 3-10]과 같이 버스를 계층적으로 구성한다. 상대적으로 속도가 빠른 중앙처리장치와 기억장치를 시스템 버스에 연결하고, 중앙처리장치나 기억장치보다 속도가 느린 입출력장치들을 입출력 버스에 연결한다. 브리지(bridge)는 두 개의 버스를 서로 연결하는 역할을 수행한다.

컴퓨터 시스템의 종류에 따라 버스를 3계층으로 구성하는 경우도 있으며, 각 버스의 이름은 컴퓨터 시스템마다 다르다. 예를 들면, 지역 버스(local bus), 확장 버스(expansion bus), 고속 버스(high-speed bus), 저속 버스(low-speed bus), 장치 버스(peripheral bus) 등의 이름이 사용되고 있다. 중앙처리장치와 가까울수록 버스에 연결된 장치들의 동작 속도가 빠르다.

3.4 명령어

컴퓨터는 프로그램을 실행하며, 프로그램은 명령어들의 집합이다. 컴퓨터는 명령어를 하나씩 중앙처리장치 안으로 가져온 후(인출 단계), 그 명령어를 해석하여 실행한다(실행 단계). 명령어는 중앙처리장치가 그 명령어를 실행하는데 필요한 정보를 모두 포함하고 있어야 한다. 이 절에서는 명령어가 구체적으로 어떤 정보를 포함하고 있어야 하는지 살펴보고, 명령어를 2진수로 표현하는 방법에 대하여 설명한다.

3.4.1 명령어의 구성 요소와 종류

명령어는 컴퓨터가 수행할 일을 어셈블리어 혹은 2진수 기계 코드로 표현한 것이다. 따라서 모든 명령어는 컴퓨터가 수행할 동작과 그 동작을 수행할 대상을 포함하고 있어야 한다. 명령어 중에서 동작을 나타내는 부분을 동작 코드(operation code, 줄여서 opcode 또는 연산 코드)라고 부르고, 동작의 대상을 오퍼랜드(operand 또는 피연산자)라고 부른다.

3.2절에서 명령어는 데이터 전달(data transfer), 데이터 처리(data processing), 그리고 프로그램 제어(program flow control) 명령어로 분류된다고 설명하였다. [그림 3-11]은 명령어 종류별 명령어 형식의 예를 보여준다. [그림 3-11]에 동작 코드 다음에 목적지 오퍼랜드가 표현되어 있지만, 명령어를 설계하기에 따라 목적지 오퍼랜드를 소스 오퍼랜드 다음에 배치할 수도 있다. 각 명령어 그룹별로 필요한 정보가 무엇인지 알아보자.

동작 코드	목적지 오퍼랜드	소스 오퍼랜드

(a) 데이터 전달 명령어 혹은 단항 데이터 처리 명령어

동작 코드	목적지 오퍼랜드	소스 오퍼랜드1	소스 오퍼랜드2

(b) 이항 데이터 처리 명령어

동작 코드	분기 목적지 주소

(c) 프로그램 제어 명령어

그림 3-11 │ 명령어 형식

데이터 전달 명령어는 컴퓨터 구성 요소 간에 한 장소에서 다른 장소로 데이터를 복사하여 이동한다. 이 그룹의 명령어들은 [그림 3-11(a)]와 같이 "데이터를 옮겨라"는 의미를 갖는 동작 코드와 데이터를 가져올 장소인 소스 오퍼랜드(source operand)와 데이터를 저장할 장소인 목적지 오퍼랜드(destination operand)를 포함하고 있어야 한다. 데이터 전달 명령어에 대한 동작 코드의 예는 다음과 같다.

- **적재(load)**: 기억장치의 한 장소에서 레지스터로 데이터를 가져온다.
- **저장(store)**: 레지스터에서 기억장치의 한 장소로 데이터를 저장한다.
- **이동(move)**: 소스 오퍼랜드에서 목적지 오퍼랜드로 데이터를 이동한다. 각 오퍼랜드는 기억장치의 한 장소 또는 레지스터 일 수 있다.
- **입력(input)**: 입출력 포트에서 레지스터로 데이터를 입력한다.
- **출력(output)**: 레지스터에서 입출력 포트로 데이터를 출력한다.

데이터 처리 명령어는 데이터 값을 조작해서 처리 결과를 다른 장소에 저장한다. 데이터 처리는 주로 연산기에서 수행되며 처리 방법에 따라 소스 오퍼랜드의 수는 한 개 혹은 두 개일 수 있다. 소스 오퍼랜드와 목적지 오퍼랜드는 기억장치의 한 장소, 레지스터, 혹은 입출력 포트일 수 있다. 데이터 처리 명령어에 대한 동작 코드의 그룹별 예는 다음과 같다.

- **이항 연산 명령어(binary operator instruction)**: 두 개의 항으로 계산을 수행하는 명령어로써, 사칙 연산과 논리 연산이 대표적인 예이다. 이 그룹의 명령어들은 [그림 3-11(b)]와 같은 형식을 갖는다.
- **단항 연산 명령어(unary operator instruction)**: 한 개의 항으로 계산을 수행하는 명령어로써, 부호 바꾸기, 증가, 감소, 논리 연산 중 NOT 등이 그 예이다. 이 그룹의

명령어들은 [그림 3-11(a)]와 같은 형식을 갖는다.

이항 연산 명령어는 기본적으로 [그림 3-11(b)]와 같이 두 개의 소스 오퍼랜드를 필요로 한다. 그렇지만 명령어에 두 개의 소스 오퍼랜드를 모두 표현하려면 명령의 전체 길이가 증가하기 때문에 소스 오퍼랜드 한 개를 생략하기도 한다. 즉, 명령어를 [그림 3-11(a)]와 같은 형식으로 표현하고, 실제 연산은 다음과 같이 계산한다.

목적지 오퍼랜드 = 목적지 오퍼랜드 op 소스 오퍼랜드

op는 임의의 이항 연산을 의미한다. 즉 명령어에 표현된 목적지 오퍼랜드가 목적지와 나머지 소스 오퍼랜드 기능의 두 가지 용도로 사용된다.

프로그램 제어 명령어는 명령어의 실행 순서를 변경한다. 중앙처리장치는 일반적으로 나열된 순서대로 명령어를 실행하지만, 프로그램 제어 명령어를 만나면 프로그램 카운터의 값을 변경하여 실행 순서를 바꾼다. 이 그룹의 명령어는 [그림 3-11(c)]와 같이 "제어를 이동하라"라는 의미의 동작 코드와 프로그램 카운터에 적재할 값을 나타내는 분기 목적지 주소(branch target address)가 필요하다. 프로그램 제어 명령어의 예는 다음과 같다.

- 무조건 분기(unconditional branch): 프로그램 카운터의 값을 분기 목적지 주소로 변경하여 무조건적으로 분기 목적지로 분기한다.
- 조건 분기(conditional branch): 특정한 조건을 검사하여 분기 여부를 결정한다. 조건을 검사한다는 것은 데이터 처리 명령어의 연산 결과를 검사하는 것이다. 예를 들면, 연산 결과값이 0인지, 0이 아닌지, 양수인지, 음수인지를 검사하는 것이다. 만일 검사 결과가 참(true)이면, 분기 목적지 주소로 이동한다. 만일 검사 결과가 거짓(false)이면, 현재 실행 중인 조건 분기 명령어의 다음 위치에 있는 명령어를 실행한다. 일반적으로 동작 코드는 검사할 조건을 포함한다.
- 서브루틴 호출 또는 함수 호출(subroutine call 또는 function call): 서브루틴 호출 명령어는 프로그래밍 언어의 함수 호출에 대응하는 명령어로써, 서브루틴으로 이동하라는 동작 코드와 서브루틴의 시작 주소를 포함한다. 중앙처리장치는 서브루틴 호출 명령어를 만나면 다음에 실행할 명령어의 주소를 저장하고 프로그램 카운터에 서브루틴의 시작 주소를 적재한다.

- 복귀(subroutine return): 서브루틴 혹은 함수의 실행을 마치고 그 서브루틴을 호출한 곳으로 돌아갈 때 저장해 두었던 주소로 복귀한다. 서브루틴에서 복귀하는 명령어는 동작 코드만 필요하고 분기 목적지 주소는 필요로 하지 않는다.

지금까지의 설명과 같이 명령어는 여러 부분으로 구성되어 있고, 각 부분을 필드(field)라고 부른다. 궁극적으로 명령어는 한정된 비트 수 안에 2진수 기계 코드로 표현되어야 한다. 명령어를 구성하는 각 필드를 배치한 모양을 명령어 형식(instruction format)이라고 한다. 명령어 형식은 명령어 전체의 길이, 필드의 구성과 각 필드의 크기, 각 필드의 의미를 표현하여야 한다.

⟨3.4.2⟩ 오퍼랜드

지금까지의 설명과 같이 명령어가 처리하려는 동작의 대상을 오퍼랜드(operand)라고 부른다. 그렇지만, 명령어에 표현된 오퍼랜드가 실제로 명령어가 처리하는 유효 데이터(effective data)가 아닌 예도 있다. 유효 데이터는 중앙처리장치가 실제로 처리하는 데이터이다. 명령어에 표현된 오퍼랜드는 다음 중 한 가지이다.

- **즉치 데이터(immediate data)**: 실제로 처리되는 값이다. 유효 데이터는 오퍼랜드 자체이다.
- **레지스터 이름**: 오퍼랜드에 레지스터 이름이 나타난다. 실제로는 레지스터 번호에 해당하는 2진수이다. 유효 데이터는 레지스터에 저장된 값이다.
- **기억장치 주소**: 오퍼랜드에 기억장치의 주소가 나타난다. 유효 데이터는 기억장치 주소에 해당하는 기억장소에 저장된 값이다.
- **입출력 포트**: 오퍼랜드에 입출력 포트 번호가 나타난다. 유효 데이터는 해당 입출력 포트가 제공하는 값이다.

[그림 3-12]는 표현 가능한 여러 가지 명령어 형식의 예이다. 각 명령어의 표현을 해석하는 방법은 다음과 같다.

- (a) R3 ← R3 + 1: 단항 연산 명령어이다. 동작 코드는 INC(increment)이다. 오퍼랜드는 한 개이고 레지스터 이름 또는 레지스터 번호이다.
- (b) R3 ← R3 + 5: 동작 코드는 ADD이다. 오퍼랜드 R3은 레지스터 이름이고, 레지스터 R3은 목적지 오퍼랜드와 소스 오퍼랜드 두 가지 용도로 사용되었다. 나머지

한 개의 오퍼랜드는 즉치 데이터이다.

- (c) Mem[1004] ← R1: 동작 코드는 STORE이다. 목적지 오퍼랜드는 기억장치 주소이고, 소스 오퍼랜드는 레지스터 이름이다.
- (d) R1 ← Port[1004]: 입출력 포트 1004 번지에서 레지스터 R1으로 데이터를 입력 (INPUT)하는 명령어이다. 목적지 오퍼랜드는 레지스터 이름이고, 소스 오퍼랜드는 입출력 포트이다.
- (e) R3 ← R1 + Mem[1004]: 레지스터 R1과 기억장치 1004 번지의 값을 더하여 (ADD) 레지스터 R3에 저장하는 명령어이다. 목적지 오퍼랜드와 소스 오퍼랜드1은 레지스터 이름이다. 소스 오퍼랜드2는 기억장치 주소이다.

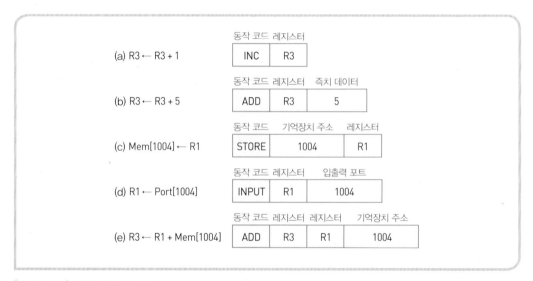

그림 3-12 명령어 형식의 예

중앙처리장치가 실제로 처리하는 유효 데이터도 데이터의 의미에 따라 여러 가지 종류가 있으며, 수, 문자, 주소가 그 예이다. 컴퓨터가 처리하는 데이터는 부호 없는 수(unsigned number), 정수(signed number), 실수(real number)로 구분된다. 각 데이터의 특징은 다음과 같다.

- 부호 없는 수: 0을 포함한 양수만을 표현한다. 수에 할당된 비트 수에 따라 표현할 수 있는 수의 범위가 한정되어 있으며, 주로 8비트, 16비트, 또는 32비트를 할당한다. 컴퓨터는 기억장치 주소와 문자 코드를 부호 없는 수로 취급하여 처리한다.
- 정수: 0을 포함한 양수와 음수를 표현한다. 정수를 표현하기 위하여 할당된 비트

트, 16비트, 또는 32비트의 정수를 처리한다.
- 실수: 소수점이 있는 수를 표현하며 부동 소수점 수(floating-point number)라고도 한다. 컴퓨터가 처리하는 실수는 32비트와 64비트로 표준화되어 있다. 비트 수에 따라 표현할 수 있는 수의 범위도 제한된다.
- 문자: 8비트의 아스키코드와 16비트의 유니코드로 문자를 표현한다. 명령어 입장에서 보면 문자 코드는 부호 없는 수와 같다.

명령어를 설계할 때, 중앙처리장치가 같은 의미의 동작을 처리하더라도 오퍼랜드의 종류, 유효 데이터의 종류와 크기가 다르면 서로 다른 동작 코드를 부여하여야 한다. 예를 들면, 기억장치에서 8비트의 데이터를 레지스터로 적재하는 명령어와 16비트의 데이터를 적재하는 명령어의 동작 코드는 서로 다르다.

3.5 명령어 실행 과정

이 절에서는 지금까지의 설명을 바탕으로 간단한 컴퓨터를 하나 설계하고, 이 구조를 예로 사용하여 컴퓨터가 프로그램을 처리하는 과정을 살펴보고자 한다. 여기에서 예시로 사용하는 컴퓨터를 장난감 수준이란 의미에서 ToyCOM이라고 이름을 붙였다. ToyCOM은 완전하지 않을 뿐만 아니라 일반적인 컴퓨터의 역할을 수행할 수 없다. 그렇지만 컴퓨터의 기계 명령어와 어셈블러, 명령어 형식, 명령어 사이클 등과 같은 기본적인 동작을 이해하는데 많은 도움이 될 것으로 기대한다.

3.5.1 프로그래머 모델

컴퓨터 구조 중에서 프로그래머가 프로그램을 작성할 때 알고 있어야 할 부분을 프로그래머 모델이라고 한다. 프로그래머 모델은 구체적인 제어 방법이나 자세한 회로는 제외하고, 사용자에게 보이는 레지스터와 사용자에게 제공하는 명령어 집합을 포함한다.

ToyCOM의 구조는 [그림 3-13]과 같이 중앙처리장치와 기억장치로 구성되어 있다. 프로그램 실행 과정을 이해하기 위하여 설계한 것이므로 입출력장치는 고려하지 않는다. 각 구성 요소의 규격과 기능을 다음과 같이 가정한다.

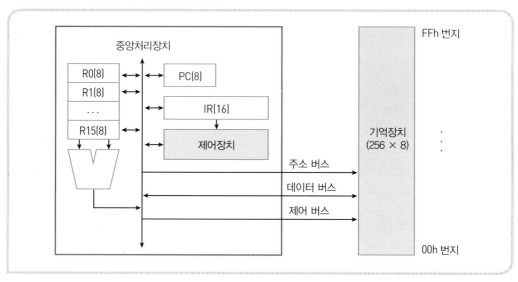

그림 3-13 ToyCOM의 구조

- **기억장치:** 주기억장치는 한 개의 모듈로 만들어져 있고 용량은 256×8 비트이다. 따라서, 주소 버스는 8비트이고, 데이터 버스도 8비트이다.
- **프로그램 카운터(PC):** 다음에 실행할 명령어의 주소를 저장한다. 기억장치 주소를 저장해야 하므로 프로그램 카운터의 크기는 8비트이다. 초깃값을 0으로 가정한다.
- **명령어 레지스터(IR):** 현재 실행 중인 명령어에 대한 기계어 코드를 저장한다. 명령어 한 개의 크기를 16비트로 가정하기 때문에, 명령어 레지스터의 크기는 16비트이다.
- **레지스터 파일(R0~R15):** 레지스터들의 모임을 레지스터 파일(register file)이라고 한다. 중앙처리장치는 8비트의 데이터를 저장하는 16개의 레지스터를 갖고 있다. 각 레지스터는 레지스터 번호로 지정한다. 따라서 한 개의 레지스터를 지정하는데 4비트가 필요하다.
- **연산기(ALU):** 연산기는 레지스터에 대해서만 동작한다고 가정한다. 즉, 두 개의 레지스터에 있는 값을 연산하여 다시 레지스터로 기록한다.

opcode(4)	register(4)	memory address(8)

(a) 데이터 전달 명령어

opcode(4)	dest. reg(4)	source reg1(4)	source reg2(4)

(b) 데이터 처리 명령어

그림 3-14 ToyCOM의 명령어 형식

ToyCOM이 처리하는 명령어는 데이터 전달 명령어와 데이터 처리 명령어만을 고려한다. 프로그램 제어 명령어는 고려하지 않는다. 이 두 가지 명령어 그룹에 대한 명령어 형식을 [그림 3-14]와 같이 설계하였으며, 각 필드 안에 표시한 숫자는 해당 필드의 크기이다. 명령어는 16비트 크기를 가지며, 두 개의 기억장소를 차지한다.

- 데이터 전달 명령어: 동작 코드를 나타내는 4비트, 레지스터 중 하나를 지정하는 4비트, 그리고 기억장치 주소를 지정하는 8비트로 구성된다.
- 데이터 처리 명령어: 동작 코드를 나타내는 4비트, 목적지 레지스터를 지정하는 4비트, 그리고 두 개의 소스 레지스터에 각각 4비트를 할당한다.

ToyCOM은 8비트의 부호 없는 수만 취급할 수 있다고 가정한다. 기억장치도 8비트의 데이터를 저장하고, 레지스터도 8비트의 데이터를 저장한다. 〈표 3-1〉은 ToyCOM이 실행할 수 있는 명령어 집합이다. 각 명령어에 대한 어셈블리어 기호, 기계어 코드, 그리고 동작에 대한 설명은 〈표 3-1〉을 참고하기 바란다.

표 3-1 ToyCOM의 명령어 집합

동작	기호	동작 코드	동작 설명
적재	load	0010 (2h)	기억장치 주소에서 레지스터로 데이터를 적재한다.
저장	store	0011 (3h)	레지스터의 값을 기억장치 주소로 저장한다.
더하기	add	1000 (8h)	소스 레지스터의 값을 더하여 목적지 레지스터에 저장한다.
빼기	sub	1001 (9h)	소스 레지스터의 값을 빼서 목적지 레지스터에 저장한다.
AND	and	1010 (ah)	소스 레지스터에 대하여 논리 AND 연산을 수행한다.
OR	or	1011 (bh)	소스 레지스터에 대하여 논리 OR 연산을 수행한다.

다음은 ToyCOM의 기계어 명령어이다. 명령어의 의미를 어셈블리 언어와 레지스터 전송문으로 적어라.

(1) 0010_0010_0001_0000
(2) 0011_0011_0001_1000
(3) 1000_0011_0011_0100

풀이

(1) 동작 코드 0010은 적재 명령어(load)이다. [그림 3-14(a)]의 명령어 형식에 따라 다음 네 비트가 레지스터 번호이고, 나머지 여덟 비트가 기억장치 주소이다. 따라서 이 명령어는 다음과 같이 해석된다.
 • 어셈블리 언어: load   R2, Mem[10h]
 • 레지스터 전송문: R2 ← Mem[10h]

(2) 동작 코드 0011은 저장 명령어(store)이다. [그림 3-14(a)]의 명령어 형식에 따라 다음 네 비트가 레지스터 번호이고, 나머지 여덟 비트가 기억장치 주소이다. 따라서 이 명령어는 다음과 같이 해석된다.
 • 어셈블리 언어: store   R3, Mem[18h]
 • 레지스터 전송문: Mem[18h] ← R3

(3) 동작 코드 1000은 더하기 명령어(add)이다. [그림 3-14(b)]의 명령어 형식에 따라 다음 네 비트가 목적지 레지스터 번호, 그 다음은 네 비트씩 두 개의 소스 레지스터를 나타낸다. 그러므로 이 명령어는 다음과 같이 해석된다.
 • 어셈블리 언어: add   R3, R3, R4
 • 레지스터 전송문: R3 ← R3 + R4

⟨3.5.2⟩ 프로그램 실행 과정

ToyCOM의 명령어는 16비트로 구성되어 있다. 기억장치의 단어 크기는 8비트이므로, 한 개의 명령어는 두 개의 기억장치 장소를 점유한다. '3.1 프로그램의 실행'의 설명과 같이 컴퓨터는 명령어 인출 단계와 명령어 실행 단계로 구성된 명령어 사이클을 따라 프로그램을 실행한다.

인출 단계의 동작은 다음과 같이 기억장치를 두 번 액세스하는 레지스터 전송문으로 표현할 수 있다. 인출 단계가 끝나면, PC의 값은 2 증가한다.

```
IR[7:0] ← Mem[PC], PC ← PC + 1
IR[15:8] ← Mem[PC], PC ← PC + 1
```

제어장치는 IR에 들어 있는 명령어를 해석하여 실행 단계의 동작을 제어한다. 다음과 같은 예제 프로그램이 실행되는 과정을 살펴보자. 기억장치 80h 번지부터 차례대로 저장된 데이터를 A, B, C, D라고 한다면, 예제 프로그램은 D=A+B−C를 실행한다. 프로그램의 A는 Mem[80h]와 같다. 실제 고급 프로그래밍 언어로 작성한 프로그램에서도 이 예제와 마찬가지로 변수를 기억장치에 할당한다.

주소	어셈블리어		기계어 코드(2진수)	16진수
00h	load	R1, A	0010_0001_1000_0000	2180h
02h	load	R2, B	0010_0010_1000_0001	2281h
04h	add	R3, R1, R2	1000_0011_0001_0010	8312h
06h	load	R1, C	0010_0001_1000_0010	2182h
08h	sub	R3, R3, R1	1001_0011_0011_0001	9331h
0ah	store	R3, D	0011_0011_1000_0011	3383h
...				
80h	A	04h		
81h	B	06h		
82h	C	03h		
83h	D	00h		

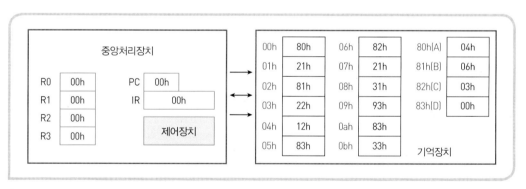

그림 3-15 중앙처리장치와 기억장치의 초기 상태

[그림 3-15]는 ToyCOM의 초기 상태를 보여준다. 레지스터들의 값은 모두 0으로 초기화되어 있다. [그림 3-15]의 오른쪽은 기억장치에 예제 프로그램이 저장된 상태를 보여준다. 예를 들어, 0번지의 기계어 명령어인 2180h는 8비트씩 나누어 0번지에 80h, 그리고 1번지에 21h가 저장된다. 컴퓨터가 예제 프로그램을 실행하는 과정을 [그림 3-16]에 제시하였다.

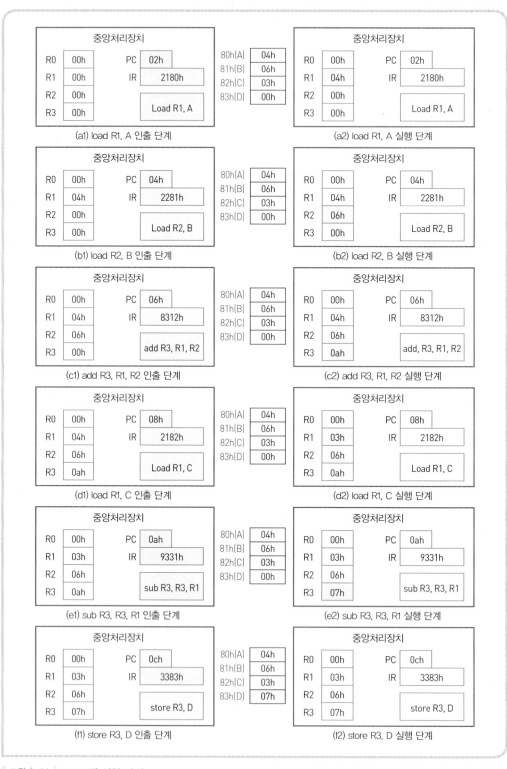

중앙처리장치

				80h[A]	04h
R0	00h	PC	02h	81h[B]	06h
R1	00h	IR	2180h	82h[C]	03h
R2	00h			83h[D]	00h
R3	00h		Load R1, A		

(a1) load R1, A 인출 단계

중앙처리장치

R0	00h	PC	02h
R1	04h	IR	2180h
R2	00h		
R3	00h		Load R1, A

(a2) load R1, A 실행 단계

중앙처리장치

				80h[A]	04h
R0	00h	PC	04h	81h[B]	06h
R1	04h	IR	2281h	82h[C]	03h
R2	00h			83h[D]	00h
R3	00h		Load R2, B		

(b1) load R2, B 인출 단계

중앙처리장치

R0	00h	PC	04h
R1	04h	IR	2281h
R2	06h		
R3	00h		Load R2, B

(b2) load R2, B 실행 단계

중앙처리장치

				80h[A]	04h
R0	00h	PC	06h	81h[B]	06h
R1	04h	IR	8312h	82h[C]	03h
R2	06h			83h[D]	00h
R3	00h		add R3, R1, R2		

(c1) add R3, R1, R2 인출 단계

중앙처리장치

R0	00h	PC	06h
R1	04h	IR	8312h
R2	06h		
R3	0ah		add, R3, R1, R2

(c2) add R3, R1, R2 실행 단계

중앙처리장치

				80h[A]	04h
R0	00h	PC	08h	81h[B]	06h
R1	04h	IR	2182h	82h[C]	03h
R2	06h			83h[D]	00h
R3	0ah		Load R1, C		

(d1) load R1, C 인출 단계

중앙처리장치

R0	00h	PC	08h
R1	03h	IR	2182h
R2	06h		
R3	0ah		Load R1, C

(d2) load R1, C 실행 단계

중앙처리장치

				80h[A]	04h
R0	00h	PC	0ah	81h[B]	06h
R1	03h	IR	9331h	82h[C]	03h
R2	06h			83h[D]	00h
R3	0ah		sub R3, R3, R1		

(e1) sub R3, R3, R1 인출 단계

중앙처리장치

R0	00h	PC	0ah
R1	03h	IR	9331h
R2	06h		
R3	07h		sub R3, R3, R1

(e2) sub R3, R3, R1 실행 단계

중앙처리장치

				80h[A]	04h
R0	00h	PC	0ch	81h[B]	06h
R1	03h	IR	3383h	82h[C]	03h
R2	06h			83h[D]	07h
R3	07h		store R3, D		

(f1) store R3, D 인출 단계

중앙처리장치

R0	00h	PC	0ch
R1	03h	IR	3383h
R2	06h		
R3	07h		store R3, D

(f2) store R3, D 실행 단계

그림 3-16 | 프로그램 실행 과정

- [그림 3-16(a1)] load R1, A 인출 단계: 실행 전 PC의 값이 00h이다. IR의 값은 기억 장치 Mem[00h]와 Mem[01h]에서 들어 있던 2180h로 변경되고, PC의 값은 02h 로 증가한다.

- [그림 3-16(a2)] load R1, A 실행 단계: 제어 장치는 IR의 명령어를 해석하여 실행한 다. R1의 값은 기억장치 A의 값인 04h로 변경된다.

- [그림 3-16(b1)] load R2, B 인출 단계: 실행 전 PC의 값이 02h이다. IR의 값은 기억 장치 Mem[02h]와 Mem[03h]에서 들어 있던 2281h로 변경되고, PC의 값은 04h 로 증가한다.

- [그림 3-16(b2)] load R2, B 실행 단계: 제어 장치는 IR의 명령어를 해석하여 실행한 다. R2의 값은 기억장치 B의 값인 06h로 변경된다.

- [그림 3-16(c1)] add R3, R1, R2 인출 단계: 실행 전 PC의 값이 04h이다. IR의 값은 기억장치 Mem[04h]와 Mem[05h]에서 들어 있던 8312h로 변경되고, PC의 값은 06h로 증가한다.

- [그림 3-16(c2)] add R3, R1, R2 실행 단계: 제어 장치는 IR의 명령어를 해석하여 실 행한다. 연산기에서 R1+R2를 실행하고 그 결과를 R3에 저장하여, R3의 값이 0ah 로 변경된다.

- [그림 3-16(d1)] load R1, C 인출 단계: 실행 전 PC의 값이 06h이다. IR의 값은 기억 장치 Mem[06h]와 Mem[07h]에서 들어있던 2182h로 변경되고, PC의 값은 08h로 증가한다.

- [그림 3-16(d2)] load R1, C 실행 단계: 제어 장치는 IR의 명령어를 해석하여 실행한 다. R1의 값은 기억장치 C의 값인 03h로 변경된다.

- [그림 3-16(e1)] sub R3, R3, R1 인출 단계: 실행 전 PC의 값이 08h이다. IR의 값은 기억장치 Mem[08h]와 Mem[09h]에서 들어 있던 9331h로 변경되고, PC의 값은 0ah으로 증가한다.

- [그림 3-16(e2)] sub R3, R3, R1 실행 단계: 제어 장치는 IR의 명령어를 해석하여 실 행한다. 연산기에서 R3 - R1를 실행하고 그 결과를 R3에 저장하여, R3의 값이 07h로 변경된다.

- [그림 3-16(f1)] store R3, D 인출 단계: 실행 전 PC의 값이 0ah이다. IR의 값은 기억 장치 Mem[0ah]와 Mem[0bh]에서 들어 있던 3383로 변경되고, PC의 값은 0ch로 증가한다.

- [그림 3-16(f2)] store R3, D 실행 단계: 제어 장치는 IR의 명령어를 해석하여 실행한

다. R3의 값 07h가 기억장치 D로 저장되어, 기억장치 D의 값이 07h로 변경된다.

이 예를 통하여, 명령어 표현 방법, 명령어 사이클에 의한 프로그램 실행 과정, 기계어 프로그램을 수행하기 위한 프로그램 카운터와 명령어 레지스터의 역할을 이해할 수 있다. 그리고 중앙처리장치는 인출 단계에서 모두 같은 동작을 수행하고, 실행 단계는 명령어가 지시하는 동작을 수행한다는 것을 확인할 수 있다.

3.6 요약

컴퓨터 시스템은 프로그램을 실행하는 장치이고, 프로그램은 명령어들의 모임으로 구성되어 있다. 현대의 모든 컴퓨터는 폰 노이만이 제안한 프로그램 내장형 구조로 만들어져 있으며, 명령어와 데이터를 기억장치에 적재해 두고, 명령어를 하나씩 중앙처리장치로 가져와 해석하여 실행한다. 컴퓨터가 명령어를 처리하는 과정을 명령어 사이클로 설명할 수 있으며, 명령어 사이클은 인출 단계와 실행 단계로 구성되어 있다. 컴퓨터는 인출 단계에서 기억장치에 저장된 명령어를 중앙처리장치로 가져오고, 실행 단계에서 그 명령어를 해독하고 실행한다.

컴퓨터는 중앙처리장치, 기억장치, 입출력장치로 구성되어 있다. 중앙처리장치는 레지스터, 연산기, 제어장치로 구성된다. 프로그램 내장형 컴퓨터의 기능을 수행하기 위하여 중앙처리장치 안에는 다음에 실행할 명령어의 주소를 지정하는 프로그램 카운터와 현재 실행 중인 명령어를 저장하는 명령어 레지스터가 필요하다. 프로그램과 데이터를 저장하는 기억장치는 기억장소가 많은 일차원 배열의 형태이고, 주소에 의하여 기억장소에 저장된 데이터를 액세스하는 구조로 만들어져 있다. 컴퓨터 시스템과 데이터를 주고받는 입출력장치는 그 종류가 다양하지만, 공통적으로 입출력장치에 할당되는 입출력 포트와 데이터 버스로 구동된다.

컴퓨터의 구성 요소들은 시스템 버스를 통하여 서로 연결된다. 시스템 버스는 기능에 따라 주소 버스, 데이터 버스, 그리고 제어 버스로 구분된다. 구성 요소 및 입출력장치의 속도 차이가 큰 고성능 컴퓨터 시스템인 경우, 시스템 버스를 계층적으로 구성하기도 한다.

명령어 집합은 하드웨어와 소프트웨어를 연결하는 계층이다. 컴퓨터는 데이터 전달 명령어, 데이터 처리 명령어, 프로그램 제어 명령어를 제공한다. 명령어는 동작을 나타내는 동작 코드(operation code)와 동작의 대상인 오퍼랜드(operand)로 구성되어 있다.

연습문제

3.1 프로그램의 실행

01 옳은 것을 선택하거나 빈칸을 채워라.

(1) 컴퓨터는 _____(을)를 실행하는 기계이다.

(2) 프로세서 종류 별로 명령어 집합은 (같다, 다르다).

(3) 명령어는 근본적으로 (이진수 코드, 문자열)로 표현된다.

(4) 기계어를 사람이 알아보기 쉽게 문자로 표현한 것을 _____(이)라고 한다.

(5) 내장형 컴퓨터 개념을 처음 만든 사람은 (폰 모이만, 튜링)이다.

02 프로그램 내장형 컴퓨터의 특징을 모두 선택하라.

① 프로그램을 기억장치 안에 저장한다.

② 프로그램을 모두 중앙처리장치 안에 저장한다.

③ 명령어를 중앙처리장치 안으로 가져와서 실행한다.

④ 명령어 실행이 완료되면 기억장치에서 그 명령어를 제거한다.

03 하버드 구조에 대한 올바른 설명은?

① 입출력장치를 입력용과 출력용으로 분리한다.

② 기능에 따라 중앙처리장치를 두 개로 분리한다.

③ 기억장치를 프로그램 용과 데이터 용으로 분리한다.

④ 데이터 기억장치를 전역 변수용과 지역 변수용으로 분리한다.

3.2 컴퓨터의 구성 요소

01 프로그램 내장형 컴퓨터에서 명령어 인출 단계에 반드시 필요한 레지스터 두 가지를 제시하고 기능을 설명하라.

02 올바른 것을 선택하라.

(1) PC의 값은 (현재 실행 중인, 다음에 실행할) (명령어 코드, 명령어의 주소)이다.

(2) IR의 값은 (현재 실행 중인, 다음에 실행할) (명령어 코드, 명령어의 주소)이다.

03 인출 단계에서 수행하는 일을 레지스터 전송 언어로 표현한 것은?

① IR ← Mem[PC]

② PC ← Mem[IR]

③ IR ← Mem[PC], PC ← PC + [명령어의 길이]

④ PC ← Mem[IR], IR ← IR + [명령어의 길이]

04 중앙처리장치의 구성 요소 중에서 명령어를 해독하고 제어신호를 생성하는 것은?

① 연산기   ② 레지스터

③ 제어장치   ④ 시스템 버스

05 중앙처리장치 내부에 있는 임시 기억장치는?

① 연산기   ② 레지스터

③ 제어장치   ④ 시스템 버스

06 올바른 것을 선택하라.

(1) 데이터 전달 명령어는 데이터의 값을 (변경하여, 변경하지 않고) 데이터를 전달한다.

(2) 데이터 처리 명령어는 데이터의 값을 (변경하여, 변경하지 않고) 데이터를 전달한다.

(3) 프로그램 제어 명령어는 (PC, IR)의 값을 변경한다.

(4) 연산기를 사용하는 명령어 종류는 (데이터 전달, 데이터 처리) 명령어이다.

07 다음 명령어는 데이터 전달, 데이터 처리, 프로그램 제어 중 어느 그룹에 해당하는가?

(1) mov   dword ptr [n],1   ; Mem[n] ← 1

(2) jg   wmain+46h (4113B6h)   ; if (s)0) PC ← PC+46h

(3) mov   eax,dword ptr [sum]   ; EAX ← Mem[SUM]

(4) add   eax,dword ptr [n]   ; EAX ← EAX + Mem[n]

(5) add   eax,1   ; EAX ← EAX + 1

08 주소선이 n비트인 기억장치의 기억장소의 수는?

① n

② 2n

③ 2^n

④ 2^{2n}

09 중앙처리장기가 기억장치를 한 번에 액세스하는 데이터의 크기를 지칭하는 용어는?

① 바이트

② 단어(워드)

③ 킬로 바이트

④ 메가 바이트

10 [그림 3-6]에서 주소선=1100, 읽기=1, 쓰기=0일 때, 데이터 선으로 출력되는 값은?

11 주소선의 수와 데이터선의 수가 다음과 같을 때 기억장치의 용량을 구하라.

(1) 주소선 16비트, 데이터선 8비트

(2) 주소선 26비트, 데이터선 8비트

12 입출력장치의 구성요소 중 하나인 입출력 모듈의 기능은?

① 전기 신호를 기계 동작으로 변경한다.

② 입출력장치에게 할당된 주소를 디코드한다.

③ 입출력장치로 전송되는 데이터를 저장한다.

④ 입출력장치를 컴퓨터 시스템과 연결하는 입출력 인터페이스를 제공한다.

13 옳은 것을 선택하거나 빈칸을 채워라.

(1) 컴퓨터는 입출력장치를 (주소, 데이터)로 구별한다.

(2) 입출력장치에게 부여된 주소를 _____라고 부른다.

(3) 입출력장치는 컴퓨터의 _____ 또는 _____에 연결된다.

(4) 중앙처리장치는 기억장치 주소 공간에 연결된 입출력 장치를 (적재/저장, 입력/출력) 명령어로 액세스한다.

(5) 중앙처리장치는 입출력 주소 공간에 연결된 입출력 장치를 (적재/저장, 입력/출력) 명령어로 액세스한다.

(6) 입출력장치가 기억장치 주소 공간에 연결된 것을 _____(이)라고 한다.

(7) 입출력장치기 입출력 주소 공간에 연결된 것을 _____(이)라고 한다.

01 시스템 버스를 세 가지로 구분할 때 해당하지 않는 것은?

① 데이터 버스   ② 주소 버스

③ 제어 버스   ④ 입출력 버스

02 시스템 버스의 세 가지 종류 중에서 여러 가지 기능을 가진 신호들을 한 가지로 묶어 분류한 것은?

① 데이터 버스   ② 주소 버스

③ 제어 버스   ④ 입출력 버스

03 기억장치의 저장 단위가 바이트이고 주소 버스의 폭이 32비트일 때, 연결할 수 있는 기억장치의 최대 용량은?

04 데이터를 전송할 준비를 마친 입출력장치가 중앙처리장치에게 전송 동작을 시작할 것을 요청하는 신호는?

① 입출력 읽기(I/O read)   ② 버스 요청(bus request)

③ 인터럽트 요청(interrupt request)   ④ 인터럽트 승인(interrupt acknowledge)

05 중앙처리장치가 버스 사용을 요청한 DMA 제어기에게 버스의 사용권이 허가되었음을 통보하는 신호는?

① 버스 허가(bus grant)   ② 버스 요청(bus request)

③ 인터럽트 요청(interrupt request)   ④ 인터럽트 승인(interrupt acknowledge)

06 시스템 버스를 계층적으로 구성하는 이유는?

① 버스에 연결되는 장치들의 용량이 다르기 때문이다.

② 버스에 연결되는 장치들의 속도가 다르기 때문이다.

③ 버스에 연결되는 장치들의 데이터 폭이 다르기 때문이다.

④ 버스에 연결되는 장치들이 사용하는 전력이 다르기 때문이다.

07 고속 버스와 저속 버스를 연결하는 장치는?

① 게이트　　　　　　　　　　　② 브리지

③ 네트워크　　　　　　　　　　④ 인터페이스

3.4 명령어

01 명령어의 구성 요소 중 동작을 나타내는 부분은?

① 오퍼랜드(operand)　　　　　② 동작 코드(opcode)

③ 유효 주소(effective address)　④ 유효 데이터(effective data)

02 명령어의 구성 요소 중 동작의 대상을 나타내는 부분은?

① 오퍼랜드(operand)　　　　　② 동작 코드(opcode)

③ 유효 주소(effective address)　④ 유효 데이터(effective data)

03 데이터 전달 명령어에 표현되지 않는 것은?

① 동작 코드　　　　　　　　　② 소스 오퍼랜드

③ 목적지 오퍼랜드　　　　　　④ 분기 목적지 주소

04 명령어에 표현되는 오퍼랜드의 수가 가장 많은 명령어는?

① 분기 명령어　　　　　　　　② 데이터 전달 명령어

③ 단항 데이터 처리 명령어　　④ 이항 데이터 처리 명령어

05 프로그램 제어 명령어는 어느 레지스터의 값을 변경하는가?

① 스택 포인터　　　　　　　　② 범용 레지스터

③ 프로그램 카운터　　　　　　④ 명령어 레지스터

06 프로그램 제어 명령어 종류 중에서 목적지 주소를 필요로 하지 않는 명령어는?

① 조건 분기 명령어　　　　　　② 무조건 분기 명령어

③ 서브루틴 호출 명령어　　　　④ 서브루틴 복귀 명령어

07 빈칸에 들어갈 단어를 순서대로 나열한 것은?

> _____는 명령어가 처리하고자 하는 동작의 대상이고,
> _____는 명령어가 실제로 처리하는 데이터이다.

① 오퍼랜드, 유효 데이터　　　　② 유효 주소, 유효 데이터
③ 유효 데이터, 오퍼랜드　　　　④ 유효 데이터, 유효 주소

08 유효 데이터가 저장되지 않는 곳은?

① 명령어　　　　　　　　　　② 연산기
③ 기억장치　　　　　　　　　④ 레지스터

09 명령어에 포함되어 있는 오퍼랜드의 수는 몇 개인가?

① 1개　　　　　　　　　　　② 2개
③ 3개　　　　　　　　　　　④ 명령어마다 다르다.

10 컴퓨터의 구성 요소의 크기가 다음과 같다. 질문에 답하라.

> 레지스터의 수: 16개　　　　　즉치 데이터의 필드 길이: 16비트
> 기억장치 주소선: 24비트　　　입출력장치 주소선: 16비트

(1) 오퍼랜드로 레지스터를 지정할 때 명령어에 할당해야 할 비트 수는?
(2) 오퍼랜드로 즉치 데이터를 사용할 때 명령어에 할당해야 할 비트 수는?
(3) 오퍼랜드로 기억장치 장소를 지정할 때 명령어에 할당해야 할 비트 수는?
(4) 오퍼랜드로 입출력장치 장소를 지정할 때 명령어에 할당해야 할 비트 수는?
(5) 즉치 데이터로 정수를 표현하는 경우에 정수의 표현 범위는?

11 컴퓨터의 구성 요소의 크기는 위 조건과 같고 명령어 동작 코드에 6비트를 할당할 때, [그림 3-12]의 명령어를 표현하는데 필요한 명령어의 전체 비트 수를 구하라.

(1) [그림 3-12(a)] INC R3
(2) [그림 3-12(b)] ADD R3, 5
(3) [그림 3-12(c)] STORE Mem[1004], R1
(4) [그림 3-12(d)] INPUT R1, Port[1004]
(5) [그림 3-12(e)] ADD R3, R1, Mem[1004]

12 레지스터 전송문 "R2 ← R1 + Mem[1004]"에 대한 설명 중 옳은 것은?

① 처리하려는 데이터가 정수이다.

② 레지스터 R1과 R2의 크기는 16비트이다.

③ 중앙처리장치의 레지스터 전체 수는 두 개이다.

④ 이 명령어에 대한 명령어 형식은 오퍼랜드 필드를 세 개 필요로 한다.

13 레지스터 전송문 "R3 ← R1 + R2"에서 유효 데이터는 어떻게 해석되는가?

① 부호 없는 수   ② 정수

③ 실수   ④ 알 수 없다.

3.5 명령어 실행 과정

01 [그림 3-13] ToyCOM 구조를 보고 질문에 답하라.

(1) 주소 버스의 크기는?

(2) 데이터 버스의 크기는?

(3) 레지스터를 지정하는데 필요한 비트 수는?

02 다음 레지스터 전송문을 수행하는 ToyCOM 어셈블리 명령어와 명령어 코드를 적어라.

레지스터 전송문	어셈블리 명령어	명령어 코드
R11 ← Mem[64h]		
Mem[48h] ← R13		
R13 ← Mem[80h]		
R13 ← R14 and R15		

03 ToyCOM에서 실행할 수 없는 명령어는?

① load R10, Mem[a8h]   ② load R12, Mem[1004h]

③ add R0, R1, R2   ④ or R7, R7, R8

04 임의의 시점에서 ToyCOM의 상태가 그림과 같다.

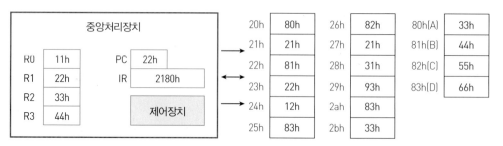

(1) 명령어를 인출한 후 값이 변하는 레지스터와 그 값을 구하라.

(2) 인출한 명령어의 기능을 레지스터 전송 언어로 적어라.

(3) 인출한 명령어를 실행한 후 값이 변하는 레지스터와 그 값을 구하라.

Chapter

04

중앙처리장치

04 중앙처리장치

'제3장 컴퓨터 구조의 개요'에서 컴퓨터의 구성 요소인 중앙처리장치, 주기억장치, 입출력장치의 전반적인 개념과 이들을 연결하는 시스템 버스 그리고 명령어의 기능에 대하여 설명하였다. 이 장은 중앙처리장치의 내부를 조금 더 자세히 이해하는 데 목적을 둔다.

중앙처리장치는 컴퓨터의 모든 데이터 처리와 제어를 담당하고 있으며, 이 임무를 수행하기 위하여 내부적으로 레지스터 집합(register set), 연산기, 그리고 제어장치를 포함하고 있다. '4.1 중앙처리장치의 구성 요소'는 중앙처리장치 이 세 가지 구성 요소의 역할을 설명한다. '4.2 레지스터의 종류'는 중앙처리장치가 프로그램을 실행하기 위하여 사용하는 레지스터를 프로그램 제어용과 명령어 실행용으로 구분하여 설명한다.

중앙처리장치는 정상적인 프로그램을 실행하는 기능 이외에 외부에서 요청하는 갑작스러운 사건에 대처하는 기능을 갖고 있다. 예를 들면, 컴퓨터가 프로그램을 수행 중이더라도 사용자가 마우스를 클릭하면 컴퓨터는 즉각 그 사실을 인지한다. 이러한 기능을 컴퓨터의 정상적인 프로그램 실행을 '방해한다'는 의미로 인터럽트(interrupt)라고 부른다. '4.3 인터럽트'에서 중앙처리장치가 내부적으로 인터럽트를 처리하는 체제를 중점적으로 설명한다. 인터럽트에 대한 자세한 사항에 해당하는 인터럽트의 종류, 다중 인터럽트(multiple interrupt), 그리고 우선순위 처리 방법에 대한 내용은 '제10장 입출력'에서 다룬다. 마지막으로 '4.4 명령어 사이클'은 컴퓨터가 명령어를 실행하는 과정인 명령어 사이클을 세분화하여 설명한다.

중앙처리장치는 컴퓨터 안에서 모든 처리를 담당하기 때문에, 중앙처리장치를 프로세서(processor)라고도 부른다. 중앙처리장치와 프로세서는 같은 의미로 사용되는 용어이다. 이 교재에서 반도체 칩으로 상용화된 중앙처리장치를 프로세서라고 지칭한다.

중앙처리장치가 명령어를 실행하는데 필요한 구성 요소가 어떤 것들이 있는지 알아보자. '3장 컴퓨터 구조의 개요'에서 학습한 컴퓨터의 기능을 요약하면 다음과 같다.

- 컴퓨터는 프로그램을 실행하고, 프로그램은 일련의 명령어들로 구성되어 있다.
- 한 개의 명령어를 실행하는 명령어 사이클은 인출 단계와 실행 단계로 구성되어 있다.
- 인출 단계는 주기억장치에 저장된 명령어를 중앙처리장치 안으로 가져온다. 명령어를 인출하기 위하여 프로그램 카운터(PC)와 명령어 레지스터(IR)가 필요하다.
- 실행 단계는 명령어를 해석하여 실행한다. 명령어는 데이터 전달, 데이터 처리, 그리고 프로그램 제어 명령어로 구성되어 있다.

이와 같은 작업을 수행하기 위하여 중앙처리장치는 내부적으로 [그림 4-1]과 같이 제어장치, 레지스터, 연산기를 포함하고 있다. [그림 3-5]와 비교해 볼 때 명령어 주소 레지스터(MAR, Memory Address Register), 명령어 버퍼 레지스터(MBR, Memory Buffer Register), 그리고 상태 레지스터(status register)가 추가되었다.

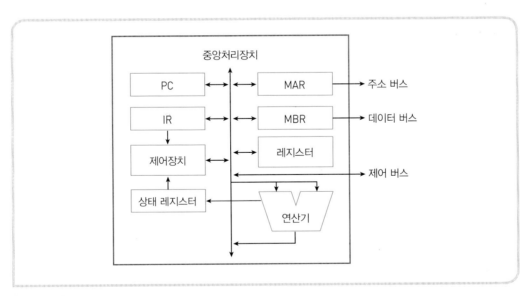

그림 4-1 중앙처리장치 구성 요소

제어장치는 명령어 인출 단계에서 명령어 레지스터(IR)에 적재한 명령어를 해석하여 명령어를 실행한다. 제어장치의 역할은 프로그램의 흐름을 제어하는 순서 제어(sequence control)와 각 명령어의 실행을 제어하는 동작 제어(operation control)로 구분할 수 있다.

- 순서 제어: 제어장치는 프로그램에 나타난 명령어들이 차례대로 실행되도록 만드는 기능을 수행한다. 일반적으로 현재 처리하는 명령어가 끝나면 다음 순서의 명령어를 실행하지만, 프로그램 제어 명령어를 만나면 실행 순서가 변경되기도 한다.
- 동작 제어: 제어장치는 각 명령어를 실행하는 기능을 수행한다. 실행 단계에서 제어장치는 각 명령어가 의도하는 동작이 수행될 수 있도록 컴퓨터 안의 다른 모든 부분(연산기, 레지스터, 기억장치, 입출력장치)을 제어한다.

순서 제어를 위하여 제어장치는 프로그램 카운터의 값을 변경한다. 명령어 인출 단계에서 다음 명령어가 저장된 기억장치 주소를 가리키도록 프로그램 카운터의 값을 수정하여, 명령어들이 순서대로 실행될 수 있도록 만든다. 분기 명령어를 실행할 때, 프로그램 카운터의 값을 분기 목적지 주소로 변경한다. 조건 분기 명령어를 처리할 때, 제어장치는 프로그램 카운터의 값을 변경할 조건이 있어야 하는데, 이 조건 정보는 레지스터의 한 가지 종류인 상태 레지스터(status register)에 저장되어 있다.

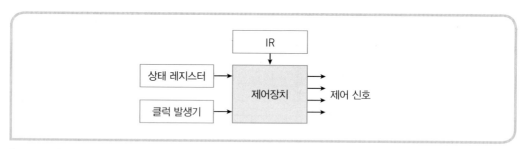

그림 4-2 제어장치의 입력과 출력

제어장치는 [그림 4-2]와 같이 명령어 레지스터(IR), 상태 레지스터(SR), 그리고 클럭 신호를 받아 제어 신호를 생성한다. 제어장치는 명령어 레지스터를 입력으로 받아 현재 실행하고 있는 명령어를 해독하고, 상태 레지스터를 입력으로 받아 프로그램 카운터의 값을 갱신할 조건을 검사한다. 그리고 제어장치는 클럭 신호를 입력으로 받아 명령어 사이클을 구동하는데 필요한 타이밍 정보를 생성한다. 제어장치는 이러한 신호들을 기반으로 컴퓨터에서 사용되는 모든 제어 신호를 출력한다.

〈 4.1.2 〉 **연산기**

연산기는 중앙처리장치 안에서 데이터 처리를 담당한다. 연산기는 모든 데이터 처리 명령어와 관련된 데이터 조작을 담당한다. 연산기는 [그림 4-3]과 같이 레지스터 또는 기억장치에서 두 개의 데이터를 가져오고, 그 결과를 레지스터 또는 기억장치로 저장한다. 연산기는 여러 크기와 여러 종류의 수에 대하여 산술 연산 및 논리 연산을 수행한다. 제어장치는 명령어를 해독하여 연산기가 수행할 연산을 선택하는 제어 신호를 생성하여 연산기로 전달한다.

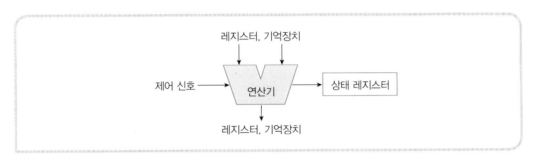

그림 4-3 연산기의 구조

연산기에 상태 레지스터가 연결되어 있다. 상태 레지스터의 역할을 이해하기 위하여 [그림 4-4]의 예제 프로그램을 생각해 보자. 이 예제는 "만일 X가 Y보다 작거나 같으면, X의 값을 증가시켜라"라는 동작을 실행한다. X와 Y는 수가 저장된 레지스터이다. 프로그램의 해석은 다음과 같다.

```
1.              CMP     X, Y      // compare X and Y
2.              BRG     lable1    // branch to lable1 if greater than 0
3.              INC     X         // increment x
4.     lable1:  ...               // branch to here
```

그림 4-4 조건 분기 프로그램

1. CMP X, Y(compare X and Y): X와 Y를 비교한다. 이 명령어는 연산기에서 X − Y를 실행하며, 그 결과를 레지스터에 기록하지 않는다. 다만 연산 결과가 0인지, 0보다 큰지, 혹은 0보다 작은지에 대한 상태 정보를 상태 레지스터에 기록한다.
2. BRG lable1(branch to lable1 if greater): 조건 분기 명령어이다. 만일 이전 명령어의 연산 결과가 0보다 크다고 상태 레지스터에 저장되어 있다면, label1로 지정된 주소로 이동하라는 의미이다.
3. INC X(increment X): X의 값을 증가시킨다. 만일 2에서 조건을 만족하지 않으면, 여기로 온다.
4. lable1: 여기에 배치된 명령어의 주소를 의미하며, 2에서 지정한 분기 목적지 주소이다.

[그림 4-2]와 같이 연산의 결과를 반영한 상태 레지스터는 제어장치로 입력되고, 제어장치는 조건 분기 명령어를 처리할 때, 상태 레지스터를 참조하여 프로그램 카운터의 값을 변경할지를 결정한다. 상태 레지스터는 여러 비트로 구성되어 있으며, 비트마다 고유한 의미가 부여되어 있다. 상태 레지스터에 대하여 '4.2.2 상태 레지스터'에서 자세히 다룬다.

연산기와 관련하여 연산기가 처리하는 데이터의 종류와 크기, 그리고 연산의 종류에 대하여 '5장 연산기'에서 자세히 설명한다.

4.1.3 레지스터

중앙처리장치는 자신의 임무를 수행하기 위하여 현재 실행 중인 명령어의 주소, 명령어가 처리하고 있는 데이터를 저장하는 내부 기억장치를 필요로 한다. 중앙처리장치는 다양한 종류의 레지스터들을 갖고 있으며, 레지스터는 컴퓨터 내부의 기억장치 중에 액세스 속도가 가장 빠른 기억장치이다. 프로세서를 설계할 때 레지스터의 수와 기능을 결정하는 것은 중요한 요소이다.

제어장치는 순서 제어와 동작 제어를 수행한다. 이 동작을 수행하기 위하여, 중앙처리장치는 다양한 종류의 레지스터를 활용하며, 레지스터도 이에 따라 프로그램 제어를 위한 레지스터와 명령어 실행을 위한 레지스터로 구분할 수 있다.

• 제어용 레지스터: 중앙처리장치가 프로그램을 진행시키기 위하여 사용하며, 이 그룹에 속하는 레지스터의 예는 이미 설명하였던 프로그램 카운터, 명령어 레지스터, 그리고 상태 레지스터 등이 있다. 어셈블리 프로그래머에게 보이지 않지만 중앙처리장치가 내부적으로 사용하는 [그림 4-1]의 기억장치 주소 레지스터(MAR)와 기억장치 버퍼 레지스터(MBR)도 이 그룹에 속한다. 어셈블리 프로그래머는 이

레지스터들을 직접 사용할 수 없다.

- 명령어 실행용 레지스터: 어셈블리어 프로그래머가 데이터를 처리하기 위하여 직접 사용할 수 있는 레지스터이며, 어셈블리어 프로그램에 직접 표현되는 레지스터들이다. 중앙처리장치가 명령어를 처리하는 과정에서 임시로 처리할 데이터를 저장하거나 기억장치 주소를 저장할 목적으로 이 레지스터들을 사용한다. 이 그룹에 속하는 레지스터들은 다시 데이터 레지스터(data register)와 주소 레지스터(address register)로 분류될 수 있다. 데이터 레지스터 또는 주소 레지스터 용도로 모두 사용할 수 있는 레지스터를 범용 레지스터(general purpose register)라고 부른다.

일반적으로 레지스터의 액세스 속도는 주기억장치의 액세스 속도보다 빠르다. 고급 프로그래밍 언어로 작성된 프로그램에 포함된 변수는 일반적으로 기억장치에 할당된다. 컴파일러는 가능한 기억장치를 적게 사용하도록 고급 프로그래밍 언어로 작성된 프로그램을 기계어 프로그램으로 번역한다. 데이터를 기억장치에서 레지스터로 옮겨 놓고 오랫동안 사용함으로써 처리 속도를 개선할 수 있다.

4.2 레지스터의 종류

레지스터는 제어용과 명령어 실행용으로 구분할 수 있으며, 첫 번째 그룹에 속하는 레지스터는 프로그램 카운터, 명령어 레지스터, 기억장치 주소 레지스터, 기억장치 버퍼 레지스터가 있고, 두 번째 그룹에 속하는 레지스터는 데이터 레지스터와 주소 레지스터가 있다. 중앙처리장치는 다양한 방법으로 기억장치를 액세스하고 있으며, 이에 따라 주소 레지스터는 그 종류가 더 세분된다. 이 절에서는 레지스터의 종류 및 레지스터 활용과 관련된 기억장치 활용 방법에 대하여 설명한다.

4.2.1 제어용 레지스터

제어용 레지스터는 프로그램 실행 순서를 결정하는데 사용되는 레지스터들이다. 이미 앞에서 소개한 바 있는 프로그램 카운터와 명령어 레지스터가 이 그룹에 속한다. 프로그램 내장형 컴퓨터에서 이 두 가지 레지스터는 반드시 필요하며, 컴퓨터 구조를 이해하는데 매우 중요하기 때문에 다시 기능을 요약한다.

- 프로그램 카운터(PC): 다음에 실행할 명령어의 주소를 저장한다. 현재 실행 중인 명령어의 실행이 완료되면, 프로그램 카운터가 지정한 기억장치 주소에서 명령어를 인출하고 즉시 프로그램 카운터의 값은 다음 명령어의 주소를 지정하도록 증가한다. 따라서 명령어를 인출한 순간을 제외하면 나머지 시간 동안 프로그램 카운터는 다음 명령어의 주소를 갖고 있다. 프로그래머는 프로그램 카운터의 값을 직접 변경하는 경우가 거의 없고, 분기 명령어나 서브루틴 호출 명령어를 통하여 간접적으로 프로그램 카운터의 값을 변경한다.

- 명령어 레지스터(IR): 현재 실행 중인 명령어를 저장하고 있다. 명령어 레지스터의 값은 제어장치로 입력된다. 프로그래머는 명령어 레지스터를 직접 또는 간접적으로 사용할 수 없다.

기억장치는 프로그램과 데이터를 저장하고 있으므로, 인출 단계에서만 기억장치를 사용하는 것이 아니다. 명령어 실행 단계에서도 데이터를 액세스하기 위하여 기억장치를 사용한다. 따라서 중앙처리장치는 기억장치를 액세스하기 위하여 [그림 4-1]과 같이 내부적으로 기억장치 주소 레지스터(MAR)와 기억장치 버퍼 레지스터(MBR)를 사용한다. 각 레지스터의 용도는 다음과 같다.

- 기억장치 주소 레지스터(MAR, Memory Address Register): 기억장치를 액세스할 주소를 저장한다. 기억장치를 액세스하려면 일단 주소가 기억장치 주소 레지스터에 들어와야 한다. 기억장치 주소 레지스터의 출력이 시스템 버스의 주소 버스에 연결되어 있다.

- 기억장치 버퍼 레지스터(MBR, Memory Buffer Register): 기억장치 읽기 동작을 할 때는 기억장치 주소 레지스터가 제공하는 주소에 저장된 데이터가 일단 기억장치 버퍼 레지스터로 들어 왔다가 다른 레지스터로 이동된다. 기억장치 쓰기 동작을 할 때는 기억장치 주소 레지스터에 데이터를 기록할 기억장치 주소를 넣고 기억장치 버퍼 레지스터에 기록할 데이터를 적재한 다음에 쓰기 제어 신호를 인가하면 해당 주소의 기억장소에 기억장치 버퍼 레지스터의 값이 복사되어 기록된다. 기억장치 버퍼 레지스터는 시스템 버스의 데이터 버스에 연결되어 있다.

기억장치 주소 레지스터와 기억장치 버퍼 레지스터의 존재를 고려하면, 프로그램 카운터가 주소 버스에 연결되어 있지 않기 때문에, 프로그램 카운터의 값이 직접 기억장치 주소로 인가될 수 없다. 명령어 인출 단계는 다음과 같은 세 단계로 나누어 수행된다.

```
1. MAR ← PC
2. MBR ← Mem[MAR], PC ← PC + [명령어의 길이]
3. IR ← MBR
```

먼저 프로그램 카운터의 값을 기억장치 주소 레지스터로 적재한다. 다음에 기억장치를 읽어 명령어를 기억장치 버퍼 레지스터에 저장하고, 이와 동시에 프로그램 카운터를 다음 명령어를 가리키도록 증가시킨다. 마지막으로 기억장치 버퍼 레지스터에 저장되어 있는 명령어를 명령어 레지스터로 이동시킨다. 명령어 실행 단계에서 데이터를 액세스할 때도 기억장치 주소 레지스터와 기억장치 버퍼 레지스터를 거쳐야 한다. 기억장치를 읽고 쓰는 과정은 다음과 같다.

```
1. MAR ← 주소 레지스터          // 데이터 읽기
2. MBR ← Mem[MAR]
3. 데이터 레지스터 ← MBR


1. MAR ← 주소 레지스터          // 데이터 쓰기
2. MBR ← 데이터 레지스터
3. Mem[MAR] ← MBR
```

데이터 쓰기 과정의 1단계와 2단계를 수행하기 위한 하드웨어 자원이 별도로 마련되어 있다면, 이 두 단계를 동시에 수행할 수 있다.

중앙처리장치가 기억장치를 액세스하기 위하여 내부적으로 기억장치 주소 레지스터와 기억장치 버퍼 레지스터를 사용하기 때문에, 어셈블리 프로그래머는 이 레지스터들의 존재를 전혀 알지 못한다. 중앙처리장치는 명령어를 실행하기 위하여 명령어 사이클을 반복하여 수행한다는 것은 이미 설명한 바와 같다. 여기서 또 한 가지 주목할 사항은 명령어 사이클의 인출 단계와 실행 단계도 더 세부적인 동작으로 나뉘어 실행된다는 것이다. 중앙처리장치가 실행하는 동작의 최소 단위를 마이크로오퍼레이션(micro-operation)이라고 하고, 이것은 한 개의 클럭 사이클 안에서 이루어지는 동작이다.

중앙처리장치 안에는 여기에서 소개한 레지스터들 이외에도 컴퓨터 시스템을 제어하기 위한 레지스터들이 많이 존재한다. 최신 프로세서는 운영체제를 지원하는 기능이 포함되어 있고 운영체제 자체가 사용자로부터 보호되어야 하므로, 운영체제만 사용할 수 있는 제어 레지

스터들이 별도로 마련되어 있다. 그리고 캐시 기억장치나 가상 기억장치를 지원하기 위한 제어 레지스터들도 있다. 이 교재에서는 고급 기능을 지원하기 위한 레지스터에 대한 설명을 생략한다.

〈 4.2.2 〉 상태 레지스터

상태 레지스터(SR, Status Register)도 제어 레지스터의 일종으로 볼 수 있다. 중앙처리장치는 조건 혹은 이벤트를 검사하여 프로그램 실행 순서를 변경할지 결정하기 위하여 상태 레지스터를 참조한다. 상태 레지스터는 각 비트 별로 의미가 있으며, 각 비트를 깃발이란 의미로 플래그(flag)라고 부른다. 플래그는 한 비트 정보이므로 참(true, 1) 또는 거짓(false, 0)의 값을 갖는다. 상태 레지스터는 연산기에서 연산 결과를 나타내는 조건 플래그(condition flags)와 그 외에 중앙처리장치를 제어하기 위한 제어 플래그(control flags)로 구성되어 있다. [그림 4-5]의 상태 레지스터의 예에서 비트 0부터 4는 조건 플래그이고 비트 6, 7은 제어 플래그이다.

7	6	5	4	3	2	1	0
IE	SV		OV	P	C	Z	S

그림 4-5 8비트 상태 레지스터의 예

연산기와 연동하여 동작하는 조건 플래그는 연산기가 동작할 때마다 결과값을 반영하여 그 값이 변한다. 프로세서 대부분이 공통적으로 갖고 있는 조건 플래그는 다음과 같다.

- 부호 플래그(S, sign flag): 가장 최근에 수행된 산술 연산 결과의 부호 비트(sign bit)를 저장한다. 부호 비트는 2진수의 MSB(Most Significant Bit)이다. 이 비트의 값이 1이면 연산 결과가 음수이고, 0이면 연산 결과가 양수이다.
- 제로 플래그(Z, zero flag): 가장 최근에 수행된 산술 연산 결과가 0일 때 1로 세트된다. 즉, 연산 결과가 0이면 1, 0이 아닌 값이면 0으로 설정된다.
- 자리올림수(C, carry flag): 가장 최근에 수행된 산술 연산이 2진수 덧셈이고, 덧셈에서 자리올림수가 발생할 때 세트된다.
- 패리티 비트(P, parity bit): 가장 최근에 수행된 연산 결과에 대한 짝수 혹은 홀수 패리티를 정한다. 패리티는 2진수에 포함된 1의 수를 세어 패리티 비트와 합하여 전

체 1의 수를 짝수 혹은 홀수로 맞추는 것이다. 일반적으로 짝수 패리티로 맞춘다.

- 오버플로우(OV, overflow flag): 가장 최근에 수행된 정수 산술 연산을 수행한 후 결과값에 오버플로우가 발행하였는지 표시한다. 2진수를 표현하는 비트 수에 따라 표현할 수 있는 수의 범위가 결정된다. 정수 연산의 결과가 연산기가 처리하는 데이터 비트 수로 표현할 수 있는 범위를 초과하면 오버플로우가 발생한다.

<table>
<tr><td>예제
4-1</td><td>덧셈 연산 0110_0101+0101_0100의 결과로 결정되는 S, Z, C, P, OV 플래그의 값을 구하라. 패리티는 짝수 패리티로 맞추는 것으로 가정한다.</td></tr>
</table>

풀이

$$
\begin{array}{r}
\text{덧셈:} \quad 0110\_0101 \\
+\ 0101\_0100 \\
\hline
1011\_1001
\end{array}
$$

MSB가 1이므로, S = 1
결과값이 0이 아니므로, Z = 0
자리올림수가 발생하지 않았으므로, C = 0
결과값의 1의 수가 5개로 홀수이므로, P = 1
양수 두 개를 더했는데 결과값이 음수이므로 오버플로우, OV = 1

상태 레지스터는 연산기의 동작과 관련이 없고 시스템 전체를 제어하기 위한 플래그들도 포함하고 있다. [그림 4-5]는 두 가지 플래그만 포함하고 있으나, 프로세서는 자신만의 제어 플래그들을 정의하고 있다.

- 인터럽트 가능 플래그(IE, interrupt enable flag): 이 비트가 1로 세트되어 있으면 중앙처리장치가 외부 인터럽트 요청을 인식할 수 있다. 중앙처리장치의 명령어 집합에 이 비트를 세트, 리셋 하는 명령어가 포함되어 있다. 프로그래머는 이 비트를 1 또는 0으로 설정할 수 있다. 이 비트의 초기값은 0이다. 즉, 시스템이 초기화된 상태에서 중앙처리장치는 인터럽트를 받아들이지 않는다. 컴퓨터가 부트(boot) 하면서 인터럽트 서비스 루틴 등 필요한 초기화를 완료한 후 이 비트를 세트하고 그 후부터 인터럽트 요청을 받아들인다.

- 운영체제 모드 플래그(SV, supervisor mode flag): 중앙처리장치가 운영체제(슈퍼바이저) 모드와 사용자 모드 중의 어느 모드에서 프로그램을 실행 중인지 나타낸다. 어떤 특권 명령어(privilege instructions)는 운영체제 모드에서만 실행이 가능하며, 기

억장치의 특정 영역도 이 모드에서만 액세스가 가능하다.

프로그램에는 임계 영역(critical section)이라는 부분이 있다. 이 부분은 나누어져 수행될 수 없는 코드 영역이다. 프로그램이 임계 영역에 진입할 때, 인터럽트 가능 플래그를 0으로 만들고, 임계 영역에서 나올 때 인터럽트 가능 플래그를 1로 만듦으로써, 임계 영역 안에서 인터럽트를 받아들이지 않도록 조치한다. 임계 영역과 운영체제 동작 모드는 운영체제에서 중요하게 다루는 주제이다. 중앙처리장치가 인터럽트를 처리하는 과정은 '4.3 인터럽트'에서 자세히 설명한다.

〈 4.2.3 〉 명령어 실행용 레지스터

실행 단계에서 명령어가 의미하는 바를 실행하기 위하여, 중앙처리장치는 기억장치를 액세스하여야 하고, 레지스터의 데이터를 계산하여야 한다. 이 과정에 데이터 레지스터와 주소 레지스터가 사용된다.

데이터 레지스터는 중앙처리장치가 처리하는 데이터를 임시로 저장한다. 초기의 컴퓨터는 데이터 레지스터를 하나만 갖고 있었으며, 이것을 누산기(accumulator)라고 불렀다. 탁상용 전자계산기는 입력한 데이터나 계산 결과를 계산기의 창에 하나만 표시한다. 계산기의 버튼을 눌러 값을 입력하면 이 값은 계산기의 창에 표시되고, 더하기 연산 명령어 버튼을 누른 후 다른 값을 입력하면 이 값도 같은 창에 표시된다. 등호(=)를 누르면 두 수의 합이 다시 또 계산기의 창에 표시된다. 이 창과 같은 역할을 담당하는 레지스터가 누산기이다. 최근의 프로세서들은 여러 개의 데이터 레지스터들을 포함하고 있다.

주소 레지스터는 기억장치를 액세스할 주소를 저장한다. 주소 레지스터가 가리키는 곳에서 기억장치를 액세스하기 때문에 주소 레지스터를 포인터(pointer)라고 부르기도 한다. 컴퓨터 프로그래밍 관련 용어로 사용될 때 포인터는 기억장치 주소를 의미한다. 중앙처리장치는 단순한 방법부터 복잡한 방법까지 다양한 방법으로 기억장치를 액세스하기 때문에 주소 레지스터는 그 종류가 다양하다. 주소 레지스터를 활용하는 방법은 중앙처리장치가 기억장치를 액세스하는 방법과 관련이 있다. 즉, 주소 레지스터를 이해하려면, 중앙처리장치가 기억장치를 활용하는 방법도 함께 이해하여야 한다. 중앙처리장치가 기억장치를 액세스하는 방법을 주소 지정 방식(addressing mode)이라고 한다. 자주 사용되는 주소 레지스터의 종류는 스택 포인터(stack pointer), 베이스 레지스터(base register), 그리고 인덱스 레지스터(index register)가 있다. 4.2.4절부터 기억장치 사용 방법과 함께 주소 레지스터들을 설명한다.

범용 레지스터(GPR, General Purpose Register)는 프로그래머가 임의로 데이터 레지스터 혹은 주소 레지스터 용도로 사용할 수 있는 레지스터이다. 프로그래머 또는 컴파일러는 가능하면 기억장치를 액세스하는 횟수를 줄일 목적으로 범용 레지스터를 사용한다. 최근의 프로세서들은 통상 8개부터 32개 정도의 범용 레지스터를 갖고 있다. 프로세서는 범용 레지스터를 데이터 저장용 혹은 주소 저장용으로 사용할 수 있으나, 범용 레지스터 중 일부를 지정하여 특별히 베이스 레지스터 또는 인덱스 레지스터 용도로도 사용하도록 지정함으로써 프로그램 작성에 편리성을 제공하고 있다.

〈 4.2.4 〉 스택 포인터

스택 포인터(SP, Stack Pointer)를 이해하기 위하여 먼저 스택을 이해하여야 한다. 스택은 LIFO(Last-In-First-Out) 형태로 데이터를 액세스하는 자료 구조이다. 즉, 데이터를 쌓아 놓고 마지막에 들어간 데이터부터 꺼내 사용하는 구조이다. 스택은 한 곳으로만 액세스할 수 있으며, 이 부분을 스택의 탑(stack top)이라고 한다. 중앙처리장치는 기억장치의 특정 영역을 스택 영역으로 지정하여 운영한다. 이 영역을 시스템 스택(system stack)이라고 한다. 스택은 레지스터의 데이터를 임시로 저장하기에 아주 적합한 장소이다.

프로세서는 [그림 4-6]과 같이 스택 영역을 지정하고 있다. 스택 영역은 [스택 시작 주소 ~ 스택 끝 주소 - 1]까지이다. 프로세서는 스택의 시작과 끝을 표시하는 별도의 제어 레지스터를 갖고 있을 수도 있고, 기억장치의 앞부분 또는 끝 부분을 스택 영역으로 사용하도록 암시적으로 지정하는 경우도 있다.

중앙처리장치는 스택에 데이터가 채워진 마지막 위치를 가리키는 레지스터인 스택 포인터(SP, Stack Pointer)를 갖고 있다. 시스템 스택은 스택 포인터를 통하여 액세스 된다. 스택 포인터가 가리키는 곳까지 데이터가 채워진 영역이고, 그 이후부터 스택 끝까지는 비어 있는 영역이다. 스택에 새로운 항목이 추가되거나 스택에서 데이터가 제거되면, 스택 포인터의 값이 증가하거나 감소한다.

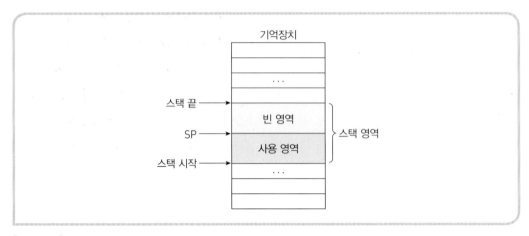

그림 4-6 스택

스택은 푸시(PUSH)와 팝(POP) 두 가지 동작에 의하여 액세스된다. 푸시는 스택에 데이터를 추가하는 동작이고, 팝은 스택에서 데이터를 제거하는 동작이다. 컴퓨터는 일반적으로 푸시 동작과 팝 동작을 수행하는 기계어 명령어를 갖고 있으며, 이 명령어에 해당하는 기호는 대부분 PUSH와 POP이다. PUSH 명령어는 스택에 저장할 오퍼랜드를 지정해야 하며, POP 명령어는 스택에서 제거한 데이터를 저장할 오퍼랜드을 지정하여야 한다. 이 두 가지 명령어의 형식은 다음과 같다. 대부분의 경우 오퍼랜드로 레지스터를 지정한다.

PUSH 오퍼랜드	// 오퍼랜드를 스택에 저장하라.
POP 오퍼랜드	// 스택에서 제거한 데이터를 오퍼랜드에 저장하라.

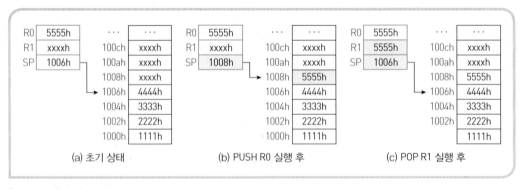

그림 4-7 스택 동작

일반적으로 스택에 저장되는 데이터의 크기는 레지스터의 크기, 데이터 버스의 폭과 같다. 즉, 스택은 컴퓨터의 단어(word) 단위로 액세스된다. 만일 기억장치가 8비트 단위로 구성되어 있고 레지스터의 크기가 16비트이면, 두 개의 기억장소에 한 개의 데이터가 저장된다. [그림 4-7(a)]는 어느 순간의 레지스터와 스택의 모습이다. 이 예는 다음과 같이 가정하고 있다.

- 범용 레지스터 R0와 R1의 크기는 16비트이다.
- 기억장치는 바이트 단위로 주소가 지정되며, 스택은 16비트 단위로 액세스 된다.
- 기억장치의 주소는 16비트이다. 따라서 스택 포인터의 크기도 16비트이다.
- 스택 포인터의 값은 1006h이고, 스택 포인터가 가리키는 장소까지 데이터가 저장되어 있다.
- 기억장치의 1000h번지부터 스택 영역이고, 현재 네 개의 데이터가 스택에 저장되어 있다.

중앙처리장치는 PUSH [오퍼랜드] 명령어를 다음과 같은 두 단계의 동작으로 실행한다.

SP ← SP + [단어의 크기]	// 스택 포인터를 단어 크기만큼 증가시킨다.
Mem[SP] ← 오퍼랜드	// 스택에 오퍼랜드를 저장한다.

[그림 4-7(b)]는 초기 상태에서 PUSH R0 명령어가 실행된 후의 상태이다. 스택 포인터의 값이 1008h로 증가되었고, 기억장치 1008h번지에 레지스터 R0의 값 5555h가 저장되었다.

중앙처리장치는 POP [오퍼랜드] 명령어를 다음과 같은 두 단계의 동작으로 실행한다.

오퍼랜드 ← Mem[SP]	// 스택에서 데이터를 제거하여 오퍼랜드에 저장한다.
SP ← SP − [단어의 크기]	// 스택 포인터를 단어 크기만큼 감소시킨다.

[그림 4-7(c)]는 [그림 4-7(b)] 상태에서 POP R1 명령어가 실행된 후의 상태이다. 레지스터 R1의 값이 5555h로 변경되었고, 스택 포인터의 값이 1006h로 감소되었다. 스택의 1008h번지에 이전 값 5555h가 남아 있으나, 이 값은 이제 의미가 없는 쓰레기(garbage) 값이다. 이후 다른 PUSH 명령어가 실행되면 이 값은 다른 값으로 대치된다.

[그림 4-7(c)] 상태에서 다음 명령어들이 연속으로 실행될 때 최종 상태를 그려라.

POP   R0
POP   R1
PUSH   R0

풀이

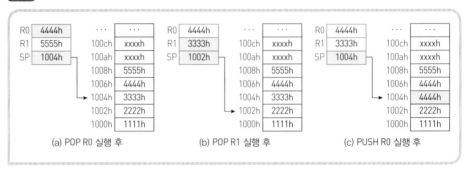

그림 4-8 | 예제 4-2의 명령어 실행 결과

(a) POP R0 실행 후: Mem[SP]의 값인 4444h를 R0에 저장하고, SP는 감소되어 1004h를 갖는다.

(b) POP R1 실행 후: Mem[SP]의 값인 3333h를 R1에 저장하고, SP는 감소되어 1002h를 갖는다.

(c) PUSH R0 실행 후: SP를 먼저 증가시켜 1004h로 만들고, R0=4444h를 Mem[SP]에 저장한다.

앞에서 제시한 PUSH와 POP 명령어에 대한 레지스터 전송언어 표현은 기억장치 주소 레지스터와 기억장치 버퍼 레지스터의 존재를 무시한 것이다. [그림 4-1]과 같이 기억장치 주소 레지스터와 기억장치 버퍼 레지스터가 중간에 개입되어 있다면, PUSH와 POP 명령어에 대한 레지스터 전송문이 어떻게 변경되어야 하는가?

풀이

PUSH 명령어

    SP ← SP + [단어의 크기]   // SP 증가
    MAR ← SP, MBR ← 오퍼랜드   // MAR, MBR 설정
    Mem[MAR] ← MBR   // 기억장치에 저장

POP 명령어

    MAR ← SP   // MAR 설정
    MBR ← Mem[MAR]   // 기억장치 읽기
    SP ← SP − [단어의 크기], 오퍼랜드 ← MBR   // SP 감소, 레지스터 적재

앞에서 스택에 데이터를 푸시할 때, 먼저 스택 포인터의 값을 증가시키고 나서 기억장치에 오퍼랜드를 저장한다고 설명하였다. 그렇지만 두 가지 동작 중 어느 것을 먼저 수행하는가, 그리고 푸시할 때 스택 포인터의 값을 증가시킬 것인지 아니면 감소시킬 것인지에 따라 스택을 네 가지 방법으로 구현할 수 있다. 〈표 4-1〉은 각 방법에 대하여 PUSH와 POP 명령어의 동작을 나타낸 것이다. 일반적으로 프로세서 설계자는 네 가지 방법 중 한 가지를 선택한다. ARM 프로세서는 네 가지 방법을 모두 제공하고 있으며, 사용자가 그 중 하나를 선택하도록 설정 기능을 제공한다. 이 교재에서는 특별히 언급하지 않는다면, 앞에서 설명한 방법을 사용하는 것으로 가정한다.

표 4-1 스택 구현 방법에 따른 푸시와 팝 동작

SP 갱신 시기		SP 증가		SP 감소
PUSH 명령어 실행 시 저장 전에 SP 갱신	PUSH	SP ← SP + [단어의 크기] Mem[SP] ← 오퍼랜드	PUSH	SP ← SP - [단어의 크기] Mem[SP] ← 오퍼랜드
	POP	오퍼랜드 ← Mem[SP] SP ← SP - [단어의 크기]	POP	오퍼랜드 ← Mem[SP] SP ← SP + [단어의 크기]
PUSH 명령어 실행 시 저장 후에 SP 갱신	PUSH	Mem[SP] ← 오퍼랜드 SP ← SP + [단어의 크기]	PUSH	Mem[SP] ← 오퍼랜드 SP ← SP - [단어의 크기]
	POP	SP ← SP - [단어의 크기] 오퍼랜드 ← Mem[SP]	POP	SP ← SP + [단어의 크기] 오퍼랜드 ← Mem[SP]

⟨4.2.5⟩ 베이스 레지스터

컴퓨터는 고급 언어로 작성된 프로그램의 파라미터 전달, 지역 변수(local variable) 할당, 서브루틴 호출시 반환 주소 저장 등의 목적으로 시스템 스택을 사용한다. 컴파일러는 베이스 레지스터(base register) 또는 베이스 포인터(BP, Base Pointer)를 스택의 한 기준점을 가리키는 용도로 사용한다. 예를 들어, 다음과 같은 C 언어 함수를 생각해 보자.

```
void fn()
{
    ...
    function(x, y, z);     // 파라미터 전달, 반환 주소 저장
    ...
}

void function(int param1, param2, param3)
```

```
{
    int local1, local2;
    …
}
```

이 함수는 세 개의 파라미터를 받고, 두 개의 지역 변수를 갖고 있다. [그림 4-9]는 함수를 호출하는 과정에서 스택의 용도를 설명하고 있다.

- [그림 4-9(a)] 함수 호출 전: 이 함수를 호출하기 전에 스택 포인터(SP)와 베이스 포인터(BP)는 스택의 아래 부분 어딘가를 가리키고 있다.
- [그림 4-9(b)] 파라미터 전달: 함수를 호출하는 문장을 실행하면서, 파라미터 param3, param2, param1의 순서로 스택에 푸시한다. 이 동작에 따라 스택 포인터(SP)의 값이 변경된다.
- [그림 4-9(c)] 복귀 주소 저장: 실제로 함수를 호출하는 명령어를 실행하면서, 복귀 주소(return address)를 스택에 저장한다. 프로그램 카운터는 이 함수의 시작 위치로 설정된다.
- [그림 4-9(d)] 이전 BP 저장: 이전 베이스 포인터(BP)의 값을 잃어버리지 않도록, 스택에 베이스 포인터(BP)의 값을 푸시한다.
- [그림 4-9(e)] 새로운 BP 설정: 베이스 포인터(BP)의 값을 현재 스택 포인터(SP)의 값으로 설정한다. 이 동작이 수행되고 나면, 베이스 포인터(BP)는 스택의 새로운 기준점을 가리킨다.
- [그림 4-9(f)] 지역 변수 할당: 스택에 지역 변수 local1과 local2를 위한 공간을 만들고 그 크기만큼 스택 포인터(SP)를 증가시킨다.

함수를 호출할 때마다, 이와 같은 방법으로 스택 포인터와 베이스 포인터를 재설정한다. 이제 베이스 포인터는 함수 function()이 사용하는 스택의 기준점을 가리킨다. 이 기준점으로부터 스택의 아래는 파라미터들이 저장되어 있고, 스택의 위는 지역 변수들이 저장되어 있다. 만일 단어 크기가 기억장치 두 개의 장소에 해당한다고 가정한다면, 함수 안에서 [그림 4-9(f)]의 오른쪽과 같이 BP±2n(n은 정수)으로 파라미터와 지역 변수를 액세스할 수 있다.

이 함수에서 복귀하면, 스택 포인터와 베이스 포인터는 다시 [그림 4-9(a)]의 상태로 돌아가서 함수를 호출하기 이전의 상태로 복구된다. 그리고 함수를 호출하면서 생성되었던 스택 프레임(파라미터부터 지역 변수 할당 영역까지)은 향후 다른 용도로 재활용된다.

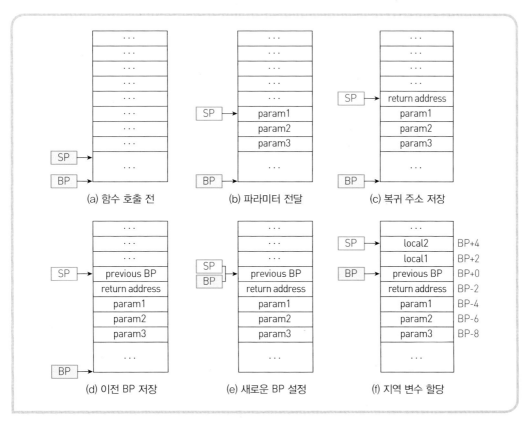

그림 4-9 함수 호출 과정

함수를 호출하는 조건이 다음과 같다고 가정하자.

- 단어 크기는 기억장치 장소 한 개의 크기와 같고, 16비트이다.
- 함수 호출하기 전 SP = 1180h, BP = 1178h이다.
- 함수를 function(4, 7, 10)으로 호출하였다.
- 함수에서 리턴할 주소는 0420h이다.
- 함수의 지역 변수의 값은 local1 = 15, local2 = 21이다.

첫 번째 가정에 의하여, 한 개의 단어는 기억장소의 주소 한 개에 해당하는 공간에 저장된다. 함수를 호출한 직후 SP, BP, 그리고 스택의 상태를 그려라.

풀이

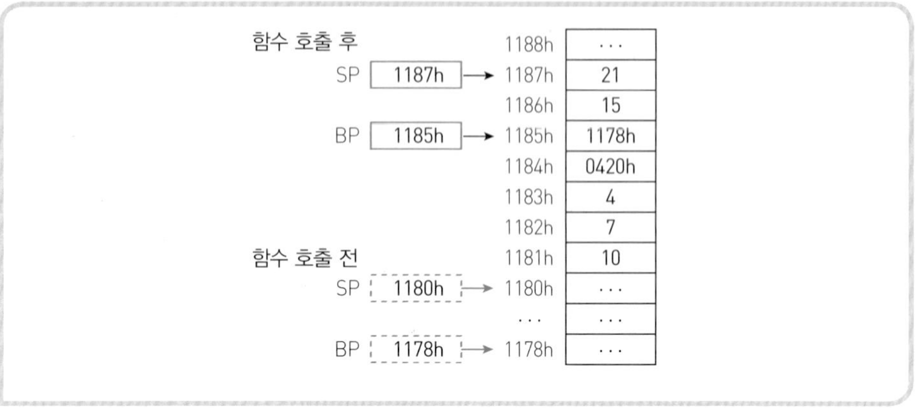
함수 호출 후
SP 1187h
BP 1185h
함수 호출 전
SP 1180h
BP 1178h
1188h ···
1187h 21
1186h 15
1185h 1178h
1184h 0420h
1183h 4
1182h 7
1181h 10
1180h ···
··· ···
1178h ···

그림 4-10 예제 4-4의 함수 호출 후 상태

- 함수를 호출하기 전 SP = 1180h, BP = 1178h이다.
- 파라미터 전달: 함수를 호출하면, 파라미터 4, 7, 10을 역순으로 스택에 푸시한다.
- 복귀 주소 저장: 함수에서 복귀할 주소 0420h를 스택에 푸시한다.
- 이전 BP 저장: BP의 값 1178h를 스택에 저장한다.
- BP 재설정: 현재의 SP의 값을 BP에 저장한다.
- 지역변수 할당: 지역변수가 2개이므로 스택에 두 개의 공간을 할당한다. 이 동작에 따라 SP의 값은 1187h로 설정된다.

4.2.6 인덱스 레지스터

고급 언어 프로그램은 배열을 많이 사용한다. 컴퓨터는 배열을 주소가 연속된 기억장소 공간에 배치한다. 일반적으로 프로그래머는 배열의 원소를 처음부터 끝까지 순차적으로 액세스하는 경우가 많다. 배열을 순차적으로 액세스하기 위하여 인덱스 레지스터(IX, index register)를 사용한다. 일반적으로 인덱스 레지스터는 기억장치를 액세스한 후 인덱스 레지스터의 값을 자동으로 증가하거나 감소하는 기능을 함께 갖고 있다. 이 기능을 자동 인덱싱(automatic indexing)이라고 한다.

정수는 2바이트이고, 기억장치는 바이트 단위로 주소가 정해진다고 가정하자. [그림 4-11]은 다음과 같이 선언된 배열 array가 기억장치 주소 1000h 번지부터 할당된 모습과 인덱스 레지스터를 사용하는 두 가지 방법을 보여준다.

```
int array[5] = {0, 1, 2, 3, 4 };
```

[그림 4-11(a)]에서 초기에 인덱스 레지스터 IX의 초기값은 배열 array의 시작 주소인 1000h로 설정되어 있다. 배열의 원소를 차례대로 읽어 레지스터 R1에 저장하는 레지스터 전송문은 다음과 같다.

```
R1 ← Mem[IX], IX ← IX + 2
```

[그림 4-11(b)]에서 레지스터 R0는 배열의 시작 주소 1000h를 저장하고 있고, 인덱스 레지스터 IX는 0으로 초기화되어 있다. 배열을 사용하는 도중에 배열의 시작 주소를 저장하고 있는 R0의 값은 변경되지 않는다. 배열을 원소를 차례대로 읽어 레지스터 R1에 저장하는 레지스터 전송문은 다음과 같다.

```
R1 ← Mem[IX+R0], IX ← IX + 2
```

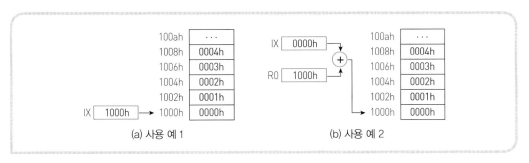

그림 4-11 인덱스 레지스터 사용 예

지금까지 주소 레지스터에 해당하는 스택 포인터, 베이스 레지스터, 인덱스 레지스터를 설명하였다. 이 레지스터들을 적절히 활용함으로써 기억장치에서 다양하고 편리한 방법으로 데이터를 액세스할 수 있다. 중앙처리장치가 기억장치를 액세스하는 방법에 대하여 '6.3 주소지정 방식'에서 다시 상세하게 다룬다.

⟨ 4.2.7 ⟩ 레지스터의 예

[그림 4-12(a)]는 인텔사의 Pentium 프로세서의 레지스터이다. 32비트 프로세서인 Pentium은 이전의 16비트 구조를 그대로 유지하고 있어 레지스터가 복잡하다. EAX, EBX, ECX, EDX 레지스터는 범용 레지스터인데 하위 16비트를 8비트 단위로 별도로 운영할 수 있다. 그리고 Pentium은 세그먼트(segment)와 오프셋(offset)으로 기억장치 주소를 지정하기 때문에, 여러 가지 세그먼트 레지스터들을 제공한다. CS와 IP가 합쳐져 프로그램 카운터 역할을 한다.

[그림 4-12(b)]는 8비트 프로세서인 AVR Atmega128의 레지스터이다. 주소를 지정할 수 있는 기억장치의 최대 범위는 64K바이트이다. 따라서, 기억장치 주소를 제공하기 위한 PC와 SP를 16비트 레지스터로 만들었다. Atmega128은 범용 레지스터를 32개 갖고 있다. 이 중에서 마지막 6개를 두 개씩 짝을 지어 X, Y, Z 레지스터라고 부르며, 이것들을 인덱스 레지스터로 사용할 수 있다.

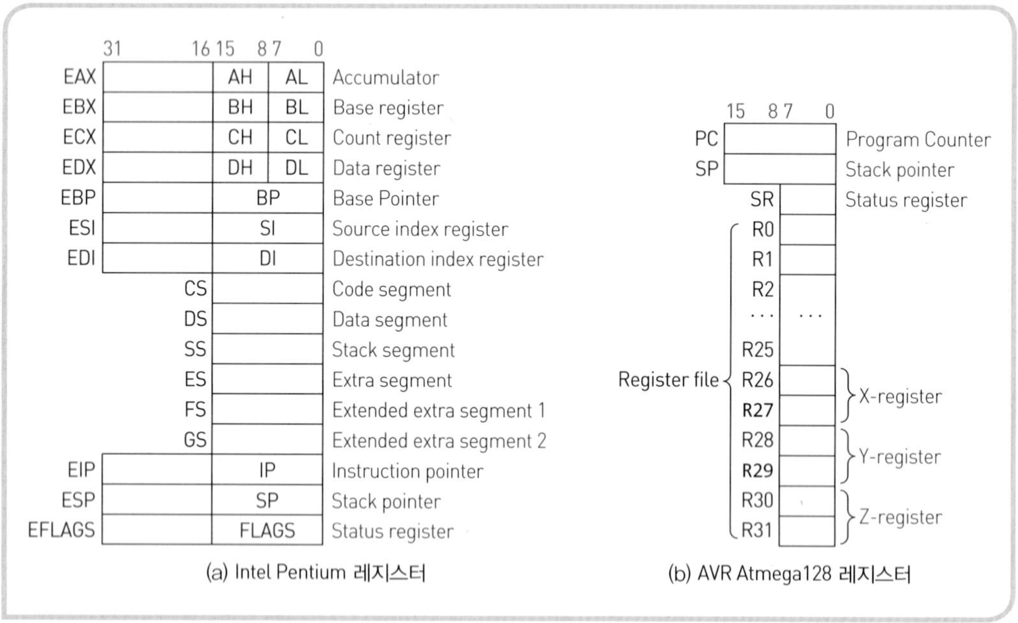

(a) Intel Pentium 레지스터   (b) AVR Atmega128 레지스터

그림 4-12 │ 프로세서 레지스터의 예

ARM 프로세서는 상태 레지스터 외에 16개의 32비트 범용 레지스터를 포함하고 있다. 일반적으로 컴퓨터는 함수를 호출할 때 파라미터를 스택을 통해 전달하고, 지역 변수도 스택에

146 • Chapter 04 중앙처리장치

할당한다. 만일 이것들을 레지스터에 저장하여 사용할 수 있다면 프로그램 실행 시간을 많이 줄일 수 있다. ARM 프로세서는 이것들을 범용 레지스터에 할당하여 사용하도록 권장하고 있는데, 이 기능을 APCS(ARM Procedure Call Standard)라고 부른다. 〈표 4-2〉는 범용 레지스터를 APCS 레지스터로 사용하는 규칙이다. 함수에 값을 전달하기 위하여 a1-a4를 사용하고, 함수가 반환하는 정수 값은 a1으로 리턴된다. 함수의 지역 변수(local variable)는 v1-v5에 할당된다. 나머지 R10-R15는 각각 그 용도가 특정 임무로 정해져 있다.

표 4-2　ARM 프로세서의 레지스터

레지스터	APCS 이름	용도
R0-R3	a1-a4	아규먼트 전달, 임의 용도(a1은 정수 결과 반환)
R4-R8	v1-v5	레지스터 변수
R9	sb	스택 베이스(stack base)
R10	sl	스택 끝(stack limit)
R11	fp	프레임 포인터
R12	ip	새로운 스택 베이스(new stack base)
R13	sp	스택 포인터
R14	lr	링크 레지스터
R15	pc	프로그램 카운터

4.3　인터럽트

이 절에서는 중앙처리장치가 컴퓨터 내부 또는 외부에서 발생할 수 있는 갑작스러운 사건에 대하여 대응하는 기능인 인터럽트에 대하여 설명한다. 중앙처리장치의 인터럽트 처리 기능은 매우 중요하다. 이 장에서는 인터럽트 개념을 소개하고, 인터럽트 요청부터 인터럽트 처리가 완료될 때까지 컴퓨터에 어떤 일이 발생하는지 그 과정을 설명하고, 중앙처리장치가 인터럽트 기능을 지원하기 위하여 갖추어야 할 하드웨어적 요소가 무엇인지 설명한다. 인터럽트의 중요한 활용 분야 중 하나는 입출력장치를 구동하는 것이며, 이에 관한 내용을 '10장 입출력'에서 설명한다.

< 4.3.1 > 인터럽트 개념

우리가 생활하다 보면 자신의 생각과 관계 없이 갑작스러운 사건이 발생하는 경우가 있다. 수업 시간에 강의할 때도 예상하지 못했던 일이 발생하기도 한다. 그 예는 다음과 같다.

- **인터럽트 요청**: 강의를 진행하는 중에 갑자기 학생이 질문한다면,
- **상태 저장**: 강사는 설명하던 것을 잠시 멈추고 현재 강의 진도를 기억해 두고,
- **인터럽트 서비스**: 학생의 질문에 답변한 후에,
- **인터럽트 복귀**: 다시 질문 전에 강의하던 내용으로 돌아와 계속 강의를 진행한다.

컴퓨터에서도 이와 같은 사건이 발생할 수 있다. 컴퓨터의 정상적인 프로그램 실행을 방해하는 사건이 발생하는 것을 컴퓨터의 실행을 방해한다는 의미로 인터럽트(interrupt)라고 말한다. 인터럽트는 컴퓨터 내부에서 발생할 수도 있고 컴퓨터 외부에서 발생할 수도 있다. 내부 인터럽트(internal interrupt)가 발생하면 컴퓨터는 더 이상 프로그램을 실행할 수 없다. 내부 인터럽트의 종류는 다음과 같다.

- **하드웨어 고장(hardware failure)**: 컴퓨터도 기계이기 때문에 구성 요소가 고장 날 수 있고, 혹은 데이터를 전달하는 과정에 일부의 비트가 잘못 전달될 수도 있다. 갑자기 컴퓨터의 전원이 꺼질 수도 있다. 이러한 사건들은 프로그램의 실행과 관계가 없다.
- **실행할 수 없는 명령어(undefined instruction)**: 컴퓨터는 기억장치에서 명령어를 인출하여 해석하고 실행한다. 기억장치에서 인출한 명령어의 비트 패턴이 중앙처리장치가 실행할 수 있는 명령어로 정의되어 있지 않다면, 그 명령어를 실행할 수가 없다.
- **명령어 실행 오류(execution error)**: 중앙처리장치가 인출한 명령어는 정상적이지만, 명령어를 실행할 수 없는 때도 있다. 예를 들면, 인출한 명령어가 나누기인데, 나누는 수가 0인 경우가 이에 해당한다.
- **사용 권한 위배(access privilege violation)**: 운영체제는 컴퓨터를 보호하기 위하여 기억장치나 파일을 사용할 때 여러 가지 권한을 정의하여 사용 가능 여부를 제한하고 있다. 예를 들면, 사용자가 운영체제만 사용할 수 있는 자원을 액세스하거나 읽기 전용 파일을 갱신하려고 하려고 할 때 인터럽트가 발생한다.

외부 인터럽트(external interrupt)는 주로 입출력장치에 의하여 발생된다. 가장 중요한 외부 인터럽트는 타이머 인터럽트와 입출력 인터럽트이다. 크게 보면 타이머 인터럽트도 입출력

인터럽트의 일종이나, 컴퓨터 시스템에서 매우 중요한 역할을 담당하고 있기 때문에 별도로 구분하기도 한다.

- 타이머 인터럽트(timer interrupt): 컴퓨터는 주기적으로 수행하는 일이 있다. 컴퓨터 안에 있는 타이머는 일정한 시간 간격으로 중앙처리장치에게 인터럽트를 요청한다. 컴퓨터는 이 사건을 기반으로 시간을 측정하고, 프로세스의 실행 시간 측정하여 프로세스를 스케줄하고, 주기적으로 수행할 작업을 실행시키는 등 아주 중요한 운영체제 작업을 수행한다.
- 입출력 인터럽트(I/O interrupt): 속도가 느린 입출력장치가 데이터 전송 준비가 완료되었다는 것을 중앙처리장치에게 알리기 위하여 사용하는 인터럽트이다. 이 기능으로 인하여 중앙처리장치가 속도가 느린 입출력장치가 데이터를 전송할 준비를 마쳤는지 검사하는 시간을 없앨 수 있다.

위 설명 중에서 프로세스(process)란 보조 기억장치에 저장되어 있던 프로그램이 사용자의 요청에 의하여 기억장치로 읽혀 들어와 실행되고 있는 상태를 의미한다. 즉, 프로세스는 실행되고 있는 프로그램이다.

⟨4.3.2⟩ 인터럽트 처리 과정

이 절에서는 컴퓨터 내부 또는 외부 인터럽트를 처리하는 과정을 살펴보고 중앙처리장치가 제공해야 할 기능을 도출한다. 인터럽트를 요청하는 하드웨어 요소를 인터럽트 소스(interrupt source)라고 부른다. 임의의 소스가 인터럽트를 요청한 때부터 인터럽트 처리가 완료될 때까지의 처리 과정은 다음과 같다.

1. 인터럽트 요청(interrupt request): 임의의 소스가 인터럽트를 요청한다.
2. 인터럽트 승인(interrupt acknowledge): 중앙처리장치는 인터럽트 요청을 인식하고, 인터럽트 소스에게 인터럽트를 확인하였음을 알려준다.
3. 상태 저장(context save): 중앙처리장치는 프로그램 실행을 중단하고 현재의 상태를 저장한다.
4. 인터럽트 서비스(interrupt service): 중앙처리장치는 인터럽트 소스가 요구한 작업을 실행한다.
5. 인터럽트에서 복귀(return from interrupt): 중앙처리장치는 원래 실행하던 프로그램으로 복귀한다.

위 4단계의 인터럽트 서비스는 중앙처리장치가 기억장치에 저장되어 있는 프로그램을 수행함으로써 이루어진다. 이 프로그램을 인터럽트 서비스 루틴(ISR, Interrupt Service Routine) 또는 인터럽트 핸들러(interrupt handler)라고 한다. 인터럽트 서비스 루틴은 인터럽트 종류마다 하나씩 기억장치에 준비되어 있어야 한다.

중앙처리장치가 인터럽트 요청을 인식하고 승인하기 위하여 중앙처리장치의 제어 버스는 다음과 같은 두 개의 제어선을 포함하고 있다.

- 인터럽트 요청 신호(interrupt request, INTR): 제어 입력 신호이며, 인터럽트를 요청하는 장치가 구동한다.
- 인터럽트 승인 신호(interrupt acknowledge, INTA): 제어 출력 신호이고, 중앙처리장치가 인터럽트 요청 장치에게 인터럽트를 인식하였음을 알려준다.

인터럽트 요청이 들어왔는지 검사하기 위하여, 중앙처리장치는 명령어 사이클 안에서 인터럽트 요청 신호를 검사하여야 한다. 인터럽트를 처리하기 위하여 명령어 사이클은 [그림 4-13]과 같이 인터럽트 단계(interrupt stage)를 포함하도록 수정되어야 한다. 명령어 사이클 중 실행 단계가 끝날 때마다, 중앙처리장치는 인터럽트 요청이 존재하는지 검사한다. 만일 인터럽트 요청이 없다면, 인출 단계로 이동하여 다음 명령어를 실행한다. 그러나 만일 인터럽트 요청이 존재한다면, 중앙처리장치는 인터럽트 단계에서 인터럽트 서비스를 위하여 필요한 조치를 취한다.

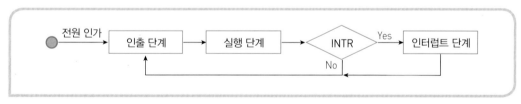

그림 4-13 인터럽트를 고려한 명령어 사이클

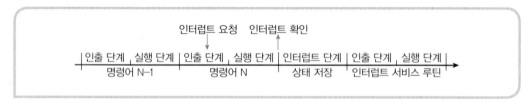

그림 4-14 인터럽트 요청과 확인

[그림 4-14]는 시간 축 상에서 본 인터럽트 처리 과정이다. 중앙처리장치는 현재 N번째 명령어(명령어 N)를 처리하고 있다. 명령어 N을 처리하는 구간 중 임의의 시점에 인터럽트 요청이 발생할 수 있다. 중앙처리장치의 제어장치는 명령어 N에 대한 실행 단계를 마치고 인터

럽트 요청이 존재하는지 검사한다. 인터럽트 요청이 존재하므로, 중앙처리장치는 인터럽트 단계를 실행한다. 인터럽트 서비스 루틴도 기억장치에 적재되어 있는 프로그램이므로, 중앙처리장치는 명령어 사이클에 의하여 인터럽트 서비스 루틴에 해당하는 프로그램을 실행한다. 중앙처리장치는 인터럽트 단계에서 다음과 같은 세 가지 작업을 수행한다.

1. 인터럽트 서비스를 마치고 현재 실행하던 프로그램으로 복귀할 때 필요한 정보를 저장한다.
2. 인터럽트를 요청한 소스를 확인한다.
3. 해당 인터럽트 서비스 루틴을 실행할 수 있도록 준비한다.

중앙처리장치가 인터럽트 서비스를 마치고 실행 중인 프로그램으로 복귀하고자 할 때 필요한 최소한의 정보를 콘텍스트(context)라고 한다. 중앙처리장치는 일반적으로 콘텍스트를 스택에 저장한다. 인터럽트 처리와 관련된 콘텍스트는 프로그램 카운터와 상태 레지스터이다.

- **프로그램 카운터**: 다음에 실행할 명령어의 주소를 갖고 있다. 나중에 프로그램을 재실행하려면 프로그램 카운터의 값을 반드시 저장해야 한다.
- **상태 레지스터**: 연산기를 사용하는 데이터 처리 명령어를 실행할 때마다 상태 레지스터의 값이 변경된다. 인터럽트는 임의의 시점에 요청될 수 있으며, 따라서 인터럽트 서비스 후에 실행할 명령어가 상태 레지스터를 사용할 가능성이 있다. 그런데 인터럽트 서비스 루틴도 프로그램이므로 데이터 처리 명령어를 포함하고 있을 수 있고, 인터럽트 서비스 루틴 안에서도 상태 레지스터의 값이 변경될 수 있다. 원래 프로그램으로 복귀하였을 때, 상태 레지스터의 값이 변경되지 않도록 반드시 상태 레지스터를 저장하여야 한다.

중앙처리장치가 인터럽트 처리하기 위하여 준비할 사항 중 이제 남은 일은 인터럽트 요청 장치를 확인하는 일과 인터럽트 서비스 루틴을 시작할 수 있도록 만드는 일이다. 인터럽트 요청 장치를 확인하는 과정은 '10장 입출력'에서 설명하기로 하자. 중앙처리장치는 이 과정을 통하여 해당 인터럽트 서비스 루틴의 시작 주소를 알 수 있다. 프로그램 카운터에 인터럽트 서비스 루틴의 시작 주소를 적재함으로써, 이후의 명령어 사이클에 따라 인터럽트 서비스 루틴이 실행된다.

지금까지 설명한 인터럽트 단계에서 중앙처리장치가 수행하는 일을 요약하면 다음과 같다.

- 콘텍스트(프로그램 카운터와 상태 레지스터)를 스택에 저장한다.
- 인터럽트 소스를 확인하고 해당 인터럽트 서비스 루틴의 시작 주소를 알아낸다.
- 프로그램 카운터에 인터럽트 서비스 루틴의 시작 주소를 적재한다.

중앙처리장치가 인터럽트 소스가 요구한 작업을 실행하는 것은 인터럽트 서비스 루틴을 실행함으로써 수행된다. 인터럽트 서비스 루틴도 프로그램이므로 이 과정은 명령어 사이클에 의하여 수행된다.

마지막으로 중앙처리장치는 인터럽트 서비스 루틴을 실행한 후에 원래 실행하던 프로그램으로 복귀하여야 한다. 이를 위하여 중앙처리장치는 인터럽트 복귀 명령어(return from interrupt, RETI)를 갖고 있다. 항상 인터럽트 서비스 루틴의 마지막 명령어는 인터럽트 복귀 명령어이어야 한다. 이 명령어는 명령어 사이클의 인터럽트 단계에서 수행하는 일의 반대 역할을 수행한다. 즉, 스택에서 이전의 상태 레지스터와 프로그램 카운터의 값을 제거하고, 이 값으로 상태 레지스터와 프로그램 카운터를 복구한다.

이와 같은 과정을 통하여 중앙처리장치는 인터럽트에서 복귀한 후 아무 일도 없었던 것처럼 이전에 실행하던 프로그램을 정상적으로 다시 시작할 수 있다.

예제 4-5

단어의 크기는 16비트이고, 단어는 기억장치 두 개의 장소에 저장된다고 가정한다. [그림 4-15(a)]는 인터럽트 요청이 발생하였을 때, 컴퓨터의 상태이다. 인터럽트 단계가 실행된 후, 컴퓨터의 상태가 어떻게 변하는지 그림으로 표시하라. SR은 상태 레지스터이다. 현재 실행 중인 프로그램은 기억장치 1000h~1FFFFh번지에 적재되어 있고, 인터럽트 서비스 루틴은 0800h~08FFh 번지에 적재되어 있다.

그림 4-15 ▌ 예제 4-5의 컴퓨터 상태

풀이

- [그림 4-15(a)] 인터럽트 단계 실행 전
  - 중앙처리장치가 다음에 실행할 명령어의 주소는 PC=1100h이다.
  - 중앙처리장치는 현재 명령어 코드가 IR=304Fh인 명령어를 실행하고 있다.
  - R0, R1, R2, R3은 레지스터이다.
  - 스택 포인터(SP)는 2006h를 가리키고 있고, 2008h 이후는 사용되지 않는 영역이다.
  - 상태 레지스터(SR)의 값이 8043h이다.

- [그림 4-15(b)] 인터럽트 단계 실행 후
  - 인터럽트 단계의 동작은 하드웨어적으로 실행된다.
  - 논리적으로 다음과 같은 명령어를 실행하는 것과 같다.
  - PUSH SR : Mem[2008] ← 8043h, SP = SP + 2, 상태 레지스터를 스택에 푸시
  - PUSH PC : Mem[200a] ← 1100h, SP = SP + 2, 프로그램 카운터를 스택에 푸시
  - PC ← ISR : PC ← 0800h, PC에 인터럽트 서비스 루틴의 주소를 적재한다.

4.3.3 인터럽트 가능 플래그

앞 절에서 인터럽트 요청이 발생한 이후 인터럽트 단계를 거쳐 인터럽트 서비스 루틴이 시작되는 과정을 설명하였다. 이 절에서는 중앙처리장치가 인터럽트를 처리하기 위한 필요 조건과 프로그래머가 인터럽트 허가 여부를 결정하는데 필요한 인터럽트 가능 플래그에 대하여 설명한다.

인터럽트 서비스 루틴도 프로그램이다. 컴퓨터의 전원이 인가된 이후, 다음 세 가지 사항을 처리한 후에 컴퓨터는 인터럽트를 승인할 수 있다.

- 시스템 스택 설정
- 인터럽트 서비스 루틴을 기억장치에 적재
- 인터럽트 벡터(interrupt vector) 설정

인터럽트 처리 과정은 시스템 스택을 사용하기 때문에 당연히 시스템 스택이 설정되어 있어야 한다. 중앙처리장치가 인터럽트를 승인하려면, 먼저 인터럽트 서비스 루틴이 기억장치에 적재되어 있어야 한다. 인터럽트 요청이 발생하였을 때, 중앙처리장치는 명령어 사이클의 인터럽트 단계에서 인터럽트 소스가 무엇인지 그리고 해당 인터럽트 서비스 루틴이 기억장치 어디에 적재되어 있는지 확인하여야 하는데, 이때 중앙처리장치는 인터럽트 벡터를 사용한다. 간단히 설명하면, 인터럽트 벡터는 여러 종류의 인터럽트에 대한 인터럽트 서비스 루틴의 시작 주소를 모아 놓은 것이다. 인터럽트 벡터를 구성하는 방법은 '10장 입출력'에서 설명하기로 한다. 컴퓨터에 전원이 인가된 후 처음으로 시작하는 프로그램인 부트 로더(boot loader) 혹은 운영체제가 이와 같은 준비 과정을 처리한다.

따라서 컴퓨터는 항상 인터럽트 요청을 승인할 수 있는 것이 아니다. 컴퓨터는 위와 같은 준비를 마친 후 인터럽트를 받아들일 수 있다. 컴퓨터는 인터럽트 승인 여부를 제어하기 위하여 상태 레지스터 안에 있는 인터럽트 가능 플래그(Interrupt Enable flag, IE)를 사용한다.

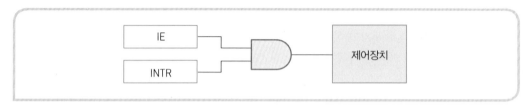

| 그림 4-16 | 인터럽트 가능 플래그의 용도

[그림 4-16]과 같이 인터럽트 요청(INTR) 신호는 인터럽트 가능 플래그(IE)와 AND 연산하여 제어장치로 입력된다. 만일 인터럽트 가능 플래그의 값이 0이면, 인터럽트 요청이 발생하더라도 제어장치는 인터럽트 요청이 발생하였음을 알지 못한다. 따라서 프로그래머는 인터럽트 가능 플래그를 세트 또는 리셋할 수 있어야 한다. 이를 위하여 중앙처리장치는 다음과 같은 두 개의 명령어를 제공하고 있다.

- STI(set interrupt enable flag): 인터럽트 가능 플래그를 세트한다. 이 명령어가 실행되면, 중앙처리장치는 인터럽트를 받아들일 수 있다.
- CLI(clear interrupt enable flag): 인터럽트 가능 플래그를 리셋한다. 이 명령어가 실행되면, 중앙처리장치는 인터럽트를 인식하지 못한다.

컴퓨터에 전원이 인가되거나 시스템 전체가 리셋되었을 때, 상태 레지스터의 인터럽트 가능 플래그의 초깃값은 0이다. 컴퓨터는 인터럽트를 받아들일 준비를 마친 후 인터럽트 가능 플래그의 값을 1로 세트하여야 한다.

인터럽트 가능 플래그의 또 한 가지 중요한 용도는 임계 영역(critical section)을 제어하는 것이다. 인터럽트는 프로그램의 실행 상태와 무관하게 아무 때나 발생할 수 있으므로, 인터럽트가 발생하면 원래 수행 중이던 프로그램은, 프로그래머는 인식하지 못하지만, 실행이 중단되었다가 인터럽트 처리가 끝난 후 다시 실행된다. 프로그램은 실행하는 도중에 중단되었다가 다시 시작되면 문제가 발생하는 부분을 포함하고 있을 수 있다. 이 부분을 임계 영역이라고 한다. 임계 영역이 존재하는 프로그램을 작성할 때, 프로그래머는 [그림 4-17]과 같이 임계 영역에 진입하기 전에 CLI 명령어를 실행하여 인터럽트를 받아들이지 않도록 조치하고, 임계 영역을 수행한 후에 STI 명령어로 다시 인터럽트를 받아들이도록 조치해야 한다.

그림 4-17 임계 영역을 포함하고 있는 프로그램

이 절에서는 지금까지의 설명을 바탕으로 인터럽트 처리 과정을 정리하고, 인터럽트 서비스 루틴 안에서 수행하는 일에 대하여 설명한다. 전제 조건으로 인터럽트 가능 플래그가 1로 세트되어 있어야 한다. [그림 4-18]은 인터럽트 처리 과정을 순서대로 표현한 것이다. 단계별로 다음과 같은 일을 수행한다.

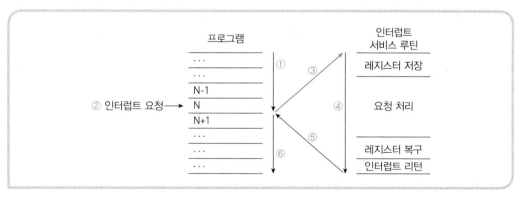

그림 4-18 인터럽트 처리 과정 및 인터럽트 서비스 루틴

① 프로그램 실행: 현재 임의의 프로그램이 실행 중이다. 중앙처리장치는 N번째 명령어를 처리하고 있다.

② 인터럽트 요청: 인터럽트 소스가 인터럽트를 요청한다. 중앙처리장치는 N번째 명령어 실행 단계를 마치고 인터럽트 요청을 확인하고, 명령어 사이클의 인터럽트 단계를 실행한다.

③ 인터럽트 단계: 인터럽트 소스에게 인터럽트가 승인되었음을 알리고(interrupt acknowledge), 콘텍스트(프로그램 카운터와 상태 레지스터)를 시스템 스택에 저장한 후, 인터럽트 서비스 루틴의 시작 주소를 프로그램 카운터에 저장한다.

④ 인터럽트 서비스 루틴 실행: 명령어 사이클에 의하여 인터럽트 서비스 루틴의 명령어들을 실행한다. 인터럽트 서비스 루틴의 마지막 명령어는 RETI(return from interrupt)이다.

⑤ 인터럽트 리턴: RETI 명령어를 실행한다. 이 명령어에 의하여 상태 레지스터와 프로그램 카운터가 복구된다.

⑥ 프로그램 재개: 실행이 중단되었던 프로그램을 N+1번째 명령어부터 다시 실행한다.

인터럽트 서비스 루틴의 핵심은 인터럽트 소스가 요청한 일을 처리하는 것이다. 그렇지만, 인터럽트 서비스 루틴도 프로그램이므로, 인터럽트 서비스 루틴을 수행하면서 명령어 처리용 레지스터들을 사용한다. 기존에 실행 중이던 프로그램도 이 레지스터들을 사용하고 있었을 것이다. 인터럽트 서비스 루틴을 마치고 원래 프로그램으로 돌아갔을 때 레지스터들의 값이 변경된다면, 이전에 실행하던 프로그램을 정상적으로 실행하지 못하는 문제가 발생한다. 따라서 인터럽트 서비스 루틴은 먼저 자신이 사용할 레지스터들을 저장하고, 요청 처리를 마친 후 레지스터들을 복구하여야 한다. 일반적으로 레지스터를 저장하고 복구할 때도 시스템 스택을 사용한다.

마지막으로 인터럽트 서비스 루틴에서 고려할 것은 인터럽트 가능 플래그이다. 일반적으로 상용 프로세서들은 명령어 사이클의 인터럽트 단계 안에서 인터럽트 가능 플래그를 0으로 만든다. 이에 의하여 프로세서는 다른 인터럽트 요청을 받아들이지 않게 된다. 인터럽트 서비스 루틴을 처리하면서 언젠가는 인터럽트 가능 플래그를 다시 1로 세트해야 한다. 인터럽트 서비스 루틴이 STI(set interrupt enable flag) 명령어를 실행하는 시기는 두 가지 방법이 있을 수 있다.

- 인터럽트 서비스 루틴을 시작하면서
- 인터럽트 서비스 루틴을 마치면서 복귀하기 전에

인터럽트 서비스 루틴의 시작 부분에서 STI 명령어를 실행한다면, 중앙처리장치는 인터럽트 서비스 루틴을 수행하는 도중에 다른 인터럽트 요청을 받아들일 수 있다. 그렇지만 인터럽트 서비스 루틴에서 복귀하기 전에 STI 명령어를 실행한다면, 중앙처리장치는 인터럽트 서비스 하는 도중에 다른 인터럽트 요청을 받아들이지 않는다.

컴퓨터는 프로그램에 포함되어 있는 명령어들을 하나씩 중앙처리장치로 가져와 해독하고 실행하는 과정을 반복한다. 중앙처리장치가 한 개의 명령어를 실행하는 과정을 명령어 사이클(instruction cycle)이라고 하며, 지금까지 명령어 인출 단계(instruction fetch stage), 명령어 실행 단계(instruction execution stage), 그리고 인터럽트 단계(interrupt stage)를 소개한 바 있다. 이 세 가지 단계는 모든 프로세서들이 기본적으로 채택하고 있다. 각 단계에서 수행하는 일을 다시 한 번 정리하면 다음과 같다.

- 명령어 인출 단계: 실행하고자 하는 명령어를 기억장치에서 중앙처리장치로 가져온다. 프로그램 카운터(PC)는 다음에 실행할 명령어의 주소를 갖고 있으므로, 프로그램 카운터가 가리키는 기억장치의 저장장소에서 명령어를 인출하여 명령어 레지스터(IR)에 적재한다. 그리고 프로그램 카운터가 다음 명령어를 가리키도록, 프로그램 카운터의 값을 명령어 길이만큼 증가시킨다.

- 명령어 실행 단계: 명령어 레지스터에 저장되어 있는 명령어 코드를 해석하고 실행한다. 명령어의 종류에 따라 그에 적절한 동작을 수행하여야 한다. 명령어 실행 단계가 끝날 때, 중앙처리장치는 인터럽트 요청이 존재하는지 검사한다. 만일 인터럽트가 요청되어 있다면, 인터럽트 단계로 이동한다. 그렇지 않으면 명령어 인출 단계로 이동한다.

- 인터럽트 단계: 실행 중이던 프로그램으로 복귀할 때 필요한 정보인 상태 레지스터와 복귀 주소(프로그램 카운터의 값)을 저장하고, 인터럽트 소스를 확인하여 해당 인터럽트 서비스 루틴의 시작 주소를 프로그램 카운터에 적재한다.

이 세 가지 단계 중에서 명령어 인출 단계와 인터럽트 단계에서 수행하는 일은 명령어의 종류와 관계없이 항상 같다. 명령어 실행 단계는 명령어의 종류와 복잡성에 따라 수행하는 일이 다르고, 또한 수행에 소요되는 시간(클럭 펄스의 수)도 다를 수 있다. 중앙처리장치를 설계할 때 명령어를 실행하는 과정의 복잡성에 따라 명령어 실행 단계를 더 세분화하기도 한다. [그림 4-19]는 여러 가지 명령어 사이클의 예이다. 프로세서 종류에 따라 더 복잡한 형태의 명령어 사이클이 있을 수도 있다.

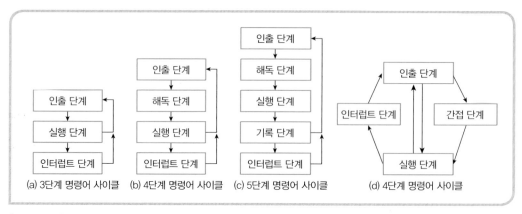

그림 4-19 | 명령어 사이클

[그림 4-19]에 추가된 명령어 사이클의 단계들은 다음과 같은 동작을 수행한다.

- **해독 단계**(decode stage): 명령어 레지스터(IR)에 저장되어 있는 명령어를 해독하여 제어 신호를 생성하는데 시간이 많이 소요될 때, 실행 단계에서 해독 단계를 별도 의 단계로 분리하기도 한다.
- **기록 단계**(write back state): 명령어 실행 과정에서 실제로 연산을 수행하는 부분만 실행 단계에서 수행하고, 연산 결과를 레지스터에 기록하는 부분을 기록 단계에서 실행한다.
- **간접 단계**(indirect stage): 명령어를 실행하는 과정에서 처리할 데이터를 인출하기 위하여 기억장치를 한 번 더 액세스해야 하는 경우도 있을 수 있다. 이때 기억장치 에서 데이터를 인출하는 과정을 분리하여 간접 단계에서 실행한다.

한 단계에서 다음 단계로 이동할 때 두 개의 단계 중 하나를 선택해야 한다면, 제어장치가 어느 경로를 선택할지 결정한다. 실행 단계 혹은 기록 단계가 끝난 후, 인터럽트 요청이 발생 하였으면 인터럽트 단계로 이동하고, 그렇지 않으면 인출 단계로 이동한다. [그림 4-19(d)]에 서 명령어를 인출한 후, 명령어를 실행하는데 데이터를 기억장치에서 인출할 필요가 있다면 간접단계로 이동하고, 그렇지 않다면 바로 실행 단계로 이동한다.

이 장에서 중앙처리장치의 구성 요소와 그 기능에 대하여 설명하였다. 중앙처리장치는 레지스터, 연산기, 그리고 제어장치로 구성되어 있다. 연산기는 모든 데이터 처리 명령어를 담당하며 연산의 결과는 상태 레지스터에 반영된다. 제어장치는 명령어 레지스터와 상태 레지스터를 입력으로 받고, 컴퓨터 내에서 필요로 하는 모든 제어 신호를 생성한다.

레지스터는 제어용과 명령어 실행용으로 구분될 수 있다. 제어용 레지스터는 프로그램 카운터(PC), 명령어 레지스터(IR), 기억장치 주소 레지스터(MAR), 기억장치 버퍼 레지스터(MBR)가 있고, 그 외에 프로세서마다 자체적으로 시스템을 제어하는 데 필요한 제어용 레지스터를 갖고 있을 수 있다. 프로그램 카운터는 다음에 실행할 명령어의 주소를 갖고 있으며, 명령어 레지스터는 현재 실행 중인 명령어 코드를 저장한다. 기억장치 주소 레지스터(MAR)와 기억장치 버퍼 레지스터(MBR)는 기억장치를 구동한다. 명령어 실행용 레지스터는 크게 데이터 레지스터와 주소 레지스터로 구분될 수 있고, 두 가지 용도로 모두 사용할 수 있는 레지스터를 범용 레지스터라고 한다. 데이터 레지스터는 비교적 간단하지만, 주소 레지스터는 기억장치를 액세스하는 방법에 따라 다양한 레지스터가 있다. 그 중에서 시스템 스택을 운영하기 위한 스택 포인터(SP)가 중요하다. 그 이외에 스택 프레임의 특정 위치를 지정하는 베이스 레지스터와 기억장치에 연속적으로 배치된 데이터를 효율적으로 액세스하기 위한 인덱스 레지스터를 소개하였다.

컴퓨터의 기능인 인터럽트는 중앙처리장치 내부 혹은 외부에서 발생하는 사건에 대처하기 위한 중요한 수단을 제공한다. 인터럽트에 반응하기 위하여 명령어 사이클에 인터럽트 단계를 추가하여야 한다. 중앙처리장치로 하여금 인터럽트를 인지하게 허용하는 인터럽트 가능 플래그, 인터럽트 소스가 요청한 작업을 수행하는 인터럽트 서비스 루틴과 인터럽트 복귀에 관련된 사항을 설명하였다.

연습문제

4.1 중앙처리장치의 구성 요소

01 중앙처리장치의 구성 요소가 아닌 것은?

① 연산기   ② 레지스터

③ 제어장치   ④ DMA 제어기

02 제어장치의 순서 제어 기능을 가장 올바르게 설명한 것은?

① 연산기의 기능을 선택한다.

② 기억장치로 읽기 또는 쓰기 제어신호를 보낸다.

③ 프로그램에 나타난 명령어들을 순서대로 실행한다.

④ 명령어 종류를 해석하여 그 명령어를 실행하도록 제어 신호를 생성한다.

03 제어장치의 동작 제어 기능을 가장 올바르게 설명한 것은?

① 연산기의 기능을 선택한다.

② 기억장치로 읽기 또는 쓰기 제어신호를 보낸다.

③ 프로그램에 나타난 명령어들을 순서대로 실행한다.

④ 명령어 종류를 해석하여 그 명령어를 실행하도록 제어 신호를 생성한다.

04 제어장치의 입력 신호가 아닌 것은?

① 명령어 레지스터   ② 프로그램 카운터

③ 상태 레지스터   ④ 클럭 발생기

05 연산기는 어떤 명령어 처리를 담당하는가?

① 데이터 전달 명령어   ② 데이터 처리 명령어

③ 프로그램 제어 명령어   ④ 인터럽트 제어 명령어

06 상태 레지스터의 값은 어떤 명령어를 처리할 때 변경되는가?

① 데이터 전달 명령어   ② 데이터 처리 명령어

③ 프로그램 제어 명령어   ④ 무조건 분기 명령어

07 컴퓨터 기억장치 중에서 가장 액세스 속도가 빠른 장치는?

① 레지스터   ② 주기억장치

③ 디스크   ④ 가상 기억장치

08 레지스터에 대한 설명 중 틀린 것은?

① 기억장치 주소를 저장하기도 한다.

② 프로그래머에게 보이지 않는 레지스터도 있다.

③ 프로그램 실행 중 처리할 데이터를 중앙처리장치 안에 임시로 저장한다.

④ 프로그래머가 사용할 수 있는 레지스터의 수는 기억장치 장소의 수만큼 많다.

4.2 레지스터의 종류

01 기억장치로 직접 연결되어 있으며 기억장치 주소를 제공하는 레지스터는?

① SR(Status Register)   ② SP(Stack Pointer)

③ MBR(Memory Buffer Register)   ④ MAR(Memory Address Register)

02 중앙처리장치가 외부로 제공하는 데이터 버스에 연결되어 있는 레지스터는?

① SR(Status Register)   ② IR(Instruction Register)

③ MBR(Memory Buffer Register)   ④ MAR(Memory Address Register)

03 다음 레지스터 전송 언어가 나타내는 동작은?

MBR ← Mem[MAR]

① 명령어 인출   ② 기억장치 읽기

③ 기억장치 쓰기   ④ 레지스터 간 데이터 전송

04 상태 레지스터에 포함되어 있는 설명에 해당하는 조건 플래그의 기호를 적어라.

가. 부호 플래그	나. 제로 플래그	다. 자리올림수
라. 패리티	마. 오버플로우	

(1) 연산 결과에 대하여 1의 수를 짝수로 맞춘다.
(2) 최상위 비트에서 발생한 자리올림수를 저장한다.
(3) 가장 최근에 수행된 연산 결과가 0일 때 세트된다.
(4) 가장 최근에 수행된 연산 결과의 최상위 비트를 저장한다.
(5) 연산 결과로 생성된 수가 데이터 표현 범위를 초과하면 세트된다.

05 다음 연산이 수행된 후 문제 4의 다섯 가지 조건 플래그들의 값을 구하라. 단, 패리티는 짝수로 맞춘다.

0011_1010 + 0001_0111

06 누산기(accumulator)는 어떤 레지스터의 일종인가?

① 데이터 레지스터   ② 주소 레지스터
③ 제어 레지스터   ④ 명령어 레지스터

07 프로그래머가 사용할 수 있는 레지스터 중에서 데이터 레지스터와 주소 레지스터로 모두 사용하는 레지스터를 부르는 이름은?

① 주소 레지스터   ② 제어 레지스터
③ 범용 레지스터   ④ 데이터 레지스터

08 올바른 것을 선택하라.

(1) 스택은 (기억장치의 일부, 컴퓨터 내 별도의 장치)이다.
(2) 스택은 (First-In-First-Out, Last-In-First-Out) 장치이다.
(3) 스택 데이터를 액세스하는 위치는 (한 곳, 두 곳)이다.

09 스택 포인터(SP)는 어느 레지스터에 속하는가?

① 데이터 레지스터   ② 주소 레지스터
③ 제어 레지스터   ④ 명령어 레지스터

10 일반적으로 스택에 저장되는 데이터의 크기와 크기가 다른 것은?

① 데이터 레지스터　　　　　　　② 단어

③ 데이터 버스　　　　　　　　　④ 주소 버스

11 컴퓨터의 상태가 아래 그림과 같고, 스택은 [그림 4-7]과 같이 운영된다고 가정한다. 다음 명령어들이 연속적으로 실행된 후, 스택의 최종 상태를 오른쪽에 그려라.

```
POP     R3
PUSH    R0
PUSH    R2
PUSH    R1
POP     R0
```

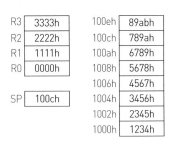 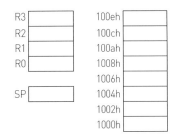

R3	3333h	100eh	89abh
R2	2222h	100ch	789ah
R1	1111h	100ah	6789h
R0	0000h	1008h	5678h
		1006h	4567h
SP	1004h	1004h	3456h
		1002h	2345h
		1000h	1234h

12 컴퓨터의 상태가 아래와 같고, 스택은 다음과 같이 운영된다. 문제 11의 명령어들이 연속적으로 실행된 후, 스택의 최종 상태를 오른쪽에 그려라.

PUSH: SP ← SP-[단어의 크기]　　　　POP: 오퍼랜드 ← Mem[SP]
　　　Mem[SP] ← 오퍼랜드　　　　　　　　SP ← SP+[단어의 크기]

R3	3333h	100eh	89abh
R2	2222h	100ch	789ah
R1	1111h	100ah	6789h
R0	0000h	1008h	5678h
		1006h	4567h
SP	100ch	1004h	3456h
		1002h	2345h
		1000h	1234h

13 베이스 레지스터(base register, base pointer)의 주 용도는?

① 배열의 시작 주소를 저장한다.　　② 스택의 기준점을 저장한다.

③ 서브루틴의 시작 주소를 저장한다.　④ 스택의 탑(stack top)을 저장한다.

14 인덱스 레지스터의 주 용도는?

① 배열을 액세스한다.　　　　② 스택의 기준점을 저장한다.

③ 서브루틴의 시작 주소를 저장한다.　　④ 스택의 탑(stack top)을 저장한다.

15 인덱스 레지스터는 어느 레지스터에 속하는가?

① 데이터 레지스터　　　　② 주소 레지스터

③ 제어 레지스터　　　　④ 명령어 레지스터

4.3 ▶ 인터럽트

01 다음 중 성격이 다른 인터럽트는?

① 타이머 인터럽트　　　　② 하드웨어 고장 인터럽트

③ 명령어 실행 오류 인터럽트　　④ 실행할 수 없는 명령어 인터럽트

02 컴퓨터가 나누기 명령어를 실행하는데 젯수(나누는 수)가 0이면 어떻게 되는가?

① 하드웨어 고장 인터럽트가 발생한다.

② 명령어 실행 오류 인터럽트가 발생한다.

③ 명령어 사용권한 위배 인터럽트가 발생한다.

④ 실행할 수 없는 명령어 인터럽트가 발생한다.

03 인터럽트 처리 과정을 순서대로 나열하라.

A. 인터럽트 확인 B. 상태 저장 C. 인터럽트 요청 D. 인터럽트에서 복귀 E. 인터럽트 서비스

04 인터럽트 서비스 루틴에 대한 설명 중 옳은 것을 모두 선택하라.

① 프로그램이다.　　　　② 호출에 의하여 실행된다.

③ 인터럽트 벡터라고도 한다.　　④ 인터럽트 핸들러라고도 한다.

05 명령어 사이클의 인터럽트 단계에 대한 설명 중 옳은 것을 모두 선택하라.

① 명령어 인출 단계가 끝난 후 수행된다.

② 명령어 실행 단계가 끝난 후 수행된다.

③ 모든 명령어들이 실행될 때마다 수행된다.

④ 인터럽트 단계가 끝나면 실행 단계로 돌아간다.

⑤ 인터럽트 단계가 끝나면 인출 단계로 돌아간다.

06 중앙처리장치가 인터럽트 요청이 존재하는지 검사하는 시기는?

① 서브루틴 실행이 끝날 때   ② 명령어 인출 단계가 끝날 때

③ 명령어 실행 단계가 끝났을 때   ④ 마이크로오퍼레이션 실행이 끝날 때

07 인터럽트 단계에서 수행하는 일이 아닌 것은?

① 콘텍스트를 스택에 저장한다.

② 인터럽트 소스가 요청한 일을 처리한다.

③ 인터럽트 서비스 루틴의 시작 주소를 구한다.

④ 프로그램 카운터에 인터럽트 서비스 루틴의 시작 주소를 적재한다.

08 다음은 인터럽트 서비스 루틴의 마지막인 RETI 명령어를 인출한 후 레지스터와 스택의 상태이다. 이 명령어를 실행한 후 값이 변하는 레지스터의 값을 적어라.

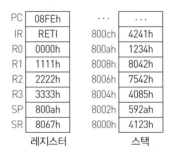

09 인터럽트 단계로 이동할 때 다음 레지스터를 저장해야 하는 이유를 설명하라.

(1) 상태 레지스터

(2) 프로그램 카운터

10 인터럽트 가능 플래그에 대한 설명으로 옳은 것을 모두 선택하라.

① 상태 레지스터 안에 포함되어 있다.

② 인터럽트 서비스 루틴 안에 포함되어 있다.

③ 시스템 리셋 후 이 플래그의 값은 1(인에이블 상태)이다.

④ 이 플래그의 값이 1(인에이블 상태)일 때, 중앙처리장치는 외부 인터럽트를 허가한다.

11 인터럽트 가능 플래그로 실행을 보호해야 하는 프로그램의 일부분을 지칭하는 용어는?

① 메인 함수   ② 임계 영역

③ 라이브러리 함수   ④ 전역변수 저장 영역

12 [그림 4-18]을 보고 질문에 답하라.

(1) 인터럽트 단계에 해당하는 부분의 번호는?

(2) 인터럽트 복귀 명령어에 의하여 실행되는 부분의 번호는?

13 인터럽트 서비스 루틴의 마지막 명령어는 무엇인가?

① 함수 호출   ② 인터럽트 서비스 루틴 호출

③ 원래 프로그램으로 무조건 분기   ④ 인터럽트에서 복귀

14 인터럽트 서비스 루틴에 대한 설명으로 옳은 것을 모두 선택하라.

① 인터럽트를 허용하기 전에 기억장치에 미리 적재되어야 한다.

② 인터럽트를 요청한 장치에서 적재하는 프로그램이다.

③ 일반 프로그램과 마찬가지로 명령어 사이클에 의하여 실행된다.

④ 인터럽트 서비스 루틴을 실행하는 도중에 상태 레지스터의 값이 변경될 수 있다.

4.4 명령어 사이클

01 명령어 사이클에 대한 설명 중 틀린 것은?

① 대부분의 프로세서는 인출 단계를 포함하고 있다.

② 대부분의 프로세서는 실행 단계를 포함하고 있다.

③ 대부분의 프로세서는 인터럽트 단계를 포함하고 있다.

④ 명령어 사이클에 포함되어 있는 단계는 한 개의 클럭 동안에 실행된다.

02 명령어 종류에 따라 실행하는 동작이 다른 단계는?

① 인출 단계   ② 실행 단계

③ 간접 단계   ④ 인터럽트 단계

03 그림과 같은 명령어 사이클을 수행하는 프로세서가 있다. 각 단계를 실행하는데 네 개의 클럭 사이클을 소모한다. 다음과 같은 네 개의 명령어를 연속적으로 실행하려고 한다. 각 명령어는 아래에 지정한 단계를 따라 실행된다.

명령어 1: 인출 단계 → 실행 단계
명령어 2: 인출 단계 → 간접 단계 → 실행 단계
명령어 3: 인출 단계 → 실행 단계
명령어 4: 인출 단계 → 간접 단계 → 실행 단계

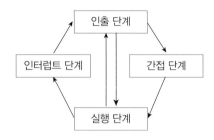

(1) 명령어 1을 수행하는데 소모되는 클럭 사이클은 수는?

(2) 명령어 2를 수행하는데 소모되는 클럭 사이클의 수는?

(3) 명령어 4를 시작하려고 한다. 명령어 4를 처리하는 도중에 인터럽트 요청이 발생한다고 가정할 때, 인터럽트 서비스 루틴으로 이동할 때까지 소모되는 클럭 사이클의 수는?

Chapter

05

연산기

05 연산기

컴퓨터는 기본적으로 수를 계산하는 기계이다. 중앙처리장치의 구성 요소의 하나인 연산기 (산술논리연산장치, ALU, Arithmetic and Logic Unit)는 컴퓨터 안에서 수행되는 모든 데이터 조작을 담당한다. 이 장은 컴퓨터가 정수와 실수를 표현하는 방법과 연산 알고리즘 및 연산 회로를 이해하는데 목적을 둔다.

'5.1 연산기 개요'는 연산기의 기능을 다시 한 번 요약하고, 연산기가 다루는 수와 연산기의 전반적인 기능을 제시한다. 컴퓨터가 취급하는 수는 정수와 실수로 크게 나눌 수 있다. 이 두 가지 수는 근본적으로 표현 방법이 다르다. '5.2 정수'는 양수와 음수로 구성되는 정수를 표현하는 방법과 비트 수에 따른 수의 표현 범위를 다룬다. 현재는 2의 보수에 의한 정수 표현 방법이 표준으로 사용되고 있다. 그리고 5.3절부터 5.5절까지 정수에 대한 연산을 논리 연산, 시프트 연산, 그리고 산술 연산으로 구분하여 설명한다. '5.6 실수'는 표준화되어 있는 실수 표현 방법을 설명하고, '5.7 실수 연산'은 실수 연산 알고리즘에서 고려할 사항을 간단히 설명한다.

5.1 연산기 개요

연산기는 중앙처리장치 안에서 실제로 데이터에 대한 산술 및 논리 연산을 수행하는 부분이다. 연산기는 덧셈, 뺄셈, 곱셈, 나눗셈 등 여러 가지 연산을 수행할 수 있지만, 한 순간에는 명령어가 지정하는 한 가지 연산을 수행한다. 제어장치는 명령어를 해독하여 연산기에서 어떤 연산을 수행할지 결정하는 제어 신호를 생성한다. '4.1.2 연산기'에서 이미 소개한 바 있는 연산기의 구조는 [그림 5-1]과 같다. 연산기는 다음과 같이 두 가지 입력을 받고, 두 가지 결과를 출력한다.

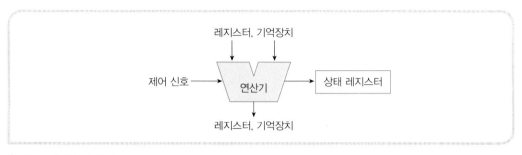

그림 5-1 연산기 구조

- **처리할 데이터(입력)**: 일반적으로 입력으로 두 개의 데이터를 받는다. 데이터는 레지스터에 저장된 값일 수도 있고, 기억장치에 저장된 값일 수도 있다.
- **제어 신호(입력)**: 제어장치는 명령어 레지스터에 적재된 명령어 코드를 해석하여 연산기가 수행할 연산을 선택하는 제어 신호를 생성한다.
- **연산 결과(출력)**: 입력된 수에 대하여 선택된 연산을 수행한 결과값을 출력한다. 이 값도 레지스터 혹은 기억장치로 저장될 수 있다.
- **상태 정보(출력)**: 연산기에서 연산이 수행되면, 그 결과를 반영하여 상태 레지스터를 구성하고 있는 조건 플래그들이 변경된다. 조건 분기 명령어가 상태 레지스터를 사용한다.

표 5-1 수의 표현과 연산 방법

	수의 형식	연산 방법
5.2 정수	부호 없는 수	5.3 논리 연산, 5.4 시프트 연산, 5.5 정수 산술 연산
	부호 있는 수	
5.6 실수		5.7 산술 연산

연산기는 여러 가지 형식의 데이터에 대하여 여러 가지 연산을 계산할 수 있는 기능을 갖고 있다. 〈표 5-1〉은 컴퓨터가 처리할 수 있는 수의 형식과 연산의 종류를 정리한 것이다. 컴퓨터는 정수와 실수를 처리할 수 있다. 정수는 다시 부호 없는 수와 부호 있는 수로 구분된다. 정수에 대하여 논리 연산, 시프트 연산, 산술 연산을 수행할 수 있고, 일반적으로 실수에 대하여 산술 연산만을 수행한다.

연산의 종류를 계산에 사용되는 항의 수로 나누기도 한다. 계산에 사용되는 항의 수가 한 개인 연산자를 단항 연산자(unary operator)라고 하고, 계산에 사용되는 항의 수가 두 개인 연산자를 이항 연산자(binary operator)라고 한다. 각각의 예는 다음과 같다.

- 단항 연산자: −(음수 만들기), 1의 보수(NOT), 왼쪽/오른쪽 시프트, 증가, 감소 등
- 이항 연산자: 사칙 연산(+, −, ×, /), 논리 연산(AND, OR, XOR), 비교(compare, test) 등

5.2 정수

수의 체계, 진법, 진법 간의 변환에 대하여 이미 '2.1 수와 코드'에서 설명하였다. 컴퓨터는 모든 데이터를 기본적으로 2진수로 표현한다. 사람은 수를 표현하기 위하여 숫자, 소수점, 그리고 음수 부호를 사용한다. 그러나 컴퓨터는 이 방법으로 소수점과 음수 부호를 표현할 수 없다. 컴퓨터는 0과 1로 수와 관련된 모든 것을 표현하여야 한다. 컴퓨터가 처리할 수 있는 수는 다음과 같이 구분할 수 있다.

- 부호 없는 수(unsigned number): 0을 포함하여 양정수만을 표현한다.
- 부호 있는 수(정수, signed number): 0과 양수, 음수를 모두 표현한다.
- 실수(real number): 소수점을 포함하는 수를 표현한다. 컴퓨터는 실수를 표현할 때 소수점의 위치가 고정되어 있지 않고 변하도록 표현하기 때문에 부동소수점 수(floating-point number)라고 부른다.

부호 없는 수를 표현하는 방법은 이미 '2.1 수와 코드'에서 설명하였다. n비트의 부호 없는 수는 $0 \sim (2^n-1)$까지의 수를 표현할 수 있다. 이 절에서는 정수를 표현하는 방법을 설명한다. 이론적으로 세 가지 정수 표현 방법이 있으며, 이것은 부호화 크기(signed magnitude), 1의 보수(1's complement)에 의한 정수 표현, 그리고 2의 보수(2's complement)에 의한 정수 표현 방법이다. 이들 중에서 마지막 방법을 현대의 컴퓨터에서 표준으로 채택하고 있다. 각 방법에 대하여 수를 해석하는 방법, 수의 표현 범위, 그리고 특성을 이해할 필요가 있다.

5.2.1 부호화 크기

부호화 크기(signed magnitude) 방법은 사람이 사용하는 양수와 음수를 표현하는 방법과 개념적으로 가장 비슷하다. 이 방법은 [그림 5-2]와 같은 표현 방법을 사용한다. 데이터를 표현하는 n비트 단어의 가장 왼쪽 비트(leftmost bit)를 부호 비트(sign bit)로 사용한다. 부호 비트

가 0이면 양수이고, 부호 비트가 1이면 음수를 의미한다. 나머지 $n-1$비트는 수의 크기를 나타낸다.

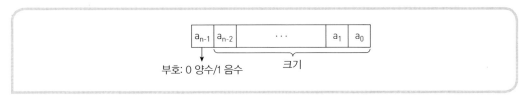

부호: 0 양수/1 음수　　크기

그림 5-2 부호화 크기 표현

> **예제 5-1**
>
> 19와 −19에 대하여 부호화 크기 방법으로 표현한 8비트의 2진수를 구하라.
>
> **풀이**
>
> - 19는 2진수로 10011_2이다. 숫자 앞에 0을 채워도 크기가 변하지 않으므로, +19는 8비트로 0001_0011_2이다.
> - −19는 +19에 해당하는 8비트의 2진수에서 가장 왼쪽의 부호 비트를 1로 변경하여 표현한다. 따라서 부호화 크기로 표현한 −19는 1001_0011_2이다.

8비트의 부호화 크기 방식으로 표현할 수 있는 가장 작은 수는 $1111\_1111_2(-127_{10})$이고, 가장 큰 수는 $0111\_1111_2(127_{10})$이다. n비트로 표할 수 있는 수의 범위는 다음과 같다.

$$-(2^{n-1}-1) \sim +(2^{n-1}-1)$$

부호화 크기 방법은 사람이 사용하는 +, − 기호 대신에 0과 1을 사용하는 것이므로 이해가 쉽다. 그러나 컴퓨터로 수를 처리할 때는 다음과 같은 문제점이 존재한다.

- 0이 두 개이다. 예를 들면, 8비트 수에서 0000_0000_2도 0이고, 1000_0000_2도 0이다.
- 덧셈과 뺄셈을 계산하기 위하여 부호를 별도로 고려해야 한다. 즉, 두 수의 부호가 같은지 다른지에 따라 계산 알고리즘이 달라져야 한다.

〈 5.2.2 〉 보수

보수(complement)란 서로 보호하는 수라는 의미이다. 임의의 R진법의 수에 N에 대한 보수는 $(R-1)$의 보수와 R의 보수 두 가지가 있다. 예를 들면, 10진수에 대한 보수는 9의 보수와 10의 보수가 있고, 2진수에 대한 보수는 1의 보수와 2의 보수가 있다. 임의의 수 N이 n자리수인 경우, $(R-1)$의 보수를 C_{R-1}, R의 보수를 C_R이라고 하면, 각 보수는 다음과 같이 정의할 수 있다.

$$N + C_{R-1} = R^n - 1 \qquad\qquad\text{(식 5-1)}$$

$$N + C_R = R^n \qquad\qquad\text{(식 5-2)}$$

여기서 R^n의 값은 진법 R과 관계 없이 항상 $1000\cdots0$(0이 n개)로 표현되는 수이다. $(R-1)$의 보수와 R의 보수의 관계는 다음과 같다.

$$C_R = C_{R-1} + 1 \qquad\qquad\text{(식 5-3)}$$

(식 5-1)과 (식 5-2)를 보면 원래의 수와 보수는 서로 보호하여 완전한 수(R^n-1 혹은 R^n)가 되는 것을 알 수 있다. 즉, N에 대한 $(R-1)$의 보수가 C_{R-1}이면, C_{R-1}에 대한 $(R-1)$의 보수는 N이다. 또한, N에 대한 R의 보수가 C_R이면, C_R에 대한 R의 보수는 N이다.

예제 5-2

다음 수에 대한 (R−1)의 보수와 R의 보수를 구하라.

(1) 457_{10}
(2) 0011_1000_2

풀이

(1) 3자리 10진수이다.

　　9의 보수: $(1000 - 1) - 457 = 999 - 457 = 542$

　　10의 보수: 9의 보수 + 1 = 543

(2) 8자리 2진수이다.

　　1의 보수: $(1\_0000\_0000 - 1) - 0011\_1000 = 1111\_1111 - 0011\_1000 = 1100\_0111$

　　2의 보수: 1의 보수 + 1 = 1100_1000

2진수의 경우 원래의 수 N에 대하여 1을 0으로 바꾸고 0을 1로 바꿈으로써 1의 보수를 구할 수 있다. 그러므로 각 비트에 NOT 게이트를 적용하여 1의 보수를 쉽게 구현할 수 있다. 2의 보수는 1의 보수를 구한 후 1을 더하여 구한다.

예제 5-3

다음 8비트의 2진수에 대한 1의 보수와 2의 보수를 구하라.

(1) 0101_1010
(2) 0000_0000

풀이

(1) 1의 보수: 1을 0으로, 0을 1로 변경한다.   0101_1010 → 1010_0101
    2의 보수: 1의 보수에 1을 더한다.   1010_0101 + 1 = 1010_0110
(2) 1의 보수: 1을 0으로, 0을 1로 변경한다.   0000_0000 → 1111_1111
    2의 보수: 1의 보수에 1을 더한다.   1111_1111 + 1 = 0000_0000

컴퓨터가 처리하는 숫자는 자리수가 제한되어 있기 때문에, 0에 대한 2의 보수를 구할 때 아래와 같이 자리올림수는 없어지고 0000_0000만 남는다.

$$11111111$$
$$+ \ 00000001$$
제거 ←① 00000000

부호 있는 정수를 표현하기 위하여 이론적으로 1의 보수를 사용할 수도 있다. 예를 들면, +19를 8비트의 2진수로 0001_0011로 표현하고, 0001_0011을 1의 보수로 변환한 1110_1100을 −19에 대한 표현으로 사용하는 것이다. 1의 보수는 변환이 쉽다는 편리성이 있으나, 예제 5-3(2)에서 알 수 있듯이, 1의 보수로 음수를 표현할 때 0에 대한 표현이 000⋯0과 111⋯1로 두 가지라는 단점이 있다. 따라서 요즘의 컴퓨터는 1의 보수를 정수 표현 방법으로 채택하지 않는다.

5.2.3 2의 보수

컴퓨터는 정수 표현의 표준 방법으로 2의 보수 방법을 채택하고 있다. 정수를 n비트로 표현할 때, [그림 5-3]과 같이 가장 왼쪽 비트는 부호 비트이고, 나머지 부분은 수의 크기를 나타낸다. 양수는 부호 비트가 0이고, 수의 크기는 2진수로 표현된다. 부호를 포함한 수 전체를 2의 보수로 변환한 것을 음수 표현으로 사용한다. 이렇게 되면 음수는 부호 비트의 값이 1이다.

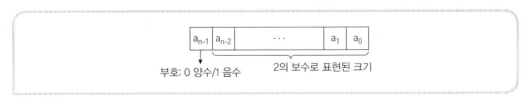

그림 5-3   2의 보수 표현

예제 5-4	10진수 43와 −43을 2의 보수 방법으로 표현한 8비트의 2진수를 구하라.

풀이

$$43 \,/\, 2 = 21 \cdots 1$$
$$21 \,/\, 2 = 10 \cdots 1$$
$$10 \,/\, 2 = 5 \cdots 0$$
$$5 \,/\, 2 = 2 \cdots 1$$
$$2 \,/\, 2 = 1 \cdots 0$$
$$1 \,/\, 2 = 0 \cdots 1 \qquad\qquad \text{따라서 } 43_{10} = 101011_2$$

8비트의 2진수로 표현하면, 43 = 0010_1011.

−43은 43의 8비트 표현에 대한 2의 보수이다.

따라서 −43 = 1_0000_0000 − 0010_1011 = 1101_0101이다.

n비트의 2진수로 표현된 정수의 크기를 N이라고 하면, N의 크기를 계산하는 공식은 (식 5-4)로 표시할 수 있다. 여기서 a_{n-1}은 부호 비트의 값이다.

$$N = -\,2^{n-1} \cdot a_{n-1} + \sum_{i=0}^{n-2} 2^i \cdot a_i \qquad\qquad \text{(식 5-4)}$$

- 부호 비트가 0일 때: (식 5-4)의 첫 번째 항은 0이다. 따라서 전체 비트에 대한 2진수의 크기가 양수의 크기이다.
- 부호 비트가 1일 때: (식 5-4)는 $N = -(2^{n-1} - K)$의 형태이다. 따라서 $-N$과 K는 서로 2의 보수이다. $n-1$비트의 2진수로 표현된 수(K)에 대하여 2의 보수를 구하면 $(2^{n-1} - K)$이고, 이것을 음수로 만든 것이 N의 크기이다.

예제 5-5	8비트의 2의 보수로 표현되어 있는 정수의 크기는 10진수로 얼마인가?

(1) 0110_1010   (2) 1001_0110

풀이

$(1)\ 0110\_1010 = -2^7 \times 0 + 1 \times 2^6 + 1 \times 2^5 + 0 \times 2^4 + 1 \times 2^3 + 0 \times 2^2 + 1 \times 2^1 + 0 \times 2^0$
$\qquad\qquad\qquad\quad = 64 + 32 + 8 + 2 = 106$

$(2)\ 1001\_0110 = -2^7 \times 1 + 0 \times 2^6 + 0 \times 2^5 + 1 \times 2^4 + 0 \times 2^3 + 1 \times 2^2 + 1 \times 2^1 + 0 \times 2^0$
$\qquad\qquad\qquad\quad = -128 + 16 + 4 + 2 = -106$

(2)의 경우 (식 5-4)로 계산하였지만, 부호 비트가 1이므로, (1단계) 1001_0110 전체에 대한 2의 보수를 구하고, (2단계) 음수를 취하여도 같은 결과를 얻는다.

1단계: 1001_0110에 대한 2의 보수 = 0110_1010 = 106
2단계: 따라서 (2)의 크기는 -0110_1010 = -106

표 5-2   4비트 2진수에 대한 2의 보수 표현

10진수	0	1	2	3	4	5	6	7	8
양수	0000	0001	0010	0011	0100	0101	0110	0111	없음
음수		1111	1110	1101	1100	1011	1010	1001	1000
10진수	0	-1	-2	-3	-4	-5	-6	-7	-8

2의 보수 표현에 의한 n비트 정수로 표현할 수 있는 수의 범위를 생각해 보자. $n=4$인 경우, 정수의 표현은 〈표 5-2〉와 같다. 양수로 표현할 수 있는 수의 범위는 0000~0111이고, 이 수는 0~7에 해당한다. 음수는 양수에 대한 2의 보수 표현이다. 0000을 2의 보수로 나타내면 다시 0000이다. 음수는 -1부터 -8까지 표현할 수 있다. 결과적으로 4비트로 정수를 -8~7까지 표현할 수 있다. 이것을 일반화하면, n비트로 표현할 수 있는 정수의 범위는 다음과 같다. 〈표 5-3〉은 8비트, 16비트, 그리고 32비트로 표현할 수 있는 정수의 범위이다.

$$-2^{n-1} \sim +(2^{n-1}-1)$$

표 5-3   정수 표현 범위

비트 수	8비트	16비트	32비트
표현 범위	-128 ~ 127	-32,768 ~ 32,767	-2,146,483,648 ~ 2,146,483,647

컴퓨터에서 연산을 수행하다 보면, n비트의 정수를 k비트($k>n$)로 확장할 필요가 있을 때가 있다. 양수일 때 앞에 0을 채워야 값이 변하지 않지만, 음수일 때는 앞에 1을 채워야 변하지 않는다. 이것을 한 가지로 설명하면, [그림 5-4]와 같이 확장되는 비트를 부호 비트로 채워야 수의 크기가 변하지 않는다. 이 과정을 부호 확장(sign expansion)이라고 한다.

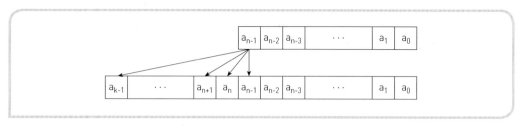

그림 5-4 부호 확장

> **예제 5-6**
>
> 예제 5-5에서 사용하였던 +106과 −106에 대한 16비트 표현을 구하라.
>
> **풀이**
>
> - +106에 대한 8비트 표현은 0110_1010이고, 16비트 표현은 0000_0000_0110_1010 이다.
> - −106에 대한 8비트 표현은 1001_0110이고, 16비트 표현은 1111_1111_1001_0110 이다.

컴퓨터가 정수를 표현의 표준으로 2의 보수 방법을 채택한 이유는 가산기 하나만으로 덧셈과 뺄셈을 계산할 수 있기 때문이다. 사람은 2의 보수로 표현된 음수를 해석하려면, 표현된 수를 2의 보수로 변환하고 1을 더하는 과정을 거쳐야 하지만, 컴퓨터는 이와 같은 변환을 수행하지 않는다. 실제로 컴퓨터는 양수인지 음수인지 구분하지도 않는다. 정수의 덧셈과 뺄셈은 '5.4 산술 연산'에서 설명한다.

5.3 논리 연산

연산기는 기본적으로 레지스터 또는 기억장치에 저장되어 있는 데이터에 대하여 연산을 수행한다. 연산기는 논리 연산을 수행할 때 데이터를 부호 없는 수로 취급한다. 기본적인 논리 연산의 종류는 단항 논리 연산인 NOT과 이항 논리 연산인 AND, OR, XOR가 있다. 이 절에서는 단어의 크기를 8비트로 가정하고, 각 논리 연산에 대한 연산 방법과 응용 분야에 대하여 설명한다.

NOT 연산

NOT 연산은 오퍼랜드의 각 비트에 대하여 논리 NOT 계산을 수행한다. 즉, 1을 0으로 바꾸고 0을 1로 바꾼다. NOT 연산을 수행한 결과는 소스 오퍼랜드에 대한 1의 보수와 같다.

예제 5-7

NOT 연산을 수행하는 명령어를 NOT이라고 할 때, NOT R0를 실행한 후 레지스터 R0의 값을 구하라. R0의 값은 0010_1011이다.

풀이

- 각 비트에 대하여 NOT을 수행하므로, R0의 결과는 1101_0100이다.

5.3.2 AND 연산

두 개의 소스 오퍼랜드에 대하여 AND 연산을 수행하면, 각 비트의 값이 둘 다 1인 비트는 1로 남고, 그렇지 않은 비트는 0으로 바뀐다. 데이터 비트 중에서 일부 비트만 남기고 나머지는 0으로 채우는 연산을 마스크 연산(mask operation)이라고 한다. 비트 마스크를 수행할 때 AND 연산을 유용하게 사용할 수 있다.

예제 5-8

AND 연산을 수행하는 명령어를 AND라고 하고, 명령어 형식과 동작이 다음과 같다고 가정하자.

    AND   R1, R2   // R1 ← R1 AND R2

R1의 값이 1010_0110이고, R2의 값이 1110_0011일 때, AND 명령어를 실행한 결과를 구하라.

풀이

$$
\begin{array}{r}
R1 = 1010\_0110 \\
AND\ R2 = 1110\_0011 \\
\hline
R1 = 1010\_0010
\end{array}
$$

예제 5-9

조건은 예제 5-8과 같고, R2의 값이 0000_1111이라고 가정한다. AND 명령어를 실행한 후 R1의 값을 구하라.

풀이

$$
\begin{array}{r}
R1 = 1010\_0110 \\
AND\ R2 = 0000\_1111 \\
\hline
R1 = 0000\_0110
\end{array}
$$
// 상위 4비트는 0으로 채워지고
// 하위 4비트는 원래 값을 유지한다.

예제 5-9와 같이 데이터의 특정 부분만 남기고 나머지를 0으로 채우는 연산을 마스크 연산이라고 하고, R2의 값을 마스크 패턴이라고 부른다.

⟨5.3.3⟩ OR 연산

두 개의 소스 오퍼랜드에 대하여 OR 연산을 수행하면, 비트 중 하나가 1인 비트는 1로 세트되고, 둘 다 0인 비트는 0으로 리셋된다. 데이터 비트 중에서 일부 비트는 그대로 두고 특정 비트를 1로 세트하는 연산을 선택적 세트(selective set)라고 한다. 예를 들면, 아스키코드의 영문자 대문자와 소문자는 6번째 비트가 다르다. 대문자 코드의 6번째 비트를 1로 세트하면 소문자가 된다.

| 예제 5-10 | OR 연산을 수행하는 명령어를 OR라고 하고, 명령어 형식과 동작이 다음과 같다고 가정하자. |

OR   R1, R2   // R1 ← R1 OR R2

R1의 값이 1010_0110이고, R2의 값이 1110_0011일 때, 명령어를 실행한 결과를 구하라.

풀이

$$
\begin{array}{r}
R1 = 1010\_0110 \\
OR\ R2 = 1110\_0011 \\
\hline
R1 = 1110\_0111
\end{array}
$$

| 예제 5-11 | 예제 5-10의 명령어를 사용한다. 레지스터 R1에 아스키코드의 대문자가 저장되어 있다고 할 때, R1의 값을 소문자로 만들도록 OR 연산을 수행하려면, R2의 값을 어떻게 설정하여야 하는가? |

풀이

'2.1.7 문자 코드'에 제시한 ⟨표 2-3⟩ 아스키코드 표를 보면 대문자 코드는 b_5의 값이 0이고, 소문자 코드는 b_5의 값이 1임을 알 수 있다. 따라서 R2를 0010_0000로 설정한다.

적용 예) R1 = 'A' = 0100_0001이라고 하면,

$$
\begin{array}{rl}
R1 = 0100\_0001 & ; \text{'A'에 대한 아스키코드} \\
OR\ R2 = 0010\_0000 & ; \text{선택적 세트} \\
\hline
R1 = 0110\_0001 & ; \text{'a'에 대한 아스키코드}
\end{array}
$$

⟨ 5.3.4 ⟩ XOR 연산

두 개의 소스 오퍼랜드에 대하여 XOR(exclusive-OR) 연산을 수행하면, 각 비트의 값이 서로 다르면 1로 세트되고, 서로 같으면 0으로 리셋된다. 데이터 비트 중에서 일부 비트는 그대로 두고 특정 비트의 값을 반전시키는 선택적 보수(selective complement)를 수행하고자 할 때, XOR 연산을 사용할 수 있다. 또한, 임의의 레지스터 자신을 XOR하면 그 결과 값은 항상 0이다.

예제 5-12

XOR 연산을 수행하는 명령어를 XOR라고 하고, 명령어 형식과 동작이 다음과 같다고 가정하자.

    XOR   R1, R2   // R1 ← R1 XOR R2

R1의 값이 1010_0110이고, R2의 값이 1110_0011일 때, 명령어를 실행한 결과를 구하라.

풀이

$$
\begin{array}{r}
R1 = 1010\_0110 \\
\text{XOR } R2 = 1110\_0011 \\
\hline
R1 = 0100\_0101
\end{array}
$$

예제 5-13

예제 5-12의 명령어를 사용한다. R1의 값이 1010_0110이고 R2의 값이 0000_1111이라고 할 때, 다음 명령어들이 연속적으로 실행될 때, 각 명령어의 실행 결과를 구하라.

    XOR   R1, R2
    XOR   R1, R1

풀이

XOR R1, R2의 실행 결과

$$
\begin{array}{r}
R1 = 1010\_0110 \\
\text{XOR } R2 = 0000\_1111 \\
\hline
R1 = 1010\_1001
\end{array}
$$
// R1의 상위 4비트는 변하지 않고 하위 4비트는 반전된다.

XOR R1, R1의 실행 결과

$$
\begin{array}{r}
R1 = 1010\_1001 \\
\text{XOR } R1 = 1010\_1001 \\
\hline
R1 = 0000\_0000
\end{array}
$$
// R1 자신을 XOR 연산하면,
// R1의 값과 상관 없이 R1의 값은 0으로 리셋된다.

여러 비트에 대한 XOR 연산은 1의 수가 홀수이면 출력이 1이고, 짝수이면 출력이 0이 되는 성질이 있다. 여러 개의 데이터를 한 곳에서 다른 곳으로 전송할 때, 데이터에 대한 비트 단위 XOR 연산 결과를 데이터 전송이 올바른지 검사하는 용도로 사용하기도 한다. 이때 XOR 연산 결과로 만들어진 데이터를 체크섬(checksum)이라고 한다. 데이터 송신부는 체크섬의 초깃값을 0으로 만들고, 데이터를 전송할 때마다 체크섬과 데이터를 XOR 연산한다. 데이터 수신부는 체크섬의 초깃값을 0으로 만들고 데이터를 수신할 때마다 체크섬과 데이터를 XOR 연산한다. 송신부는 데이터를 모두 전송한 후에, 자신이 만든 체크섬을 수신부로 전송한다. 수신부는 송신부가 전송한 체크섬과 자신이 만든 체크섬이 같은지 검사한다. 두 체크섬이 같으면, 데이터 전송이 올바르다고 판단한다. 만일 체크섬이 다르면 뭔가 데이터 전송 과정에서 오류가 발생한 것이다.

예를 들어, 송신부가 네 개의 데이터 11h, 23h, 4ah, 9bh를 수신부로 전송하고, 마지막으로 체크섬을 수신부로 전송하고 하자. 송신부의 데이터 전송 과정은 다음과 같다.

1. 송신부는 체크섬을 0000_0000으로 초기화한다.
2. 송신부는 첫 번째 데이터 0001_0001를 전송하고, 체크섬을 갱신한다.

체크섬: 0000_0000

XOR   0001_0001
_____

0001_0001

3. 송신부는 두 번째 데이터 0010_0011를 전송하고, 체크섬을 갱신한다.

체크섬: 0001_0001

XOR   0010_0011
_____

0011_0010

4. 송신부는 세 번째 데이터 0100_1010을 전송하고, 체크섬을 갱신한다.

체크섬: 0011_0010

XOR   0100_1010
_____

0111_1000

5. 송신부는 마지막 데이터 1001_1011을 전송하고, 체크섬을 갱신한다.

체크섬: 0111_1000

XOR   1001_1011
_____

1110_0011

6. 송신부는 마지막으로 자신이 계산한 체크섬 1001_1011을 전송한다.

수신부는 데이터를 받을 때마다 자신이 별도로 체크섬을 만들고, 마지막으로 전송된 체크섬과 자신이 만든 체크섬을 비교한다. 이 두 체크섬이 같으면 데이터 전송이 올바르다고 판단한다.

5.4 시프트 연산

시프트 연산은 데이터를 왼쪽 혹은 오른쪽으로 한 비트씩 자리 이동하는 연산이다. 시프트 연산의 종류는 논리 시프트(logical shift), 산술 시프트(arithmetic shift), 그리고 회전(rotate)이 있고, 각 연산에 대하여 자리 이동 방향에 따라 왼쪽, 오른쪽 두 가지 방법이 있다. 일반적으로 시프트 연산은 단항 연산이며, 오퍼랜드를 왼쪽 혹은 오른쪽으로 한 비트 자리 이동한다. 이 절에서는 세 가지 시프트 연산에 대하여 설명한다.

5.4.1 논리 시프트

논리 시프트 연산은 오퍼랜드를 부호 없는 수로 취급한다. 논리 시프트는 왼쪽 논리 시프트(logical shift left)와 오른쪽 논리 시프트(logical shift right) 두 가지가 있다. [그림 5-5]는 8비트 2진수에 대한 논리 시프트 연산을 보여준다.

- 왼쪽 논리 시프트: 각 비트를 한 자리씩 왼쪽으로 이동한다. 최하위 비트(LSB, Least Significant Bit)는 0으로 채워지고, 일반적으로 레지스터에서 제거되는 최상위 비트(MSB, Most Significant Bit)는 상태 레지스터의 자리올림수 플래그(carry flag, C)에 저장된다.
- 오른쪽 논리 시프트: 각 비트를 한 자리씩 오른쪽으로 이동한다. 최상위 비트는 0으로 채워지고, 일반적으로 레지스터에서 제거되는 최하위 비트는 상태 레지스터의 자리올림수 플래그에 저장된다.

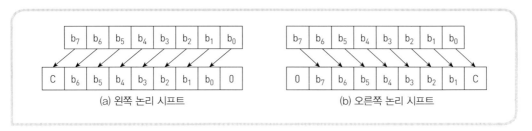

(a) 왼쪽 논리 시프트　　　　　　(b) 오른쪽 논리 시프트

그림 5-5　논리 시프트

예제 5-14 왼쪽 논리 시프트 연산을 수행하는 명령어를 SHL이라고 하고, 오른쪽 논리 시프트 연산을 수행하는 명령어를 SHR이라고 하자. R1의 값이 0010_0110이고, R2의 값이 1110_0011일 때, 다음 명령어의 실행 결과를 구하라.

(1)   SHL   R1
(2)   SHR   R2

풀이

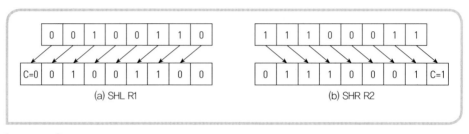

(a) SHL R1   (b) SHR R2

그림 5-6 ┃ 예제 5-14 풀이

(1) SHL   R1: 0010_0110의 LSB에 0이 들어가고 MSB 0을 자리올림수에 저장한다.
    그러므로 C = 0, R1 = 0100_1100
(2) SHR   R2: 1110_0011의 MSB에 0이 들어가고, LSB 1을 자리올림수에 저장한다.
    그러므로 C = 1, R2 = 0111_0001

5.4.2 > 산술 시프트

10진수 123을 왼쪽으로 한 자리 이동하면 1230이고, 오른쪽으로 한 자리 이동하면 소수점 이하는 절삭되므로 12이다. 이와 같이 10진수를 한 자리 이동하면 방향에 따라 곱하기 10 또는 정수 나누기 10을 계산한 효과가 있다. 2진수에 대하여 왼쪽 혹은 오른쪽으로 시프트하면 곱하기 2 혹은 정수 나누기 2를 계산한 효과가 있도록 만든 것이 산술 시프트(arithmetic shift)이다.

산술 시프트 연산은 오퍼랜드를 부호 있는 수로 취급한다. 산술 시프트도 왼쪽 산술 시프트(arithmetic shift left)와 오른쪽 산술 시프트(arithmetic shift right) 두 가지가 있다. [그림 5-7]은 8비트 2진수에 대한 산술 시프트 연산을 보여준다. 산술 시프트를 구현하는 방법에 따라 제거되는 비트를 자리올림수에 저장할 수도 있다.

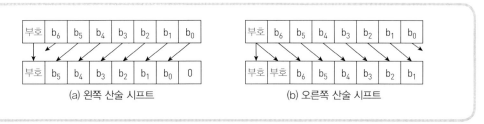

그림 5-7 산술 시프트

- 왼쪽 산술 시프트: 부호 비트는 그대로 남고, 나머지 비트들이 한 자리씩 왼쪽으로 이동한다. b_6가 제거되고, 최하위 비트(LSB)에 0이 채워진다.
- 오른쪽 산술 시프트: 부호 비트는 그대로 남고, 나머지 비트들이 한 자리씩 오른쪽으로 이동한다. b_6 자리에 부호 비트가 밀려 들어가고, 최하위 비트(LSB)는 제거된다.

예제 5-15

왼쪽 산술 시프트 연산을 수행하는 명령어를 ASL이라고 하고, 오른쪽 산술 시프트 연산을 수행하는 명령어를 ASR이라고 하자. R1의 값이 0010_0110이고, R2의 값이 1110_0010일 때, 다음 명령어의 실행 결과를 구하라. 그리고 산술 시프트 결과가 정수 곱하기 2, 정수 나누기 2를 계산한 효과가 있는지 검증하라.

(1)   ASL   R1
(2)   ASR   R2

풀이

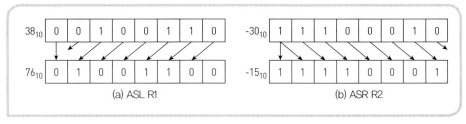

그림 5-8 예제 5-15 풀이

(1) ASL   R1: R1의 값은 $0010\_0110_2 = 38_{10}$이다.
　　　　　명령어를 실행한 후, R1의 값은 0100_1100이다. 이 값은 76_{10}이다.
　　　　　따라서 명령어 실행 후 R1의 값은 원래의 값의 2배이다.
(2) ASR   R2: R2의 값은 $1110\_0010_2 = -30_{10}$이다.
　　　　　명령어를 실행한 후, R2의 값은 1111_0001이다. 이 값은 -15_{10}이다.
　　　　　따라서 명령어 실행 후 R2의 값은 원래의 값의 1/2이다.

〈5.4.3〉 회전

회전은 시프트와 다르게 밀려 없어지는 비트가 반대 방향의 끝으로 채워지는 연산이다. 회전 연산은 오퍼랜드를 부호 없는 수로 취급한다. 회전 연산 역시 왼쪽 회전(rotate left)과 오른쪽 회전(rotate right) 두 가지가 있다. [그림 5-9]는 회전 연산을 보여준다. 회전을 구현하는 회로에 따라 회전하는 비트를 자리올림수에 저장할 수도 있다.

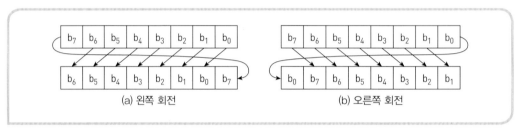

그림 5-9 회전

예제 5-16

왼쪽 회전 연산을 수행하는 명령어를 ROL이라고 하고, 오른쪽 회전 연산을 수행하는 명령어를 ROR이라고 하자. R1의 값이 0010_0110이고, R2의 값이 1110_0011일 때, 다음 명령어의 실행 결과를 구하라.

(1)   ROL   R1
(2)   ROR   R2

풀이

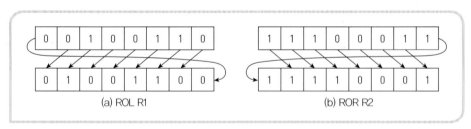

그림 5-10 예제 5-16 풀이

(1) 명령어 실행 후, R1 = 0100_1100
(2) 명령어 실행 후, R2 = 1111_0001

지금까지 세 가지 종류의 시프트 연산을 소개하였다. 조합 논리회로를 사용하여 시프트 연산을 구현할 수 있다. 예를 들면, [그림 5-11]의 회로는 4×1 멀티플렉서로 구현한 4비트 시프트 회로이다. 왼쪽의 제어 신호는 시프트 연산의 종류를 결정한다. 제어 신호의 값에 따라 논리 시프트와 산술 시프트를 수행할 수 있다. 연산기 회로가 조합 논리회로만으로 구현할 수 있다는 사실은 매우 중요하다. 조합 논리회로는 클럭의 영향을 받지 않기 때문에 입력 값이 정해지면 바로 출력 값이 결정된다. 따라서 연산기는 클럭 펄스와 무관하게 동작한다.

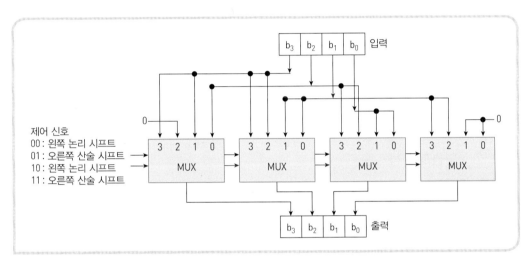

그림 5-11 　멀티플렉서를 사용한 시프트 회로

5.5 　정수 산술 연산

연산기는 부호 없는 수 혹은 정수(부호 있는 수)에 대하여 산술 연산(arithmetic operation)을 수행한다. 단항 산술 연산의 종류는 2의 보수화(부호 변경), 증가, 감소가 있고, 이항 산술 연산의 종류는 덧셈, 뺄셈, 곱셈, 나눗셈이 있다. 컴퓨터는 정수를 2의 보수로 표현하기 때문에, 연산기는 덧셈기 하나만으로 부호 변경, 증가, 감소와 덧셈과 뺄셈을 수행할 수 있다. 곱셈과 나눗셈은 각각 별도의 회로를 필요로 한다. 이 절에서도 단어의 크기를 8비트라고 가정한다.

⟨5.5.1⟩ 단항 연산

정수 산술 연산 중 단항 연산의 종류는 2의 보수화(부호 변경), 증가, 감소의 세 가지가 있다. 각 명령어를 NEG(negate), INC(increment), DEC(decrement)라고 하고, 레지스터 R1에 대하여 연산을 수행한다고 하면, 각 명령어의 형식과 수행하는 일은 다음과 같다.

```
NEG   R1      // R1 = -R1 = R1에 대한 2의 보수
INC   RI      // R1 = R1 + 1
DEC   R1      // R1 = R1 - 1
```

단항 연산은 이항 덧셈 연산의 특수한 경우에 해당한다. 따라서 단항 연산을 계산하기 위한 회로를 별도로 만들 필요가 없다.

⟨5.5.2⟩ 덧셈과 뺄셈

이 절에서는 정수에 대한 덧셈과 뺄셈 연산을 설명한다. 이와 관련하여 오버플로우 (overflow, 범람) 개념을 소개하고, 덧셈과 뺄셈 연산을 수행하기 위한 조합 논리회로도 소개한다.

정수를 2의 보수로 표현하기 때문에, 곱하기와 나누기를 제외한 산술 연산은 오퍼랜드의 값이 부호 없는 수인지 혹은 부호 있는 수인지를 고려할 필요가 없어진다. 오퍼랜드의 값을 부호 없는 수로 취급하여 계산하고 나서, 오퍼랜드를 부호 있는 수로 해석하여도 올바른 결과를 얻을 수 있다. 컴퓨터는 부호 없는 수로 계산하고, 그 수를 부호 없는 수로 해석할지 정수로 해석할지는 사람의 몫이다.

2진수에 대한 덧셈과 뺄셈을 수행하는 명령어를 ADD와 SUB이라고 하고, 각 명령어를 다음과 같이 정의하자. 뺄셈은 R2에 대한 2의 보수를 R1에 더한 것과 같다.

```
ADD   R1, R2  // R1 = R1 + R2
SUB   R1, R2  // R1 = R1 - R2 = R1 + (-R2) = R1 + (R2에 대한 2의 보수)
```

R1 = 1000_1101, R2 = 0110_0101일 때, 명령어 ADD R1, R2의 실행 결과를 부호 없는 수와
정수로 해석하여 올바른지 확인하라.

풀이

```
   1000_1101              141                -115
 + 0110_0101            + 101              + 101
 ───────────            ─────              ─────
   1111_0010              242                - 14

 (a) 2진수 덧셈      (b) 부호 없는 수 해석    (c) 정수 해석
```

그림 5-12 정수 덧셈 예

- [그림 5-12(a)]는 2진수 덧셈 결과이다.
- 2진수를 부호 없는 수로 해석하면, [그림 5-12(b)]와 같이 합 1111_0010은
  $2^7 + 2^6 + 2^5 + 2^4 + 2^1 = 128 + 64 + 32 + 16 + 2 = 242$이다.
- 2진수를 정수로 해석하면, [그림 5-12(c)]와 같이 합 1111_0010은 MSB가 1이므로
  음수이고, 이 수는 $-0000\_1110 = -(2^3 + 2^2 + 2^1) = -(8 + 4 + 2) = -14$이다.
- 따라서 2진수 덧셈의 결과를 부호 없는 수로 해석해도 올바른 결과를 얻을 수 있고,
  부호 있는 수로 해석해도 올바른 결과를 얻을 수 있다.

R1 = 0100_1110, R2 = 0001_1000일 때, 명령어 SUB R1, R2의 실행 결과를 구하고 해석하라.

풀이

```
   0100_1110              0100_1110              78
 - 0001_1000            + 1110_1000            - 24
 ───────────       C ← 10011_0110              ────
                                                 54
   (a) 뺄셈           (b) 2의 보수 덧셈        (c) 해석
```

그림 5-13 정수 뺄셈 예

- [그림 5-13(a)]는 2진수 뺄셈식이다.
- [그림 5-13(b)]는 R2의 값을 2의 보수로 변환한 후 R1에 더하는 계산식이다. 레지
  스터의 크기가 8비트이므로 덧셈 과정에서 발생한 자리올림수는 상태 레지스터의 자
  리올림수 플래그(Carry flag, C)에 저장되고, R1에는 0011_0110만 남는다.
- [그림 5-13(c)]는 R1과 R2의 값을 10진수로 해석한 것이다.
  계산 결과는 $0011\_0110 = 2^5 + 2^4 + 2^2 + 2^1 = 32 + 16 + 4 + 2 = 54$이다.

지금까지의 설명과 같이 2진수 뺄셈은 결국 덧셈으로 치환하여 계산할 수 있다. 컴퓨터에서는 덧셈을 계산할 때, 레지스터의 크기가 제한되어 있기 때문에 계산 결과가 틀려지는 경우가 발생할 수 있다. 이러한 현상을 오버플로우(overflow)라고 부른다. 레지스터의 크기가 8비트일 때, 부호 없는 수의 표현 범위는 0 ~ 255이고, 정수의 표현 범위는 −128 ~ 127이다. 덧셈의 결과값이 이 범위를 벗어날 때 오버플로우가 발생한다. 중앙처리장치의 상태 레지스터는 자리올림수 플래그와 오버플로우 플래그를 포함하고 있다. 자리올림수 플래그는 부호 없는 수에 오퍼플로우가 발생하였음을 표현하고, 오버플로우 플래그는 부호 있는 수에 오버플로우가 발생하였음을 표현한다.

- 레지스터의 수를 부호 없는 수로 해석할 때, 덧셈 계산의 결과값이 수의 표현 범위를 초과하면 자리올림수가 발생한다. 부호 없는 수에 대한 오버플로우는 상태 레지스터의 자리올림수 플래그에 저장된다.
- 레지스터의 수를 정수로 해석할 때, 덧셈 계산의 결과값이 정수의 표현 범위를 초과할 수 있다. 이것을 검출하여 표시하기 위하여 상태 레지스터는 오버플로우 플래그를 포함하고 있다.

| 예제 5-19 | 다음 10진수 덧셈을 계산할 때, 정수 오퍼플로우가 발생할지 예측하라. 레지스터의 크기는 8비트로 가정한다. |

(1) 89+45
(2) 89−45
(3) −89+45
(4) −89−45

풀이

(1) 89+45 = 134 $\quad$ 127 < 134 $\quad$ 오버플로우이다.
(2) 89−45 = 44 $\quad$ −128 ≤ 44 ≤ 127 $\quad$ 오버플로우가 아니다.
(3) −89+45 = −44 $\quad$ −128 ≤ −44 ≤ 127 $\quad$ 오버플로우가 아니다.
(4) −89−45 = −134 $\quad$ −134 < −128 $\quad$ 오버플로우이다.

C_8C_7	C_8C_7	C_8C_7	C_8C_7
01111 001	11010 011	00101 001	10000 111 ← 자리올림
0101_1001	0101_1001	1010_0111	1010_0111
+ 0010_1101	+ 1100_0011	+ 0010_1101	+ 1101_0011
1000_0110 = -122	0010_1100 = 44	1101_0100 = -44	0111_1010 = 122
(a) 89+45	(b) 89-45	(c) -89+45	(d) -89-45

그림 5-14 정수 덧셈과 오버플로우

예제 5-19의 문제를 8비트의 2진수 정수로 변환하여 계산한 후 결과값을 확인해 보자. [그림 5-14]는 계산 결과를 보여준다. 맨 윗줄은 각 비트에서 발생한 자리올림수이다. 합은 최상위 자리올림수(C_8)를 제외하고 남은 8비트의 덧셈 결과이다. 결과적으로 [그림 5-14(a)]와 [그림 5-14(d)]에서 오버플로우가 발생한다. 이 결과로부터 다음과 같은 사실을 알 수 있다.

- 부호가 같은 두 수를 더할 때 오버플로우가 발생할 수 있다.
- 부호가 다른 두 수를 더할 때 오버플로우가 발생하지 않는다.
- 부호가 같은 두 개의 수를 더할 때, 덧셈 결과의 부호 비트가 변경되면 오버플로우이다.
- [그림 5-14]의 자리올림수를 살펴보면, C_8과 C_7의 값이 01 혹은 10일 때 오버플로우이다.

따라서 오퍼랜드의 비트 수를 n이라고 할 때, 최상위 비트와 그 다음 상위 비트에서 발생한 자리올림수의 둘 중 하나가 1이면 오버플로우이다. 다음 식으로 오버플로우를 검출할 수 있다.

$$\text{Overflow} = C_n \oplus C_{n-1}$$

(식 5-5)

예제 5-20

[그림 5-14(a)]의 89+45를 8비트 정수로 더한 결과에 대하여, 상태 레지스터의 부호 플래그, 제로 플래그, 자리올림수 플래그, 짝수 패리티 플래그, 그리고 오버플로우 플래그의 값을 구하라.

풀이

- 부호 비트는 계산 결과의 MSB이다. 따라서 부호 플래그 = 1
- 제로 비트는 계산 결과가 모두 0이면 1이다. 따라서 제로 플래그 = 0
- 자리올림수는 그림 5-14(a)의 C_8이다. 따라서 자리올림수 플래그 = 0
- 짝수 패리티 플래그와 계산 결과에 포함된 1의 수의 합이 짝수이어야 한다. 합에 포함된 1의 수가 3개 이므로, 짝수 패리티 플래그 = 1
- 오버플로우는 $C_8 \oplus C_7$로 계산한다. 따라서 오버플로우 플래그 = 1

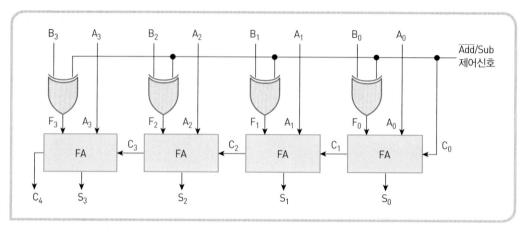

그림 5-15 **병렬 덧셈/뺄셈기**

S	B	F	해석
0	0	0	
0	1	1	F = B
1	0	1	
1	1	0	F = $\overline{B}$

그림 5-16 **XOR 특성표**

[그림 5-15]는 전가산기를 이용하여 만든 4비트 병렬 덧셈/뺄셈기이다. 이 계산기는 A ± B를 수행할 수 있다. $A(A_3A_2A_1A_0)$는 전가산기에 그대로 입력되고 $B(B_3B_2B_1B_0)$는 XOR 게이트를 통하여 전가산기로 입력된다. XOR 게이트의 나머지 입력은 $\overline{Add}$/Sub는 제어신호이다. 이 회로의 동작은 다음과 같다.

- 제어 신호 $\overline{Add}$/Sub = 0일 때, XOR 게이트의 출력 F는 B와 같다. 그리고 C_0의 값도 0이다. 따라서 [그림 5-15]의 회로는 A + B를 수행한다.
- 제어 신호 $\overline{Add}$/Sub = 1일 때, XOR 게이트의 출력 F는 $\overline{B}$이다([그림 5-16] 참조). 그리고 C_0의 값이 1이다. 따라서 [그림 5-15]의 회로는 A + $\overline{B}$ + 1 = A + (B에 대한 2의 보수) = A - B를 수행한다.
- C_4는 상태 레지스터의 자리올림수 플래그에 저장된다.
- $C_4 \oplus C_3$은 상태 레지스터의 오버플로우 플래그에 저장된다.

따라서 덧셈기 하나 만으로 덧셈과 뺄셈을 수행할 수 있다. 그리고 [그림 5-15]의 회로는 모두 조합 논리회로이기 때문에 클럭 펄스의 영향을 받지 않고, 입력이 정해지면 바로 출력을 결정한다.

〈5.5.3〉 곱셈

정수 곱셈은 덧셈보다 복잡하다. 크기가 n비트인 두 개의 정수 A와 B를 곱하면 그 결과는 $2n$비트이다. 곱셈 A×B를 수행한다고 할 때, A를 피승수(multiplicand), B를 승수(multiplier), 그리고 곱셈 결과를 곱(product)이라고 한다. n비트의 병렬 덧셈기를 n번 반복 사용하여 곱을 구할 수 있다. 이 절에서는 부호 없는 수에 대한 곱셈 알고리즘만 소개한다. 부호 있는 수에 대한 곱셈 알고리즘은 마지막 부분에서 간단히 언급한다.

[그림 5-17]은 부호 없는 4비트 수에 대한 곱셈 과정이다. 승수의 각 비트에 대하여 부분 곱을 한 개씩 생성하는데, 승수의 비트 위치에 따라 부분 곱도 왼쪽으로 시프트하여 기록한다. 승수의 비트 값이 1이면, 부분 곱은 피승수와 같다. 승수의 비트 값이 0이면 부분 곱은 0이다. 곱은 네 개의 부분 곱들의 합으로 구해진다.

```
        1101    피승수(13)
   ×    1010    승수(10)
        0000
        1101    부분 곱
        0000
  +     1101
    10000010    곱(130)
```

그림 5-17 부호 없는 수의 곱셈

이 방법을 하드웨어로 구현하려면 처리 과정을 조금 수정하여야 한다. 하드웨어로 네 개의 부분 곱을 한 번에 더하는 것이 어려움이 있으므로 부분 곱이 생성될 때마다 두 개씩 미리 더한다. 그리고, 부분 곱을 왼쪽으로 시프트하는 대신에 곱을 오른쪽으로 시프트하는 방법을 사용한다. [그림 5-18]은 병렬 가산기를 사용한 4비트 곱셈 회로이다. 이 회로는 피승수를 레지스터 M에 저장하고, 승수를 레지스터 Q에 저장한다.

- 레지스터 A는 병렬 가산기의 입력과 출력으로 사용하며, 초깃값은 0이다.
- 병렬 가산기는 A + M을 계산하여 합을 레지스터 A에 저장하고 자리올림수를 C에 저장한다. C의 초깃값은 0이다.
- CAQ는 직렬로 연결되어 있고, 제어장치의 shift right 제어 신호에 의하여 CAQ 전체를 오른쪽으로 시프트한다.
- 제어장치는 레지스터 Q의 최하위 비트인 Q_0를 입력으로 받고, 병렬 가산기에서 덧셈을 수행할지 결정하는 제어 신호 add를 생성한다.
- 제어장치는 카운터 P를 갖고 있다. P의 초기값은 레지스터의 비트 수 n이다. 한 비트를 처리할 때마다 P의 값은 감소되며, P의 값이 0이면 계산이 끝난다.

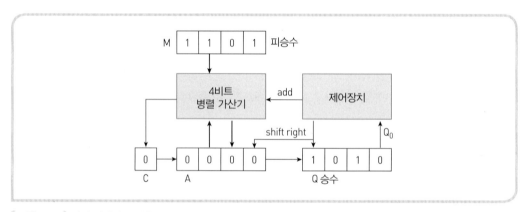

그림 5-18 ┃ 병렬 가산기를 사용한 곱셈 회로

곱셈 회로는 순차 논리회로이다. 즉, 내부적으로 클럭 신호에 의하여 동기가 맞추어져 실행된다. 초기화 이후 비트 당 한 개 또는 두 개의 클럭 사이클을 필요로 한다. [그림 5-19]는 곱셈 회로를 사용한 부호 없는 수의 곱셈 알고리즘이다.

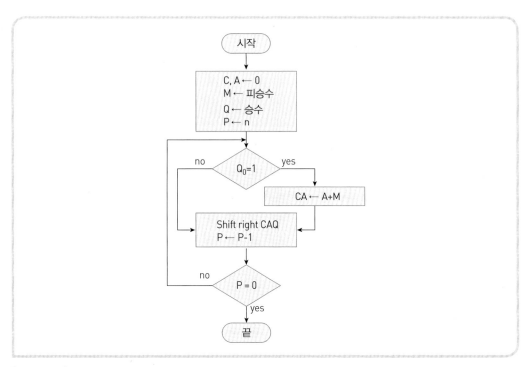

그림 5-19 ┃ 부호 없는 수 곱셈 알고리즘

- [초기 상태] 시작 신호에 의하여 레지스터들을 초기화 한다. C와 A를 0으로 초기화하고, M에 피승수를 저장하고, Q에 승수를 저장하고, 카운터 P를 비트 수 n으로 설정한다.
- [부분 곱 계산] 만일 Q_0의 값이 1이면, 제어장치는 제어 신호 add를 1로 만든다. 이 제어 신호에 의하여 CA ← A + M이 실행된다. 만일 Q_0의 값이 0이면, 덧셈을 수행하지 않는다.
- [오른쪽 시프트] CAQ 레지스터를 오른쪽으로 한 비트 시프트한다. 이 동작에 의하여 Q_0는 사라진다. 그리고 카운터 P의 값을 감소시킨다.
- [종료 판단] 만일 P의 값이 0이 아니면, 부분 곱 계산 단계로 이동하여 다음 비트를 처리한다. 만일 P의 값이 0이면, 곱 계산이 끝난 것이고, 2n비트의 곱은 레지스터 AQ에 저장되어 있다.

| | 예제 5-21 | 부호 없는 수 곱셈 알고리즘에 의하여 13 x 10이 수행되는 과정을 설명하라. |

풀이

[계산 과정]

	M	C	A	Q	P	
[초기 상태]	1101	0	0000	1010	4	// 초기 상태
						// $Q_0 = 0$
[오른쪽 시프트]	1101	0	0000	0101	3	// Shift CAQ, $P \leftarrow P - 1$
						// $Q_0 = 1$
[부분 곱 계산]	1101	0	1101	0101	3	// CA $\leftarrow$ A + M
[오른쪽 시프트]	1101	0	0110	1010	2	// Shift CAQ, $P \leftarrow P - 1$
						// $Q_0 = 0$
[오른쪽 시프트]	1101	0	0011	0101	1	// Shift CAQ, $P \leftarrow P - 1$
						// $Q_0 = 1$
[부분 곱 계산]	1101	1	0000	0101	1	// CA $\leftarrow$ A + M
[오른쪽 시프트]	1101	0	1000	0010	0	// Shift CAQ, $P \leftarrow P - 1$

- 제어장치는 Q_0의 값을 검사하는데 클럭 사이클을 소모하지 않는다.
- $Q_0 = 0$일 때 비트 당 한 개의 클럭을 소모하고, $Q_0 = 1$일 때 비트 당 두 개의 클럭을 소모한다.
- 파란색으로 표시된 부분이 부분 합이고, 최종 곱은 레지스터 AQ에 저장된다.

병렬 가산기를 사용한 덧셈 알고리즘은 n비트의 수를 곱하는데 최대 2n개의 클럭 사이클을 소모한다. 따라서 비트 수가 증가할수록 곱셈 수행에 소요되는 시간이 길어진다는 단점이 있다.

부호 있는 정수의 경우, 위 방법을 적용할 수 없다. 승수와 피승수를 모두 양수로 바꾼 후에 곱셈을 계산하고, 원래의 승수와 피승수의 부호가 다르면 결과를 음수로 만들어 주는 방법이 있을 수 있다. 이러한 불편을 제거한 알고리즘이 Booth 알고리즘이다. Booth 알고리즘은 2의 보수로 표현된 두 개의 n비트 정수에 대하여 곱셈을 수행하여 역시 2의 보수로 표현된 2n비트의 곱을 산출한다. 자세한 설명을 생략한다.

5.5.4 나눗셈

크기가 2n비트인 피젯수(dividend)를 크기가 n비트인 젯수(divisor)로 나누면, 크기가 n비트인 몫(quotient)과 크기가 n비트인 나머지(remainder)가 생성된다. 이 절에서도 부호 없는 수에 대한 나눗셈 알고리즘만 소개한다. [그림 5-20]은 부호 없는 수에 대한 나눗셈의 예이다. 최상위 비트부터 한 비트씩 몫을 결정한다. 부분 나머지의 값이 젯수보다 크면 해당 비트의 몫이 1이고, 그렇지 않으면 0이다. 계산 중인 한 비트의 몫을 결정한 후 부분 나머지를 구한다. 이 과정을 비트 수만큼 반복하여 최종적으로 몫과 나머지를 구할 수 있다.

```
                        1010      몫(10)
  젯수(13)    1101 ) 10000111      피젯수(135)
                   - 1101
  부분 나머지     000111
                 - 00000
                   001111
                  - 1101
                   00101
                  - 0000
                   0101      나머지(5)
```

그림 5-20 | 부호 없는 수의 나눗셈

[그림 5-21]은 병렬 가산기를 사용한 나눗셈 회로이다. 병렬 가산기는 덧셈과 뺄셈 기능을 모두 수행할 수 있다. 회로의 동작은 다음과 같다.

- 초기에 피젯수를 레지스터 AQ에 저장하고 젯수를 레지스터 M에 저장한다.
- 레지스터 A는 레지스터 M에 저장되어 있는 젯수와 크기를 비교하는데 사용된다.
- 레지스터 A의 부분 나머지가 레지스터 M의 젯수보다 큰지 검사하기 위하여, 별도의 비교기를 사용하지 않고, 일단 레지스터 A에서 레지스터 M을 뺀다. A−M을 계산하는 대신에 $A + \overline{M} + 1$을 계산한다. 이 때 발생하는 캐리를 C에 저장한다. 만일 뺄셈의 결과인 자리올림수 플래그 C의 값이 1이면, A ≥ M이다. 만일 자리올림수 플래그 C 값이 0이면, A < M이다.
- CAQ는 직렬로 연결되어 있고, 제어장치의 왼쪽 시프트(shift left) 제어 신호에 의하여 왼쪽으로 시프트한다.
- 제어장치는 레지스터 A와 레지스터 M의 비교 결과에 따라, 현재 계산하고 있는 비트의 몫으로 레지스터 Q의 최하위 비트인 Q_0의 값을 0 또는 1로 설정한다.
- 제어장치는 카운터 P를 갖고 있다. P의 초깃값은 레지스터의 비트 수 n이다. 한 비트를 처리할 때마다 P의 값은 감소되며, P의 값이 0이면 계산이 끝난다.

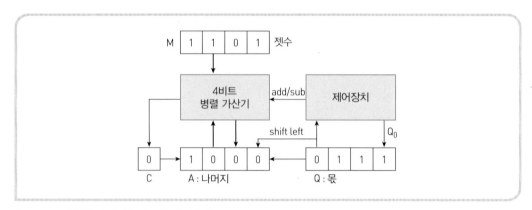

그림 5-21 병렬 가산기를 사용한 나눗셈 회로

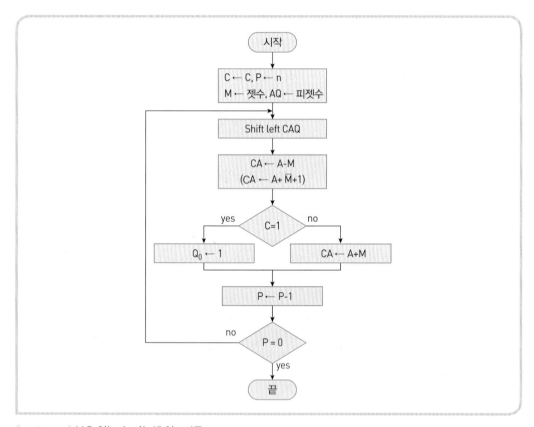

그림 5-22 부호 없는 수 나눗셈 알고리즘

[그림 5-22]는 부호 없는 수에 대한 나눗셈 알고리즘이다. 동작은 다음과 같다.

- [초기 상태] 시작 신호에 의하여 레지스터들을 초기화 한다. C를 0으로 초기화하고, M에 젯수를 저장하고, AQ에 피젯수를 저장하고, 카운터 P를 비트 수 n으로

설정한다.

- [왼쪽 시프트] CAQ를 왼쪽으로 한 비트 시프트한다.
- [크기 비교] A와 M의 크기를 비교하기 위하여 일단 $A-M$(실제로는 $A+\overline{M}+1$)을 계산한다. 뺄셈 후, $C = 1$이면, $A \geq M$이고, $C = 0$이면, $A < M$이다.
- [몫 결정] 만일 $C = 1$이면, 현재 처리하고 있는 비트의 몫으로 Q_0를 1로 설정한다. 만일 $C = 0$이면, Q_0의 0을 그대로 유지한다. 이 때는 $CA \leftarrow A + M$을 수행하여 부분 나머지를 원래의 값으로 복구한다.
- [종료 판단] 카운터 P의 값을 감소시킨다. 만일 P의 값이 0이 아니면, 왼쪽 시프트 단계로 이동하여 다음 비트를 처리한다. 만일 P의 값이 0이면, 몫 계산이 끝난 것이고, n비트의 곱은 레지스터 Q에 그리고 n비트의 나머지는 레지스터 A에 저장되어 있다.

예제 5-22

부호 없는 수 나눗셈 알고리즘에 의하여 135/13이 수행되는 과정을 설명하라.

풀이

[계산 과정]

	M	C	A	Q	P	
[초기 상태]	1101	0	1000	0111	4	// 초기 상태
[왼쪽 시프트]	1101	1	0000	1110	4	// Shift left CAQ
[A−M]	1101	1	0011	1110	4	// $CA \leftarrow A + \overline{M} + 1$, C=1 (A≥M)
[$Q_0 \leftarrow 1$]	1101	1	0011	1111	3	// $Q_0 \leftarrow 1$, $P \leftarrow P-1$
[왼쪽 시프트]	1101	0	0111	1110	3	// Shift left CAQ
[A−M]	1101	0	1010	1110	3	// $CA \leftarrow A + \overline{M} + 1$, C=0 (A<M)
[A+M, $Q_0 \leftarrow 0$]	1101	1	0111	1110	2	// $Q_0 \leftarrow 0$, $CA \leftarrow A+M$, $P \leftarrow P-1$
[왼쪽 시프트]	1101	0	1111	1100	2	// Shift left CAQ
[A−M]	1101	1	0010	1100	2	// $CA \leftarrow A + \overline{M} + 1$, C=1 (A≥M)
[$Q_0 \leftarrow 1$]	1101	1	0010	1101	1	// $Q_0 \leftarrow 1$, $P \leftarrow P-1$
[왼쪽 시프트]	1101	0	0101	1010	1	// Shift left CAQ
[A−M]	1101	0	1000	1010	1	// $CA \leftarrow A + \overline{M} + 1$, C=0 (A<M)
[A+M, $Q_0 \leftarrow 0$]	1101	1	0101	1010	0	// $Q_0 \leftarrow 0$, $CA \leftarrow A+M$, $P \leftarrow P-1$

- 파란색으로 표시한 부분은 몫이 결정되는 과정이다.
- 최종적으로 몫은 레지스터 Q에, 그리고 나머지는 레지스터 A에 저장된다.

컴퓨터는 실수를 부동소수점 수(floating-point number)로 표현한다. 부동소수점 표현은 수학의 과학 표기(scientific notation) 방법을 응용한 것이다. 이 절에서는 부동소수점을 표현하는데 적용된 개념과 표준화된 부동소수점 표기 방식을 소개한다.

5.6.1 부동소수점 표현

과학 표기 방법은 실수를 부호(sign), 가수(mantissa, significant, or fraction), 기수(base), 그리고 지수(exponent)로 표시한다. 과학 표기 방법은 아주 큰 수와 아주 정밀한 수를 표현할 수 있다는 장점이 있다. 10진수에 대한 과학 표기 방법의 예는 다음과 같다.

- $976,000,000,000 = 9.76 \times 10^{11}$　　부호: +, 가수: 9.76, 기수: 10, 지수: 11
- $-0.00000000000976 = -9.76 \times 10^{-12}$ 부호: -, 가수: 9.76, 기수: 10, 지수: -12

가수에 포함된 소수점의 위치를 변경하면서 이에 따라 지수를 조정할 수 있으므로 이 방법을 부동소수점 표현(floating-point representation)이라고 부른다.

컴퓨터는 실수를 표시할 때에도 2진법을 사용한다. 10진수에 대한 과학 표기법을 2진수에도 적용할 수 있다. 컴퓨터의 2진수 부동소수점 표현에서는 기수를 표현하지 않고 부호, 가수, 지수만으로 실수를 표현한다. 정수와 마찬가지로 전체 수에 대한 부호를 부호 비트로 표현한다.

부동소수점 표현에서 크기가 동일한 수를 여러 가지 방법으로 표현할 수 있다. 예를 들면, 다음 수들은 모두 크기가 같다.

(1) 0.1101×2^2

(2) 11.010×2^0

(3) 110.10×2^{-1}

따라서 여러 가지 가능한 표현 중에서 한 가지를 표준으로 결정할 필요가 있다. 그리고 컴퓨터에서는 실수를 저장하는 레지스터의 비트 수도 제한되어 있다는 점도 고려해야 한다. 제한된 비트 크기에 대하여 가능한 큰 수와 정밀한 수를 표현할 수 있도록, 컴퓨터는 가수와 지수에 대하여 각각 다른 정규화 방법을 적용하고 있다.

컴퓨터는 가수를 정규화(normalized mantissa)하여 표현한다. 가수를 정규화하는 공식은 다음과 같다. (식 5-6)에서 b는 0 또는 1이다.

$$1.bbb{\cdots}b \times 2^{\pm E} \qquad \text{(식 5-6)}$$

- 가수를 1.bbb…b 형식으로 표현할 수 있도록 지수를 조정한다.
- 가수를 표현할 때, 1.을 표현하지 않고 bbb…b만 표현한다.
- 1.은 항상 존재하므로 저장할 필요가 없기 때문이다.
- 다만, 숫자 0인 경우에 가수를 모두 0으로 채운다.

이렇게 함으로써, 가수를 표현하는데 할당되는 비트 영역에 가장 많은 가수를 채울 수 있다. 예를 들면, 1.1010×2^{-1} 에 대하여 가수 부분을 1010만 표시하고 1.1010으로 해석한다.

예제 5-23
2진수 101.1010_1111을 정규화한 부동소수점 수로 표현할 때, 가수 부분은 어떻게 표시되는가? 단, 가수를 표현하는데 8비트를 사용한다고 가정한다.

풀이

$101.1010\_1111 = 1.0110\_1011\_11 \times 2^{+2}$

1.을 생략하고 소수점 이하 8비트만 표시하므로, 가수 = 0110_1011

가수를 표현하는 비트 크기가 제한되어 있기 때문에 마지막의 11은 없어진다.

정규화 표현이 가수에 할당된 비트 수가 한정된 조건에서는 최선의 표현 방법이다.

부동소수점 수의 지수를 표현하는 방법을 정하기 위하여 실수 연산을 고려하여야 한다. 실수를 더하거나 뺄 때, 먼저 지수의 크기를 맞추고, 크기가 작은 수의 가수와 지수를 조정한 다음에 계산해야 한다. 이 과정에서 지수를 비교하는 부분이 문제가 된다. 만일 지수를 2의 보수로 표현한다면, 지수를 표현하는 정수의 부호 비트를 고려한 비교기가 필요해진다.

이런 문제점을 해결하기 위하여 부동소수점 표준 방법에서는 지수를 부호 없는 수(unsigned number)로 표현하는 방법을 채택하고 있다. 이 방법을 바이어스 지수(biased exponent)라고 부른다. 지수를 8비트로 표현하는 경우에, 실제 지수 값에 0111_1111_2(127)을 더하여 부호 없는 수로 표시한다. 따라서 지수로 표현된 2진수에서 127을 빼야 실제 지수이다.

예제 5-24	2진수 101.101011을 정규화된 부동소수점 수로 표현할 때, 지수 부분은 어떻게 표시되는가? 단, 지수를 표현하는데 8비트를 사용한다고 가정한다.

풀이

정규화: $101.101011 = 1.01101011 \times 2^2$

지수의 값 $= 2 = 0000\_0010$

지수 표현 $= 0000\_0010 + 0111\_1111 = 1000\_0001$

⟨5.6.2⟩ IEEE 754 형식

초기에는 부동소수점을 표현하기 위하여 컴퓨터마다 서로 다른 형식을 사용하였으나, 현재는 대부분의 컴퓨터들이 호환성을 위하여 미국전기전자공학회(IEEE)에서 표준화한 IEEE 754 형식을 따르고 있다. IEEE 754 형식 중에서 부동소수점 수를 표현하는데 가장 많이 사용하는 것이 32비트 형식과 64비트 형식이고, 각각 단정도 형식(single-precision format)과 배정도 형식(double-precision format)이라고 부른다. [그림 5-23]은 각 형식의 비트 배치이다.

그림 5-23 | IEEE 754 표준 형식

전체 32비트로 표현되는 단정도 형식은 부호 1비트, 지수 8비트, 그리고 가수 23비트로 구성되어 있다. 전체 64비트를 사용하는 배정도 형식은 부호 1비트, 지수 11비트, 가수 52비트로 구성되어 있다. 따라서, 배정도 실수는 단정도 실수보다 실수를 표현하는 범위도 확장되고, 실수를 표현하는 정확성도 높아진다. 한 비트의 부호는 전체 숫자가 양수이면 0, 음수이면 1이다. 단정도 형식은 지수를 0부터 255까지 표현할 수 있고 지수 바이어스는 127이다. 배정도 형식은 지수를 0부터 2047까지 표현할 수 있고, 지수 바이어스는 1023이다. ⟨표 5-4⟩는 IEEE 754 표준 형식을 해석하는 방법을 보여준다.

- 첫 번째 줄: NaN(Not a Number)는 숫자가 아니란 의미이다. 이것은 주어진 정밀도 형식으로 실수를 표현할 수 없음을 나타낸다. 예를 들면, 나누기 0 또는 음수에 대한 제곱근(square root)를 계산하면 오류가 발생하는데, 이 경우 결과를 NaN으로 표시하여 계산 과정에 오류가 발생하였음을 나타낸다.

- 두 번째 줄(오버플로우): 주어진 정밀도 형식으로 표현할 수 있는 수의 범위보다 더 큰 수를 나타낸다. 즉, 오버플로우가 발생한 것을 의미한다.

- 세 번째 줄: 가장 일반적인 경우이며, 가수 정규화와 지수 바이어스가 적용된 형식이다.

- 네 번째 줄(언더플로우): 세 번째 줄의 일반 형식으로 표현할 수 없을 정도로 작은 수를 표현한다.

- 마지막 줄(0): 숫자 0을 표시하며, 모든 비트를 0으로 채운다. 즉, 0의 경우 지수 비트들도 모두 0으로 채운다.

표 5-4   IEEE 754 표준 형식의 해석

단정도 형식			배정도 형식		
지수	가수	해석	지수	가수	해석
255	$\neq 0$	NaN	2047	$\neq 0$	NaN
255	0	$(-1)^S \infty$	2047	0	$(-1)^S \infty$
$0 < e < 255$	-	$(-1)^s 2^{e-127}(1.f)$	$0 < e < 2047$	-	$(-1)^s 2^{e-1023}(1.f)$
0	$\neq 0$	$(-1)^s 2^{e-126}(0.f)$	0	$\neq 0$	$(-1)^s 2^{e-1022}(0.f)$
0	0	$(-1)^S 0$	0	0	$(-1)^S 0$

예제 5-25

단정도 형식으로 표현할 수 있는 0보다 큰 실수 중에서, 가장 작은 수와 가장 큰 수의 비트 패턴을 제시하고 크기를 구하라.

풀이

가장 작은 수

비트 패턴: 부호 = 0, 지수 = 0, 가수 = 000_0000_0000_0000_0000_0001

크기: $(-1)^s 2^{e-126}(0.f) = (-1)^0 2^{0-126}(0.00000000000000000000001) = 2^{-126-23}$
$= 1 \times 2^{-149}$

가장 큰 수

비트 패턴: 부호 = 0, 지수 = 254, 가수 = 111_1111_1111_1111_1111_1111

크기: $(-1)^s 2^{e-127}(1.f) = (-1)^0 2^{254-127}(1.111\_1111\_1111\_1111\_1111\_1111)$

$$= 2^{127}(0.1111\_1111\_1111\_1111\_1111\_1111) \times 2$$

$$= (1 - 2^{-24}) \times 2^{128}$$

예제 5-26

다음과 같은 2진수로 표현되어 있는 단정도 실수 N에 대한 10진수를 구하라.

1100_0001_0101_0000_0000_0000_0000_0000

풀이

비트 패턴: (부호)1_(지수)10000010_(가수)10100000000000000000000

부호: 1

지수: $e = 1000\_0010 = 130_{10}$

가수: $M = 1.101$

따라서 $N = (-1)^1 \times 1.101 \times 2^{130-127} = -1.101 \times 2^3 = -1101 = -13_{10}$

5.7 실수 연산

실수는 부동소수점 형식으로 표현되므로 실수 연산은 정수 연산보다 많이 복잡하다. 대부분의 컴퓨터는 정수 연산기와 별도로 실수 연산기를 갖고 있다. 실수 연산은 계산 과정에서 발생하는 중간 결과를 저장해야 하므로 실수 연산기를 조합 논리회로로만 만들 수 없다. 실수 연산기는 복잡한 순차 논리회로이다.

실수 연산에서 공통으로 발생할 수 있는 예외 조건인 오버플로우와 언더플로우(underflow)에 대하여 살펴보자. 연산 결과가 실수 표현 범위보다 클 때 오버플로우가 발생하고, 연산 결과가 실수 표현 범위보다 작을 때 언더플로우가 발생한다. 오버플로우와 언더플로우는 지수와 가수에서 모두 발생할 수 있다.

- 지수 오버플로우(exponent overflow): 양의 지수값이 최대 지수값을 초과한 경우이다. 연산 결과는 $+\infty$ 또는 $-\infty$로 표시된다.
- 지수 언더플로우(exponent underflow): 음의 지수값이 최소 지수값보다 적은 경우이다. 연산 결과는 0으로 표시된다.

- 가수 오버플로우(significant overflow): 같은 부호를 가진 두 개의 실수를 더할 때, 최상위 비트에서 자리올림수가 발생한 경우이다. 연산 결과의 가수를 오른쪽으로 시프트하고 지수를 증가시켜 교정할 수 있다. 이 과정을 정렬(alignment)이라고 한다.
- 가수 언더플로우(significant underflow): 가수를 조정할 때 가수가 오른편으로 밀려 잘려나가는 경우이다. 연산 결과의 최하위 비트를 반올림한다.

이 절에서는 실수에 대한 연산은 산술 연산, 그 중에서도 사칙 연산에 대한 연산 알고리즘을 설명한다.

5.7.1 덧셈과 뺄셈

실수에 대한 덧셈과 뺄셈을 계산하려면 먼저 지수의 값이 같아지도록 소수점의 위치를 조정하여야 한다. 실수 덧셈과 뺄셈 알고리즘을 이해하기 위하여 $x = 1.1111 \times 2^{-1}$과 $y = 1.1111 \times 2^1$에 대하여 $x+y$를 계산해 보자.

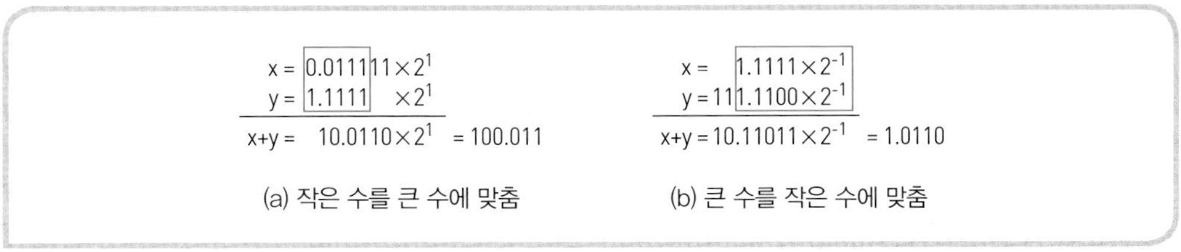

그림 5-24 | 실수 덧셈 예

[그림 5-24]는 덧셈을 수행하기 위하여 지수를 조정하는 두 가지 방법을 보여준다. 컴퓨터는 실수 계산도 크기가 한정된 비트만 가지고 계산한다. 실수 연산기는 [그림 5-24]의 사각형 부분만 처리할 수 있다고 가정하자. 이와 같은 제한이 있다면 지수를 조정할 때 최하위 혹은 최상위 비트를 잃어버리는 경우가 발생할 수 있다.

- [그림 5-24(a)]는 크기가 작은 수의 지수를 크기가 큰 수의 지수로 조정한다. 이 경우, x의 하위 2비트를 잃어버린다. 정확성에는 문제가 있지만 아주 심각하지는 않다.
- [그림 5-24(b)]는 크기가 큰 수의 지수를 크기가 작은 수의 지수로 조정한다. 이 경우, y의 상위 2비트를 잃어버린다. 이로 인하여 전혀 틀린 답이 산출된다.

따라서 지수를 조정할 때는 작은 수를 큰 수에 맞추어야 한다. [그림 5-24(a)]의 연산 결과는 정규화되어 있는 형식이 아니다. 그러므로 실수 계산을 수행한 후에 결과값에 대하여 최종적으로 정규화하는 과정을 거쳐야 한다.

지금까지의 고찰을 바탕으로 정리한 두 개의 실수 두 개의 실수 $x = S_x \times 2^{Ex}$와 $y = S_y \times 2^{Ey}$에 대한 덧셈과 뺄셈 알고리즘은 다음과 같다.

1. 제로 검사: x와 y가 0인지 검사한다. 만일 둘 중 하나가 0이면, 덧셈과 뺄셈을 수행할 필요가 없다.
2. 정렬(alignment): 지수 E_x와 E_y를 비교하여 작은 수의 지수를 큰 수의 지수와 같아지도록 조정한다. 작은 수의 지수를 증가시키고, 가수를 오른쪽으로 시프트한다.
3. 가수 덧셈/뺄셈: 가수를 서로 더하거나 뺀다.
4. 정규화(normalize): 결과를 정규화한다.

위 2단계를 수행하려면, 지수의 값을 비교해야 하는데, 이때 필요한 비교기의 구조를 간단하게 만들기 위하여 지수에 바이어스를 가하여 사용하는 것이다.

⟨5.7.2⟩ 곱셈과 나눗셈

실수 곱셈과 나눗셈은 개념적으로 덧셈과 뺄셈보다 쉽다. 곱셈과 나눗셈에서는 지수의 크기를 비교하고 지수를 조정할 필요가 없다. 두 개의 실수 $x = S_x \times 2^{Ex}$와 $y = S_y \times 2^{Ey}$에 대한 곱셈과 나눗셈 공식은 다음과 같다.

$$x \cdot y = (S_x \times S_y) \times 2^{Ex+Ey} \qquad \text{(식 5-7)}$$
$$x / y = (S_x / S_y) \times 2^{Ex-Ey} \qquad \text{(식 5-8)}$$

실수 곱셈 x·y을 수행하는 알고리즘은 다음과 같다.

1. 제로 검사: 만일 x와 y 둘 중 하나가 0이면, 곱은 0이다.
2. 지수 조정: 지수 E_x와 E_y를 더하고 바이어스를 뺀다.
3. 가수 곱셈: 부호를 고려하여 S_x와 S_y를 곱한다.
4. 정규화: 곱셈 결과를 정규화 한다.

2단계에서 바이어스를 빼는 이유를 살펴보자. 실수 표현에서 지수는 바이어스가 더해져 있다. 예를 들어, x와 y가 단정도 실수이고 x의 지수가 3이고 y의 지수가 1인 경우, 각 지수는 $E_x = 127+3 = 130$, $E_y = 127+1 = 128$로 표현되어 있다. 지수를 더하면 $130 + 128 = 258$이 되어 바이어스가 두 번 더해진 결과이다. 그러므로 지수를 더하고 바이어스 한 개에 해당하는 값을 빼야 한다. 즉 곱셈 후 지수는 258 - 127 = 131이어야 올바른 값이다.

실수 나눗셈 x/y를 수행하는 알고리즘은 다음과 같다.

1. 제로 검사: 만일 x가 0이면, 결과는 0이고, y가 0이면 결과는 NaN으로 설정하고 계산을 종료한다.
2. 지수 조정: 지수 E_x에서 E_y를 빼고 바이어스를 더한다.
3. 가수 나눗셈: 부호를 고려하여 S_x에서 S_y를 나눈다.
4. 정규화: 나눗셈 결과를 정규화 한다.

이번엔 2단계에서 E_x와 E_y에 더해져 있던 바이어스가 제거된다. 곱하기의 예를 그대로 사용하면, 지수 뺄셈의 결과는 130 - 128 = 2이다. 그러므로 바이어스를 더하여 지수가 2 + 127 = 129로 되도록 조정하여야 한다.

실수 연산기에 포함되어 있는 실수 저장용 레지스터와 계산용 레지스터는 크기가 다르다. 데이터 저장용 레지스터의 크기보다 계산용 레지스터의 크기가 더 크다. 충분한 크기로 계산하고 결과를 저장할 때 다시 정규화하여 실수 레지스터에 저장한다.

5.8 요약

연산기는 컴퓨터의 모든 데이터 조작을 담당한다. 정수를 표현하는 방법으로 부호화 크기, 1의 보수, 2의 보수 방법을 고려할 수 있으나, 최근의 컴퓨터는 모두 2의 보수 방법을 사용하고 있다. 그 이유는 가산기 하나만으로 덧셈과 뺄셈을 모두 수행할 수 있으므로 연산기 하드웨어가 간단해지기 때문이다. 연산기에서 동작이 실행되면 컴퓨터의 상태 레지스터에 포함된 조건 플래그들이 연산 결과를 반영하여 변한다.

연산기에서 수행하는 연산은 정수에 대한 논리연산, 산술 연산, 그리고 실수 연산으로 구분할 수 있다. 논리 연산은 주로 부호 없는 수에 적용하며, NOT, AND, OR, XOR 연산이 있다. 이 연산은 레지스터에 저장된 각 비트에 적용된다. 주로 입출력 하드웨어를 제어하는 프로그램에서 논리 연산을 많이 사용한다. 산술 연산의 종류는 논리 시프트, 산술 시프트, 그리고 회전 연산이 있다. 왼쪽 산술 시프트는 정수를 곱하기 2의 효과가 있고, 오른쪽 산술 시프트는 나누기 2의 효과가 있다. 정수 곱셈 나눗셈 알고리즘보다 시프트 동작이 간단하므로, 컴퓨터는 간단한 정수 곱셈과 나눗셈을 산술 시프트 동작으로 계산한다. 정수를 2의 보수로 표현하면 한 가지 산술 연산기를 사용하여 부호 없는 수와 정수를 모두 계산할 수 있다는 장점이 있다. 그러므로 컴퓨터는 내부적으로 부호 있는 수와 부호 없는 수를 구별하지 않는다. 정수의 덧셈과 뺄셈을 반복적으로 수행함으로써 곱셈과 나눗셈을 수행할 수 있다. 곱셈과 나눗셈의 속도를 개선하기 위하여 별도의 회로를 만들어야 한다.

컴퓨터는 실수를 과학 표기법으로 표현하며, 특히 정규화 가수와 바이어스 지수를 사용한다는 것을 기억해야 한다. 현재는 거의 모든 컴퓨터가 IEEE 754 표준 형식을 따르고 있다. 실수 연산에서는 지수를 별도로 고려해야 하며, 연산 후 재정렬을 수행하여야 한다.

연습문제

5.1 연산기 개요

01 연산기에 대한 설명이 아닌 것은?

① 중앙처리장치의 구성 요소 중 하나이다.

② 명령어 레지스터의 값을 입력 신호로 받는다.

③ 데이터 처리 명령어를 수행할 때 수치 계산을 담당한다.

④ 레지스터 혹은 기억장치에 저장되어 있는 데이터에 대하여 연산을 수행한다.

02 연산기의 출력 신호를 모두 선택하라.

① 연산 결과　　　　　　　　　　② 제어 신호

③ 상태 정보　　　　　　　　　　④ 명령어 코드

03 연산기로 입력되는 제어 신호의 역할은?

① 상태 레지스터의 값을 결정한다.

② 연산기가 수행할 동작을 선택한다.

③ 연산 결과를 레지스터로 저장할 때, 저장할 레지스터를 선택한다.

④ 연산 결과를 기억장치로 저장할 때, 저장할 기억장치 주소를 선택한다.

04 이항 연산자(binary operator)란?

① 실수를 계산하는 연산자이다.

② 두 개의 항을 계산하는 연산자이다.

③ 부호 없는 수를 계산하는 연산자이다.

④ 2진수로 표현되어 있는 수를 계산하는 연산자이다.

5.2 정수

01 정수를 표현하는 방법 중 현대의 모든 컴퓨터가 정수를 표현하는 방법은?

① 부호화 크기   ② 1의 보수

③ 2의 보수   ④ 10의 보수

02 정수 표현 방법에 대하여 n비트로 표현할 수 있는 정수의 범위를 적어라.

(1) 부호화 크기
(2) 1의 보수
(3) 2의 보수

03 다음 10진수를 지정한 정수 표현 방법에 따라 8비트의 2진수로 표현하라.

방법	+29	-29	+120	-120
부호화 크기				
1의 보수				
2의 보수				

04 수의 표현 방법에 대하여 숫자 0에 해당하는 16비트의 2진수를 모두 적어라.

(1) 부호화 크기
(2) 1의 보수
(3) 2의 보수

05 2진수를 2의 보수에 의한 정수로 해석할 때 각 수에 해당하는 10진수를 구하라.

(1) 0010_1010
(2) 1100_0001
(3) 1111_1011

06 10진수를 2의 보수에 의한 정수 표현법에 따라 8비트의 2진수와 16비트의 2진수로 표현하라.

10진수	8비트	16비트
+78		
-78		

5.3 논리 연산

01 레지스터의 값이 다음과 같을 때, 레지스터 전송문을 수행한 결과를 16진수로 적어라.

R1 = 2ah	R2 = 3fh	R3 = a9h	R4 = 99h

(1) R1 ← NOT R3
(2) R1 ← R1 AND R2
(3) R1 ← R2 OR R3
(4) R1 ← R3 XOR R4

02 데이터를 비트 단위로 XOR 연산을 수행한 결과를 체크섬(checksum)이라고 한다. 다음 16진수에 대한 체크섬을 구하라.

34h	a9h	c6h	42h	8bh	d3h	28h	cfh

03 레지스터의 크기를 8비트라고 가정할 때, R1 ← R1 XOR R1을 수행한 결과는?

① 0
② 01h
③ FFh
④ R1의 값을 주지 않았으므로 알 수 없다.

04 아스키코드 표를 보고 다음과 같은 기능을 하기 위한 비트 패턴을 구하라.

(1) AND 연산에 의하여 영문자 소문자를 대문자로 변환
(2) OR 연산에 의하여 영문자 대문자를 소문자로 변환

5.4 시프트 연산

01 8비트의 수를 왼쪽 논리 시프트와 오른쪽 논리 시프트를 수행한 결과를 16진수로 적어라.

16진수	2진수	왼쪽 시프트 (2진수, 16진수)	오른쪽 시프트 (2진수, 16진수)
9Bh			
D2h			

02 8비트의 2진수 1100_1010에 대하여 질문에 답하라.

(1) 이 수를 정수로 해석하면 10진수로 얼마인가?
(2) 왼쪽 산술 시프트한 값을 구하라.
(3) (2)의 결과를 정수로 해석하면 10진수로 얼마인가? (A)의 곱하기 2와 같은가?
(4) 오른쪽으로 산술 시프트한 값을 구하라.
(5) (4)의 결과를 정수로 해석하면 10진수로 얼마인가? (A)의 나누기 2와 같은가?

03 다음 명령어를 연속으로 실행한 연산 결과는?

```
ASL   R1       // arithmetic shift left R1
ASL   R1       // arithmetic shift left R1
```

① $R1 \times 2$ ② $R1 \times 3$
③ $R1 \times 4$ ④ $R1 \times 5$

04 연산기에 포함되어 있는 시프터를 구현하는데 사용되는 논리 소자는?

① 디코더   ② 인코더
③ 멀티플렉서   ④ 디멀티플렉서

5.5 정수 산술 연산

01 지시에 따라 2진수 덧셈을 수행하라.

(1) 3ch를 2진수로 표현하라.
(2) 7ah를 2진수로 표현하라.
(3) 3ch + 7ah의 결과를 2진수로 표현하라.
(4) 덧셈 결과를 부호 없는 수로 해석한 10진수를 구하라.
(5) 덧셈 결과를 2의 보수에 의한 정수로 해석한 10진수를 구하라.
(6) 덧셈 결과에 대항 부호, 제로, 자리올림수, 오버플로우 플래그의 값을 구하라.

02 지시에 따라 뺄셈을 수행하라.

(1) 10진수 32 – 54의 값은?
(2) 10진수 32를 이진수로 변환하라.
(3) 10진수 54를 이진수로 변환하라.
(4) (3)에 대한 2의 보수를 구하라.

(5) (2)+(4)를 계산하라.

(6) (5)를 10진수로 변환하라.

(7) (1)과 (6)의 값이 같은가?

03 A와 B는 두 비트의 수이다. 다음 곱셈식을 참고하여, 네 개의 AND 게이트와 필요한 만큼의 전가산기를 사용하여 곱셈 회로를 설계하라.

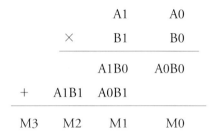

04 부호 없는 수 곱셈 알고리즘([그림 5-19])에 의하여 1011 x 0101을 수행하는 과정을 구하라.

05 부호 없는 수 나눗셈 알고리즘([그림 5-22])에 의하여 0111_1011/1011을 수행하는 과정을 구하라.

5.6 실수

01 컴퓨터에서 실수를 2진수로 표시할 때 표현하지 않는 것은?

① 기수(base) ② 가수(mantissa)

③ 부호(sign) ④ 지수(exponent)

02 컴퓨터의 실수 표현에 적용한 방법을 모두 선택하라.

① 가수 정규화 ② 바이어스 가수

③ 부호 정규화 ④ 바이어스 지수

03 실수 표현에 있어서 정규화하는 방법은?

① 가수를 0.1bbbb가 되도록 지수를 조정한다.

② 가수를 1.bbbbb가 되도록 지수를 조정한다.

③ 지수를 0.1bbbb가 되도록 지수를 조정한다.

④ 지수를 1.bbbbb가 되도록 지수를 조정한다.

04 지시에 따라 IEEE 754 단정도 실수 형식으로 표현하라.

(1) 10진수 −5.15625를 2진수로 변환하라.

(2) 가수 부분을 정규화하여 과학표기법으로 표시하라.

(3) IEEE 754 단정도 실수로 표기할 때, 표현되는 가수를 구하라.

(4) IEEE 754 단정도 실수로 표기할 때, 표현되는 지수를 구하라.

(5) 이진수 패턴을 16진수로 표시하라.

05 다음 프로그램을 실행하여 문제 4의 결과가 올바른지 확인하라.

```
#include <stdio.h>
union float_format {
        unsigned int      bit_pattern;
        float             real_number;
};

void main()
{
        union float_format t;
        t.real_number = −5.15625;
        printf("real number: %f\n", t.real_number);
        printf("bit pattern: %8x\n", t.bit_pattern);
}
```

06 문제 5의 프로그램을 실행하여 다음 질문에 답을 구하여라.

(1) 123.123에 대한 16진수 표현은?

(2) 비트 패턴이 40321001h인 수의 실수 값은?

실수 연산

01 실수 덧셈과 뺄셈을 수행하는 순서를 적어라.

| A. 제로 검사 | B. 정규화 | C. 정렬 | D. 덧셈/뺄셈 |

02 실수 곱셈을 수행한 후 지수를 조정하는 올바른 방법은?

① 지수를 뺀 다음 바이어스를 뺀다.

② 지수를 뺀 다음 바이어스를 더한다.

③ 지수를 더한 다음 바이어스를 뺀다.

④ 지수를 더한 다음 바이어스를 더한다.

03 실수 나눗셈을 수행한 후 지수를 조정하는 올바른 방법은?

① 지수를 뺀 다음 바이어스를 뺀다.

② 지수를 뺀 다음 바이어스를 더한다.

③ 지수를 더한 다음 바이어스를 뺀다.

④ 지수를 더한 다음 바이어스를 더한다.

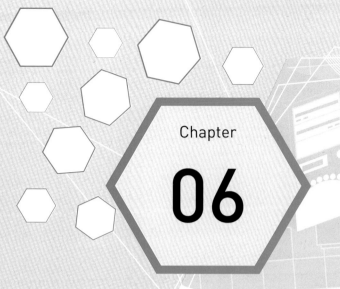

Chapter

06

명령어 집합

06 명령어 집합

중앙처리장치의 구성 요소는 레지스터, 연산기, 그리고 제어장치이다. 이것들은 모두 명령어를 처리하기 위하여 존재한다. 컴퓨터는 명령어 사이클에 의하여 명령어를 인출하고 실행한다. 명령어는 중앙처리장치가 명령어를 실행하는데 필요한 모든 정보를 포함하고 있어야 한다. 이미 '3.4 명령어'에서 명령어의 구성 요소, 종류, 그리고 오퍼랜드의 특성에 대하여 간단히 설명한 바 있다.

컴퓨터가 실행할 수 있는 명령어들을 모두 정의하고 나열한 것을 명령어 집합(instruction set)이라고 한다. 명령어 집합에 의해 컴퓨터 하드웨어와 소프트웨어가 구별된다고 말할 수 있다. 즉, 명령어 집합을 수행할 수 있는 하드웨어를 만드는 것이 컴퓨터 구조에서 다루는 부분이고, 명령어 집합에 속한 명령어를 사용하여 프로그램을 작성하는 것이 소프트웨어이다. 제어장치는 명령어 집합에 정의되어 있는 명령어들이 주어진 컴퓨터 하드웨어 상에서 실행될 수 있도록 컴퓨터 시스템을 제어한다. 따라서 명령어 집합을 정의한 이후에 제어장치를 설계할 수 있다. 이 장은 명령어 집합 설계자가 반드시 알아두어야 할 명령어의 특징과 속성을 설명하는데 그 목적이 있다. 6장의 구성은 다음과 같다.

- 6.1 **명령어 특성**: 명령어의 구성 요소, 종류와 형식에 대하여 자세히 설명한다. 명령어는 동작 코드와 오퍼랜드로 구성되며, 명령어를 표현하는 방법을 명령어 형식이라고 한다.
- 6.2 **주소의 수**: 명령어에 오퍼랜드를 표현하는 방법을 다룬다. 명령어는 최대 세 개의 오퍼랜드를 필요로 한다. 그 명령어에 명시적으로 표현하는 오퍼랜드의 수에 따라 1-주소 형식, 2-주소 형식, 그리고 3-주소 형식의 명령어로 구별한다.
- 6.3 **주소지정방식**: 명령어에 표현된 오퍼랜드로부터 실제로 처리되는 유효 데이터를 구하는 방법을 다룬다. 명령어에 표현되는 오퍼랜드는 즉치 데이터, 레지스터, 또는 기억장치 주소일 수 있다.
- 6.4 **오퍼랜드 저장**: 중앙처리장치가 다루는 유효 데이터의 종류와 데이터 저장 방법을 다룬다. 프로세서는 32비트 이상의 데이터를 처리할 수 있고, 기억장치는 8비

트 단위로 주소를 지정할 수 있다. 따라서 32비트 레지스터에 네 개의 8비트 데이터를 저장하는 방법에 대한 고찰이 필요하다.

- 6.5 명령어 종류: 명령어의 종류는 데이터 전달 명령어, 데이터 처리 명령어, 그리고 프로그램 제어 명령어이다. 각 명령어 종류별로 어떤 명령어들이 있을 수 있는지 설명한다.

6.1 명령어 특성

이 절은 6장 전체에 대한 개요에 해당한다. 이 절에서는 명령어가 포함하고 있어야 할 구성 요소, 궁극적으로 2진수로 표현되어야 할 명령어를 기호로 표현하는 방법, 사용자가 편리하게 프로그램을 작성하기 위한 명령어의 종류, 그리고 명령어를 제한된 비트 크기를 갖는 구조에 명령어의 구성 요소를 배치하는 방법에 대하여 설명한다.

6.1.1 명령어 구성 요소

컴퓨터는 일련의 명령어들로 구성된 프로그램을 하나씩 중앙처리장치로 가져와서 해독하고 실행한다. 명령어는 중앙처리장치가 순차적으로 명령어들을 실행하는데 필요한 정보를 모두 포함하고 있어야 한다. 이를 위하여 명령어는 어떤 동작을 수행할 것인지, 어떤 데이터를 처리할 것인지, 그리고 다음에 실행할 명령어는 어느 것인지에 대한 정보를 포함하고 있어야 한다. 이것들을 차례대로 동작 코드(operation code, 줄여서 opcode 또는 연산 코드), 오퍼랜드 (operand), 그리고 다음 명령어 참조(next instruction reference)라고 한다. 각 구성 요소는 다음과 같은 정보를 표현하고 있다.

- 동작 코드(opcode): 중앙처리장치가 실행해야 할 동작을 2진수로 표현한 코드이다. 연산 코드로 번역하기도 한다.
- 오퍼랜드(operand): 중앙처리장치가 동작을 실행할 대상, 즉 처리할 데이터를 나타낸다. 오퍼랜드는 소스 오퍼랜드(source operand)와 목적지 오퍼랜드(destination operand)가 있다. 소스 오퍼랜드는 동작 코드가 처리할 대상이고, 목적지 오퍼랜드는 처리한 결과를 저장할 장소이다. 오퍼랜드는 레지스터, 주기억장치, 혹은 입출력 포트일 수 있다. 이항 산술논리 연산은 두 개의 소스 오퍼랜드와 한 개의 목

적지 오퍼랜드를 필요로 하고, 단항 산술논리 연산과 데이터 이동 연산은 한 개의 소스 오퍼랜드와 한 개의 목적지 오퍼랜드를 필요로 한다.

- 다음 명령어 참조: 중앙처리장치가 현재 수행하는 명령어를 종료한 다음에 실행할 명령어가 어느 것인지 지정한다. 중앙처리장치는 데이터 전달 또는 데이터 처리 명령어를 실행한 후에 다음 순서에 있는 명령어를 수행하므로, 명령어를 표현할 때 다음 명령어 참조를 별도로 표시하지 않는다. 중앙처리장치가 분기 명령어를 실행할 때, 다음에 처리할 명령어는 분기할 위치에 있는 명령어이다. 다음 명령어 참조를 분기 목적지 주소(branch target address)라고 부른다.

일반적으로 데이터 전달 명령어와 데이터 처리 명령어는 {동작 코드, 오퍼랜드}를 표현하고, 분기 명령어는 {동작 코드, 다음 명령어 참조(또는 분기 목적지 주소)}를 표현한다. 분기 명령어의 다음 명령어 참조를 분기 명령어의 오퍼랜드로 취급하기도 한다.

예제 6-1

다음 명령어를 설계할 때, 명령어에 포함하여야 할 정보는 무엇인가?

(1) 레지스터에서 다른 레지스터로 데이터를 전달하는 명령어
(2) 두 개의 레지스터에 들어 있는 값을 더하여 주기억장치에 저장하는 명령어
(3) 상태 레지스터의 특정한 비트를 검사하여 분기하는 명령어
(4) 레지스터의 값을 스택에 푸시하는 명령어

풀이

(1) 데이터를 전달하라는 동작 코드가 필요하다. 그리고 레지스터를 나타내는 한 개의 소스 오퍼랜드와 한 개의 목적지 오퍼랜드가 표현되어야 한다.

(2) 더하라는 동작 코드가 필요하다. 그리고 레지스터를 지정하는 소스 오퍼랜드 두 개와 결과를 저장할 주기억장치의 주소를 지정하는 목적지 오퍼랜드 한 개가 필요하다.

(3) 상태 레지스터는 한 개이므로 명령어에 상태 레지스터를 표현할 필요가 없다. 일반적으로 조건 분기 명령어와 상태 레지스터의 검사할 비트가 합쳐져 하나의 동작 코드로 만들어진다. 그리고 한 개의 오퍼랜드로 분기 목적지 주소를 지정하여야 한다.

(4) 스택에 푸시하라는 동작 코드와 스택에 저장할 레지스터를 나타내는 한 개의 오퍼랜드가 필요하다. PUSH 명령어는 당연히 스택 포인터가 가리키는 곳에 값을 저장하므로 스택 및 스택 포인터를 표현할 필요가 없다.

⟨6.1.2⟩ 명령어 표현

중앙처리장치가 처리하는 명령어들은 궁극적으로 서로 다른 유일한 2진수 코드를 갖도록 표현되어야 한다. 그렇지만, 명령어를 설계할 때, 처음부터 명령어를 구성하는 동작 코드와 오퍼랜드를 2진수로 표현하는 것은 매우 번거로운 일이다. 따라서 설계 초기에 명령어의 구성 요소를 사람이 알아보기 쉬운 기호로 표현하는 것이 더 편리하다. 필요한 명령어들을 모두 정의한 다음에 2진수 코드를 배정한다.

동작 코드를 정의할 때 우리가 명령어의 의미를 쉽게 기억할 수 있도록 니모닉 코드 (mnemonic code)를 사용한다. 예를 들면, ADD, SUB, MUL, DIV, BR, PUSH, POP 등과 같은 이름을 사용하며, 이것들은 더하기, 빼기, 곱하기, 나누기, 분기(branch), 푸시, 팝과 같은 동작을 의미하는 것을 쉽게 기억할 수 있다. 이러한 기호를 사용하여 중앙처리장치가 처리할 동작 코드들을 모두 나열한 다음에, 정의한 동작 코드들에게 적절한 2진수를 배정한다.

동작 코드뿐만 아니라 오퍼랜드도 같은 방법으로 기호를 사용하여 표현하는 것이 더 편리하다. 오퍼랜드의 종류는 레지스터, 주기억장치, 그리고 입출력 포트이다. 각 오퍼랜드를 표현하는 방법은 다음과 같다.

- 레지스터: 중앙처리장치가 포함하고 있는 레지스터에 이름을 부여하고, 오퍼랜드를 표현할 때 이 레지스터 이름을 사용한다.
- 기억장치 주소: 주기억장치의 한 장소를 나타내기 위하여 주기억장치의 주소를 사용한다. 예를 들어, 고급 언어로 작성된 프로그램에 포함되어 있는 변수는 주기억장치의 한 장소에 할당되며, 컴퓨터는 변수의 이름을 그 기억 장소에 할당된 값으로 취급한다.
- 입출력 포트: 주기억장치의 한 장소와 마찬가지로 입출력 포트를 나타내기 위하여 입출력 주소 공간의 주소를 사용한다.

다음은 Pentium 프로세서와 ARM 프로세서의 명령어를 니모닉 코드로 표현한 예이다.

- (Pentium) MOV EDX, VALUE: 동작 코드는 MOV이고 데이터의 이동을 의미한다. EDX는 레지스터의 이름으로 목적지 오퍼랜드고, 변수 VALUE는 주기억장치에 할당된 데이터에 대한 주소로써 소스 오퍼랜드다. 이 명령어는 주기억장치의 주소 VALUE의 값을 레지스터 EDX로 저장하라는 의미이다. 이 명령어는 데이터 이동 명령어에 해당한다.

- (Pentium) ADD EAX, EBX: 동작 코드는 ADD이고 더하기를 의미한다. EAX와 EBX 는 레지스터의 이름이다. 이 명령어는 레지스터 EAX의 값과 EBX의 값을 더하여 그 결과를 레지스터 EAX에 저장하라는 의미이다. 첫 번째 오퍼랜드인 EAX 레지 스터는 소스 오퍼랜드와 목적지 오퍼랜드 두 가지 용도로 사용된다. 이 명령어는 데이터 처리 명령어에 해당한다.

- (ARM) SUB R2, R3, R4: ARM 프로세서는 16개의 레지스터를 갖고 있고 각각 R0부 터 R15까지 이름이 부여되어 있다. 동작 코드는 SUB이고 빼기를 의미한다. 이 명 령어는 R3의 값에서 R4의 값을 뺀 결과를 R2에 저장하라는 명령어이다. R3과 R4 가 소스 오퍼랜드로 사용되었고 R2가 목적지 오퍼랜드로 사용되었다. 이 명령어 는 데이터 처리 명령어에 해당한다.

- (ARM) BNE LOOP: 조건 분기 명령어이다. 상태 레지스터를 검사하여 제로 플래그 의 값이 0이면 주소가 LOOP인 곳으로 분기하라(Branch Not Equal)는 의미이다. 이 명령어는 프로그램 제어 명령어에 해당한다.

위 예를 통하여 프로세서마다 서로 다른 명령어를 정의하고 있고, 명령어를 표현하는 니모 닉 코드도 다름을 알 수 있다.

⟨ 6.1.3 ⟩ 명령어 종류

프로그래머는 고급 언어로 프로그램을 작성한다. 명령어 집합은 고급 언어로 작성된 프로 그램을 편리하게 기계어로 바꿀 수 있도록 충분히 많은 명령어를 포함하고 있어야 한다. 중 앙처리장치가 처리할 수 있는 명령어들의 모임을 명령어 집합(instruction set)이라고 한다. 명 령어 집합은 데이터 전달(data transfer), 데이터 처리(data processing), 프로그램 제어(Program flow control)를 위한 명령어들을 포함하고 있어야 한다.

- 데이터 전달 명령어: 레지스터, 주기억장치, 입출력 포트 쌍에 대하여 데이터를 수 정하지 않고 한 장소에서 다른 장소로 데이터를 이동시키는 명령어이다. 이 그룹 의 명령어는 오퍼랜드의 종류와 데이터의 형식에 따라 동작 코드가 다르게 정의되 어야 한다.

- 데이터 처리 명령어: 산술 및 논리 연산 명령어들에 해당하며, 소스 오퍼랜드에 저 장되어 있는 데이터를 조작하여 목적지 오퍼랜드에 저장한다. 데이터 처리 명령어 는 다양한 형태로 표현되어 있는 데이터를 처리할 수 있어야 한다. 데이터 형식의

예는 8비트, 16비트, 32비트 정수 또는 부호 없는 수, 그리고 단정도 및 배정도 실수 형식으로 표현된 실수 등이 있다. 개념이 같은 더하기 명령어라도 처리하려는 데이터 형식에 따라 동작 코드가 다르게 정의되어야 한다.

- 프로그램 제어 명령어: 프로그램의 실행 순서를 변경하는 명령어 그룹이다. 무조건 분기 명령어, 조건 분기 명령어, 서브루틴 호출과 복귀, 그리고 인터럽트 관련 명령어들이 포함된다. 분기 목적지 주소를 표현하는 방법에 따라 여러 가지 형태가 있을 수 있다. 조건 분기 명령어는 상태 레지스터에 포함되어 있는 플래그를 검사하여 분기할지를 결정한다.

⟨ 6.1.4 ⟩ 명령어 형식

명령어 형식은 명령어의 비트 필드(field)를 구분하여 해석하는 방법을 정의한다. 한 개의 프로세서는 명령어 유형에 따라 여러 개의 명령어 형식을 갖는다. 프로세서의 명령어 형식을 고정 길이 명령어 형식(fixed-length instructions)과 가변 길이 명령어 형식(variable-length instruction format)으로 구분할 수 있다. 각 방법의 특징은 다음과 같다.

- 고정 길이 명령어 형식: 프로세서의 모든 명령어들의 길이가 같다. 그렇더라도 명령어 유형에 따라 명령어 형식은 여러 개일 수 있다. 이 형식의 명령어를 해석하기 쉽고, 제어장치도 상대적으로 간단하다.
- 가변 길이 명령어 형식: 프로세서가 처리하는 명령어 종류에 따라 명령어의 길이가 다르다. 당연히 명령어를 해석하기 어렵고, 제어장치도 복잡하다.

[그림 6-1]은 PowerPC 프로세서의 명령어 형식을 간단하게 제시한 것이다. PowerPC 프로세서는 32비트로 구성된 고정 길이 명령어 형식을 갖고 있으며, 명령어 종류에 따라 다섯 그룹으로 명령어 형식을 정의하고 있다. 상위 6비트는 동작 코드 필드이고, 나머지 필드는 명령어의 종류에 따라 그 의미가 다르다. [그림 6-2]는 가변 길이 명령어 형식을 갖고 있는 Pentium 프로세서의 명령어 형식이다. Pentium 프로세서는 이전 버전의 프로세서 명령어들을 모두 수용하고 있기 때문에, 명령어 형식이 매우 복잡하다. 명령어마다 [그림 6-2(a)]의 prefix 필드는 있을 수도 있고 없을 수도 있다. Prefix 필드의 최대 길이는 4바이트이다. Prefix 필드 다음에 [그림 6-2(b)]의 명령어 필드가 붙는다. 명령어의 길이도 매우 가변적이다. 가장 작은 명령어는 동작코드(opcode) 필드만 있는 한 바이트 명령어이고, 가장 긴 명령어는 prefix 필드를 제외하고도 12바이트이다.

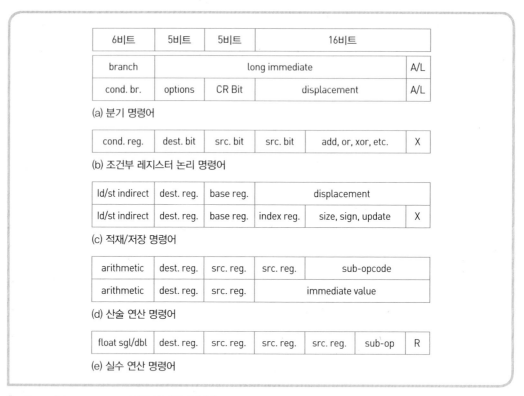

6비트	5비트	5비트	16비트	
branch	long immediate			A/L
cond. br.	options	CR Bit	displacement	A/L

(a) 분기 명령어

cond. reg.	dest. bit	src. bit	src. bit	add, or, xor, etc.	X

(b) 조건부 레지스터 논리 명령어

ld/st indirect	dest. reg.	base reg.	displacement		
ld/st indirect	dest. reg.	base reg.	index reg.	size, sign, update	X

(c) 적재/저장 명령어

arithmetic	dest. reg.	src. reg.	src. reg.	sub-opcode	
arithmetic	dest. reg.	src. reg.	immediate value		

(d) 산술 연산 명령어

float sgl/dbl	dest. reg.	src. reg.	src. reg.	src. reg.	sub-op	R

(e) 실수 연산 명령어

그림 6-1 **PowerPC 프로세서의 명령어 형식**

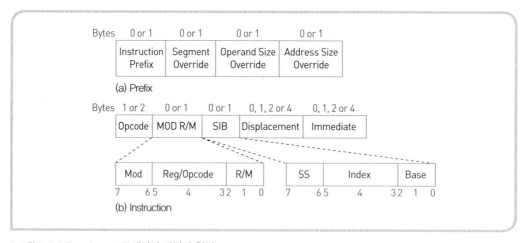

그림 6-2 **Pentium 프로세서의 명령어 형식**

PowerPC 프로세서와 Pentium 프로세서의 명령어 형식에 포함된 필드들의 의미를 다 이해할 필요는 없다. 명령어 형식이 복잡할수록 제어장치가 복잡해진다.

Pentium과 같이 전통적으로 패밀리(family) 개념이 적용된 CISC(Complex Instruction Set Computer) 계열의 프로세서들은 가변 길이 명령어 형식을 갖고 있다. PowerPC 프로세서와 같이 비교적 최근에 개발된 RISC(Reduced Instruction Set Computer) 계열의 프로세서들은 고정 길이 명령어 형식을 갖고 있다.

6.2 주소의 수

명령어는 데이터를 처리하므로 명령어가 처리할 데이터를 표현하기 위하여 오퍼랜드를 포함하고 있어야 한다. 명령어가 필요로 하는 오퍼랜드 필드의 수는 명령어의 유형에 따라 서로 다르다.

- **데이터 전달 명령어**: 소스 오퍼랜드와 목적지 오퍼랜드가 필요하다.
- **데이터 처리 명령어**: 이항 연산을 수행하는 데이터 처리 명령어(예: 덧셈, 뺄셈 등)는 두 개의 소스 오퍼랜드와 한 개의 목적지 오퍼랜드를 필요로 하고, 단항 연산을 수행하는 데이터 처리 명령어(예: 증가, 감소, 음수, NOT 등)는 동시에 소스 오퍼랜드와 목적지 오퍼랜드로 사용되는 한 개의 오퍼랜드를 필요로 한다.
- **프로그램 제어 명령어**: 프로그램 제어가 이동할 목적지를 나타내는 한 개의 오퍼랜드가 필요하다.

따라서 명령어는 최대 세 개의 오퍼랜드 필드를 필요로 한다. 실제로 명령어를 구현할 때 세 개의 오퍼랜드 필드를 모두 다 표현하는 경우도 있고, 일부의 오퍼랜드 필드를 생략하여 표현하는 경우도 있다. 명령어에 표현되는 오퍼랜드 필드의 수에 따라 3-주소 명령어(three-address instruction), 2-주소 명령어(two-address instruction), 1-주소 명령어(one-address instruction), 그리고 0-주소 명령어(zero-address instruction)가 있을 수 있다. 명령어가 실행되기 위하여 최대 세 개의 주소가 필요하지만, 명령어를 표현할 때 일부를 생략하는 것이다. 0-주소 명령어 형식은 스택을 사용하며 역폴리쉬(reverse Polish) 방식으로 연산을 수행한다. 이 형식은 범용 프로세서에서 잘 사용되지 않으므로 이 교재에서 설명을 생략한다. 이 절에서는 데이터 처리 명령어를 예로 들어 명령어를 표현하는 방법에 대하여 설명한다.

⟨6.2.1⟩ 3-주소 명령어 형식

동작 코드	목적지 오퍼랜드	소스 오퍼랜드1	소스 오퍼랜드2

▌그림 6-3 ┃ 3-주소 명령어 형식

3-주소 형식의 명령어는 [그림 6-3]과 같이 세 개의 오퍼랜드 필드를 포함한다. 동작 코드를 op라고 하면, A ← B op C를 표현함에 있어서 A, B, C를 모두 표현하는 방식이다. 예를 들어, 산술식 Y = (A−B+C)/(D×E)를 3-주소 명령어 형식으로 변환한 결과는 다음과 같다.

```
SUB   R1, A, B       // R1 ← A − B
ADD   R2, R1, C      // R2 ← R1 + C
MUL   R3, D, E       // R3 ← D x E
DIV   Y, R2, R3      // Y ← R2 / R3
```

하나의 명령어에 세 개의 오퍼랜드 필드를 모두 표현하면 명령어의 길이가 길어진다. 그 대신에 고급 언어로 작성된 프로그램을 기계어로 변환할 때 필요한 명령어들의 수는 적어진다. 3-주소 명령어 형식은 세 개의 주소를 지정하기 위하여 상대적으로 명령어가 길어져야 하기 때문에 이전에는 잘 사용되지 않았다. 그러나 최근에 개발되고 있는 RISC 프로세서는 3-주소 명령어 형식을 채용하고 있다.

⟨6.2.2⟩ 2-주소 명령어 형식

동작 코드	목적지/소스 오퍼랜드	소스 오퍼랜드

▌그림 6-4 ┃ 2-주소 명령어 형식

2-주소 형식의 명령어는 [그림 6-4]와 같이 두 개의 오퍼랜드 필드를 포함한다. 첫 번째 오퍼랜드 필드는 목적지 오퍼랜드와 소스 오퍼랜드로 모두 사용되고, 두 번째 오퍼랜드 필드

는 나머지 한 개의 소스 오퍼랜드를 표현한다. A ← A op B를 수행하는 명령어에 A와 B를 표현하고, A를 목적지와 소스 오퍼랜드 두 가지 기능으로 사용한다. 예를 들어, 산술식 Y = (A−B+C)/(D×E)를 2-주소 명령어 형식으로 변환한 결과는 다음과 같다.

```
LD    R1, A        // R1 ← A
SUB   R1, B        // R1 ← R1 − B
ADD   R1, C        // R1 ← R1 + C
LD    R2, D        // R2 ← D
MUL   R2, E        // R2 ← R2 × E
DIV   R1, R2       // R1 ← R1 / R2
ST    Y, R1        // Y ← R1
```

3-주소 명령어 형식으로 구현한 프로그램과 비교하면 적재(LD, load)와 저장(ST, store) 명령어가 추가되었다. 2-주소 명령어 형식은 3-주소 명령어 형식과 비하여 명령어 자체의 길이는 짧아지지만, 같은 프로그램을 기계 명령어로 표현할 때 명령어의 수가 증가한다. 대부분의 CISC 계열의 마이크로프로세서들이 2-주소 방식을 채용하고 있다.

⟨ 6.2.3 ⟩ 1-주소 명령어 형식

동작 코드	오퍼랜드

그림 6-5 1-주소 명령어 형식

1-주소 명령어 형식은 [그림 6−5]와 같이 명령어에 오퍼랜드 필드를 한 개만 표시하고 나머지를 생략한다. 초기의 컴퓨터는 데이터 레지스터를 하나만 갖고 있었다. 이 레지스터를 누산기(accumulator, AC)라고 불렀다. 그러므로, 명령어가 처리하는 데이터가 누산기에 포함되어 있다고 가정하고 누산기를 명시적으로 표현하지 않는다. 이 컴퓨터는 AC ← AC op A 형태의 데이터 처리 명령어를 실행하며, 오퍼랜드로 A만 표현한다. 예를 들어, 산술식 Y = (A−B+C)/(D×E)를 1-주소 명령어 형식으로 변환한 결과는 다음과 같다.

```
LD    D      // AC ← D
MUL   E      // AC ← AC x E
ST    T      // T ← AC
LD    A      // AC ← A
SUB   B      // AC ← AC − B
ADD   C      // AC ← AC + C
DIV   T      // AC ← AC / T
ST    Y      // Y ← AC
```

모든 명령어에 누산기의 표현이 생략되었고, 임시로 데이터를 저장하기 위한 기억장치 T를 사용한다. 2-주소 명령어 형식보다 명령어의 수가 더 증가하였다. 최근에 만들어지는 프로세서에서 1-주소 명령어 형식을 찾아보기 힘들다.

6.2.4 주소 수와 명령어 형식

한 개의 명령어를 표현하는데 사용되는 오퍼랜드 필드의 수가 증가하면, 명령어 형식이 복잡해진다. 그러므로 명령어를 해석해서 실행하는 제어장치도 복잡해지는 것이 일반적이다. 그렇지만 고급 언어로 작성된 프로그램을 기계 명령어로 변환할 때 전체 명령어 수가 감소하는 효과가 있다.

주소 필드의 수가 적어질수록 명령어 형식은 간단해진다. 그러므로 제어 장치도 간단해질 가능성이 크다. 그렇지만 고급 언어로 작성된 프로그램을 기계 명령어로 변환할 때 전체 명령어 수가 증가하는 단점이 있다. 1-주소 명령어 형식은 데이터 처리에 사용되는 레지스터가 누산기 하나밖에 없다. 그러므로 누산기를 제외한 다른 오퍼랜드들은 기억장치에 있을 수밖에 없다. 이런 이유로 연산 명령어를 실행할 때마다 항상 기억장치를 사용해야 한다는 단점이 있다.

2-주소 혹은 3-주소 명령어 형식을 사용하는 프로세서는 데이터를 처리하는데 사용되는 레지스터가 여러 개 갖는 것이 일반적이다. 그러므로 데이터 처리 명령어를 레지스터에 들어 있는 내용만으로 실행할 수 있다. 레지스터의 액세스 속도가 기억장치를 액세스하는 속도보다 빠르므로, 레지스터만으로 연산할 때 실행 속도가 향상된다. 또한, 프로세서가 레지스터를 많이 포함하고 있다면, 프로그램을 작성할 때 임시 데이터를 기억장치가 아닌 레지스터에 저장할 수 있으므로 융통성도 증가한다. 따라서 요즈음 대부분의 마이크로프로세서는 2-주소 혹은 3-주소 명령어 형식을 채용하고 있다.

명령어는 데이터를 처리한다. 명령어가 처리하는 데이터를 유효 데이터(effective data)라고 부른다. 유효 데이터는 명령어 자체에 포함되어 있을 수 있고, 또는 레지스터나 기억장치에 저장되어 있을 수 있다. 주소지정 방식의 관점에서 볼 때 입출력 포트도 주소이므로 기억장치로 해석한다. 유효 데이터가 기억장치에 저장되어 있을 때, 그 데이터가 저장된 기억장소의 주소를 유효 주소(effective address)라고 말한다. 주소지정방식(addressing mode)은 명령어 포함되어 있는 오퍼랜드 필드로부터 명령어가 실제로 처리해야 할 유효 데이터를 구하는 방법을 의미하는 용어이다. 명령어의 오퍼랜드 필드를 설계할 때 다음과 같은 사항을 고려하여야 한다.

- 명령어가 처리하려고 하는 유효 데이터를 중앙처리장치 안으로 쉽게 가져올 수 있어야 한다.
- 명령어의 길이는 일반적으로 중앙처리장치가 한 번에 처리할 수 있는 단어(word)의 배수이다.
- 제한된 길이 안에 동작 코드와 여러 개의 오퍼랜드 필드를 효과적으로 배치해야 한다.

예를 들어, 최근에 많이 사용되는 프로세서들은 주소선이 32비트이다. 만일 기억장치에 저장된 데이터 한 개를 표현하기 위해 32비트의 주소를 모두 사용하고, 명령어가 2-주소 명령어 형식을 사용한다면, 명령어의 오퍼랜드 부분에만 64비트를 할당하여야 한다. 이 방법은 명령어의 길이가 길어져서 비효율적이다. 오퍼랜드 필드를 간단하게 표현하면서도 유효 데이터를 효율적으로 가져올 수 있도록 여러 가지 주소지정방식이 개발되어 사용되고 있다.

명령어에 포함된 주소 필드마다 서로 다른 주소지정방식이 적용될 수 있다. 즉, 3-주소 명령어 형식인 경우, 세 개의 오퍼랜드 필드들에 대하여 각각 서로 다른 주소지정방식이 사용될 수 있다. 이후의 설명에서 다음과 같은 표현 방식을 사용한다.

- A: 명령어에 표현된 주기억장치의 주소
- Mem(A): 주기억장치 A번지의 내용
- R: 명령어에 표현된 레지스터 번호
- (R): 레지스터 R의 내용
- EA: 유효 데이터가 저장되어 있는 주기억장치의 유효 주소(effective address)

주소지정방식의 종류는 다음과 같다.

- 즉치 주소지정방식(immediate addressing mode)
- 직접 주소지정방식(direct addressing mode)
- 간접 주소지정방식(indirect addressing mode)
- 레지스터 주소지정방식(register addressing mode)
- 레지스터 간접 주소지정방식(register indirect addressing mode)
- 변위 주소지정방식(displacement addressing mode)

〈 6.3.1 〉 즉치 주소지정방식

동작 코드	유효 데이터

그림 6-6 | 즉치 주소지정방식

즉치 주소지정방식(immediate addressing mode)은 [그림 6-6]과 같이 명령어의 오퍼랜드 필드가 유효 데이터를 포함하고 있다. 이 방식의 특징은 다음과 같다.

- 명령어를 인출하면 그 안에 유효 데이터가 포함되어 있으므로, 명령어를 실행하면서 별도로 유효 데이터를 가져올 필요가 없다는 장점을 갖는다.
- 유효 데이터는 부호 없는 수, 정수, 혹은 실수로 해석될 수 있다.
- 표현할 수 있는 유효 데이터의 범위가 명령어에 할당된 오퍼랜드 필드의 크기에 제한을 받는다.

예제 6-2

1-주소 명령어 형식을 갖는 명령어의 길이가 16비트이고, 동작 코드 필드의 길이가 5비트, 오퍼랜드 필드의 길이가 11비트라고 가정하자.

(1) 즉치 주소지정방식인 경우, 오퍼랜드 필드로 표현할 수 있는 부호 없는 수의 범위를 구하라.
(2) 동작 코드 10010을 ADDI(add immediate data to accumulator)라고 한다면, 명령어 "ADDI 12"의 비트 패턴을 구하라. 단, 12는 10진수이다.
(3) 누산기(AC)의 초깃값이 5라고 가정하면, "ADDI 12"를 실행한 후 누산기(AC)의 값을 구하라.

⟨ 6.3.2 ⟩ 직접 주소지정방식

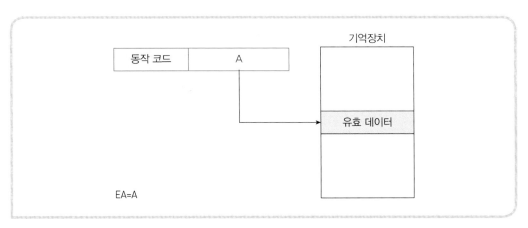

그림 6-7 직접 주소지정방식

직접 주소지정방식(direct addressing mode)은 [그림 6-7]과 같이 명령어의 오퍼랜드 필드가 유효 주소이다. 명령어에 포함된 오퍼랜드 필드를 기억장치의 주소로 사용하여 기억장치를 액세스한다. 이 방식의 특징은 다음과 같다.

- A는 기억장치 주소이므로 부호 없는 수이다.
- 명령어를 인출한 후, 명령어 실행 사이클에서 데이터를 액세스하기 위하여 기억장치를 한 번 액세스하여야 한다.
- 명령어에 포함된 오퍼랜드 필드의 길이는 기억장치 주소선의 길이와 같아야 한다. 따라서 기억장치의 용량이 커질수록 명령어의 비트 폭도 증가한다. 예를 들어 기억장치 용량이 1M바이트이면, A의 폭은 20비트이다.

예제 6-3 1-주소 명령어 형식을 갖는 명령어의 길이가 16비트이고, 동작 코드 필드의 길이가 5비트이고, 오퍼랜드 필드의 길이가 11비트라고 가정하자.

(1) 직접 주소지정방식에 의하여 사용할 수 있는 기억장치의 용량을 구하라.
(2) 동작 코드 00011을 LD(load data to accumulator)라고 한다면, 명령어 "LD 123"의 비트 패턴을 구하라. 단, 123은 10진수이다.
(3) 기억장치의 상태가 [그림 6-8]과 같을 때, "LD 123"를 실행한 후 누산기(AC)의 값을 구하라.

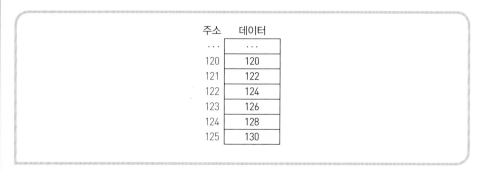

주소	데이터
...	...
120	120
121	122
122	124
123	126
124	128
125	130

그림 6-8 예제 6-3의 기억장치 상태

풀이

(1) 2^{11} = 2K 단어

(2) 123_{10} = 111_1011$_2$이므로, 명령어 코드는 00011_000_0111_1011

(3) AC = Mem(123) = 126

6.3.3 간접 주소지정방식

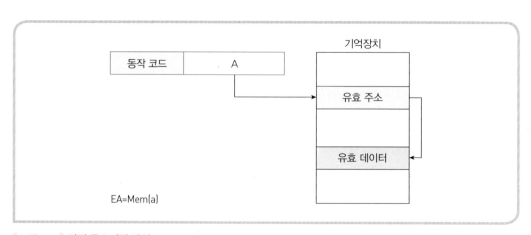

EA=Mem(a)

그림 6-9 간접 주소지정 방식

간접 주소지정방식(indirect addressing mode)은 [그림 6-9]와 같이 명령어의 오퍼랜드 필드에 유효 주소가 저장되어 있는 기억장소의 주소가 저장되어 있고, 기억장치에서 유효 주소를 찾아 이 주소로 기억장치를 한 번 더 액세스해야 실제로 처리될 유효 데이터를 찾을 수 있다. 이 방식의 특징은 다음과 같다.

- A는 기억장치 주소이므로 부호 없는 수이다.
- 명령어를 인출한 후, 명령어 실행 사이클에서 유효 데이터를 액세스하기 위하여 기억장치를 두 번 액세스하여야 한다.
- 명령어에 포함되어 있는 오퍼랜드 필드의 길이는 기억장치 주소선의 길이와 같아야 한다. 따라서 기억장치의 용량이 커질수록 명령어의 비트 폭도 증가한다.

예제 6-4

1-주소 명령어 형식을 갖는 명령어의 길이가 16비트이고, 동작 코드 필드의 길이가 5비트이고, 오퍼랜드 필드의 길이가 11비트라고 가정하자.

(1) 동작 코드 10011을 LDID(load indirect data to accumulator)라고 한다면, 명령어 "LDID 121"의 비트 패턴을 구하라. 단, 121은 10진수이다.
(2) 기억장치의 상태가 [그림 6-8]과 같을 때, "LDID 121"를 실행한 후 누산기(AC)의 값을 구하라.

풀이

(1) $121_{10} = 111\_1001_2$이므로, 명령어 코드는 10011_000_0111_1001
(2) AC = Mem((121)) = Mem(122) = 124

6.3.4 레지스터 주소지정방식

레지스터 주소지정방식(register addressing mode)은 [그림 6-10]과 같이 명령어의 오퍼랜드 필드가 레지스터들 중 하나를 지시한다. 지정된 레지스터의 내용이 처리될 유효 데이터이다. 이 방식의 특징은 다음과 같다.

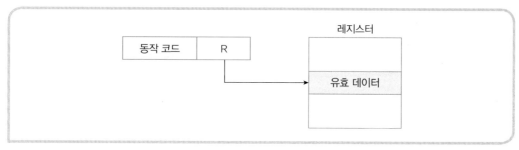

그림 6-10 레지스터 주소지정방식

- 직접 주소지정방식과 비슷하지만, 유효 데이터가 기억장치가 아닌 레지스터에 저장되어 있다.
- 기억장치를 사용하지 않으므로, 유효 주소 개념이 없다.
- 레지스터의 수는 기억장치의 용량에 비하여 매우 적다. R은 레지스터 중 하나를 지칭하는 레지스터 번호이므로, 기억장치 주소보다 길이가 아주 짧다. 만일 프로세서의 레지스터 수가 32개라고 한다면, R은 5비트이면 충분하다. 따라서 명령어 전체 길이도 감소한다.
- 실행 단계에서 유효 데이터를 가져오기 위하여 기억장치를 액세스할 필요가 없다. 따라서 유효 데이터가 기억장치에 저장되어 있는 명령어보다 실행 속도가 빠르다.

예제 6-5

레지스터가 R0~R15까지 16개인 프로세서가 있다. 이 프로세서의 연산 명령어는 3-주소 명령어 형식을 사용하고, 각 오퍼랜드 필드는 레지스터 주소지정방식을 사용한다. 명령어의 전체 길이는 16비트이다. 처음 4비트는 동작 코드이고, 다음 4비트씩 차례대로 목적지 오퍼랜드와 두 개의 소스 오퍼랜드를 나타낸다.

(1) "Rd ← Rs1 + Rs2"를 수행하는 명령어 ADDR(add register)의 동작 코드를 0010이라고 한다면, "ADDR R0, R1, R2"의 비트 패턴을 구하라.
(2) 레지스터의 초깃값이 R0 = 2, R1 = 3, R2 = 4라고 한다면, "ADDR R0, R1, R2"를 실행한 후 변경된 레지스터의 값을 구하라.

풀이

(1) 명령어 코드 = 동작 코드(0010), 목적지(R0), 소스1(R1), 소스2(R2)
$$= 0010\_0000\_0001\_0010$$
(2) R0 = 3 + 4 = 7

⟨ 6.3.5 ⟩ 레지스터 간접 주소지정방식

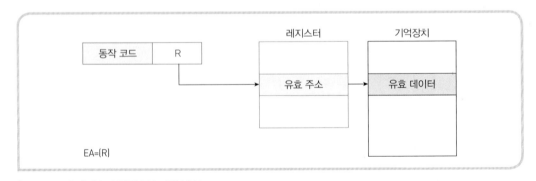

| 그림 6-11 | 레지스터 간접 주소지정 방식

레지스터 간접 주소지정방식(register indirect Addressing)은 레지스터 주소지정방식과 간접 주소지정방식을 합친 것이다. [그림 6-11]과 같이 명령어의 오퍼랜드 필드는 레지스터를 지정하고, 이 레지스터에 저장된 값을 유효 주소로 사용하여 기억장치를 액세스하고, 그 안에 실제 처리되는 유효 데이터가 저장되어 있다. 이 방식의 특징은 다음과 같다.

- 간접 주소지정방식과 비슷하지만, 유효 주소가 레지스터에 저장되어 있다. 즉, 유효 주소는 (R)이다.
- 실행 단계에서 유효 데이터를 가져오기 위하여 기억장치를 한 번 액세스한다.
- R은 레지스터 번호이므로, 기억장치 주소에 비하여 길이가 짧다. 따라서 명령어 전체 길이도 감소한다. 명령어의 길이가 짧으면서도 기억장치를 액세스할 수 있다는 장점이 있다.

예제 6-6

레지스터의 수가 16개인 프로세서가 있다. 이 프로세서가 사용하는 2-주소 명령어 형식이 [그림 6-12(a)]와 같다. 상위 4비트(비트 15-12)는 동작 코드를 나타낸다. 그 다음 두 비트(비트 11-10)는 사용하지 않는다. 비트 9(I1)와 비트 8(I2)은 오퍼랜드1과 오퍼랜드2에 대한 레지스터 간접 주소지정 여부를 나타낸다. 이 비트의 값이 0이면 레지스터 주소지정방식이고, 값이 1이면 레지스터 간접 주소지정방식을 의미한다. 오퍼랜드1(비트 7-3)과 오퍼랜드 2(비트 3-0)는 레지스터 중 하나를 지정한다. "Rd ← Rd + Rs"를 수행하는 명령어를 ADD라고 하고 동작 코드를 0010이라고 가정한다. [그림 6-12(b)]와 [그림 6-12(c)]는 레지스터와 기억장치의 상태이다. 질문에 답하라.

그림 6-12 예제 6-6의 명령어 형식과 상태

(1) 명령어 코드 0010_0000_0000_0001을 실행한 후, 변경되는 레지스터의 값을 구하라.
(2) 명령어 코드 0010_0001_0000_0001을 실행한 후, 변경되는 레지스터의 값을 구하라.

(1) 비트 9 = 0, 비트 8 = 0이므로, 오퍼랜드1과 오퍼랜드2 모두 레지스터 주소지정방
식이다. 따라서 R0 ← R0 + R1을 수행한다.

R0 = 21 + 124 = 145

(2) 비트 9 = 0, 비트 8 = 1이므로, 오퍼랜드1은 레지스터 주소지정방식이고 오퍼랜드
2는 레지스터 간접 주소지정방식이다. 따라서 R0 ← R0 + Mem(R1)을 수행한다.

R0 = 21 + Mem(124) = 21 + 128 = 149

〈6.3.6〉 변위 주소지정방식

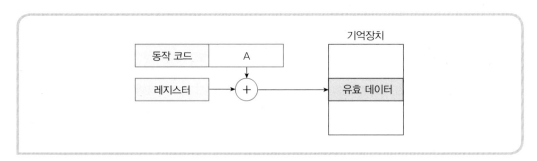

그림 6-13 변위 주소지정방식

변위 주소지정방식(displacement addressing mode)은 [그림 6-13]과 같이 명령어에 표현된
오퍼랜드 필드(A)와 기준 주소를 저장하고 있는 특정 레지스터의 값을 더하여 유효 주소를 계
산한다. 즉, 오퍼랜드 필드는 절대 주소를 의미하는 것이 아니라 레지스터의 값을 기준으로
한 상대적인 거리를 나타낸다. 이 방식의 유효 주소 EA는 EA = (R) + A이다.

이 방법의 장점은 변위를 표현하는 필드 A의 비트 수를 기억장치의 주소선의 비트 수보다
적게 할당할 수 있다는 것이다. 예를 들어, 기억장치의 용량이 64K바이트이면, 주소선은 16
비트이다. 만일 레지스터의 크기가 16비트이고 변위를 표현하는데 12비트를 사용한다면, 유
효 주소를 (16비트의 수 + 12비트의 수)로 계산한다. 변위 주소 부분을 부호 확장하여 계산해
야 한다.

변위 주소지정방식은 기준 주소를 저장하고 있는 레지스터에 따라 다음과 같은 세 가지로
구분할 수 있다. 각 방법의 용도가 다르다.

- 상대 주소지정방식(relative addressing mode)
- 베이스 레지스터 주소지정방식(base-register addressing mode)
- 인덱싱(indexing)

상대 주소지정방식(relative addressing or PC relative addressing mode)은 [그림 6-14]와 같이 프로그램 카운터를 기준 레지스터로 사용한다. 유효 주소는 (PC) + A이다. 이 방식은 기억장치에 저장된 데이터를 액세스하기 보다 분기 목적지 주소를 표현하기 위하여 사용된다. 예를 들면, 무조건 분기 명령어, 조건 분기 명령어, 서브루틴 호출 등과 같은 명령어가 상대 주소지정방식으로 분기 목적지 주소를 표현한다.

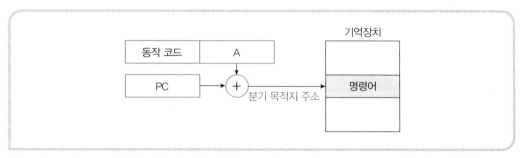

그림 6-14 상대 주소지정방식

프로그램의 속성상, 분기 목적지는 현재 실행 중인 명령어의 이전에 있을 수 있고 또는 이후에 있을 수도 있으므로, 오퍼랜드 필드의 값 A는 정수로 해석된다. 그리고 대부분의 경우 분기 목적지는 현재 실행 중인 명령어의 위치와 가까이 있기 때문에, 필드 A에 기억장치 전체를 지정할 수 있을 정도로 큰 비트를 할당할 필요가 없다. PC의 값과 A를 더할 때 비트 수가 다르므로, A의 비트를 확장하여 더해야 한다.

 예제 6-7

단어의 크기와 명령어의 크기가 16비트이다. 기억장치 용량은 64K단어이다. 명령어의 동작 코드는 5비트이다. 명령어 BR(unconditional branch)의 동작 코드는 110111이고, 상대 주소지정방식을 사용한다. 현재 프로세서는 204_{10}번지의 명령어를 실행하고 있고, 한 개의 명령어는 기억장치 한 단어에 저장된다.

(1) 현재 PC의 값을 구하라.
(2) 명령어 코드 11011_000_0100_0000인 명령어를 실행한 후 PC의 값을 구하라.
(3) 명령어 코드 11011_111_1011_1110인 명령어를 실행한 후 PC의 값을 구하라.

(1) 프로세서가 204번지의 명령어를 실행하고 있을 때, PC는 다음 명령어를 가리킨다. 기억장치 한 단어에 한 개의 명령어가 저장되므로, 현재 PC의 값은 205_{10}이다.

(2) 동작 코드를 제외한 주소 필드 = 000_0100_0000 = 64_{10}

이 명령어는 BR (PC)+64이다. 따라서 PC = 205 + 64 = 269

(3) 동작 코드를 제외한 주소 필드 = 111_1011_1110 = −000_0100_0010 = -66_{10}

이 명령어는 BR (PC)−66이다. 따라서 PC = 205 − 66 = 139

베이스 레지스터 주소지정방식(base-register addressing mode)은 [그림 6−15]와 같이 베이스 레지스터를 기준 주소로 사용한다. 유효 주소는 EA = (R) + A이다. 만일 중앙처리장치 안에 베이스 레지스터가 한 개만 있다면 [그림 6−15]의 R 필드를 표현할 필요가 없다. 그렇지만, 여러 개의 레지스터 중 하나를 베이스 레지스터 용으로 사용하려면, 레지스터 번호가 명령어에 표현되어야 한다.

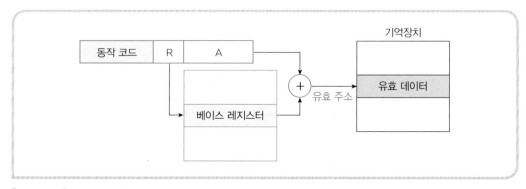

| 그림 6−15 | 베이스 레지스터 주소지정방식

베이스 레지스터의 용도는 '4.2.5 베이스 레지스터'에서 설명한 바 있다. 베이스 레지스터는 주로 스택의 어느 한 기준점을 지정하고 있으므로, [그림 6−15]의 주소 필드 A는 정수로 해석되어야 한다. 이때도 A의 비트를 확장하여 더하여 유효주소를 구해야 한다.

단어의 크기와 명령어의 크기가 16비트이다. 기억장치 용량은 64K단어이다. 베이스 레지스터 주소
지정방식을 사용하는 명령어 형식이 [그림 6-16]과 같다. 이 명령어는 R1 ← R1 op Mem((R2)+A)
를 실행하는 2-주소 명령어이다. 더하기 연산을 수행하는 ADD 명령어의 코드를 00101이라고
하자.

(1) 이 프로세서의 레지스터의 수를 구하라.
(2) 명령어 코드 00101_000_0100_0001인 명령어를 실행한 후 변경되는 레지스터의 값을 구하라.
(3) 명령어 코드 00101_001_0111_1110인 명령어를 실행한 후 변경되는 레지스터의 값을 구하라.

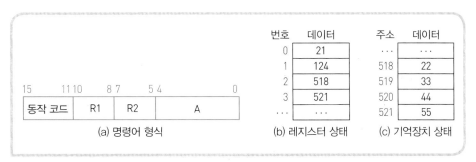

그림 6-16   예제 6-8의 명령어 형식과 상태

풀이

(1) 레지스터를 표현하는데 할당된 비트 수가 3비트이므로, 레지스터의 수 = 2^3 = 8개
(2) 동작 코드를 명령어 필드로 구분하면, 00101_000_010_00001이다.
    이것은 "ADD R0, (R2)+00001"이다. 따라서 R0 = 21 + Mem(518 + 1) = 21 +
    33 = 54
(3) 동작 코드를 명령어 필드로 구분하면, 00101_001_011_11110이다.
    이것은 "ADD R1, (R3)+11110"이다. 11110을 정수로 해석하면 −2이므로,
    R1 = 124 + Mem(521 − 2) = 124 + 33 = 157

인덱싱(indexing, or index register addressing mode)은 [그림 6-17]과 같이 인덱스 레지스
터를 사용한다. 명령어 필드의 R은 인덱스 레지스터로 사용할 레지스터를 지시하고 유효 주
소는 (인덱스 레지스터) + A로 계산한다. 만일 중앙처리장치 안에 인덱스 레지스터가 한 개
만 있다면, 인덱스 레지스터를 표현할 필요가 없다. [그림 6-17]의 A 필드는 상수일 수도 있
고, 다른 레지스터를 지정할 수도 있다. '4.2.6 인덱스 레지스터'의 설명과 같이 인덱스 레지
스터는 주로 배열의 원소를 지정하기 위하여 사용된다.

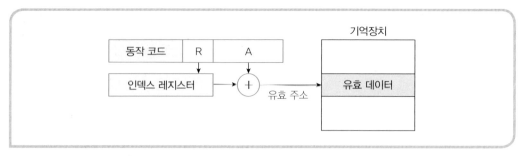

그림 6-17 인덱싱

자동 인덱싱(auto indexing)은 명령어를 실행하면서 동시에 인덱스 레지스터의 값을 증가 또는 감소시키는 방법을 말한다. 인덱스 레지스터의 값을 갱신하는 시기에 따라 선인덱싱(pre-indexing)과 후인덱싱(post-indexing)으로 구분할 수 있다. 선인덱싱은 먼저 인덱스 레지스터의 값을 갱신한 후에 변경된 값으로 기억장치를 액세스하는 방법이고, 후인덱싱은 먼저 기억장치를 액세스한 후에 인덱스 레지스터의 값을 변경하는 방법이다.

예제 6-9

[그림 6-18]은 인덱싱을 사용하는 명령어의 형식과 컴퓨터의 상태이다. 이 명령어의 동작 코드는 111010이고, R1 ← Mem((IX) + (R2))을 실행한다. 9번째 비트인 A 필드가 0이면 IX 레지스터의 값을 증가시키지 않고, A 필드가 1이면 기억장치를 액세스한 후에 인덱스 레지스터의 값을 증가시킨다.

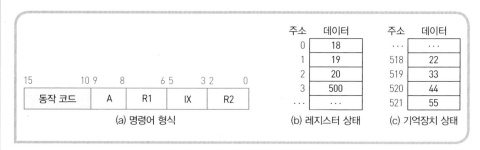

그림 6-18 예제 6-9의 명령어 형식과 상태

(1) 이 명령어의 주소지정방식과 주소 필드의 수는 몇 개인가?
(2) 명령어 코드 11101_0_000_011_001인 명령어를 실행한 후에 변경되는 레지스터의 값을 구하라.
(3) 명령어 코드 11101_1_000_011_001인 명령어를 실행한 후에 변경되는 레지스터의 값을 구하라.

지금까지 다양한 주소지정방식을 설명하였다. 실제 프로세서들은 이 절에서 소개한 주소지정방식을 결합하여 사용하기도 하고, 일부를 사용하지 않기도 한다. 프로세서가 제공하는 주소지정방식이 많고 복잡할수록 프로그램을 작성할 때 유연성은 늘어나지만, 그만큼 제어장치가 복잡해진다. 그러므로 프로세서를 설계할 때 적절한 타협이 필요하다.

6.4 오퍼랜드 저장

오퍼랜드(operand)란 '동작 또는 연산 (operation)의 대상'이란 의미이다. 컴퓨터 구조에서 오퍼랜드는 다음과 같이 두 가지 의미로 사용된다.

- 명령어 형식에서 동작의 대상을 표현하는 필드: '6.2 주소의 수'에서 설명한 명령어 형식은 동작 코드와 한 개 이상의 오퍼랜드 필드로 구성되어 있다고 하였다. 이때의 오퍼랜드는 동작 코드가 직접 처리하는 데이터라는 의미가 아니고 "주소 혹은 레지스터 번호 등을 사용하여 실제 처리하는 유효 데이터를 간접적으로 표현한 것"이다.

- 동작 코드가 실제로 처리하는 유효 데이터: 명령어의 동작 코드가 실제로 처리하는 유효 데이터를 오퍼랜드라고 한다. '6.3 주소지정방식'은 명령어의 오퍼랜드 필드로부터 오퍼랜드(즉, 유효 데이터)를 구하는 방법을 설명한 것이다.

첫 번째 용도는 오퍼랜드를 넓게 해석한 것이고, 두 번째 용도는 오퍼랜드를 좁게 해석한 것이라고 볼 수 있다. 이 절에서는 좁은 의미의 오퍼랜드를 기억장치에 저장하는 방법을 다룬다.

'3.4.2 오퍼랜드'에서 컴퓨터는 부호 없는 수, 정수, 실수, 그리고 문자를 처리한다고 설명하였다. 이 절에서는 데이터를 기억장치에 저장할 때 발행할 수 있는 정렬 문제, 그리고 하나의 데이터를 여러 바이트로 구성된 단어에 저장하는 방법에 대하여 설명한다.

〈6.4.1〉 데이터 정렬

중앙처리장치가 한 번에 처리할 수 있는 데이터를 단어(word)라고 한다. 프로세서의 종류에 따라 단어의 크기는 8비트, 16비트, 또는 32비트이고, 최근에는 단어가 64비트인 프로세서도 생산되고 있다. 그렇지만 최근 컴퓨터의 기억장치는 바이트 단위로 구성된다. 즉, 한 개의 주소에 한 개의 바이트가 저장된다. 따라서 16비트 이상의 단어를 처리하는 컴퓨터 시스템에서 한 개의 단어는 여러 개의 주소 공간에 배정되어야 한다.

단어의 크기가 n바이트인 한 개의 데이터(단어)는 기억장치의 n개의 공간을 차지하고, 바이트 단위로 주소가 부여되는 기억장치에 주소 A+0부터 A+(n−1)까지 n개의 공간에 할당된다. 데이터가 저장되는 기억장치의 시작 주소 A가 n의 배수일 때, "데이터가 단어 크기에 정렬되어 있다(word-size aligned)"라고 말한다.

Pentium, MIPS, ARM 등과 같은 프로세서들은 레지스터의 크기, 데이터 버스의 폭, 그리고 주소버스의 폭이 모두 32비트(4바이트)이다. 이 프로세서들은 한 번에 최대 4바이트의 데이터를 액세스할 수 있지만, 기억장치는 바이트 단위로 구성되어 있다. 이 프로세서들은 [그림 6-19]와 같이 4바이트 크기로 정렬된 32비트의 데이터를 액세스한다. [그림 6-19]에 대한 해석은 다음과 같다.

- 기억장치는 4바이트가 모여 한 개의 단어를 구성한다.
- 주소선은 32비트(A[31:0])이지만, 한 개의 단어를 액세스할 때 하위 두 비트(A[1:0])를 사용하지 않는다. 즉, 상위 30비트(A[31:2])만으로 한 개의 단어를 액세스한다.
- [그림 6-19]의 한 라인에 배치된 데이터는 상위 30비트(A[31:2])의 값이 같고, 하위 2비트(A[1:0])의 값이 다르다. 이와 같이 한 개의 라인에 배치된 데이터를 "정렬되어 있다(aligned)"고 말한다. 프로세서는 정렬되어 있는 단어를 한 번에 액세스할 수 있다.
- 32비트 주소의 관점에서 연속적으로 배치된 데이터라고 하더라도 한 개의 라인에 배치되어 있지 않다면, "정렬되어 있지 않다(not aligned)"고 말한다. 이런 데이터

는 상위 30비트(A[31:2])의 값이 다르다. 예를 들어, 연속된 주소 [11h, 10h, 0Fh, 0Eh]에 배정된 단어는 정렬되어 있지 않은 것이다.

- 프로세서가 단어 크기에 정렬되어 있지 않은 한 개의 단어를 액세스하려면, 기억 장치를 두 번 액세스하여 데이터를 조합하여야 한다.

A[31:2]	A_1A_0=11	A_1A_0=10	A_1A_0=01	A_1A_0=00	
0000_0000h	D[31:24]	D[23:16]	D[15:8]	D[7:0]	
0000_0004h	D[31:24]	D[23:16]	D[15:8]	D[7:0]	정렬된 단어
0000_0008h	D[31:24]	D[23:16]	D[15:8]	D[7:0]	
0000_000ch	D[31:24]	D[23:16]	D[15:8]	D[7:0]	
0000_0010h	D[31:24]	D[23:16]	D[15:8]	D[7:0]	정렬되지 않은 단어
0000_0014h	D[31:24]	D[23:16]	D[15:8]	D[7:0]	
0000_0018h	D[31:24]	D[23:16]	D[15:8]	D[7:0]	
0000_001ch	D[31:24]	D[23:16]	D[15:8]	D[7:0]	
· · ·	D[31:0] · · ·				

그림 6-19 | 4바이트 크기의 기억장치 정렬

예제 6-10

[그림 6-19]를 보고, 32비트 단위로 정렬된 기억장치를 사용하는 프로세서가 다음 주소에 저장되어 있는 데이터를 한 번에 액세스할 수 있는지 판단하라.

(1) 주소 0000_0004h, 0000_0005h, 0000_0006h, 0000_0007h번지
(2) 주소 1000_000eh, 1000_000fh, 1000_0010h, 1000_0011h번지
(3) 주소 1234_1e08h, 1234_1e09h, 1234_1e0ah, 1234_1e0bh번지
(4) 주소 b800_a003h, b800_a004h, b800_a005h, b800_a006h번지

풀이

(1) 정렬됨. 시작 주소가 4의 배수이므로 한 번에 액세스할 수 있다.
(2) 정렬되지 않음. 시작 주소가 4의 배수가 아니므로 한 번에 액세스할 수 없다.
(3) 정렬됨. 시작 주소가 4의 배수이므로 한 번에 액세스할 수 있다.
(4) 정렬되지 않음. 시작 주소가 4의 배수가 아니므로 한 번에 액세스할 수 없다.

6.4.2 바이트 순서

한 개의 단어가 한 바이트 이상의 기억장치 공간을 차지할 때, 단어를 구성하는 바이트들을 주어진 공간에 배치하는 방법을 바이트 순서(byte order)라고 한다. [그림 6-20]은 32비트 레지스터에 저장된 32비트의 수 12345678h를 기억장치의 네 바이트에 저장하는 두 가지 방법을 보여준다. 기억장치 주소를 하위 두 비트만 표시하였다.

12345678 레지스터		$A_1A_0=11$	$A_1A_0=10$	$A_1A_0=01$	$A_1A_0=00$
	little endian	12	34	56	78
	big endian	78	56	34	12

그림 6-20 바이트 순서

- 리틀 엔디언(little endian): 기억장치의 주소값이 큰 위치에 무게가 큰 수를 저장하고, 주소값이 작은 위치에 무게가 작은 수를 저장한다.
- 빅 엔디언(big endian): 기억장치 주소값이 큰 위치에 무게가 작은 수를 저장하고, 주소값이 작은 위치에 무게가 큰 수를 저장한다.

두 가지 방식 중 표준은 정해져 있지 않다. 예를 들면, Intel x86 계열, ARM 프로세서 등은 리틀 엔디언 방식을 사용하고, Motorola 68 계열, MIPS 프로세서, 그리고 인터넷은 빅 엔디언 방식을 사용한다.

예제 6-11

[그림 6-21]의 기억장치 상태를 보고 질문에 답하라. 데이터 값은 모두 16진수이다.

(1) 주소 1200h부터 1203h까지의 데이터를 리틀 엔디언으로 해석하라.
(2) 주소 1204h부터 1207h까지의 데이터를 빅 엔디언으로 해석하라.

주소	데이터	주소	데이터
1200h	22	1204h	66
1201h	33	1205h	77
1202h	44	1206h	88
1203h	55	1207h	99

그림 6-21 예제 6-11의 기억장치 상태

6.5 명령어 종류

명령어에 포함된 동작 코드(opcode)는 중앙처리장치가 실행할 명령어의 종류를 나타낸다. 명령어는 데이터 전달 명령어, 데이터 처리 명령어, 프로그램 제어 명령어로 분류된다. 운영체제가 복잡해짐에 따라, 프로세서는 운영체제의 기능을 하드웨어적으로 지원하기 위한 새로운 그룹의 명령어들을 제공하고 있다. 이 그룹을 시스템 제어(system control) 명령어라고 한다. 이 절에서는 각 명령어 종류를 다음과 같이 세분화하여 명령어들을 제시하고 그 동작을 설명한다.

- 데이터 전달 명령어: 레지스터와 기억장치 간에 데이터를 전달하는 명령어와 레지스터와 입출력 포트 간에 데이터를 전달하는 입출력 명령어
- 데이터 처리 명령어: 산술 연산 명령어, 논리 연산 명령어, 데이터 변환 명령어
- **프로그램 제어 명령어**: 상태 레지스터 조작 명령어, 무조건과 조건 분기 명령어, 서브루틴 호출과 복귀 명령어, 인터럽트 관련 명령어
- **시스템 제어 명령어**: 프로그램 실행과 무관하게 시스템의 상태를 제어하기 위한 명령어

현재 사용되고 있는 프로세서들은 이 절에서 소개하는 명령어의 유형들 중 전체 혹은 일부를 지원하고 있다.

6.5.1 데이터 전달 명령어

데이터 전달 명령어는 동작 코드, 소스 오퍼랜드, 목적지 오퍼랜드를 포함하고 있다. 동작 코드는 전달할 데이터의 크기에 대한 정보를 포함하고 있어야 한다. 일반적으로 데이터의 크기는 바이트의 배수이다. 같은 동작을 수행하더라도 전달하는 데이터의 크기가 다르면, 별도의 동작 코드를 부여하여야 한다. 데이터 전달 명령어의 종류는 다음과 같다.

- 적재(load) (Register ← Memory): 기억장치의 한 장소에서 레지스터로 데이터를 전송한다.
- 저장(store) (Memory ← Register): 레지스터의 값을 기억장치의 한 장소로 저장한다.
- 이동(move) (Register ← Register, Register ← Memory, Memory ← Register, Memory ← Memory): 레지스터 간, 레지스터와 기억장치 간, 또는 기억장치 간에 데이터를 이동하는 명령어이다. 프로세서에 따라 적재와 저장 명령어가 있거나, 이동 명령어만으로 적재와 저장 기능을 구현하고 있는 프로세서도 있다.
- 교환(exchange): 한 개의 명령어로 소스 오퍼랜드와 목적지 오퍼랜드의 값을 교환한다. 각 오퍼랜드는 레지스터 혹은 기억장치일 수 있다.
- PUSH: 레지스터의 값을 스택으로 전달하며, 저장 명령어의 일종이다.
- POP: 스택의 값을 레지스터로 전달하며, 적재 명령어의 일종이다.

⟨ 6.5.2 ⟩ 입출력 명령어

입출력 명령어는 입력 명령어와 출력 명령어가 있다.

- 입력(input) (Register ← I/O port): 입출력 포트의 데이터를 레지스터로 전달한다.
- 출력(output) (I/O port ← Register): 레지스터의 데이터를 입출력 포트로 전달한다.

입력/출력 명령어는 적재/저장 명령어와 동작이 거의 같다. 입력/출력 명령어는 입출력 주소 공간을 사용하고, 적재/저장 명령어는 기억장치 공간을 사용하는 점이 다르다. 입출력 주소 공간을 입출력 포트라고 말한다. 그리고 입출력 명령어는 대부분 직접 주소지정방식 또는 레지스터 간접 주소지정방식을 사용하고, 적재/저장 명령어는 '6.3 주소지정방식'에서 설명한 모든 주소지정방식을 사용한다. 프로그램 작성의 유연성을 제공하기 위하여 기억장치와 레지스터 간에 데이터를 전달하는 명령어는 종류가 다양하지만, 입출력 명령어는 많지 않다.

입출력 장치 관점에서 보면, 입출력 장치는 입출력 주소 공간에 연결될 수도 있고, 기억장치 주소 공간에 연결될 수도 있다. 전자를 독립 주소공간 입출력(isolated I/O) 혹은 입출력 공간 맵 입출력(IO mapped I/O)이라고 하고, 후자를 기억장치 맵 입출력(memory mapped I/O)이라고 한다. 전자일 때는 입력/출력 명령어를 사용하여 데이터를 전달하고, 후자일 때는 적재/저장 명령어를 사용하여 데이터를 전달한다.

〈 6.5.3 〉 산술 연산 명령어

산술 연산 명령어는 다음과 같은 세 가지 관점으로 분류할 수 있다. 종류가 같은 연산이더라도 데이터 형식과 데이터의 크기에 따라 동작 코드를 다르게 정의해야 한다.

- 항의 수: 이항 연산, 단항 연산
- 데이터 형식: 부호 없는 수, 정수, 실수, 이진화 십진 코드(BCD)
- 데이터의 크기: 8비트, 16비트, 32비트, 64비트

이항 산술 연산의 종류는 사칙(더하기, 빼기, 곱하기, 나누기) 연산이 있다. 단항 산술 연산은 다음과 같은 것들이 있을 수 있다.

- 절댓값(absolute): 정수 혹은 실수에 대하여 절댓값을 구한다.
- 음수(negate): 정수 혹은 실수에 대하여 부호를 반대로 만든다.
- 증가(increment): 부호 없는 수 혹은 정수에 대하여 값을 1 증가시킨다.
- 감소(decrement): 부호 없는 수 혹은 정수에 대하여 값을 1 감소시킨다.
- 제곱근(square root): 실수에 대하여 제곱근을 구한다.

〈 6.5.4 〉 논리 연산 명령어

논리 연산 명령어도 항의 수, 데이터 형식, 데이터 크기에 따라 분류할 수 있다. 논리 연산 명령어는 대부분 부호 없는 수를 취급한다. 종류가 같은 연산이더라도 데이터 형식과 데이터의 크기에 따라 동작 코드를 다르게 정의해야 한다.

프로세서가 제공하는 기본적인 논리 이항 연산 명령어는 AND, OR, XOR이다. 이 외에 NAND, NOR, XNOR 명령어를 제공할 수도 있다. 이 연산에 대한 동작 및 사용 예는 '2.2.1 논리 게이트'와 '5.3 논리 연산'을 참조하기 바란다. 단항 논리 연산 명령어는 NOT 이외에 다음과 같은 것들이 있을 수 있다.

- 비트 클리어(bit clear): 레지스터의 특정한 비트를 0으로 만든다.
- 비트 세트(bit set): 레지스터의 특정한 비트를 1로 만든다.
- 시프트: 논리 시프트, 산술 시프트, 회전이 있으며('5.4 시프트 연산' 참조), 각 명령어마다 시프트 방향에 따라 명령어의 동작 코드를 다르게 정의하여야 한다.

6.5.5 > 데이터 변환 명령어

데이터 처리 명령어의 일종인 데이터 변환(data conversion) 명령어는 데이터를 표현하는 형식을 변경하는 명령어이다. 예를 들면, BCD 코드를 부호 없는 수로 바꾸거나, 8비트, 16비트, 32비트 데이터를 다른 크기의 데이터 형식으로 변환하거나, 단정도 실수와 배정도 실수 사이에 형식을 변환하는 명령어가 있을 수 있다.

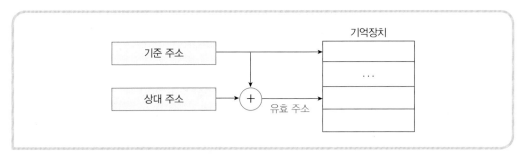

그림 6-22 | 번역 명령어

데이터 형식 변환 명령어 이외에 표 참조(table reference)를 쉽게 하기 위한 번역 (translation) 명령어도 있을 수 있다. 번역 명령어는 인덱싱 주소지정방식을 사용한다. [그림 6-22]와 같이 인덱스 레지스터는 기억장치에 연속적으로 저장되어 있는 데이터의 시작 주소를 지정하도록 만들고, 상대 주소에 의하여 데이터의 내용을 참조한다.

6.5.6 > 상태 레지스터 조작 명령어

이 절 이후에 설명하는 명령어들은 프로그램 제어 명령어에 해당한다. 제어를 이동한다는 것은 프로그램의 실행 순서를 변경하는 것이다. 프로그램을 실행할 때 프로그램 카운터는 다음에 실행할 명령어를 가리키고 있다. 그러므로 프로그램 카운터의 값을 변경하면 프로그램의 실행 순서가 변경된다. 다음과 같은 명령어들이 이 그룹에 속한다.

- 6.5.6 상태 레지스터 조작 명령어
- 6.5.7 무조건 분기 및 조건 분기 명령어
- 6.5.8 서브루틴 호출과 복귀

프로그램 카운터의 값을 변경하는 명령어 이외에 상태 레지스터의 값을 변경하거나 특정 비트의 값을 조작하는 명령어들도 프로그램 제어 명령어 그룹으로 분류하는 것이 일반적이다. 상태 레지스터의 값을 변경하는 명령어는 비교(compare)와 테스트(test)가 있다. 조건 분기를 실행하기 전에 이 명령어들을 먼저 실행하여 상태 레지스터의 값을 변경하는 목적으로 주로 사용된다.

- 비교(compare) 명령어: 두 개의 오퍼랜드를 가지며, "Compare A, B" 형식으로 표현된다. 이 명령어를 실행할 때, 연산 장치는 A – B를 수행하고, 연산 결과를 저장하지 않는다. 다만, 연산 결과에 따라 상태 레지스터의 플래그들이 변경된다. 다음에 실행할 조건 분기 명령어가 상태 레지스터를 참조하도록 만드는 의미가 있다.
- 테스트(test) 명령어: 비교 명령어와 마찬가지로 두 개의 오퍼랜드를 가지며, "test A, B"와 같은 형식으로 표현된다. 이 명령어를 실행할 때, 연산 장치는 A AND B를 수행하고, 연산 결과를 저장하지 않는다. 다만, 연산 결과에 따라 상태 레지스터의 값이 변경된다.

다음에 소개하는 명령어는 상태 레지스터의 특정 플래그를 세트, 리셋하는 명령어들이다. 이 명령어들은 동작 코드만으로 구성되어 있고, 오퍼랜드 필드가 필요하지 않다.

- Set/reset carry flag 명령어: 어셈블리 수준에서 프로그램을 작성하다 보면 프로그래머가 자리올림수 플래그(carry flag)를 세트 혹은 리셋해야 할 필요가 있는 때도 있다. 일반적으로 니모닉 코드를 stc(set carry flag)와 clc(clear carry flag)로 표현한다. 어셈블리 함수에서 리턴할 때 참 또는 거짓 값을 반환하는 경우, 이 명령어 중 하나를 사용하여 자리올림수 플래그를 세트 혹은 리셋 상태로 만든다.
- Set/reset interrupt flag 명령어: 상태 레지스터 안에 있는 인터럽트 가능 플래그(interrupt enable flag)을 세트 혹은 리셋하는 명령어이다. 일반적으로 니모닉 코드를 sti(set interrupt flag)와 cli(clear interrupt flag)로 표현한다. 인터럽트 플래그가 1로 세트되어 있을 때 프로세서는 외부 인터럽트를 받아들일 수 있고 인터럽트 플래그가 0으로 리셋되어 있을 때 프로세서는 외부 인터럽트를 무시한다. '4.3 인터럽트 가능 플래그'에서 인터럽트 가능 플래그의 용도에 대하여 자세히 설명한 바 있다.

6.5.7 분기 명령어

분기 명령어의 종류는 무조건 분기 명령어와 조건 분기 명령어가 있다. 무조건 분기 명령어는 니모닉 코드로 br(branch) 또는 jmp(jump)로 표현한다. 분기 명령어의 형식은 [그림 6-23]

과 같다. 분기 명령어의 동작 코드는 '분기하라'는 동작과 '분기 조건'을 표현하고 있어야 한다. 오퍼랜드 필드는 조건을 만족할 때 프로그램 카운터에 적재할 주소에 대한 정보를 포함하고 있다. 분기 목적지 주소(branch target address)는 직접 주소지정방식, 레지스터 간접 주소지정방식, 상대 주소지정방식 등과 같이 다양한 방법으로 표시될 수 있다.

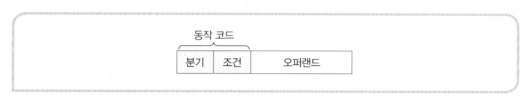

그림 6-23 분기 명령어 형식

무조건 분기 명령어는 조건과 관계 없이 항상 프로그램 카운터에 분기 목적지 주소를 적재한다. 조건 분기 명령어가 실행될 때 조건을 만족한 것을 "taken"이라고 하고, 조건을 만족하지 않은 것을 "not taken"이라고 한다.

- Branch taken: 프로그램 카운터에 분기 목적지 주소를 적재한다.
- Branch not taken: 프로그램 카운터의 값을 변경하지 않는다. 조건 분기 명령어가 실행 중일 때 프로그램 카운터는 이미 다음 명령어를 가리키고 있으므로, not taken일 때는 조건 분기 명령어의 다음 명령어를 실행한다.

조건 분기 명령어는 상태 레지스터의 특정 플래그를 참조하여 분기할지 여부를 결정한다. 상태 레지스터에 연산과 관련하여 Z(zero), S(sign), C(carry), P(parity), OV(overflow) 플래그가 있다고 하자. 프로그래머는 다음과 같은 세 가지 방법으로 상태 플래그를 검사할 수 있다.

- 각 플래그의 값을 직접 조사하는 방법
- 부호 없는 수로 취급하여 수의 크기를 비교하는 방법
- 부호 있는 수로 취급하여 수의 크기를 조사하는 방법

〈표 6-1〉은 세 가지 방법에 대한 검사 조건, 각 조건의 의미, 그리고 분기 명령어에 대한 니모닉 코드의 예이다. 각 조건의 의미는 사용자 관점에서 본 의미이다. 부호 없는 수의 비교 결과인 "크다/작다"를 above/below로 표현하고, 부호 있는 정수 또는 실수의 비교 결과인 "크다/작다"를 greater/less로 표현한다.

표 6-1　상태 레지스터의 조건 검사

검사 방법	검사 조건	의미		니모닉 코드 예
플래그 검사	Z = 1;	branch if zero flag equals 1		brz, jz
	Z = 0:	branch if zero flag equals 0		brnz, jnz
	S = 1	branch if negative		brn, js
	S = 0	branch if positive		brp, jns
	C = 1	branch if carry		brc. jc
	C = 0	branch if no carry		brnc. jnc
	P = 1	branch if odd parity		brpo, jpo
	P = 0	branch if even parity		brpe, jpe
	OV = 1	branch if overflow		brov, jov
	OV = 0	branch if not overflow		brnow, jnov
부호 없는 수	Z = 1	equals	A = B	bre, je
	(C = 1) and (Z = 0)	above	A > B	bra, ja
	C = 1	above or equal	A ≥ B	brae, jae
	(C = 0) or (Z = 1)	below or equal	A ≤ B	brbe, jbe
	C = 0	below	A < B	brb, jb
부호 있는 수 (정수, 실수)	Z = 1	equals	A = B	bre, je
	Z or $(S \oplus OV) = 0$	greater	A > B	brgt, jge
	$S \oplus OV = 0$	greater or equal	A ≥ B	brge, jge
	Z or $(S \oplus OV) = 1$	less or equal	A ≤ B	brle, jle
	$S \oplus OV = 1$	less	A < B	brlt,. jlt

〈표 6-1〉을 자세히 살펴 보면, 조건의 의미는 다르지만 검사 조건은 같은 것들이 있다. 예를 들면, 플래그 검사하는 brz 명령어와 부호 없는 수의 bre 명령어, 그리고 부호 있는 수의 bre 명령어는 모두 플래그 Z=1을 검사한다. 따라서 이 명령어들은 서로 니모닉 코드는 다르지만, 같은 기계어 동작 코드를 갖도록 설계할 수 있다.

 예제 6-12

〈표 6-1〉의 조건 검사 명령어를 모두 구현하려고 때, [그림 6-23]의 조건 필드에 최소 몇 비트를 할당하여야 하는가? 무조건 분기는 고려하지 않는다.

풀이

검사해야 할 조건의 전체 수를 구하고 중복된 조건을 빼서 조건의 수를 구한다.
〈표 6-1〉의 조건 검사 수는 모두 20개이다.
이 중에서 다음 명령어들은 조건이 같기 때문에 하나로 취급할 수 있다.
- Z = 1: 플래그 검사 brz, 부호 없는 수 bre, 부호 있는 수 bre
- C = 1: 플래그 검사 brc, 부호 없는 수 brae
- C = 0: 플래그 검사 brnc, 부호 없는 수 brb
따라서 조건의 수 = 20 − 4 = 16개이고,
$2^4 = 16$이므로, 조건을 표현하는데 필요한 비트 수는 최소 4비트

```
                        int n = 1;
                        int sum = 0;
                        whilen (n <= 100) {
                            sum = sum + n;
                            n = n + 1;
                        }
```

(a) C 언어 프로그램

번호	주소	기계어 코드	어셈블리 언어	
1.	0041138E	c745f800000001	mov	dword ptr [n],1
2.	00411395	c745ec00000000	mov	dword ptr [sum],0
3.	0041139C	837df864	cmp	dword ptr [n],64h
4.	004113A0	7f14	jg	wmain+46h (4113B6h)
5.	004113A2	8b45ec	mov	eax, dword ptr [sum]
6.	004113A5	0345f8	add	eax, dword ptr [n]
7.	004113A8	8945ec	mov	dword ptr [sum], eax
8.	004113AB	8b45f8	mov	eax, dword ptr [n]
9.	004113AE	83c001	add	eax, 1
10.	004113B1	8945f8	mov	dword ptr [n],eax
11.	004113B4	ebe6	jmp	wmain+2Ch (41139Ch)
12.	004113B6	...	...	

(b) Pentium 프로세서의 기계어 프로그램

그림 6-24 분기 명령어를 포함하고 있는 프로그램의 예

[그림 6-24]는 '3.1 프로그램의 실행'에서 소개하였던 1부터 100까지 더하는 프로그램이다. 이제 컴퓨터의 명령어 대하여 충분히 학습하였으므로 이 프로그램을 라인 단위로 해석해보자.

1. 0041138E   c745f800000001   mov   dword ptr [n],1
   - n = 1
   - n은 기억장치에 할당된 32비트 정수형 변수이다. Pentium 어셈블리 언어의 dword ptr은 32비트 데이터에 대한 주소임을 나타낸다. 기억장치에 있는 n에 32비트의 정수 1을 저장한다.

2. 00411395   c745ec00000000   mov   dword ptr [sum],0
   - sum = 0
   - 기억장치에 있는 sum에 32비트의 정수 0을 저장한다.

3. 0041139C   837df864   cmp   dword ptr [n],64h
   - compare (n, 100)

- (변수 n − 64h(100_{10}))을 수행하고, 결과를 저장하지 않는다. 10진수 100이 기계어에 16진수로 표시되어 있다.
- 이 명령어에 의하여 상태 레지스터의 값이 변경된다.

4. 004113A0　　7f14　　　　　　　　jg　　　　wmain+46h (4113B6h)
  - PC ← 004113B6h if greater (조건 분기 명령어)
  - 004113B6h 번지는 라인 12이다. 이곳은 while loop를 벗어날 때 실행할 명령어의 주소이다.
  - 만일 n의 값이 100보다 크면, 프로그램 카운터에 001413B6h을 적재하여, 루프를 벗어난다.
  - 기계어 코드는 7414h이다. 이것으로부터 이 명령어의 74가 동작 코드이고, 14는 분기 목적지 주소를 나타내는 오퍼랜드임을 추정해 볼 수 있다. 14는 현재 프로그램 카운터의 값으로부터 분기 목적지 주소까지의 상대적인 거리이다.
  - 이 명령어가 실행 중일 때, 프로그램 카운터의 값은 다음 명령어의 주소인 004113A2h이다. 따라서 분기 목적지 주소 = PC(004113A2h) + 명령어의 오퍼랜드(14h) = 004113B6h임을 확인할 수 있다.

5. 004113A2　　8b45ec　　　　　　mov　　　　eax,dword ptr [sum]
  - eax ← 32비트 정수 sum
  - eax는 주로 누산기 용도로 사용되는 Pentium processor의 32비트 레지스터이다.
  - eax 레지스터에 sum을 임시로 적재한다.

6. 004113A5　　0345f8　　　　　　add　　　　eax,dword ptr [n]
  - eax ← eax + 32비트 정수 n

7. 004113A8　　8945ec　　　　　　mov　　　　dword ptr [sum],eax
  - 32비트 정수 sum ← eax
  - 라인 5, 6, 7은 "sum = sum + n"을 수행한 것이다.

8. 004113AB　　8b45f8　　　　　　mov　　　　eax,dword ptr [n]
  - eax ← 32비트 정수 n
  - eax 레지스터에 n을 임시로 적재한다.

9. 004113AE　　83c001　　　　　　add　　　　eax,1
  - eax ← eax + 1
  - 산술 연산 명령어이므로, 이 명령어를 실행하면서 상태 레지스터의 값이 변경된다.

10. 004113B1　　8945f8　　　　　　mov　　　　dword ptr [n],eax
  - 32비트 정수 n ← eax

- 라인 8, 9, 10은 "n = n + 1"을 수행한 것이다.

11. 004113B4   ebe6   jmp   wmain+2Ch (41139Ch)
- PC ← 0041139Ch (무조건 분기 명령어)
- 명령어 코드(ebe6)의 eb는 무조건 분기를 나타내는 동작 코드이고, e6은 분기목적지 주소를 나타내는 오퍼랜드임을 추정해 볼 수 있다. e6(1110_0110)을 정수로 해석하면, 부호 비트가 1이므로 음수이고 값은 −1ah(−25$_{10}$)이다.
- 이 명령어를 실행할 때 프로그램 카운터의 값은 004113B6h이다. 따라서 분기 목적지 주소는 4113B6 − 1Ah = 41139C이다. 이 주소는 라인 3에 해당한다.

이 프로그램은 라인 3에서 n의 값을 다시 100과 비교하고, 라인 4에서 상태 레지스터가 n〉100임을 표시하고 있다면 while 루프를 벗어나 라인 12로 이동한다.

〈 6.5.8 〉 서브루틴 호출 명령어

서브루틴(subroutine, 부프로그램)은 프로시저 혹은 함수(procedure or function)라고도 한다. 프로그램을 작성할 때 서브루틴의 개념을 사용하면 크기가 큰 프로그램을 작은 모듈로 분해할 수 있기 때문에 프로그램 작성이 쉬워진다.

서브루틴 호출과 관련하여 프로세서는 서브루틴 호출(subroutine call)과 서브루틴에서 복귀(return from subroutine) 명령어를 제공한다. 일반적으로 서브루틴 호출 명령어의 니모닉 코드로 call을 사용하고, 복귀 명령어의 니모닉 코드로 ret를 사용한다.

call	서브루틴의 시작 주소
(a) 서브루틴 호출 명령어	

ret	사용되지 않음
(b) 복귀 명령어	

그림 6-25 ┃ 서브루틴 호출과 복귀 명령어의 형식

서브루틴 호출 명령어는 [그림 6-25(a)]와 같은 형식을 갖는다. 동작 코드는 call이고, 오퍼랜드는 서브루틴의 시작 주소이다. 분기 명령어와 마찬가지로 오퍼랜드는 다양한 주소지정방식으로 표현될 수 있다. 서브루틴 호출 명령어를 실행할 때 중앙처리장치는 다음과 같은 동작을 수행한다.

> 복귀 주소 저장
> PC ← 서브루틴 시작 주소

　　복귀 주소는 서브루틴 호출 명령어 다음에 있는 명령어의 주소이고, 이 값은 프로그램 카운터에 저장되어 있다. 복귀 주소를 저장하는 장소로 레지스터와 기억장치 영역인 스택을 고려할 수 있다. 복귀 주소를 레지스터에 저장하는 것이 스택에 저장하는 것보다 동작 속도가 더 빠르다. RISC 형 프로세서 중에서 서브루틴 호출에서 전달할 파라미터와 복귀 주소를 레지스터에 할당하여 운영하도록 하는 것이 있다. CISC 형 프로세서는 대부분 모두 스택을 복귀 주소 저장 장소로 사용하고 있으며, 서브루틴 호출 명령어는 다음 동작을 수행한다.

> PUSH PC 　　// 복귀 주소 저장
> PC ← 서브루틴 시작 주소

　　서브루틴 복귀 명령어는 [그림 6-25(b)]와 같은 형식을 갖는다. 동작 코드는 ret이고, 오퍼랜드 필드는 사용되지 않는다. 복귀 명령어는 저장된 주소를 프로그램 카운터에 적재함으로써, 서브루틴 호출 명령어 다음에 있는 명령어를 실행하도록 만든다. 복귀 주소가 스택에 저장되어 있는 경우, 복귀 명령어는 다음 동작을 수행한다.

> POP　PC 　　// PC 복구

예제 6-13 [그림 6-26]은 컴퓨터의 현재 상태이고, 숫자는 모두 16진수이다. 이 컴퓨터의 특성은 다음과 같다. 질문에 답하라.

- 현재 명령어 레지스터(IR)에는 명령어 "call 2100"가 저장되어 있다.
- call 명령어의 동작 코드는 6비트이고, 그 값은 001100$_2$이다.
- call 명령어의 오퍼랜드 필드는 10비트의 상대 주소지정방식으로 표현된다.
- 기억장치는 바이트 단위로 구성되어 있고, 단어 크기와 명령어 크기는 2바이트이다.
- 기억장치는 리틀 엔디언 방식으로 데이터를 저장한다.
- 스택은 2바이트 크기로 정렬되어 있다.
- 푸시 동작은 (SP ← SP+2 / Mem[SP+1, SP] ← 오퍼랜드)를 실행한다.

(1) "call 2100" 명령어가 저장되어 있는 기억장치 주소를 구하라.
(2) "call 2100" 명령어에 대한 명령어 코드를 구하여 16진수로 적어라.
(3) 명령어를 실행한 후 변경된 상태를 그려라.
(4) IR의 명령어가 ret이라고 할 때, ret 명령어를 실행한 후 PC의 값과 SP의 값을 구하라.

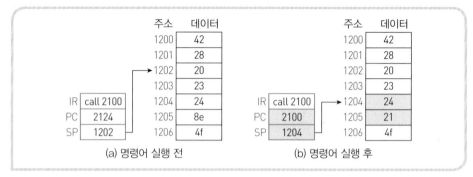

주소 데이터

1200	42
1201	28
1202	20
1203	23
1204	24
1205	8e
1206	4f

IR | call 2100
PC | 2124
SP | 1202

(a) 명령어 실행 전

주소 데이터

1200	42
1201	28
1202	20
1203	23
1204	24
1205	21
1206	4f

IR | call 2100
PC | 2100
SP | 1204

(b) 명령어 실행 후

그림 6-26 ▏ 예제 6-13의 컴퓨터 상태

풀이

(1) PC의 값이 2124이고, 명령어의 길이가 2바이트이므로,

call 2100 명령어는 2124h − 2h = 2122h번지에 저장되어 있다.

(2) 분기 목적지 주소 = (PC) + 오퍼랜드 필드

오퍼랜드 필드 = 분기 목적지 주소 − (PC)

$$= 2100h − 2124h = −24h$$

$$= −0001\_1000_2 = 1110\_1000_2 \qquad (2의 보수)$$

$$= 11\_1110\_1000_2 (비트 확장)$$

따라서 명령어 코드 $= 0011\_0011\_1110\_1000_2 = 33e8h$

(3) 동작   실행 결과

SP ← SP + 단어 크기   SP = 1202h + 2h = 1204h

Mem[SP] ← PC   Mem[1205h] = 21h, Mem[1204h] = 24h (리틀 엔디언)

PC ← 서브루틴 시작 주소   PC = 2100h

(4) 동작   실행 결과

PC ← Mem[SP]   PC = 2320h

SP ← SP − 단어 크기   SP = 1202h − 2h = 1200h

참고

기억장치는 바이트 단위이고, 단어 크기는 2바이트이다. 따라서 레지스터와 기억장치 간에 데이터를 전송할 때, 한 번에 두 바이트를 전송한다. 예제에서 기억장치를 액세스하려는 SP의 값이 1204h이다. 이 주소와 LSB가 다른 주소가 쌍이 되어 두 바이트 단어를 형성한다. 1204h는 LSB가 0이므로, 쌍은 LSB가 1인 1205h번지이다. PC는 Mem[1205h, 1204h]에 리틀 엔디언 방식으로 저장된다.

〈6.5.9〉 인터럽트 명령어

마지막으로 고려할 프로그램 제어 명령어는 인터럽트와 관련된 명령어이다. 인터럽트 허가와 관련하여 '6.5.6 상태 조작 명령어'에서 인터럽트 가능 플래그를 세트 혹은 리셋하는 명령어를 소개한 바 있다.

'4.3 인터럽트'에서 기본적인 인터럽트에 대한 개념을 설명하였다. 프로세서 외부 혹은 내부의 요인에 의하여 인터럽트 요청이 발생한다. 그렇지만 프로그래머가 직접 인터럽트를 요청할 수도 있다. 이것을 소프트웨어 인터럽트(software interrupt)라고 한다. 일반적으로 프로그래머는 운영체제의 기능을 호출하는 용도로 소프트웨어 인터럽트를 사용한다. 이것을 시스템 호출(system call)이라고 한다. 시스템 호출이 발생하면 프로세서는 사용자 모드에서 운영체제 모드로 전환된다. 이 주제에 관한 사항은 운영체제 교재를 참고하기 바란다.

인터럽트와 관련하여 [그림 6-27]과 같이 인터럽트 요청(interrupt request)과 인터럽트 서비스 루틴에서 복귀(return from ISR) 명령어가 있을 수 있다. 일반적으로 인터럽트 요청 명령어의 니모닉 코드로 int를 사용하고, 복귀 명령어의 니모닉 코드로 reti 또는 iret를 사용한다.

int	인터럽트 번호		reti	사용되지 않음
(a) 인터럽트 요청 명령어			(b) 복귀 명령어	

그림 6-27 인터럽트 요청과 복귀 명령어

인터럽트 요청 명령어는 [그림 6-27(a)]와 같은 형식을 갖는다. 동작 코드는 int이고, 오퍼랜드는 인터럽트 번호이다. 프로세서는 인터럽트 번호로부터 인터럽트 서비스 루틴의 시작 주소를 알 수 있다. 중앙처리장치는 다음과 같은 동작을 수행한다.

```
PUSH SR      // 상태 레지스터 저장
PUSH PC      // 프로그램 카운터 저장
PC ← 인터럽트 서비스 루틴 시작 주소
```

인터럽트 서비스 루틴에서 복귀하는 명령어는 [그림 6-27(b)]와 같은 형식을 갖는다. 동작 코드는 reti이고, 오퍼랜드 필드는 사용되지 않는다. 이 명령어는 인터럽트 요청 명령어의 역동작을 실행한다.

```
POP   PC      // PC 복구
POP   SR      // 상태 레지스터 복구
```

⟨6.5.10⟩ 시스템 제어 명령어

지금까지 설명한 데이터 전달, 데이터 처리, 프로그램 제어 명령어들은 모두 중앙처리장치가 프로그램을 실행하기 위하여 사용한다. 프로세서는 이 그룹에 속하지 않는 명령어들도 제공하고 있다. 이것들은 주로 컴퓨터 시스템 자체를 관리하거나 운영체제의 기능을 지원하기 위한 용도로 사용된다.

시스템 관리 명령어는 halt, wait, 그리고 nop(no operation)가 있을 수 있다.

- halt: 프로세서는 이 명령어를 만나면, 더 이상 명령어를 수행하지 않고 정지한다. 이 후에 프로세서가 다시 프로그램을 수행하려면 컴퓨터를 리셋시켜야 한다.
- wait: 프로세서는 이 명령어를 만나면, 더 이상 프로그램을 수행하지 않고 어떤 이벤트를 기다렸다가 그 이벤트가 발생하면 다시 프로그램을 실행한다. 여기서 이벤트란 프로세서 외부에 있는 테스트 용도로 만들어진 입력 핀에 의미 있는 값을 입력하는 것이다. 이 명령어는 주로 프로세서 개발 과정에서 프로세서의 동작을 검사하기 위하여 사용된다.
- nop: 이 명령어는 질적으로 수행하는 동작이 없는 명령어이다. 프로그램을 수행하는 도중에 프로세서가 아무 일도 하지 않고 시간을 보내야 할 때, 이 명령어를 추가한다. 이 명령어도 하나의 명령어이므로 명령어 인출과 실행으로 구성되는 명령어 사이클에 맞추어 동작한다.

운영체제의 기능이 복잡해지면서, 프로세서는 일반 사용자 프로그램을 수행할 수 있는 유저 모드(user mode)와 운영체제 프로그램을 수행하는 시스템 모드(system mode)를 제공하고 있다. 이에 따라, 프로세서는 시스템 모드에서만 실행할 수 있는 명령어들을 별도로 제공하고 있으며, 이것들을 특권 명령어(privileged instruction)이라고 한다.

프로세서는 운영체제의 기능을 지원하기 위한 특별한 명령어들을 계속 개발하여 추가하고 있다. 대부분 프로세서는 소프트웨어 인터럽트 기능을 제공하고 있으며, 프로세서의 운영체제 모드에서만 사용할 수 있는 특권 명령어(privileged instruction)도 존재한다. 특권 명령어는 프로세서마다 서로 다르다. 특권 명령어의 예는 프로세서마다 독자적으로 프로세서 상태를 설정하기 위한 명령어, 캐시 기억장치 및 가상 기억장치("9장 기억장치" 참조)를 관리하기 위한 명령어, 그리고 입출력 명령어가 있을 수 있다.

6.6 요약

이 장에서 명령어의 특징과 종류에 대하여 설명하였다. 명령어는 동작 코드와 오퍼랜드로 표현되며, 명령어의 종류에 따라 필요로 하는 오퍼랜드의 수가 다르다. 명령어 형식에 오퍼랜드 필드를 몇 개 표현하는가에 따라 명령어는 3-주소, 2-주소, 1-주소 명령어 형식이 있을 수 있다. 오퍼랜드 필드를 가장 많이 필요로 하는 이항 연산 명령어의 경우, 세 개의 오퍼랜드 필드가 필요하지만, 이들 중 일부를 표현하지 않고 암시적으로 지정한다.

주소지정방식은 명령어의 각 오퍼랜드 필드로부터 유효 데이터를 구하는 방법이다. 프로그램 작성의 효율성을 위하여 단순하면서도 복잡한 방법까지 다양한 주소지정방식을 구현할 수 있다. 이 장에서 즉치 주소지정방식, 직접 주소지정방식, 간접 주소지정방식, 레지스터 주소지정방식, 레지스터 간접 주소지정방식, 그리고 변위 주소지정방식이 있다. 변위 주소지정방식은 기준 주소를 저장하는 레지스터에 따라 상대 주소지정방식, 베이스 레지스터 주소지정방식, 인덱싱으로 세분된다. 명령어 형식을 설계하기 위하여 주소 지정방식에 대한 이해가 필수적인 요소이다.

최근에는 기억장치가 바이트 단위로 구성되는 반면에 한 개의 단어가 여러 개의 바이트를 차지하기 때문에, 한 개의 단어를 기억장치에 저장하는 방법을 이해하여야 한다. 단어 크기에 정렬된 한 개의 단어를 한 번에 액세스 할 수 있지만, 정렬되지 않은 단어는 두 번에 액세스 하여야 한다. 그러므로 데이터를 단어 크기에 맞게 정렬해야 효율이 증가한다. 그리고 단어를 기억장치에 저장하는 순서도 리틀 엔디언 방식과 빅 엔디언 방식이 있음을 기억하자.

이 장의 마지막 절에서는 프로세서가 제공할 수 있는 모든 명령어의 종류와 예를 소개하였다. 데이터 전달, 논리 및 산술 연산, 데이터 변환, 상태 레지스터 조작, 분기 및 조건 분기, 서브루틴 호출과 복귀, 인터럽트, 그리고 시스템 제어 명령어를 소개하였다.

모든 프로세서가 이 장에서 소개한 모든 주소지정방식과 모든 명령어들을 제공하는 것은 아니다. 프로세서가 제공하는 주소지정방식과 명령어의 수가 많으면, 프로그램을 작성할 때 적은 명령어들을 사용하여 구현할 수 있다는 장점이 있으나 프로세서 구현이 복잡해지는 단점이 있다. 반대로 제공하는 주소지정방식과 명령어 수가 적으면, 프로그램 작성시 명령어들을 많이 사용해야 한다는 단점이 있으나, 하드웨어 구현은 쉬워진다는 장점이 있다.

연습문제

6.1 명령어 특성

01 명령어 구성 요소에 포함되지 않는 것은?

① 동작 코드

② 소스 오퍼랜드

③ 목적지 오퍼랜드

④ 다음 명령어 참조

02 명령어에 표현되는 오퍼랜드로 사용되지 않는 것은?

① 레지스터

② 기억장치 주소

③ 프로그램 카운터

④ 입출력 포트

03 니모닉 코드(mnemonic code)에 대한 올바른 설명은?

① 기계어 코드를 2진수로 표현한 것이다.

② 모든 프로세서들은 동일한 니모닉 코드를 사용한다.

③ 명령어에 표현되어 있는 오퍼랜드를 2진수로 표현한 것이다.

④ 사람이 기억하기 쉽도록 명령어 코드에 문자 기호를 할당한 것이다.

04 명령어 집합이란?

① 프로세서가 제공하는 명령어들의 모임

② 프로세서가 제공하는 명령어 형식의 모임

③ 프로세서가 제공하는 데이터 처리 명령어들의 모임

④ 프로세서가 제공하는 프로그램 제어 명령어들의 모임

05 약자 CISC와 RISC의 원어를 적어라.

(1) CISC

(2) RISC

06 명령어 형식에 대한 올바른 설명은?

① 명령어의 주소지정방식과 같은 용어이다.

② 프로세서가 제공하는 명령어들의 모임이다.

③ 한 개의 프로세서는 한 개의 명령어 형식을 사용한다.

④ 명령어를 구성하고 있는 명령어 코드를 해석하는 방법을 정의한 것이다.

07 고정 길이 명령어 형식의 특징에 대한 설명으로 올바른 것은?

① 명령어 형식을 한 개만 사용한다.

② 명령어를 해석하기 쉽고 제어장치가 간단하다.

③ 명령어를 해석하기 어렵고 제어장치가 복잡하다.

④ 명령어 길이가 짧기 때문에 기억장치 주소를 표현하지 않는다.

6.2 주소의 수

01 필요로 하는 오퍼랜드의 수가 가장 많은 명령어는?

① 데이터 전달 명령어 　　　　　② 프로그램 제어 명령어

③ 단항 데이터 처리 명령어 　　　④ 이항 데이터 처리 명령어

02 주어진 명령어 형식에 따라 연산식 $Y = (A + B \times C)/(D - E)$을 계산하는 프로그램을 작성하라. 연산 명령어 니모닉 코드로 ADD, SUB, MPY, DIV를 사용하라.

(1) 3-주소 명령어 형식

(2) 2-주소 명령어 형식

(3) 1-주소 명령어 형식

03 3-주소 명령어 형식에 대한 설명이 아닌 것은?

① 명령어의 길이가 길어진다.

② 주로 RISC 형식의 프로세서에서 사용한다.

③ 일반적으로 데이터 레지스터가 한 개인 경우에 사용한다.

④ 프로그램을 기계어 명령어로 작성할 때 필요한 명령어들의 수가 적다.

04 2-주소 명령어 형식의 특징은?

① 두 개의 소스 오퍼랜드를 한 개의 필드로 표현한다.

② 동작 코드와 소스 오퍼랜드를 한 개의 필드로 표현한다.

③ 동작 코드와 목적지 오퍼랜드를 한 개의 필드로 표현한다.

④ 소스 오퍼랜드와 목적지 오퍼랜드를 한 개의 필드로 표현한다.

05 1-주소 명령어 형식을 사용하는 컴퓨터에서 목적지 오퍼랜드로 사용되는 레지스터는?

① 누산기(Accumulator)　　　　② 상태 레지스터(Status Register)

③ 인덱스 레지스터(Index Register)　　④ 명령어 레지스터(Instruction Register)

6.3 주소지정방식

01 그림과 같이 어떤 컴퓨터의 명령어 형식은 2개의 단어를 차지하고, 동작 코드(opcode)와 한 개의 주소 필드를 갖고 있다. BR은 베이스 레지스터(base register)이고 데이터 레지스터는 AC 한 개이다. 질문에 답하라.

(1) 명령어가 "load immediate 500"일 때, AC에 적재되는 값은?

(2) 명령어가 "load direct 500"일 때, AC에 적재되는 값은?

(3) 명령어가 "load indirect 500"일 때, AC에 적재되는 값은?

(4) 명령어가 "load base register relative 500"일 때, AC에 적재되는 값은?

(5) 명령어가 "branch PC relative 500"일 때, 분기 목적지 주소는?

02 상대 주소지정방식(PC-relative addressing mode)의 분기 명령어가 기억장치 620_{10}번지에 저장되어 있다. 이 명령어는 기억장치 한 개의 장소를 차지한다. 분기 목적지 주소는 530_{10}번지이다. 명령어에 분기 목적지 주소는 10비트가 할당되어 있다. 명령어에 표현되어 있는 오퍼랜드 필드의 값을 다음 순서에 따라 구하라.

(1) 이 명령어가 실행될 때 PC의 값은(10진수)?

(2) PC의 값과 분기 목적지까지의 차이는(10진수)?

(3) 명령어에 표현되어 있는 오퍼랜드 필드의 값을 10비트의 2진수로 변환하면?

03 명령어를 인출한 후 명령어 실행 단계에서 주소지정방식에 따라 기억장치를 몇 번 액세스 하는지 올바른 것을 선택하라.

(1) 즉치 주소지정방식은 명령어를 실행할 때 기억장치를 (0, 1, 2)번 액세스한다.

(2) 간접 주소지정방식은 명령어를 실행할 때 기억장치를 (0, 1, 2)번 액세스한다.

(3) 레지스터 주소지정방식은 명령어를 실행할 때 기억장치를 (0, 1, 2)번 액세스한다.

(4) 레지스터 간접 주소지정방식은 명령어를 실행할 때 기억장치를 (0, 1, 2)번 액세스한다.

04 올바른 것을 선택하라.

(1) 인덱싱의 경우 명령어에 표현된 주소 필드를 (부호 없는 수, 정수)로 해석한다.

(2) PC 상대주소지정 방식은 명령어에 표현된 주소 필드를 (부호 없는 수, 정수)로 해석한다.

(3) 베이스 레지스터 주소지정방식은 명령어에 표현된 주소 필드를 (부호 없는 수, 정수)로 해석한다.

(4) 레지스터를 지정하는데 필요한 비트 수는 기억장치 장소를 지정하는데 필요한 비트 수보다 (길다, 짧다).

(5) 배열 데이터를 액세스하는데 주로 사용되는 주소지정방식은 (베이스 레지스터 주소지정방식, 인덱싱)이다.

05 유효 주소란?

① 명령어에 표현되어 있는 주소   ② 명령어가 처리할 데이터의 주소

③ 명령어에 표현되어 있는 레지스터 번호 ④ 명령어에 표현되어 있는 레지스터의 값

06 레지스터의 값이 그림과 같을 때 다음 명령어의 유효 주소를 구하라. 괄호 안은 주소지정방식이다. R0, R1은 범용 레지스터이고 IX는 인덱스 레지스터, BR은 베이스 레지스터이다.

R0	120	IX	212
R1	211	BR	820

(1) Load R0 (register indirect addressing)

(2) Load IX+4 (indexing)

(3) Load BR−8 (base register addressing)

(4) Load IX+R1 (indexing)

07 변위 주소지정방식의 기준 레지스터로 사용되지 않는 레지스터는?

① Base Register   ② Index Register

③ Program Counter   ④ Instruction Register

08 변위 주소지정방식을 사용할 때의 장점은?

① 주소지정방식이 간단하다.

② 레지스터에 저장되어 있는 유효 데이터를 지정할 때 편리하다.

③ 한 개의 주소 필드로 두 개의 기억장치 주소를 지정할 수 있다.

④ 주소 버스의 비트 수보다 더 적은 비트를 사용하여 기억장치 주소를 지정할 수 있다.

6.4 오퍼랜드 저장

01 바이트 단위로 구성된 기억장치의 값이 그림과 같다. 네 바이트가 한 개의 단어를 구성한다. Little endian 방식과 big endian 방식으로 데이터를 저장할 때, 다음 주소에 저장된 단어의 값을 구하고 단어 크기에 정렬되었는지 여부를 O, X로 표시하라(모두 16진수).

시작주소	Little-endian	Big-endian	정렬 여부
1200			
1203			
1208			
120a			
120c			

주소	데이터
1200	42
1201	28
1202	20
1203	23
1204	24
1205	8e
1206	4f
1207	88
1208	7b
1209	2d
120a	89
120b	34
120c	a2
120d	cd
120e	f7
120f	10

6.5 명령어 종류

01 다음과 같은 기능을 수행하는 명령어를 표현하는 영어 단어를 적어라.

(1) 소스 레지스터와 목적지 레지스터의 내용을 교환하는 명령어

(2) 입출력 포트로 데이터를 출력하는 명령어

(3) 표를 참조하여 값을 변환하는 명령어

(4) 자리올림수 플래그의 값을 1로 세트하는 명령어

(5) 두 개의 값을 AND 연산하여 비교하는 명령어

(6) 레지스터의 임의의 비트를 0으로 만드는 명령어

02 8비트 레지스터의 값이 R1 = 1110_0011, R2 = 1100_0010이다. 〈표 6-1〉의 분기 명령어의 니모닉 코드를 참고하여 질문에 답하라.

(1) compare R1, R2를 수행한 후 상태 플래그들의 값을 구하라.

Zero flag = ____, Carry flag = ____, Sign flag = ____, Overflow flag = ____

(2) 부호 없는 수로 해석할 때, R1과 R2의 값은 10 진수로 얼마인가?

(3) "brb target" 명령어를 수행할 때, 검사 조건이 참인지 거짓인지 판별하라.

(4) "brb target" 명령어를 수행하면 taken인가 not taken인가?

(5) 부호 있는 정수로 해석할 때, R1과 R2의 값은 10진수로 얼마인가?

(6) "brlt target" 명령어를 수행할 때, 검사 조건이 참인지 거짓인지 판별하라.

(7) "brlt target" 명령어를 수행하면 taken인가 not taken인가?

03 서브루틴 호출 명령어에서 오퍼랜드 필드의 의미는?

① 서브루틴의 시작 주소

② 복귀할 주소를 저장할 기억장치 주소

③ 서브루틴의 이름이 저장되어 있는 기억장치 주소

④ 서브루틴으로 전달할 인수를 저장한 기억장치 주소

04 오퍼랜드 필드가 필요 없는 명령어는?

① 교환 명령어 ② 스택 POP 명령어

③ 단항 연산 명령어 ④ 서브루틴 복귀 명령어

05 "call 2420" 명령어를 인출한 후 수행하기 전 컴퓨터의 상태이다. 주소는 16비트이고, 기억장치는 8비트 단위로 구성되어 있고 리틀 엔디언 방식으로 값을 저장한다. 이 명령어를 실행한 직후 값이 변하는 레지스터와 기억장치 장소의 값을 구하라(모두 16진수).

주소	데이터
6500	12
6501	23
6502	56
6503	7b
6504	23
6505	45
6506	75

IR	call 2420
PC	3180
SP	6500

06 소프트웨어 인터럽트의 주요 용도는?

① 시스템 호출(system call)

② 서브루틴 호출(subroutine call)

③ 데이터 입출력(data input/output)

④ 하드웨어 오류 보고(hardware error report)

07 인터럽트 서비스 루틴의 마지막 명령어인 인터럽트 복귀 명령어를 수행할 때 컴퓨터의 상태이다. 조건은 문제 5번과 같다. 인터럽트 복귀 명령어를 실행한 후 값이 변경되는 레지스터의 값을 구하라. SR은 상태 레지스터이다.

			주소	데이터
			6500	12
			6501	23
			6502	56
			6503	7b
SR	1200		6504	23
PC	5420		6505	45
SP	6504		6506	75

08 NOP(No operation) 명령어에 대한 설명은?

① 프로그램 실행이 정지된다.

② 명령어 인출 사이클이 없다.

③ 명령어 실행 사이클이 없다.

④ 수행하는 동작이 없고 시간만 소비한다.

Chapter

07

중앙처리장치 설계

07 중앙처리장치 설계

지금까지 중앙처리장치(4장), 연산기(5장), 그리고 명령어(6장)에 대하여 설명하였다. 이제 중앙처리장치의 구조에서 학습하지 않은 부분은 제어장치(8장)이다. 제어장치의 동작을 구체적으로 이해하기 위하여 임의의 프로세서를 선정하여 명령어 집합, 프로그래머 모델, 어셈블리 프로그램 실행 과정을 학습하는 것이 많은 도움이 될 수 있다. 그렇지만 상용 프로세서는 그 구조가 매우 복잡하여 처음 접하는 초보자로서 프로세서의 동작 원리를 이해하기에 어려운 면이 있다.

이 장에서는 이 교재에서 개발한 간단한 중앙처리장치인 ToyCOM을 소개한다. '7.1 프로그래머 모델'에서 ToyCOM의 구조를 제시하고, '7.2 명령어 형식'에서 ToyCOM이 정의하고 있는 네 가지 명령어 형식을 제시한다. ToyCOM의 명령어 형식은 RISC 프로세서의 특징을 반영하고 있다. '7.3 명령어 집합'에서 ToyCOM의 명령어와 2진수 코드를 소개한다. '7.4 명령어 사이클'에서는 인출, 실행, 정지, 인터럽트 단계로 구성된 ToyCOM의 명령어 사이클 모델을 제시한다. '7.5 마이크로오퍼레이션'에서 ToyCOM의 명령어 사이클을 구성하는 단계들과 명령어에 대한 마이크로오퍼레이션을 정의한다. 마이크로오퍼레이션은 컴퓨터의 클럭 단위의 동작을 표현한다. 그리고 나서 '7.6 제어 신호'에서 ToyCOM의 제어 신호를 제시하고 간단한 프로그램이 실행되는 과정에 대한 클럭 단위의 동작을 설명한다.

이와 같은 과정을 통하여 프로그래머 모델과 기계 명령어의 특성을 보다 상세하게 이해할 수 있을 것으로 기대한다.

7.1 프로그래머 모델

ToyCOM은 중앙처리장치와 제어장치의 동작 원리를 학습하기 위하여 본 교재에서 개발한 간단한 프로세서이다. ToyCOM의 기본 사양은 다음과 같다.

- ToyCOM은 8비트의 데이터를 처리한다. 이를 위하여 8개의 8비트 범용 레지스터(R0~R7)를 갖고 있으며, 8비트의 데이터를 처리할 수 있는 연산기와 8비트의 상태 레지스터(SR)를 갖고 있다.
- 기억장치는 바이트 단위로 구성되어 있고 용량은 64KB이다. 따라서 주소 레지스터인 프로그램 카운터(PC)와 스택 포인터(SP)는 16비트이다.
- 기억장치를 액세스하기 위하여 16비트의 주소 레지스터(MAR)와 8비트의 버퍼 레지스터(MBR)을 운영한다.
- 명령어의 길이는 모두 16비트이다. 따라서 명령어 레지스터(IR)는 16비트이다.

프로그래머가 어셈블리 언어로 프로그램을 작성할 때 알고 있어야 할 수준으로 컴퓨터 구조를 표현한 것을 프로그래머 모델(programmer model)이라고 한다. [그림 7-1]은 ToyCOM의 프로그래머 모델이다.

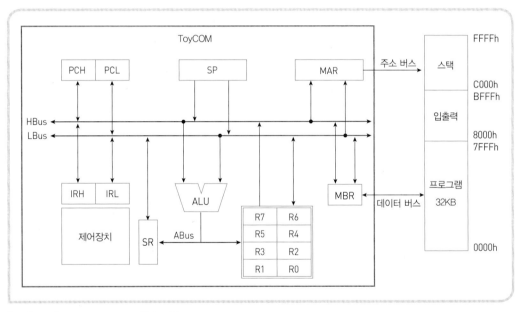

그림 7-1 ToyCOM 프로그래머 모델

ToyCOM의 기억장치는 8비트 단위로 구성되어 있고, 리틀 엔디언 방식으로 16비트 데이터를 저장한다. 일반적으로 기억장치는 동작 속도가 중앙처리장치의 동작 속도보다 느리다. 그렇지만 여기에서는 기억장치도 한 개의 클럭 사이클 안에 동작한다고 가정한다. 기억장치는 영역 별로 다음과 같은 용도로 사용된다.

- 0000h~7FFFh: 프로그램 영역이고 명령어와 데이터를 저장한다. 시스템 리셋 신호에 의하여 프로그램 카운터의 값은 0으로 초기화된다. 즉, 리셋 후 0번지의 명령어부터 시작한다.
- 8000h~BFFFh: 입출력 장치를 연결하기 위한 공간이다. 입출력 장치를 기억장치 맵 방식으로 연결한다. 입출력 장치를 구동하기 위하여 기억장치 적재와 저장 명령어를 사용한다. 별도의 입력(input)과 출력(output) 명령어를 제공할 필요가 없다.
- C000h~FFFFh: 시스템 스택 영역이다. 시스템 리셋 신호에 의하여 스택 포인터의 값은 0000h로 초기화된다. PUSH 명령어에 의하여 스택 포인터의 값이 감소한다.

ToyCOM의 버스는 세 가지 종류로 구성되어 있다.

- 내부 버스(internal bus): 중앙처리 장치 내부에서 레지스터간 데이터를 전송한다. 레지스터들 중 일부는 16비트이고 나머지는 8비트이므로, 내부 버스의 폭은 16비트이다. 이것을 8비트씩 나누어 상위 8비트(15:8)는 HBus(High Bus), 하위 8비트(7:0)는 LBus(Low Bus)라고 이름을 붙인다. 내부 버스는 한 순간에 한 개의 데이터 전송만 허용한다. 즉, 레지스터 간에 데이터를 전송할 때, 데이터를 전송하는 레지스터가 내부 버스에 데이터를 출력하고, 데이터를 수신하는 레지스터는 내부 버스에 실린 데이터를 적재한다.
- 연산 버스(ALU bus): 연산기는 HBus와 LBus에 실린 데이터를 연산한다. 연산 버스는 연산기의 출력을 전달하는 버스이다. 연산 결과는 범용 레지스터(R7:R0) 중 하나로 적재될 수 있으며, 연산 상태는 상태 레지스터(SR)의 플래그에 저장된다.
- 외부 버스(external bus): 중앙처리장치와 외부를 연결한다. 기억장치를 연결하는 주소 버스, 데이터 버스, 그리고 제어 버스로 구분되어 있다. MAR은 16비트인 주소 버스를 구동하고, MBR은 8비트인 데이터 버스에 연결되어 있다. [그림 7-1]에 표시되어 있지 않은 제어 버스는 제어장치가 생성하는 기억장치 읽기와 쓰기, 그리고 아직은 정의하지 않은 기타 신호들로 구성된다.

중앙처리장치는 레지스터, 연산기, 그리고 제어장치를 포함하고 있다. 연산기는 8비트 데이터에 대한 정수 산술 및 논리 연산을 처리할 수 있다. ToyCOM의 레지스터 종류와 기능은 다음과 같다.

- 16비트 프로그램 카운터(PC): 다음에 실행할 명령어의 주소를 저장한다. 기억장치

주소를 저장하고 있어야 하기 때문에, 길이는 16비트이다. 8비트씩 액세스할 수 있도록 PCH(PC High byte)와 PCL(PC Low byte) 두 개의 8비트 레지스터로 나뉘어져 있다. 프로그램 카운터의 초깃값은 0000h이다.

- 16비트 스택 포인터(SP): 스택의 탑(top)을 가리킨다. 기억장치 주소를 저장하고 있어야 하기 때문에, 길이는 16비트이다. 스택 포인터의 리셋 후 초깃값은 0000h 이다.

- 16비트 명령어 레지스터(IR): ToyCOM의 모든 명령어는 크기가 16비트이다. 따라서 명령어 레지스터의 크기도 16비트이다. 이것도 8비트씩 액세스할 수 있도록 IRH(IR High byte)와 IRL(IR Low byte) 두 개의 8비트 레지스터로 나뉘어져 있다.

- 8비트 상태 레지스터(SR): 연산기의 연산 결과를 반영하여 상태 레지스터 안에 배치된 플래그의 값이 결정된다.

- 8개의 8비트 범용 레지스터(R7:R0): 데이터 처리 명령어가 처리할 데이터를 저장한다. 이 중에서, 두 바이트에 정렬된 레지스터 쌍은 16비트 주소를 저장하기 위하여 사용될 수 있다. 즉 R1:R0, R3:R2, R5:R4, 그리고 R7:R6의 쌍이 16비트 주소를 저장하는 용도로 사용될 수 있다. 레지스터 간접 주소지정방식으로 기억장치를 액세스하거나 16비트 레지스터와 범용 레지스터 간에 데이터를 전송할 때, 레지스터 쌍을 사용한다.

- 16비트 기억장치 주소 레지스터(MAR): 프로그래머가 직접 사용할 수 없다. 중앙처리장치가 기억장치를 액세스할 때 기억장치의 주소를 저장한다.

- 8비트 기억장치 버퍼 레지스터(MBR): 프로그래머가 직접 사용할 수 없다. 중앙처리장치가 기억장치를 액세스할 때 임시로 데이터를 저장한다. MBR은 HBus 또는 LBus로 연결될 수 있다.

7	6	5	4	3	2	1	0
IE	IR	X	X	V	C	S	Z

그림 7-2 상태 레지스터

[그림 7-2]는 상태 레지스터의 구조이고 각 필드의 의미는 다음과 같다. 비트 5, 4의 X는 사용하지 않음을 나타낸다.

- Z(제로 플래그): 연산기의 연산 결과가 0일 때 1이다.
- S(부호 플래그): 연산기의 연산 결과값의 부호 비트로 설정된다.
- C(자리올림수): 연산기에서 산술 연산을 수행할 때 발생하는 자리올림수를 저장한다.
- V(오버플로우): 연산기에서 산술 연산을 수행할 때 발생하는 오버플로우를 저장한다.
- IR(인터럽트 요청 플래그): 중앙처리장치 외부 혹은 내부에서 인터럽트 요청이 발생하였음을 표시한다.
- IE(인터럽트 가능 플래그): 중앙처리장치가 인터럽트를 요청을 허용할지 결정한다.

앞으로 상태 레지스터의 임의의 플래그를 표현할 때, (상태 레지스터).(플래그 이름)의 표기법을 사용하기로 한다. 예를 들면, SR.C는 상태 레지스터의 자리올림수 플래그이고, SR.IR은 상태 레지스터의 인터럽트 요청 플래그이다. 이러한 표기법을 사용함으로써 IR(명령어 레지스터)과 SR.IR(상태 레지스터의 인터럽트 요청 플래그)를 구별할 수 있다.

7.2 명령어 형식

명령어 형식은 명령어를 구성하는 비트들의 배치 형태이고, 동작 코드(opcode) 필드와 주소지정방식을 포함하는 오퍼랜드 필드를 포함하고 있어야 한다. 한 개의 프로세서가 처리하는 명령어의 종류는 데이터 전달, 데이터 처리, 그리고 프로그램 제어 명령어가 있으며, 각 종류마다 필요로 하는 오퍼랜드 필드의 수가 다르다. 따라서 한 개의 프로세서는 여러 개의 명령어 형식을 사용할 수 밖에 없으며, 필드의 수에 따라 명령어 형식의 길이도 여러 가지일 수도 있다.

일반적으로 명령어의 길이는 기억장치 단어 수의 배수이다. ToyCOM은 명령어의 길이가 모두 16비트인 고정 길이 명령어 형식을 갖고 있다. 명령어 형식을 설계할 때, 가장 비트 자리수를 많이 차지하는 것이 기억장치 주소이다. ToyCOM은 기억장치 용량이 64KB이기 때문에, 기억장치 주소를 표현하는데 16비트를 필요로 한다. 명령어 형식에 표현되는 비트 수를 줄이기 위하여, 다음과 같은 주소지정 정책을 사용한다.

- 데이터 처리 명령어는 레지스터의 데이터 만으로 동작한다.
- 데이터 전달 명령어인 적재와 저장 명령어만 기억장치의 데이터를 액세스한다.
- 기억장치를 액세스할 때는 레지스터 간접 주소지정방식을 사용한다.

- 프로그램 제어 명령어는 상대 주소지정방식으로 분기 목적지를 표현한다.

기억장치를 액세스할 때 범용 레지스터의 쌍에 기억장치 주소를 저장하고, 간접적으로 기억장치를 액세스한다. 기억장치 주소를 범용 레지스터에 저장하므로, 명령어에 16비트의 기억장치 주소 필드를 할당하지 않아도 된다. 이러한 정책은 RISC 계열 프로세서의 특징이다. 이렇게 함으로써 명령어의 길이를 줄일 수 있고, 명령어 형식과 제어장치가 간단해지는 장점이 있다.

그림 7-3 ToyCOM의 명령어 형식

ToyCOM은 모든 명령어의 크기가 2바이트이다. ToyCOM은 [그림 7-3]에 제시한 네 가지 명령어 형식을 사용한다. 각 필드의 의미는 다음과 같다.

- 동작 코드(opcode): 명령어 혹은 명령어 그룹을 구분하는 코드이다.
- 즉치(immediate): 즉치 주소지정방식에서 명령어에 포함되어 있는 상수이다.
- 부동작 코드(sop1, sop2): 동일한 그룹의 명령어를 세분화하는 코드이다.
- 목적지 레지스터(Rd): 명령어의 목적지 레지스터의 번호이다.
- 소스 레지스터(Rs1, Rs2): 명령어의 소스 레지스터의 번호이다.
- 변위(offset): 상대 주소지정방식의 변위를 나타낸다.

각 명령어 형식은 다음과 같은 종류의 명령어에 대응한다.

- 형식 1: 즉치 데이터 전달 명령어
- 형식 2: 데이터 전달 명령어, 단항 데이터 처리 명령어
- 형식 3: 이항 데이터 처리 명령어
- 형식 4: 프로그램 제어 명령어

표 7-1 ToyCOM의 명령어 종류

명령어 종류	형식	주소지정방식	명령어 니모닉 코드	수
데이터 전달	형식 1	즉치	LDI	1
	형식 2	레지스터 간접	LD, ST	2
		레지스터	MV	1
		스택	PUSH, POP	2
데이터 처리	형식 2	레지스터	INC, DEC, NEG, NOT, SHL, SHR, ASL, ASR	8
	형식 3	레지스터	ADD, ADC, SUB, SBC, AND, OR, XOR	7
비교/ 플래그 설정	형식 3	레지스터	CMP	1
		없음	CLC, STC, CLI, STI	4
프로그램 제어	형식 4	상대	BR, BRNZ, BRZ, BRNS, BRS, BRNC, BRC, BRNV, BRV, BBE, BAE, BL, BLE, BG, BGE, CALL	16
		없음	RET, RETI	2
시스템 관리	형식 4	없음	NOP, HALT	2
합계				46

ToyCOM은 〈표 7-1〉과 같이 모두 46개의 명령어를 정의하고 있다. RISC 형식의 특징을 반영하여 기억장치를 사용하는 명령어는 적재(LD)와 저장(ST) 명령어만 존재하고, 데이터 처리 명령어는 레지스터만으로 동작한다. ToyCOM이 사용하는 주소지정방식은 다음과 같다.

- **즉치 주소지정방식**: 즉치 데이터가 포함되어 있는 적재 명령어(LDI)가 사용한다.
- **레지스터 간접 주소지정방식**: 기억장치에 유효 데이터가 있는 적재와 저장 명령어가 사용한다. 이 때 레지스터 쌍에 기억장치 주소를 지정한다.
- **레지스터 주소지정방식**: 레지스터간 데이터 이동, 단항 및 이항 연산 명령어, 그리고 비교 명령어가 사용한다.
- **상대 주소지정방식**: 무조건 분기, 조건 분기, 서브루틴 호출 명령어가 사용한다. 분기 목적지 주소와 프로그램 카운터의 값과의 거리를 변위(offset) 필드로 표현한다.

분기 명령어와 서브루틴 호출 명령어가 상대 주소지정방식을 사용하고, 명령어 형식 4 의 변위 필드의 크기가 11비트이므로, PC를 기준으로 ±1KB까지만 분기할 수 있다. 완전 한 프로세서의 경우, 임의의 기억장소로 분기할 수 있는 주소지정방식을 제공하여야 한다. ToyCOM은 이러한 관점에서 제한적이다.

명령어 집합

　〈표 7-2〉는 ToyCOM의 명령어 집합에 대한 비트 패턴을 정리한 것이다. 이 절에서는 명령어를 데이터 전달 명령어, 데이터 처리 명령어, 비교 및 플래그 설정 명령어, 프로그램 제어 명령어, 분기 명령어, 서브루틴 호출 및 인터럽트 명령어, 그리고 시스템 관리 명령어로 구분하여, 각 명령어 그룹별 주소지정방식과 명령어 코드를 부여할 때 고려한 사항을 설명한다.

표 7-2　ToyCOM의 명령어 코드

명령어	비트 패턴					동작
	15 - 11	10 - 8	7 - 5	4 - 2	1 - 0	
NOP	00000	X	X		00	No operation
HALT	00000	X	X		01	System halt
LDI Rd, #value	00001	Rd	#value			Rd ← #value
LD Rd, (Rs+1:Rs)	00010	Rd	Rs	000	00	Rd ← Mem(Rs+1:Rs)
ST (Rd+1:Rd), Rs	00010	Rd	Rs	000	01	Mem(Rd+1:Rd) ← Rs
MV Rd, Rs	00010	Rd	Rs	001	00	Rd ← Rs
PUSH Rs	00011	X	Rs	000	00	SP ← SP - 1/Mem(SP) ← Rs
POP Rd	00011	Rd	X	000	01	Rd ← Mem(SP)/SP ← SP + 1
INC Rd	00100	Rd	X	000	00	Rd ← Rd + 1
DEC Rd	00100	Rd	X	000	01	Rd ← Rd - 1
NEG Rd	00100	Rd	X	000	10	Rd ← -Rd
NOT Rd	00100	Rd	X	000	11	Rd ← Rd′
SHL Rd	00100	Rd	X	001	00	Rd ← logical shift left Rd
SHR Rd	00100	Rd	X	001	01	Rd ← logical shift right Rd
ASL Rd	00100	Rd	X	001	10	Rd ← arithmetic shift left Rd
ASR Rd	00100	Rd	X	001	11	Rd ← arithmetic shift right Rd
ADD Rd,Rs1,Rs2	00101	Rd	Rs1	Rs2	00	Rd ← Rs1 + Rs2
ADC Rd,Rs1,Rs2	00101	Rd	Rs1	Rs2	01	Rd ← Rs1 + Rs2 + SR.C
SUB Rd,Rs1,Rs2	00101	Rd	Rs1	Rs2	10	Rd ← Rs1 - Rs2
SBC Rd,Rs1,Rs2	00101	Rd	Rs1	Rs2	11	Rd ← Rs1 - Rs2 - SR.C
AND Rd,Rs1,Rs2	00110	Rd	Rs1	Rs2	00	Rd ← Rs1 & Rs2
OR Rd,Rs1,Rs2	00110	Rd	Rs1	Rs2	01	Rd ← Rs1 | Rs2
XOR Rd,Rs1,Rs2	00110	Rd	Rs1	Rs2	10	Rd ← Rs1 ^ Rs2
CMP Rs1, Rs2	00111	X	Rs1	Rs2	X	Rs1 - Rs2
CLC	01000	X	X	X	00	SR.C ← 0
STC	01000	X	X	X	01	SR.C ← 1
CLI	01000	X	X	X	10	SR.IE ← 0
STI	01000	X	X	X	11	SR.IE ← 1

명령어	비트 패턴					동작
	15 - 11	10 - 8	7 - 5	4 - 2	1 - 0	
BR target	10000	offset				PC ← PC + offset
BRNZ target	10001	offset				Z=0: PC ← PC + offset
BRZ target	10010	offset				Z=1: PC ← PC + offset
BRNS target	10011	offset				S=0: PC ← PC + offset
BRS target	10100	offset				S=1: PC ← PC + offset
BRNC target	10101	offset				C=0: PC ← PC + offset
BRC target	10110	offset				C=1: PC ← PC + offset
BRNV target	10111	offset				V=0: PC ← PC + offset
BRV target	11000	offset				V=1: PC ← PC + offset
BRA target	11001	offset				C | Z′: PC ← PC + offset
BRBE target	11010	offset				C′ | Z: PC ← PC + offset
BRGT target	11011	offset				(Z | (S⊕V))′: PC ← PC + offset
BRGE target	11100	offset				(S⊕V)′: PC ← PC + offset
BRLE target	11101	offset				Z | (S⊕V): PC ← PC + offset
BRLT target	11110	offset				S⊕V: PC ← PC + offset
CALL target	11111	offset				PUSH PC, PC ← PC + offset
RET	01001	X		X	00	POP PC
RETI	01001	X		X	01	POP PC, POP SR

⟨7.3.1⟩ 데이터 전달 명령어

〈표 7-3〉은 데이터 전달 명령어의 니모닉 코드, 비트 패턴, 그리고 각 명령어의 동작을 레지스터 전송 언어로 정리한 것이다. 〈표 7-3〉에 사용된 기호의 의미는 다음과 같다.

- #value: 즉치 데이터를 나타낸다.
- Rd: 목적지 레지스터이고, 범용 레지스터인 R0 ~ R7 중 하나이다.
- Rs: 소스 레지스터이고, 범용 레지스터인 R0 ~ R7 중 하나이다.
- Rx+1:Rx: Rx+1과 Rx(x = 0, 2, 4, 또는 6) 연결되어 16비트로 사용되는 것을 의미한다.
- Mem(Rx+1:Rx): 레지스터 간접 주소지정방식으로 기억장치를 액세스함을 나타낸다.
- X: 해당 필드가 사용되지 않음을 나타낸다. 일반적으로 0으로 채운다.

표 7-3 　데이터 전달 명령어

명령어	비트 패턴					동작
	15 - 11	10 - 8	7 - 5	4 - 2	1 - 0	
LDI Rd, #value	00001	Rd	#value			Rd ← #value
LD Rd, (Rs+1:Rs)	00010	Rd	Rs	000	00	Rd ← Mem(Rs+1:Rs)
ST (Rd+1:Rd), Rs	00010	Rd	Rs	000	01	Mem(Rd+1:Rd) ← Rs
MV Rd, Rs	00010	Rd	Rs	001	00	Rd ← Rs
PUSH Rs	00011	X	Rs	000	00	SP ← SP - 1/Mem(SP) ← Rs
POP Rd	00011	Rd	X	000	01	Rd ← Mem(SP)/SP ← SP + 1

ToyCOM의 데이터 전달 명령어는 적재(LD, load), 저장(ST, store), 레지스터간 데이터 이동(MV, move), 그리고 스택 동작인 PUSH와 POP 명령어가 있다. 각 명령어의 동작과 동작코드는 다음과 같다.

- LDI Rd, #value: 즉치 주소지정방식을 사용하는 적재 명령어이다. 이 명령어는 #value를 Rd에 저장한다. Rd는 8비트 레지스터이고, 즉치값을 표현하는 #value도 8비트 데이터이다. 동작 코드는 00001이다.

- LD Rd, (Rs+1:Rs): 레지스터 간접 주소지정방식에 의한 적재 명령어이다. 괄호는 간접 주소지정방식을 나타낸다. (Rs+1:Rs)가 연결되어 16비트 주소로 사용된다. Rs는 반드시 인덱스가 짝수인 레지스터이어야 한다. 동작 코드는 00010이고 부동작 코드는 000_00이다.

- ST (Rd+1:Rd), Rs: 레지스터 간접 주소지정방식에 의한 저장 명령어이다. (Rd+1:Rd)가 연결되어 16비트 주소로 사용된다. 동작 코드는 00010이고 부동작 코드는 000_01이다.

- MV Rd, Rs: 레지스터 주소지정방식을 사용한 레지스터간 데이터 전달 명령어이다. Rs의 값을 Rd로 전달한다. 동작 코드는 00010이고 부동작 코드는 001_00이다.

- PUSH Rs: Rs를 스택에 저장한다. SP는 감소한다. 명령어 코드는 00011이고 부동작 코드는 000_00이다.

- POP Rd: 스택에서 한 바이트를 제거하여 Rd에 적재한다. SP는 증가한다. 명령어 코드는 00011이고 부동작 코드는 000_01이다.

ToyCOM은 프로세서 구조를 간단하게 만들기 위하여 일반적인 프로세서에 존재하는 다음과 같은 명령어를 제외하였다.

- 프로그램 카운터와 범용 레지스터간 데이터 전달하는 명령어
- 상태 레지스터와 범용 레지스터 간 데이터 전달하는 명령어
- 스택 포인터와 범용 레지스터간 데이터 전달하는 명령어
- 프로그램 카운터, 상태 레지스터, 스택 포인터를 스택에 푸시, 팝하는 명령어

예제 7-1

ToyCOM의 레지스터와 기억장치 상태가 [그림 7-4]와 같다. 질문에 답하라.

(1) 1100h 번지의 명령어가 실행된 후, 변하는 레지스터의 값을 구하라.
(2) 1102h 번지의 명령어가 실행된 후, 변하는 레지스터의 값을 구하라.
(3) 1104h 번지의 명령어가 실행된 후, 변하는 레지스터의 값을 구하라.

PC	1100h		R7	F1h	03h	R6	1105h	1Ah			
SP	F102h		R5	82h	04h	R4	1104h	01h			
			R3	83h	05h	R2	1103h	11h		F103h	23h
SR	X		R1	84h	06h	R0	1102h	C0h		F102h	22h
							1101h	08h		F101h	21h
							1100h	77h		F100h	20h

그림 7-4 ▪ 예제 7-1의 ToyCOM 상태

풀이

(1) 기억장치 [1100h]의 명령어는 0877h이다.
   이것을 명령어 형식에 맞추어 풀면 00001_000_01110111이고,
   명령어 LDI R0, #77h에 해당한다. 따라서 R0 = 77h로 된다.
   명령어 실행 후 PC는 명령어 크기만큼 증가하여, PC = 1102h로 된다.

(2) 기억장치 [1102h]의 명령어는 11C0h이다.
   이것을 명령어 형식에 맞추어 풀면 00010_001_110_00000이고,
   명령어 LD2 R1, (R7:R6)에 해당한다.
   기억장치 [R7:R6] = [F103h]이고, Mem(F103h) = 23h이므로, R1 = 23h로 된다.
   명령어 실행 후 PC는 명령어 크기만큼 증가하여, PC = 1104h로 된다.

(3) 기억장치 [1104]의 명령어는 1A01h이다.
   이것을 명령어 형식에 맞추어 풀면 00011_010_000_000_01이고,
   명령어 POP R2에 해당한다.
   SP의 값이 [F102h]이고 Mem(F102) = 22h이므로, R2 = 22h, SP = F103h로 된다.
   명령어 실행 후 PC는 명령어 크기만큼 증가하여, PC = 1106h로 된다.

⟨7.3.2⟩ 데이터 처리 명령어

〈표 7-4〉는 ToyCOM의 데이터 처리 명령어 목록이다. 데이터 처리 명령어들은 모두 레지스터 주소지정방식을 사용한다. 즉, 모든 연산은 레지스터 간에만 수행되며, 기억장치를 사용하는 연산 명령어는 존재하지 않는다. ToyCOM은 단항 연산 명령어와 이항 연산 명령어를 정의하고 있다. 이 그룹에 속하는 명령어가 실행되고 나면, 연산 결과에 따라 제로 플래그, 부호 플래그, 자리올림수, 그리고 오버플로우 플래그의 값이 변경된다.

표 7-4 데이터 처리 명령어

명령어	비트 패턴					동작
	15 - 11	10 - 8	7 - 5	4 - 2	1 - 0	
INC Rd	00100	Rd	X	000	00	Rd ← Rd + 1
DEC Rd	00100	Rd	X	000	01	Rd ← Rd - 1
NEG Rd	00100	Rd	X	000	10	Rd ← -Rd
NOT Rd	00100	Rd	X	000	11	Rd ← Rd′
SHL Rd	00100	Rd	X	001	00	Rd ← logical shift left Rd
SHR Rd	00100	Rd	X	001	01	Rd ← logical shift right Rd
ASL Rd	00100	Rd	X	001	10	Rd ← arithmetic shift left Rd
ASR Rd	00100	Rd	X	001	11	Rd ← arithmetic shift right Rd
ADD Rd,Rs1,Rs2	00101	Rd	Rs1	Rs2	00	Rd ← Rs1 + Rs2
ADC Rd,Rs1,Rs2	00101	Rd	Rs1	Rs2	01	Rd ← Rs1 + Rs2 + SR.C
SUB Rd,Rs1,Rs2	00101	Rd	Rs1	Rs2	10	Rd ← Rs1 - Rs2
SBC Rd,Rs1,Rs2	00101	Rd	Rs1	Rs2	11	Rd ← Rs1 - Rs2 - SR.C
AND Rd,Rs1,Rs2	00110	Rd	Rs1	Rs2	00	Rd ← Rs1 & Rs2
OR Rd,Rs1,Rs2	00110	Rd	Rs1	Rs2	01	Rd ← Rs1 | Rs2
XOR Rd,Rs1,Rs2	00110	Rd	Rs1	Rs2	10	Rd ← Rs1 ^ Rs2

세 개의 산술 단항 연산 명령어와 다섯 개의 논리 단항 연산 명령어가 있다. 동작 코드는 모두 00100이고, 비트 4-0의 부동작 코드로 각 명령어를 구별한다. 명령어 형식의 소스 레지스터 필드는 사용되지 않는다.

- INC 명령어는 Rd의 값을 증가시키고, DEC 명령어는 Rd의 값을 감소시킨다.
- NEG 명령어는 Rd의 값을 2의 보수로 만들고, NOT 명령어는 Rd의 값에 대한 1

의 보수를 구한다.

- SHL과 SHR 명령어는 논리 시프트 명령어이고, ASL과 ASR 명령어는 산술 시프트 명령어이다.

네 개의 산술 이항 연산 명령어와 세 개의 논리 이항 연산 명령어가 있다. 레지스터 주소지정 방식의 3-주소 명령어 형식을 사용한다. 이항 산술 연산 명령어의 동작 코드는 00101이고, 이항 논리 연산 명령어의 동작 코드는 00110이다. 부동작 코드로 각 명령어를 구분한다.

- ADD와 SUB 명령어는 덧셈과 뺄셈을 수행한다. 이 계산 과정에서 자리올림수가 발생하는데, ADC와 SBC 명령어는 자리올림수도 함께 더하거나 뺀다. 이 두 개의 명령어는 8비트 연산기로 16비트 또는 32비트 데이터를 연산하는데 필요하다.
- AND, OR, 그리고 XOR 명령어는 레지스터의 비트 단위로 해당 논리 연산을 실행한다.

예제 7-2

다음 명령어에 대한 명령어 코드를 16진수로 적어라.

(1) DEC   R5
(2) SHL   R2
(3) ADD   R0, R2, R3

풀이

(1) 00100_101_XXX_000_01 : 0010_0101_XXX0_0001 : 2501h
(2) 00100_010_XXX_001_00 : 0010_0010_XXX0_0100 : 2204h
(3) 00101_000_010_011_00 : 0010_1000_0100_1100 : 284Ch

예제 7-3

기억장치 [4201h:4200h]와 [4203:4202h]의 16비트 데이터를 더하여 기억장치 [4205:4204h]에 저장하는 어셈블리 프로그램을 작성하라.

풀이

- 기억장치 [4201h:4200h]를 R1:R0로 옮긴다.
- 기억장치 [4203h:4202h]를 R3:R2로 옮긴다.
- R4 ← R0 + R2
- R5 ← R1 + R3 + Carry
- R5:R4를 기억장치 [4205:4204h]에 저장한다.

- 어셈블리 프로그램

```
LDI   R7, #42h      // R7:R6 = 4200h
LDI   R6, #00h
LD    R0, (R7:R6)   // R0 = Mem(4200h)
INC   R6            // R7:R6 = 4201h
LD    R1, (R7:R6)   // R1 = Mem(4201h)
INC   R6            // R7:R6 = 4202h
LD    R2, (R7:R6)   // R2 = Mem(4202h)
INC   R6            // R7:R6 = 4203h
LD    R3, (R7:R6)   // R3 = Mem(4203h)
ADD   R4, R0, R2    // R4 = R0 + R2
ADC   R5, R1, R3    // R5 = R1 + R3 + C
INC   R6            // R7:R6 = 4204h
ST    (R7:R6), R4   // Mem(4204h) = R4
INC   R6            // R7:R6 = 4205h
ST    (R7:R6), R5   // Mem(4204h) = R5
```

7.3.3 비교 및 플래그 설정 명령어

〈표 7-5〉는 ToyCOM의 비교 및 플래그 설정 명령어 목록이다.

- 비교 명령어: CMP 명령어는 Rs1 − Rs2 연산을 수행하고, 뺄셈 결과를 저장하지 않고, 연산 과정에서 발생하는 조건 코드에 따라 상태 레지스터의 값을 변경한다. 조건 분기 명령어를 실행하기 전에 상태 레지스터를 변경할 목적으로 사용된다. 동작 코드는 00111이고 목적지 레지스터 필드와 부동작 코드는 사용되지 않는다.

- 플래그 설정 명령어: SR.C와 SR.IE를 세트하고 리셋하는 명령어들이 있다. 동작 코드는 모두 01000이고, 부동작 코드로 세부 명령어를 구별한다. 레지스터를 지정하는 필드들은 사용되지 않는다.

표 7-5 ▷ 비교 및 플래그 설정 명령어

명령어	비트 패턴					동작
	15 - 11	10 - 8	7 - 5	4 - 2	1-0	
CMP Rs1, Rs2	00111	X	Rs1	Rs2	X	Rs1 − Rs2
CLC	01000	X	X	X	00	SR.C ← 0
STC	01000	X	X	X	01	SR.C ← 1
CLI	01000	X	X	X	10	SR.IE ← 0
STI	01000	X	X	X	11	SR.IE ← 1

⟨ 7.3.4 ⟩ 분기 명령어

명령어 형식 4를 사용하는 분기 명령어는 모두 상대 주소지정방식으로 분기 목적지 주소를 표현한다. 변위(offset) 필드가 11비트이므로, 표현할 수 있는 분기 목적지 주소의 범위는 다음과 같다.

$$PC - 1024 \leq 분기 목적지 주소 \leq PC + 1023$$

원칙적으로 프로그램은 ToyCOM의 기억장치 공간 임의의 위치로 분기할 수 있어야 한다. 그렇지만, ToyCOM을 교육용으로 설계하였기 때문에, 중앙처리장치의 기능을 간단하게 구현할 수 있도록 이와 같은 제한을 두었다. 명령어 형식 4에 해당하는 명령어들의 동작 코드는 모두 최상위 비트를 1로 설정하였다. 분기 명령어의 명령어 코드는 〈표 7-6〉과 같으며, 조건 분기 명령어의 분기 조건을 표현할 때, OR 조건을 '|'로 표시하였다. 각 명령어는 다음과 같은 동작을 수행한다.

- 무조건 분기 명령어(BR): 상태 레지스터(SR)와 무관하게 항상 분기한다.
- 조건 분기 명령어(BRNZ, BRZ, BRNS, BRS, BRNC, BRC, BRNV, BRV): SR의 플래그 값을 직접 참조하여 분기 여부를 결정한다.
- 조건 분기 명령어(BRE, BRA, BRAE, BRBE, BRB): 데이터를 부호 없는 수로 해석할 때의 조건 분기 명령어이다. 조건 분기 명령어들은 각각 branch if equal, branch if above, branch if above or equal, branch if below or equal, branch if below에 해당한다.
  - BRE 명령어의 분기 조건이 Z = 1이므로, 이 명령어의 동작 코드는 BRZ와 같다.
  - BRAE 명령어의 분기 조건이 C = 1이므로, 이 명령어의 동작 코드는 BRC와 같다.

- BRB 명령어의 분기 조건이 C = 0이므로, 이 명령어의 동작 코드는 BRNC와 같다.
- 즉, 이 명령어들은 니코닉 코드가 서로 다르지만, 동작 코드는 한 가지로 매핑된다.
- 조건 분기 명령어(BRE, BRGT, BRGE, BRLE, BRLT): 데이터를 부호 있는 정수로 해석할 때의 조건 분기 명령어이다. 조건 분기 명령어들은 각각 branch if greater than, branch if greater or equal, branch if less or equal, branch if less than에 해당한다.
  - BRE 명령어는 BRZ 명령어와 동작 코드가 같다.

표 7-6 ▎ 상대 주소지정방식에 의한 분기 명령어

명령어	비트 패턴		동작
	15 - 11	10 - 0	
BR target	10000	offset	PC ← PC + offset
BRNZ target	10001	offset	Z=0: PC ← PC + offset
BRZ target	10010	offset	Z=1: PC ← PC + offset
BRNS target	10011	offset	S=0: PC ← PC + offset
BRS target	10100	offset	S=1: PC ← PC + offset
BRNC target	10101	offset	C=0: PC ← PC + offset
BRC target	10110	offset	C=1: PC ← PC + offset
BRNV target	10111	offset	V=0: PC ← PC + offset
BRV target	11000	offset	V=1: PC ← PC + offset
BRE target	10010	offset	Z=1: PC ← PC + offset
BRA target	11001	offset	C	Z': PC ← PC + offset
BRAE target	10110	offset	C=1: PC ← PC + offset
BRBE target	11010	offset	C'	Z: PC ← PC + offset
BRB target	10101	offset	C=0: PC ← PC + offset
BRGT target	11011	offset	(Z	(S⊕V))': PC ← PC + offset
BRGE target	11100	offset	(S⊕V)': PC ← PC + offset
BRLE target	11101	offset	Z	(S⊕V): PC ← PC + offset
BRLT target	11110	offset	S⊕V: PC ← PC + offset

예제 7-4

기억장치 [2109h:2108h]의 명령어가 87E0h이다. 이 명령어가 실행된 후 프로그램 카운터의 값을 구하라.

> **풀이**
>
> 명령어를 실행할 때 PC = 210Ah이다.
> 명령어를 형식에 맞추어 풀면, 10000_111_1110_0000이고, 이것은 BR target 명령어이다.
> PC ← PC + offset에 의하여 결정되고,
> offset = 111_1110_0000이므로, 음수이고 그 값은 −20h이다.
> 따라서 PC = 210Ah − 20h = 20EAh.

〈7.3.5〉 서브루틴 호출 및 인터럽트 명령어

〈표 7-7〉은 ToyCOM의 서브루틴 호출 및 복귀와 인터럽트 복귀 명령어 목록이다. 서브루틴을 호출하는 명령어는 분기 명령어와 마찬가지로 상대 주소지정방식을 사용한다. 그러므로 호출하는 서브루틴은 현재 PC의 값으로부터 ±1KB 범위에 있어야 한다는 제약이 있다.

표 7-7 서브루틴 호출 및 인터럽트 명령어

명령어	비트 패턴				동작
	15 - 11	10 - 8	7 - 2	1 - 0	
CALL target	11111	offset			PUSH PC, PC ← PC + offset
RET	01001	X	X	00	POP PC
RETI	01001	X	X	01	POP PC, POP SR

서브루틴을 호출하는 CALL 명령어는 PC의 값을 스택에 저장하고, 프로그램 카운터에 목적지 주소를 적재한다. 서브루틴에서 복귀하는 RET 명령어는 스택에서 프로그램 카운터의 값을 복구한다. 프로그램 카운터의 크기가 2바이트이므로 CALL 명령어를 실행한 후 스택은 2만큼 감소하고, RET 명령어를 실행한 후 스택은 2만큼 증가한다

RETI 명령어는 인터럽트 요청이 발생하였을 때 스택에 저장한 상태 레지스터(SR)와 프로그램 카운터를 역순으로 복구한다. 이 때 SP의 값은 3만큼 증가한다.

예제 7-5

ToyCOM의 상태가 [그림 7-5(a)]와 같다. 한 개의 명령어를 실행한 후 ToyCOM의 상태를 그려라.

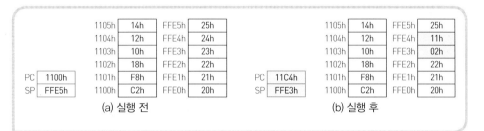

그림 7-5 예제 7-5의 ToyCOM 상태

풀이

PC = 1100h이고, 이 주소에 저장되어 있는 명령어는 F8C2h이다.

명령어를 인출하면 프로그램 카운터는 1102h로 증가한다.

명령어 형식에 맞추어 해석하면 11111_000_1100_0010이고,

동작 코드가 11111이므로, 상대 주소지정방식에 의한 CALL offset 명령어이다.

전체 명령어는 CALL PC+0C2이다.

분기 목적지 주소는 1102h + 0C2 = 11C4h이다.

SP는 FFE3으로 감소하고, 스택에 현재 PC의 값 1102h를 저장한다.

PC에 분기 목적지 11C4h를 적재한다. 최종 결과는 [그림 7-5(b)]이다.

〈7.3.6〉 시스템 관리 명령어

시스템 관리 명령어는 〈표 7-8〉과 같이 NOP와 HALT 명령어가 있다. NOP는 아무것도 수행하지 않고 명령어 사이클을 소비하는 명령어이다. 동작 코드는 00000이고 부동작 코드는 00이다. 마지막으로 HALT는 시스템을 정지시키는 명령어이다. 동작 코드는 00000이고 부동작 코드는 01이다. 예를 들어, ToyCOM이 정의되어 있지 않은 명령어를 실행하려는 경우, 자체적으로 내부 인터럽트를 발생하여 HALT 명령어를 실행하도록 만들 수 있다.

표 7-8 시스템 관리 명령어

명령어	비트 패턴			동작
	15 - 11	10 - 2	1 - 0	
NOP	00000	X	00	No operation
HALT	00000	X	01	System halt

마이크로오퍼레이션을 설계하기 전에 먼저 명령어 사이클이 정의되어 있어야 한다. ToyCOM은 [그림 7-6]과 같이 네 단계로 구성된 명령어 사이클을 갖는다. 각 단계에서 실행하는 동작은 다음과 같다.

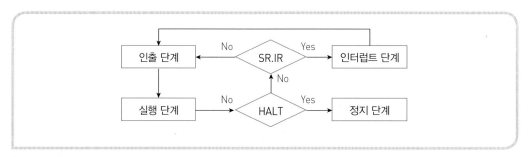

그림 7-6 ToyCOM의 명령어 사이클

- 인출 단계: 프로그램 카운터가 가리키는 2바이트 명령어를 기억장치에서 인출하여 명령어 레지스터로 저장한다. 프로그램 카운터의 값은 2 증가한다.
- 실행 단계: 각 명령어 고유의 동작을 실행한다. 실행 단계가 끝난 후, 제어장치는 시스템 정지 조건과 상태 레지스터의 인터럽트 요청(SR.IR) 플래그를 검사하여 다음 단계를 결정한다.
- 정지 단계: HALT 명령어를 실행하면, 제어장치는 정지 단계로 들어간다. 이 단계에서는 시스템이 정지되며, 다시 컴퓨터를 실행하려면 시스템을 리셋해야 한다.
- 인터럽트 단계: 인터럽트 요청(SR.IR = 1)이 있는 경우, 상태 레지스터와 프로그램 카운터를 스택에 저장한 후, 프로그램 카운터에 인터럽트 서비스 루틴(ISR)의 시작 주소를 적재한다.

컴퓨터에서 인터럽트를 요청하는 소스는 여러 개이다. 일반적으로 인터럽트 소스마다 번호가 부여되어 있다. 제어장치가 인터럽트 단계에서 수행해야 하는 일은 다음과 같다.

1. 먼저 인터럽트를 요청한 장치에 대한 인터럽트 번호를 확인한다.
2. 상태 레지스터와 프로그램 카운터를 스택에 저장한다.
3. 마지막으로 해당 인터럽트 요청에 대한 인터럽트 서비스 루틴의 시작 주소를 프로그램 카운터에 적재한다.

인터럽트를 요청한 장치 번호를 알아내는 방법과 인터럽트 서비스 루틴의 시작 주소를 프로그램 카운터에 적재하는 방법은 '10장 입출력'에서 자세히 다루도록 한다. 대부분의 프로세서는 기억장치의 특정 부분에 인터럽트 서비스 루틴에 대한 정보를 모아 놓는 영역이 있다. 이 부분에 저장되어 있는 값을 인터럽트 벡터(interrupt vector)라고 부른다. ToyCOM은 0번부터 2번까지 세 개의 인터럽트 소스를 갖는다. 인터럽트 요청이 발생하면, 프로그램 카운터의 값은 [2×인터럽트 번호]로 설정된다. 이 영역에 [그림 7-7]과 같이 인터럽트 서비스 루틴의 시작 주소로 무조건 분기하는 명령어가 저장되어 있다.

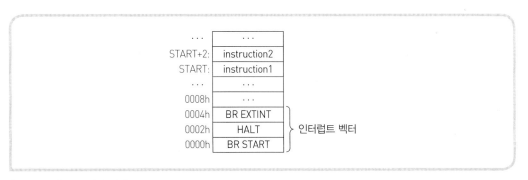

그림 7-7 ISR 설정 방법

- 시스템 리셋(0번 인터럽트): 외부에서 전원이 인가되거나 시스템 리셋 신호에 의하여 리셋 인터럽트가 발생한다. 리셋 신호에 의하여 PC = 0, SP = 0으로 초기화된다. 기억장치 0번지에 "BR START (START 번지로 무조건 분기)" 명령어가 저장되어 있다.
- 시스템 정지(1번 인터럽트): ToyCOM의 내부에서 발생하며, 정의되어 있지 않은 명령어 코드 혹은 나누기 0과 같이 ToyCOM이 명령어를 실행할 수 없을 때, 1번 인터럽트가 발생한다. 1번 인터럽트가 발생하는 프로그램 카운터의 값이 0002h로 설정되고 시스템을 정지시키는 HALT 명령어를 실행한다. 시스템 초기화 과정에서 기억장치 2 번지에 HALT 명령어를 적재하여야 한다.
- 외부 인터럽트(2번 인터럽트): 외부 장치가 인터럽트를 요청한 경우에 해당한다. 프로그램 카운터는 0004h로 설정되며, 시스템 초기화 과정에서 이 장소에 외부 장치에 대한 인터럽트 서비스 루틴으로 무조건 분기하는 명령어(BR EXTINT)를 저장하여야 한다.

ToyCOM은 범위가 11비트로 제한된 상대 주소지정방식의 분기 명령어를 사용하므로, 인터럽트 서비스 루틴의 시작 주소는 03FFh 번지 내에 존재해야 한다는 제한이 있다.

마이크로오퍼레이션

ToyCOM의 명령어 인출 단계는 프로그램 카운터가 가리키는 기억장치에서 2바이트의 명령어를 읽어 명령어 레지스터에 저장하고 프로그램 카운터의 값을 2 증가시킨다. 그렇지만, 중앙처리장치는 한 개의 클럭 사이클 안에서 레지스터 전송을 수행하기 때문에, 명령어 인출 과정은 [그림 7-1]의 ToyCOM 프로그래머 모델에서 한 번의 클럭 사이클 안에 실행될 수 없다. 그 이유는 다음과 같다.

- 기억장치를 읽기 위하여 프로그램 카운터의 값이 기억장치 주소 레지스터로 적재되어야 한다.
- 기억장치는 8비트 단위로 액세스되고, 기억장치를 읽은 값은 기억장치 버퍼 레지스터로 적재된다.
- 기억장치 버퍼 레지스터는 8비트이고 명령어 레지스터는 16비트이므로, 기억장치를 두 번 액세스하여야 한다.

따라서 명령어 인출 단계는 여러 개의 클럭 사이클을 사용하도록 그 동작이 세분되어야 한다. 중앙처리장치에서 수행할 수 있는 가장 작은 단위의 동작은 한 개의 클럭 사이클 동안에 수행하는 동작이다. 이것을 명령어보다 더 작은 동작이라는 의미에서 마이크로오퍼레이션(micro-operation)이라고 한다. 프로그램을 계층적으로 보면 다음과 같다.

- 프로그램은 명령어들로 구성되어 있다.
- 각 명령어는 명령어 사이클에 의하여 실행된다.
- 명령어 사이클은 여러 개의 단계(인출 단계, 실행 단계, 인터럽트 단계 등)로 구성되어 있다.
- 각 단계는 한 개 이상의 마이크로오퍼레이션에 의하여 수행된다.

이 절에서는 ToyCOM의 각 명령어 사이클 단계별로 수행하여야 할 마이크로오퍼레이션을 정의한다.

7.5.1 인출 단계

ToyCOM은 모든 명령어의 크기가 2바이트이다. 명령어 인출 단계에서는 프로그램 카운터가 가리키는 기억장소에서 2바이트의 명령어를 인출하여 명령어 레지스터로 적재하여야 한다. 명령어 인출 단계에서 수행해야 할 전체적인 동작을 레지스터 전송 언어로 표현하면 다음과 같다.

```
IR ← Mem[PC]
PC ← PC + 2
```

이 과정을 [그림 7-1]의 ToyCOM 프로그래머 모델에서 수행하려면, 두 바이트로 구성된 명령어를 한 번에 한 바이트씩 기억장치를 두 번 액세스하여 명령어 레지스터에 저장하여야 한다. 명령어 레지스터는 상위 바이트를 저장하는 레지스터(IRH)와 하위 바이트를 저장하는 레지스터(IRL)로 분리되어 있다.

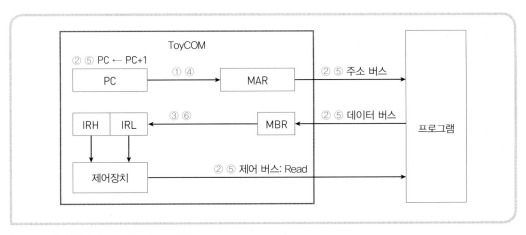

그림 7-8   명령어 인출 마이크로오퍼레이션

표 7-9   인출 단계의 마이크로오퍼레이션

명령어 사이클	동작	마이크로오퍼레이션
인출 단계	IR ← Mem[PC] PC ← PC + 2	1. MAR ← PC 2. MBR ← Mem(MAR), PC ← PC + 1 3. IRL ← MBR 4. MAR ← PC 5. MBR ← Mem(MAR), PC ← PC + 1 6. IRH ← MBR // MBR에

명령어를 인출하는 마이크로오퍼레이션을 [그림 7-8]과 〈표 7-9〉에 표시하였으며, 그 과

정은 다음과 같다.

1. MAR에 PC의 값을 저장한다. 내부 버스를 통하여 MAR과 PC간에 16비트 데이터를 전달할 수 있다.
2. 기억장치를 읽고 이와 동시에 PC의 값을 증가시킨다. 기억장치와 PC는 별개의 구성 요소이기 때문에 동시에 동작할 수 있다.
3. MBR에 저장되어 있는 명령어의 하위 바이트를 IRL에 저장한다.
4. 다시 MAR에 PC의 값을 저장한다.
5. 기억장치를 읽고 동시에 PC의 값을 증가시킨다. 결과적으로 PC는 2증가한다.
6. MBR에 저장되어 있는 명령어의 상위 바이트를 IRH에 저장한다.

ToyCOM의 명령어 인출 단계는 위에 나열된 마이크로오퍼레이션을 순차적으로 실행하며, 6개의 클럭 사이클을 소모한다.

⟨7.5.2⟩ 실행 단계

실행 단계의 동작은 명령어마다 다르기 때문에, 실행 단계의 마이크로오퍼레이션은 각 명령어마다 ToyCOM의 프로그래머 모델에서 실행될 수 있도록 별도로 정의하여야 한다. 〈표 7-10〉은 데이터 전달 명령어의 실행 단계 마이크로오퍼레이션을 정리한 것이다.

- LDI Rd, #value 명령어: 명령어 형식1에 의하여 #value는 IRL에 저장되어 있다. 따라서 IRL을 Rd로 전송함으로써 이 명령어를 실행할 수 있다.
- LD Rd, (Rs+1:Rs) 명령어: 기억장치 주소로 레지스터 쌍을 사용한다. 주소를 먼저 MAR로 옮기고, 기억장치를 읽어 MBR로 데이터를 저장한 후, 최종적으로 Rd로 옮긴다.
- ST (Rd+1:Rd), Rs 명령어: 기억장치 주소로 레지스터 쌍을 사용한다. 주소를 먼저 MAR로 옮기고, 저장할 데이터를 MBR로 옮긴 후, 기억장치에 저장한다. 주소와 데이터를 내부 버스를 통하여 한 번에 옮길 수 없기 때문에, 처음 두 단계를 분리한다.
- MV Rd, Rs 명령어: 내부 버스를 통하여 Rd를 Rs로 옮김으로써 명령어를 실행할 수 있다.
- PUSH 명령어: 먼저 SP를 감소시킨 후, 기억장치에 데이터를 저장한다. 모두 네 개의 클럭 구간을 필요로 한다.
- POP 명령어: 세 개의 클럭 구간에 기억장치를 읽은 후, SP를 증가시킨다. 마지막

Rd ← MBR와 SP ← SP + 1를 동시에 수행할 수 있다.

표 7-10   데이터 전달 명령어의 마이크로오퍼레이션

명령어	동작	마이크로오퍼레이션
LDI Rd, #value	Rd ← #value	1. Rd ← IRL
LD Rd, (Rs+1:Rs)	Rd ← Mem(Rs+1:Rs)	1. MAR ← Rs+1:Rs 2. MBR ← Mem(MAR) 3. Rd ← MBR
ST (Rd+1:Rd), Rs	Mem(Rd+1:Rd) ← Rs	1. MAR ← Rd+1:Rd 2. MBR ← Rs 3. Mem(MAR) ← MBR
MV Rd, Rs	Rd ← Rs	1. Rd ← Rs
PUSH Rs	SP ← SP - 1 Mem(SP) ← Rs	1. SP ← SP - 1 2. MAR ← SP 3. MBR ← Rs 4. Mem(MAR) ← MBR
POP Rd	Rd ← Mem(SP) SP ← SP + 1	1. MAR ← SP 2. MBR ← Mem(MAR) 3. Rd ← MBR, SP ← SP + 1

〈표 7-11〉은 데이터 처리 명령어와 비교 및 플래그 설정 명령어에 대한 마이크로오퍼레이션을 정리한 것이다. 이 명령어들은 기억장치를 사용하지 않고 레지스터만으로 동작하기 때문에 한 개의 클럭 사이클에 동작을 완료할 수 있다. 데이터 처리 명령어가 실행될 때, 연산기가 동작하며 상태 레지스터의 값이 갱신된다.

표 7-11   데이터 처리 명령어의 마이크로오퍼레이션

명령어	동작	마이크로오퍼레이션
INC Rd	Rd ← Rd + 1	Rd ← Rd + 1
DEC Rd	Rd ← Rd − 1	Rd ← Rd − 1
NEG Rd	Rd ← -Rd	Rd ← -Rd
NOT Rd	Rd ← Rd'	Rd ← Rd'
SHL Rd	Rd ← logical shift left Rd	Rd ← SHL Rd
SHR Rd	Rd ← logical shift right Rd	Rd ← SHR Rd
ASL Rd	Rd ← arithmetic shift left Rd	Rd ← ARL Rd
ASR Rd	Rd ← arithmetic shift right Rd	Rd ← ASR Rd

ADD Rd,Rs1,Rs2	Rd ← Rs1 + Rs2	Rd ← Rs1 + Rs2
ADC Rd,Rs1,Rs2	Rd ← Rs1 + Rs2 + SR.C	Rd ← Rs1 + Rs2 + SR.C
SUB Rd,Rs1,Rs2	Rd ← Rs1 - Rs2	Rd ← Rs1 - Rs2
SBC Rd,Rs1,Rs2	Rd ← Rs1 - Rs2 - SR.C	Rd ← Rs1 - Rs2 - SR.C
AND Rd,Rs1,Rs2	Rd ← Rs1 & Rs2	Rd ← Rs1 & Rs2
OR Rd,Rs1,Rs2	Rd ← Rs1 | Rs2	Rd ← Rs1 | Rs2
XOR Rd,Rs1,Rs2	Rd ← Rs1 ^ Rs2	Rd ← Rs1 ^ Rs2
CMP Rs1, Rs2	SR ← Rs1 – Rs2	SR ← Rs1 – Rs2
CLC	SR.C ← 0	SR.C ← 0
STC	SR.C ← 1	SR.C ← 1
CLI	SR.IE ← 0	SR.IE ← 0
STI	SR.IE ← 1	SR.IE ← 1

표 7-12 분기 명령어의 마이크로오퍼레이션

명령어	동작	마이크로오퍼레이션
BR target	PC ← PC + offset	PC ← PC + IRH[10:8]:IRL
BRNZ target	Z=0: PC ← PC + offset	Z=0: PC ← PC + IRH[10:8]:IRL
BRZ target	Z=1: PC ← PC + offset	Z=1: PC ← PC + IRH[10:8]:IRL
BRNS target	S=0: PC ← PC + offset	S=0: PC ← PC + IRH[10:8]:IRL
BRS target	S=1: PC ← PC + offset	S=1: PC ← PC + IRH[10:8]:IRL
BRNC target	C=0: PC ← PC + offset	C=0: PC ← PC + IRH[10:8]:IRL
BRC target	C=1: PC ← PC + offset	C=1: PC ← PC + IRH[10:8]:IRL
BRNV target	V=0: PC ← PC + offset	V=0: PC ← PC + IRH[10:8]:IRL
BRV target	V=1: PC ← PC + offset	V=1: PC ← PC + IRH[10:8]:IRL
BRE target	Z=1: PC ← PC + offset	Z=1: PC ← PC + IRH[10:8]:IRL
BRA target	C | Z': PC ← PC + offset	C | Z': PC ← PC + IRH[10:8]:IRL
BRAE target	C=1: PC ← PC + offset	C=1: PC ← PC + IRH[10:8]:IRL
BRBE target	C' | Z: PC ← PC + offset	C' | Z: PC ← PC + IRH[10:8]:IRL
BRB target	C=0: PC ← PC + offset	C=0: PC ← PC + IRH[10:8]:IRL
BRGT target	(Z | (S⊕V))': PC ← PC + offset	(Z | (S⊕V))': PC ← PC + IRH[10:8]:IRL
BRGE target	(S⊕V)': PC ← PC + offset	(S⊕V)': PC ← PC + IRH[10:8]:IRL
BRLE target	Z | (S⊕V): PC ← PC + offset	Z | (S⊕V): PC ← PC + IRH[10:8]:IRL
BRLT target	S⊕V: PC ← PC + offset	S⊕V: PC ← PC + IRH[10:8]:IRL

〈표 7-12〉는 분기 명령어에 대한 마이크로오퍼레이션을 정리한 것이다. 분기 명령어는 분기 목적지 주소를 PC+변위(offset)로 계산한다. 변위(offset)는 IR[10:0]에 저장되어 있으므로, 마이크로오퍼레이션을 PC ← PC+IRH[10:8]:IRL로 표현하였다. 조건 분기 명령어의 경우, 상태 레지스터의 플래그 값에 따라 마이크로오퍼레이션을 실행할지 여부를 결정한다.

〈표 7-13〉은 호출 및 복귀, 그리고 시스템 관리 명령어에 대한 마이크로오퍼레이션을 정리한 것이다. 상대 주소지정방식을 사용하는 서브루틴 호출 명령어(CALL)은 스택에 PC의 값을 저장하고, PC에 분기 목적지 주소를 적재하여야 한다. 스택은 바이트 단위로 운영되므로, 스택에 PC를 저장하기 위하여 PC의 상위 바이트와 하위 바이트를 구분하여 처리하여야 한다. 따라서 IR의 경우와 마찬가지로 PC도 상위 바이트를 저장하는 PCH와 하위 바이트를 저

표 7-13 호출, 복귀 및 시스템 관리 명령어의 마이크로오퍼레이션

명령어	동작	마이크로오퍼레이션
CALL target	PUSH PC PC ← PC + offset	1. SP ← SP - 1 // PUSH PCH 2. MAR ← SP 3. MBR ← PCH 4. Mem(MAR) ← MBR 5. SP ← SP - 1 // PUSH PCL 6. MAR ← SP 7. MBR ← PCL 8. Mem(MAR) ← MBR 9. PC ← PC + IRH[10:8]:IRL
RET	POP PC	1. MAR ← SP // POP PCL 2. MBR ← Mem(MAR) 3. PCL ← MBR, SP ← SP + 1 4. MAR ← SP // POP PCH 5. MBR ← Mem(MAR) 6. PCH ← MBR, SP ← SP + 1
RETI	POP PC POP SR	1. MAR ← SP // POP PCL 2. MBR ← Mem(MAR) 3. PCL ← MBR, SP ← SP + 1 4. MAR ← SP // POP PCH 5. MBR ← Mem(MAR) 6. PCH ← MBR, SP ← SP + 1 7. MAR ← SP // POP SR 8. MBR ← Mem(MAR) 9. SR ← MBR, SP ← SP + 1
NOP	없음	없음
HALT	없음	없음

장하는 PCL로 구분하여야 한다. 분기 목적지 주소는 PC + IR[offset]이다. 이 계산은 변위 (offset)의 부호를 확장한 정수 연산이다. 서브루틴 호출 명령어는 실행할 때 9개의 클럭 사이클을 소모한다.

서브루틴에서 복귀하는 RET 명령어는 스택에 저장되어 있는 복귀 주소를 PC로 적재한다. 복귀주소가 두 바이트로 구성되어 있으므로 스택을 두 번 POP하여야 하고, 저장한 순서 역순으로 PC에 적재하여야 한다. 이 명령어는 실행할 때 6개의 클럭 사이클을 필요로 한다.

인터럽트 서비스 루틴에서 복귀하는 RETI 명령어는 스택에 저장되어 있는 PC와 SR을 역순으로 복구한다. 모두 3번의 POP 동작을 수행하며, 총 9개의 클럭 사이클을 필요로 한다.

이제 남은 명령어 그룹은 시스템 관리 명령어이다. NOP 명령어는 실행 사이클에서 아무일도 하지 않고 단순히 한 개의 클럭 사이클을 소비한다. 명령어 인출 단계가 6개의 클럭 사이클을 소비하므로, NOP 명령어를 실행하면 모두 7개의 클럭 사이클을 소비한다. 시스템의 동작을 정지시키는 HALT 명령어를 만나면, ToyCOM은 더 이상 명령어 사이클을 진행하지 않는다. 시스템을 다시 동작시키려면, 시스템을 리셋하는 수 밖에 없다.

〈 7.5.3 〉 정지 단계

HALT 명령어를 실행하면 ToyCOM은 정지 단계로 들어간다. 또는 인터럽트 1번이 발생하였을 때도 HALT 명령어를 수행하여 정지 단계로 들어간다. ToyCOM은 정지 단계를 실행한 후 계속 정지 단계에 남아 있는다. 즉, 다음 명령어를 실행하기 위하여 인출 단계로 진입하지 않는다. 따라서 정지 단계를 벗어나기 위한 방법은 시스템을 리셋하는 방법만 존재한다. 정지 단계에서의 마이크로오퍼레이션은 필요하지 않다.

〈 7.5.4 〉 인터럽트 단계

명령어 사이클의 실행 단계의 마지막 부분에서 제어장치는 인터럽트 요청이 있었는지 검사하여 인터럽트 단계로 진입 여부를 결정한다. 인터럽트 요청과 관련된 회로는 [그림 7-9]와 같다. 외부 인터럽트는 상태 레지스터의 SR.IE 플래그에 의하여 마스크(AND 연산)된다. 즉, 외부 인터럽트 요청이 존재하더라도 SR.IE 플래그의 값이 0이면, ToyCOM은 인터럽트를 허용하지 않는다. 시스템이 리셋되면 SR.IE 플래그의 값은 0이다. STI 명령어는 SR.IE 플래그를 1로 설정하고, CLI 명령어는 SR.IE 플래그를 0으로 리셋한다. 리셋과 내부 인터럽트는 SR.IE 플래그와 무관하다. 전체적인 인터럽트 요청 상태는 SR.IR 프래그에 표시되어 있다. 따라서 제어장치는 각 명령어에 대한 실행 단계가 끝난 후 SR.IE 플래그의 값을 조사하여 인터럽트 단계로 진입할지 결정한다.

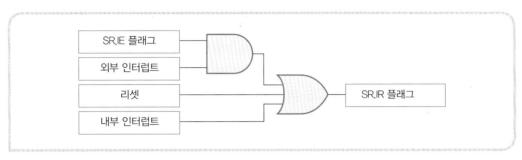

그림 1-2 인터럽트 요청 신호

ToyCOM은 인터럽트 단계에서 SR과 PC를 스택에 저장하고 PC에 2×n(n은 인터럽트 번호)을 적재한다. 이 과정을 마이크로오퍼레이션으로 정리한 것이 〈표 7-14〉이다.

표 7-14 인터럽트 단계의 마이크로오퍼레이션

명령어 사이클	동작	마이크로오퍼레이션
인터럽트 단계	PUSH SR PUSH PC PC ← 2 x n	1. SP ← SP - 1 // PUSH SR 2. MAR ← SP 3. MBR ← SR 4. Mem(MAR) ← MBR 5. SP ← SP - 1 // PUSH PCH 6. MAR ← SP 7. MBR ← PCH 8. Mem(MAR) ← MBR 9. SP ← SP - 1 // PUSH PCL 10. MAR ← SP 11. MBR ← PCH 12. Mem(MAR) ← MBR, PC ← 2 x n

지금까지 ToyCOM의 명령어 사이클과 각 명령어에 대한 마이크로오퍼레이션을 정의하였다. 제어장치는 마이크로오퍼레이션을 실행하는데 필요한 제어 신호를 생성하여야 한다.

컴퓨터의 제어장치(control unit)는 명령어를 기반으로 중앙처리장치 내부와 외부에서 사용되는 제어 신호(control signals)를 생성한다. 여기에서는 ToyCOM의 프로그래머 모델에 제어 신호가 추가된 모양을 제시하고, 이 하드웨어 기반에서 간단한 예제 프로그램이 실행되는 과정을 살펴보고자 한다.

제어 신호는 제어장치의 출력 신호이다. 제어 신호의 목록을 구하기 위하여 그 동안 우리는 다음과 같은 과정을 거쳐왔다.

- **7.1 프로그래머 모델**: 중앙처리장치 내부의 구조와 외부 기억장치 및 입출력 장치 연결 방법 등과 같은 하드웨어 구조가 먼저 정의되어 있어야 한다. 제어장치는 프로그래머 모델로부터 제어해야 할 대상을 알 수 있다.
- **7.2 명령어 형식**: 명령어를 정의하기 전에 명령어 형식을 정의한다.
- **7.3 명령어 집합**: 컴퓨터가 실행할 명령어 집합과 각 명령어에 대한 명령어 코드가 정의되어 있어야 한다. 제어장치는 명령어의 동작 코드를 디코드하여 명령어를 인식한다.
- **7.4 명령어 사이클 정의**: 컴퓨터의 명령어 사이클이 정의되어 있어야 한다. 제어장치는 명령어 사이클을 구성하는 단계들을 진행시킨다.
- **7.5 마이크로오퍼레이션**: 명령어 사이클의 인출 단계와 실행 단계의 각 명령어에 대한 마이크로오퍼레이션이 정의되어 있어야 한다. 제어장치는 마이크로오퍼레이션이 실행될 수 있도록 제어 신호를 생성한다.

이제 어떤 제어 신호가 필요한지 파악할 때이다. 제어 신호를 추출하는 과정은 다음과 같다.

- **마이크로오퍼레이션 선택**: 명령어 사이클과 명령어 집합에 대하여 정의되어 있는 마이크로오퍼레이션을 분석하여, 서로 중복되지 않는 마이크로오퍼레이션들의 목록을 구한다.
- **데이터 전달 경로 설계**: 선택된 마이크로오퍼레이션 목록을 분석하여, 마이크로오퍼레이션이 의미하는 동작이 실행될 수 있도록 실행부의 데이터 전달 경로를 설계한다. 이 과정에서 프로그래머 모델의 하드웨어가 더 정교해질 수 있다.
- **제어 신호 할당**: 제어장치가 생성해야 할 제어 신호 목록을 구하고 데이터 전달 경로에 제어 신호를 할당한다.

• 검증: 명령어 사이클과 명령어 집합에 대한 마이크로오퍼레이션이 제어 신호가 명시된 데이터 전달 경로 상에서 실행될 수 있는지 검증한다.

〈7.6.1〉 마이크로오퍼레이션 선택

〈표 7-15〉는 명령어 처리 과정에 포함된 마이크로오퍼레이션 중에 중복되지 않은 마이크로오퍼레이션을 선택한 결과이다. 제어장치가 적절한 시간에 이 마이크로오퍼레이션들을 실행할 수 있도록 제어신호를 생성한다면, ToyCOM의 모든 동작을 제어할 수 있다. 중앙처리장치의 구성 요소 별로 고려한 사항은 다음과 같다.

- 프로그램 카운터는 독자적으로 증가, 인터럽트 벡터 적재, 그리고 목적지 주소를 결정할 수 있어야 한다.
- 상태 레지스터는 자체적으로 플래그의 값을 변경할 수 있어야 하며, 인터럽트를 처리할 때 스택에 저장, 복귀해야 하므로 데이터 버스에 연결될 필요가 있다.
- 범용 레지스터는 데이터 버스를 통한 데이터 전달 이외에 연산을 위하여 오퍼랜

표 7-15 마이크로오퍼레이션 선택 결과

동작 대상	마이크로오퍼레이션 목록			수
PC	PCH ← MBR PC ← PC + 1	PCL ← MBR PC ← 2 x n	 PC ← PC + IRH[10:8]:IRL	5
IR	IRH ← MBR	IRL ← MBR		2
SP	SP ← SP - 1	SP ← SP + 1		2
SR	SR.C ← 0 SR.IE ← 0	SR.C ← 1 SR.IE ← 1	 SR ← MBR	5
Rx	Rx ← IRL Rx ← Rx + 1 Rx ← Rx' Rx ← ARL Rx Rx ← Rx1 + Rx2 + SR.C Rx ← Rx1 & Rx2	Rx ← MBR Rx ← Rx − 1 Rx ← SHL Rx Rx ← ASR Rx Rx ← Rx1 - Rx2 Rx ← Rx1 | Rx2	Rx ← Rx Rx ← -Rx Rx ← SHR Rx Rx ← Rx1 + Rx2 Rx ← Rx1 - Rx2 - SR.C Rx ← Rx1 ^ Rx2	18
MAR	MAR ← PC	MAR ← SP	MAR ← Rx+1:Rx	3
MBR	MBR ← Rx MBR ← SR	MBR ← PCL	MBR ← PCH	4
기억장치	MBR ← Mem[MAR]	Mem[MAR] ← MBR		2
합계				41

드를 제공하고 연산 결과를 저장하기 할 수 있어야 한다. 범용 레지스터는 모두 LBus로 연결되어야 하고, 인덱스가 짝수인 범용 레지스터는 기억장치 상위 주소를 저장하는 기능이 있으므로 HBus로도 연결되어야 한다.

다음 단계는 마이크로오퍼레이션이 프로그래머 모델에서 실행될 수 있는지 확인하고, 만일 실행될 수 없다면 프로그래머 모델을 수정해야 한다. [그림 7-1]의 프로그래머 모델은 이미 마이크로오퍼레이션이 모두 실행될 수 있도록 만들어져 있다.

〈7.6.2〉 제어신호 할당

다음 단계는 프로그래머 모델에 제어 신호를 할당하는 것이다. 〈표 7-15〉의 마이크로오퍼레이션은 각종 레지스터에 대한 데이터 전달, 프로그램 카운터, 스택 포인터, 연산기, 상태 레지스터, 그리고 기억장치에서의 동작으로 구성되어 있다.

레지스터의 데이터 전달을 제어하는 제어 신호의 이름을 부여하기 위하여 다음과 같은 규칙을 사용하기로 한다.

[I/O][레지스터 이름][H/L/A]	// '/'는 여러 개 중 하나를 선택함을 나타낸다.

- 접두어 [I/O]: 내부 버스에서 데이터를 적재할 때 접두어 I를 붙이고, 내부 버스로 데이터를 출력할 때 접두어 O를 붙인다.
- 레지스터 이름: 중간에 제어신호가 할당되는 레지스터 이름을 적는다.
- 접미어 [H/L/A]: 레지스터 이름 다음에 특별히 사용하는 버스를 표시할 필요가 있다면, 내부 버스의 종류인 HBus, LBus, ABus에 따라 접미어 H, L, 혹은 A를 붙인다.

예를 들면, IIRL은 LBus에서 IRL로 데이터를 적재하는 제어신호이고, OMBRL은 MBR의 데이터를 LBus로 출력하는 제어신호이다.

프로그램 카운터는 데이터 전송 이외에 다음과 같은 세 가지 동작을 더 수행한다. 연산기를 사용하지 않고 프로그램 카운터 자체적으로 이 기능들을 수행한다고 가정한다.

- PC ← PC+1: 명령어를 인출할 때, PC의 값을 증가시킨다. 이 동작을 유발하는 제어 신호의 이름을 IncPC로 정한다.
- PC ← 2 x n: 인터럽트 요청이 존재할 때 PC에 인터럽트 서비스 루틴의 시작 주소를 적재한다. 이 동작을 유발하는 제어 신호의 이름을 LdVec으로 정한다.
- PC ← PC+IRH[10:8]:IRL: 조건 분기 명령어에서 PC의 값에 변위를 더한다. 변위는 IR[10:0]에 저장되어 있다. 이 동작을 유발하는 제어 신호의 이름을 AddPC로 정한다.

스택 포인터는 푸시와 팝을 수행할 때 값을 증감하는 동작을 수행한다. 이것도 연산기를 사용하지 않고 스택 포인터에서 자체적으로 수행한다고 가정한다.

- SP ← SP-1: 스택에 푸시할 때 수행하는 마이크로오퍼레이션이다. 이 동작을 유발하는 제어 신호의 이름을 DecPC로 정한다.
- SP ← SP+1: 스택에서 팝할 때 수행하는 마이크로오퍼레이션이다. 이 동작을 유발하는 제어 신호의 이름을 IncPC로 정한다.

연산기의 동작이 필요한 마이크로오퍼레이션을 수행할 때는 레지스터 적재 및 저장 이외에 연산기의 동작을 결정하는 제어 신호가 더 필요하다. 연산기 동작을 제어하는데 필요한 제어 신호는 다음과 같이 16가지이다. 제어 신호의 기능을 제어 신호 이름에 의하여 알 수 있으므로, 설명을 생략한다.

- 연산기가 동작하지 않음: NOP
- 단항 마이크로오퍼레이션: INC, DEC, NEG, NOT, SHL, SHR, ASL, ASR
- 이항 마이크로오퍼레이션: ADD, ADC, SUB, SBC, AND, OR, XOR

상태 레지스터를 제어하기 위한 제어 신호는 다음과 같다.

- SR.C ← 0: 상태 레지스터의 자리올림수 플래그를 0으로 만든다. 제어 신호의 이름은 CLC이다.
- SR.C ← 1: 상태 레지스터의 자리올림수 플래그를 1로 만든다. 제어 신호의 이름은 STC이다.
- SR.IE ← 0: 상태 레지스터의 인터럽트 인에이블 플래그를 0으로 만든다. 제어 신호의 이름은 CLI이다.
- SR.IE ← 1: 상태 레지스터의 인터럽트 인에이블 플래그를 1로 만든다. 제어 신호

의 이름은 STI이다.

마지막으로 기억장치에 대한 마이크로오퍼레이션에 대한 제어 신호를 다음과 같이 정한다.

- MBR ← Mem(MAR): 기억장치 읽기 동작이다. 제어 신호를 RdMem으로 정한다. 기억장치를 읽을 때, MBR에 InMBRL 제어 신호가 함께 인가되어야 한다.
- Mem(MAR) ← MBR: 기억장치 쓰기 동작이다. 제어 신호를 WrMem으로 정한다.

〈표 7-17〉의 마이크로오퍼레이션들을 구동하기 위한 제어 신호를 구한 후, 제어 신호를 동작 대상 별로 정리한 목록이 〈표 7-18〉이고, 프로그래머 모델 위에 연산기 제어 신호를 제외한 나머지 제어 신호를 함께 표시한 것이 [그림 7-10]이다. 제어 신호들은 모두 제어장치에서 공급된다.

표 7-18 제어 신호 목록

동작 대상	제어 신호		
	레지스터 입력	레지스터 출력	기타
PC	IPCH, IPCL	OPCH, OPCL	IncPC, AddPC, LdVec
IR	IIRH, IIRL	OIRH, OIRL	
SP		OSP	IncSP, DecSP
SR	ISRL	OSRL	CLC, STC, CLI, STI
Rx	IRxL, IRxA	ORxH, ORxL	INC, DEC, NEG, NOT, SHL, SHR, ASL, ASR NOP, ADD, ADC, SUB, SBC, AND, OR, XOR
MAR	IMAR		
MBR	IMBRH, IMBRL	OMBRH, OMBRL	
기억장치			RdMem, WrMem

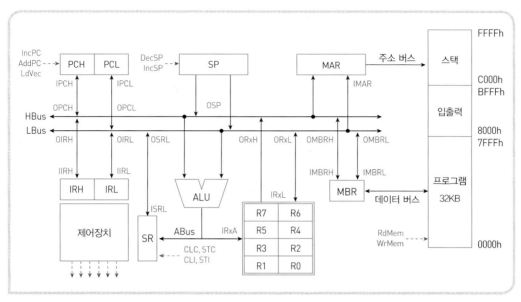

그림 7-10 제어 신호가 부여된 데이터 전달 경로

〈 7.6.3 〉 검증

간단한 예제 프로그램이 ToyCOM 상에서 실행되는 것을 살펴봄으로써, 프로그램이 실행될 때 컴퓨터 내부에서 발생하는 동작을 클럭 단위로 살펴보자. 예제로 사용할 프로그램은 [그림 7-11]과 같다. 시스템이 리셋되면, 프로그램 카운터와 스택 포인터는 0으로 초기화된다. 다른 레지스터들도 모두 0으로 초기화된다고 가정한다. 프로그램은 다음과 같이 해석된다.

번호	주소:	기계어 코드	명령어		기능 설명
1.	0000:	80FE	BR	100h	// 100h 번지로 무조건 분기
2.	0100:	0920	LDI	R1, #20h	// R1 ← 20h
3.	0102:	0A40	LDI	R2, #40h	// R2 ← 40h
4.	0104:	F8FA	CALL	200h	// CALL 200h
5.	0106:	0001	HALT		// 프로그램 종료
6.	0200:	2828	ADD	R0, R1, R2	// R0 ← R1+R2
7.	0202:	4800	RET		// 리턴

그림 7-11 예제 프로그램

301

- 라인 1: 기억장치 0번지에 'BR 100h'에 해당하는 명령어인 80FEh가 저장되어 있다. 명령어의 변위 필드의 값은 100h − 2 = 0FEh이다. 이 명령어를 실행한 후, PC=100h으로 설정된다.
- 라인 2: 명령어는 0920h이고, 이것은 'LDI R1,#20h'이다. 명령어 실행 후, PC=102h, R1=20h로 설정된다.
- 라인 3: 명령어는 0A40h이고, 이것은 'LDI R2,#40h'이다. 명령어 실행 후, PC=104h, R2=40h로 설정된다.
- 라인 4: 명령어는 F8FA이고, 이것은 'CALL 200h'이다. 프로그램 카운터의 값이 스택에 저장되어야 하고, 이때 프로그램 카운터의 값은 0106h이므로, 명령어 실행 후 기억장치와 레지스터의 값은 Mem[FFFFh]=01h, Mem[FFFeh]=06h, SP = FFFeh, PC=0200h으로 변한다.
- 라인 6: 명령어는 2828h이고, 이것은 'ADD R0, R1, R2'이다. 명령어 실행 후, PC=0202h, R0=60h로 설정된다.
- 라인 7: 명령어는 4800h이고, 이것은 'RET'이다. 이 명령어는 스택에서 복귀 주소를 찾아 리턴한다. 명령어 실행 후, SP=0000h, PC=0106h로 설정된다.
- 라인 5: 마지막으로 수행할 명령어는 0001h이고, 이것은 'HALT'이다. ToyCOM은 HALT 상태로 들어가 동작을 중단한다.

이 프로그램은 ToyCOM의 명령어 사이클에 따라 동작이 진행된다. 인출 단계와 실행 단계를 반복하다가, 마지막에 정지 단계로 들어간다. 인출 단계의 동작과 각 단계 별로 생성되는 제어신호는 〈표 7-19〉와 같고, 이것을 클럭에 맞춘 시간 단위 표시한 것이 [그림 7-12]의 타이밍 다이어그램이다. 그 해석은 다음과 같다.

- 클럭의 첫 번째 구간에서 제어 신호 IMAR, OPCH, OPCL이 동시에 생성된다. 이에 따라 PC의 데이터가 HBus와 LBus로 출력되고, 이 데이터가 MAR로 적재된다.
- 두 번째 클럭 구간에서 제어 신호 RdMem과 IncPC가 생성된다. 이에 따라 MAR의 주소가 기억장치로 인가되고, 기억장치에서 읽은 데이터가 MBR로 적재된다. 또한 PC에 인가된 IncPC에 의하여 PC의 값이 증가한다.
- 세 번째 클럭 구간에서 IIRL과 OMBRL이 인가된다. 따라서 MBR의 데이터가 LBus로 출력되고 이 값은 IRL로 적재된다.
- 이후 세 개의 클럭 구간 동안에 명령어의 상위 바이트를 읽어 IRH에 저장하고 PC

를 증가시킨다.

표 7-19 인출 단계 제어신호

마이크로오퍼레이션	제어 신호		
	입력	출력	기타
MAR ← PC	IMAR	OPCH, OPCL	
MBR ← Mem(MAR), PC ← PC + 1			RdMem, IncPC
IRL ← MBR	IIRL	OMBRL	
MAR ← PC	IMAR	OPCH, OPCL	
MBR ← Mem(MAR), PC ← PC + 1			RdMem, IncPC
IRH ← MBR	IIRH	OMBRH	

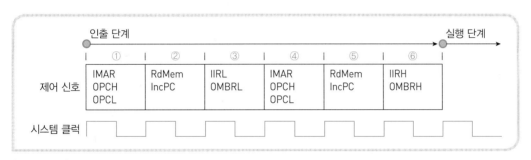

그림 7-12 인출 단계의 타이밍 다이어그램

　인출 단계 다음에는 실행 단계로 이어진다. 예제 프로그램의 명령어들이 실행될 때 발생하는 제어 신호는 〈표 7-20〉과 같다. 실제로는 매 명령어가 실행될 때마다 [그림 7-12]의 명령어 인출 단계가 수행된다. 해당 클럭 사이클 동안에 마이크로오퍼레이션을 구동하기 위한 제어 신호들이 동시에 인가된다. CALL 명령어를 실행하는데 9개의 클럭 사이클이 소요되고, RET 명령어를 실행하는데 6개의 클럭 사이클이 소요된다. 나머지 명령어들은 한 개의 클럭 사이클을 소모한다.

표 7-20　명령어 실행 단계의 제어 신호

명령어	단계	마이크로오퍼레이션	제어 신호		
			입력	출력	기타
BR 100h	1	PC ← PC + offset		OIRH, OIRL	AddPC
LDI R1,#20h	1	R1 ← 20h	IR1L	OIRL	
LDI R2,#40h	1	R2 ← 40h	IR2L	OIRL	
CALL 200h	1	SP ← SP – 1			DecSP
	2	MAR ← SP	IMAR	OSP	
	3	MBR ← PCH	IMBRH	OPCH	
	4	Mem(MAR) ← MBR			WrMem
	5	SP ← SP – 1			DecSP
	6	MAR ← SP	IMAR	OSCP	
	7	MBR ← PCL	IMBRL	OPCL	
	8	Mem(MAR) ← MBR			WrMem
	9	PC ← PC + offset		OIRH, OIRL	AddPC
HALT	1	-	-	-	-
ADD R0,R1,R2	1	R0 ← R1 + R2	IR0A	OR1H, OR2L	ADD
RET	1	MAR ← SP	IMAR	OSP	
	2	MBR ← Mem(MAR)		IMBRL	RdMem
	3	PCL ← MBR, SP ← SP+1	IPCL	OMBRL	IncSP
	4	MAR ← SP	IMAR	OSP	
	5	MBR ← Mem(MAR)		IMRBL	RdMem
	6	PCH ← MBR, SP ← SP+1	IPCH	OMBRH	IncSP

7.7　요약

이 장에서 소개한 ToyCOM은 RISC 형식의 특징을 반영한 8비트 프로세서이다. 아주 간단하지만 중앙처리장치를 설계하는 과정과 동작 원리를 이해하는데 많은 도움이 될 것이다. ToyCOM은 64KB의 기억장치와 8개의 범용 레지스터를 갖고 있다.

ToyCOM의 데이터 전달 명령어는 적재, 저장, 레지스터간 데이터 전달, 그리고 PUSH와 POP 명령어로 구성되어 있다. 데이터 전달 명령어만이 기억장치의 데이터를 액세스한다. 이것은 RISC 특징 중 하나이다. 데이터 처리 명령어는 레지스터 간에만 연산을 수행하는데, 이것도 RISC 특징 중 하나이다. 프로그램 제어를 위하여 비교 명령어와 자리올림수 플래그와 인터럽트 가능 플래그를 조작하는 명령어가 있다. 프로그램 제어 명령어는 상대 주소지정방식으로 목적지 주소를 표현하며, 변위를 표현하는데 11비트를 사용한다. 따라서 기억장치 공간의 임의 영역으로 분기하지 못하는 제한 사항이 존재한다. 이외에 시스템 관리를 위한 NOP와 HALT 명령어가 마련되어 있다.

ToyCOM은 인출 단계, 실행 단계, 정지 단계, 인터럽트 단계로 구성되는 명령어 사이클을 갖는다. 기억장치 0번지부터 2바이트 간격으로 시스템 리셋, HALT, 외부 인터럽트에 대한 인터럽트 벡터를 저장한다.

그 다음 단계로 각 명령어 사이클에 대한 마이크로오퍼레이션을 정의하였다. 이때 ToyCOM의 프로그래머 모델을 참고하여, 한 개의 클럭 사이클 구간에 한 번의 레지스터 전송 동작이 수행될 수 있도록 명령어 실행 단계를 설계하였다.

마지막으로 ToyCOM의 프로그래머 모델을 구동하는데 필요한 제어 신호를 제시하고, 간단한 예제 프로그램을 통하여 하드웨어가 어떻게 동작하는지 검증하였다. 컴퓨터가 프로그램을 실행하는 과정을 명령어 단위로 명령어 사이클을 수행하면서, 그것을 더 세분하여 클럭 단위로 마이크로오퍼레이션을 수행하는 과정을 이해하기 바란다.

7.1 프로그래머 모델

01 ToyCOM의 구조에 대하여 빈칸을 채우거나 옳은 것을 선택하라.

(1) ToyCOM의 기억장치 용량은 ____KB이다.
(2) PC(Program Counter)는 기억장치 주소를 나타내므로 ____비트이다.
(3) ToyCOM의 명령어 길이는 ____비트이고, ____개의 기억장소를 차지한다.
(4) IR(Instruction Register)은 ____비트이다.
(5) SP(Stack Pointer)는 시스템 스택의 주소를 나타내므로 ____비트이다.
(6) MBR(Memory Buffer Register)은 기억장치의 데이터 버스를 구동하므로 ____비트이다.
(7) ToyCOM은 입출력 장치를 메모리 맵으로 연결하기 때문에 입력(input)과 출력(output) 명령어를 제공할 필요가 (없다, 있다).

02 상태 레지스터 안에 있는 SR.IR(인터럽트 요청 플래그)의 용도는?

① 인터럽트 요청이 발생하였음을 표시한다.
② 연산기의 연산 결과를 사용할 수 있음을 표시한다.
③ ToyCOM이 인터럽트 요청을 허가한다는 것을 표시한다.
④ ToyCOM이 인터럽트 요청을 허가하지 않는다는 것을 표시한다.

03 상태 레지스터 안에 있는 SR.IE(인터럽트 가능 플래그)의 용도는?

① 인터럽트 요청이 발생하였음을 표시한다.
② 연산기의 연산 결과를 사용할 수 있음을 표시한다.
③ ToyCOM이 인터럽트 요청을 허가한다는 것을 표시한다.
④ ToyCOM이 인터럽트 요청을 허가하지 않는다는 것을 표시한다.

04 레지스터 중에서 기억장치 주소를 저장하는 용도가 아닌 것은?

① PC
② MAR
③ SP
④ IR

7.2 명령어 형식

01 명령어 형식에 대한 설명 중 옳은 것을 모두 선택하라.

① 프로세서는 한 가지 명령어 형식을 사용한다.

② 명령어 종류 별로 명령어 형식이 다를 수 있다.

③ 대부분의 프로세서가 사용하는 명령어 형식이 같다.

④ 명령어 형식의 길이는 일반적으로 기억장치 단어 수의 배수이다.

02 명령어 형식의 동작 코드(opcode) 필드 길이에 영향을 주는 요소는?

① 명령어의 수　　　　　　　　② 레지스터의 수

③ 기억장치 용량　　　　　　　④ 주소 필드의 수

03 ToyCOM의 명령어 형식에 대하여 질문에 답하라.

(1) 범용 레지스터를 지정하는데 필요한 비트 수는?

(2) 즉치 주소지정방식으로 표현할 수 있는 정수의 범위는?

(3) 상대 주소지정방식에서 분기할 수 있는 주소의 범위는?

04 ToyCOM의 데이터 전달 명령어에 사용된 주소지정방식이 아닌 것은?

① 즉치 주소지정방식　　　　　② 직접 주소지정방식

③ 레지스터 주소지정방식　　　④ 레지스터 간접 주소지정방식

05 ToyCOM 명령어 형식 중에서 명령어 형식 3의 동작 코드(opcode)의 값이 한 가지로 고정되어 있다면, 부동작 코드 필드의 값을 다르게 부여하여 몇 개의 명령어를 만들 수 있는가?

7.3 명령어 집합

01 다음 레지스터 전송 언어가 나타내는 동작에 대한 ToyCOM의 명령어와 명령어 코드를 16진수로 적어라. 만일 해당하는 명령어가 없다면, 없다고 표시하라.

(1) R5 ← #45h

(2) R4 ← R7

(3) Mem(R7:R6) ← R5

(4) R1 ← R2 + Mem(500)

02 다음 데이터 처리 명령어에 대한 명령어 코드를 구하라.

(1) INC R2

(2) NOT R4

(3) SUB R0, R0, R2

(4) XOR R1, R6, R7

03 레지스터의 값이 다음과 같다. 명령어 코드에 대한 데이터 처리 명령어를 구하고, 해당 명령어를 실행한 후 변경되는 레지스터의 값을 구하라. 단, 연속적으로 실행되는 것이 아니다.

R0 = 2Fh	R1 = A8h	R2 = 23h	R3 = 80h
R4 = 9Bh	R5 = 0Fh	R6 = 54h	R7 = 39h

(1) 명령어 코드: 336Eh (2) 명령어 코드: 2202h

(3) 명령어 코드: 2101h (4) 명령어 코드: 3194h

04 레지스터의 값이 3번 문제와 같을 때, CMP R2, R6를 실행한 후 상태 레지스터의 값을 구하라.

(1) SR.Z (2) SR.S

(3) SR.C (4) SR.V

05 다음 중 CLI(Clear Interrupt flag) 명령어를 사용해야 할 때는?

① 임계 영역에 들어갈 때

② 서브루틴을 호출하기 전에

③ 인터럽트 서비스 루틴을 마칠 때

④ 자리올림수 플래그를 0으로 만들고자 할 때

06 조건 분기 명령어 중에 명령어 코드가 같은 것의 번호를 적어라.

① BRC ② BRAE

③ BRBE ④ BRGE

07 상태 레지스터의 값이 다음과 같다. 조건 분기 명령어가 기억장치 [2101:2100h]에 저장되어 있다. 조건 분기 명령어에 대한 명령어 코드를 구하고, 실행된 후 PC의 값을 구하라. 분기 명령어를 실행할 때 PC의 값은 2102h이다.

SR.Z = 0	SR.S = 1	SR.C = 1	SR.V= 1

(1) BRC + 20h   (2) BRAE − 20h

(3) BRLT + 10h   (4) BRGT − 10h

08 ToyCOM의 명령어 집합에서 스택 포인터의 변화가 가장 큰 명령어는?

① PUSH Rs   ② CALL target

③ RET   ④ RETI

09 ToyCOM의 명령어 집합에서 명령어 코드가 0000h인 명령어는?

① INT   ② LD

③ NOP   ④ HALT

10 ToyCOM의 명령어 집합에 다음과 같은 명령어를 추가하려고 한다. 기존의 명령어 코드와 중복되지 않도록 명령어 코드를 할당하라.

명령어	비트 패턴					동작
	15 - 11	10 - 8	7 - 5	4 - 2	1 - 0	
MFSP SP, (Rs+1:Rs)						SP[15:8] ← Rs+1, SP[7:0] ← Rs
MTSP (Rd+1:Rd),SP						Rs+1 ← SP[15:8], Rs ← SP[7:0]
PUSHSR						SP ← SP + 1/Mem(SP) ← SR
POPSR						SR ← Mem(SP)/SP ← SP − 1

7.4 명령어 사이클

01 ToyCOM의 명령어 사이클 중 인출 단계에서 PC의 값은 어떻게 변하는가?

① 1 감소한다.   ② 1 증가한다.

③ 2 감소한다.   ④ 2 증가한다.

02 ToyCOM의 명령어 사이클 중 실행 단계는 몇 개의 클럭 사이클을 소모하는가?

① 2개   ② 4개

③ 6개   ④ 명령어마다 다르다.

03 ToyCOM의 명령어 사이클에서 인터럽트 단계가 끝난 후 다음 단계는?

① 인출 단계   ② 실행 단계

③ 정지 단계   ④ 인터럽트 단계

7.5 마이크로오퍼레이션

01 ToyCOM의 16비트 레지스터인 IR를 두 개의 8비트 레지스터 IRH와 IRL로 분리해야 하는 이유는?

① 기억장치 주소가 8비트이기 때문에

② 상태 레지스터가 8비트이기 때문에

③ IR을 범용 레지스터 중 하나로 전달해야 하기 때문에

④ 기억장치의 데이터를 8비트 단위로 액세스하기 때문에

02 ToyCOM의 16비트 레지스터인 프로그램 카운터(PC)를 두 개의 8비트 레지스터 PCH와 PCL로 분리해야 하는 이유는?

① PC를 SP로 저장해야 하기 때문에

② PC를 스택에 저장해야 하기 때문에

③ 기억장치 주소가 8비트이기 때문에

④ 분기 목적지가 8비트의 상대 주소지정방식이기 때문에

03 명령어 인출 단계에 관여하지 않는 레지스터는?

① PC   ② MAR

③ MBR   ④ SP

04 실행할 때 클럭 사이클을 가장 많이 소모하는 ToyCOM 명령어는?

① BR

② LDI

③ CALL

④ PUSH

05 ToyCOM에서 16비트 데이터를 기억장치에 저장하는 마이크로오퍼레이션을 올바로 설명한 것은?

① MAR을 사용하지 않고 기억장치에 저장한다.

② MBR을 사용하지 않고 기억장치에 저장한다.

③ 16비트 데이터를 한 번에 기억장치에 저장한다.

④ 16비트 데이터를 두 번에 나누어 기억장치에 저장한다.

06 조건분기 명령어에 대한 마이크로오퍼레이션을 정의할 때 상태 레지스터의 출력을 어떻게 처리하는가?

① IR 레지스터의 값에 더하여 PC의 입력 값으로 사용한다.

② 상태 레지스터의 출력은 조건분기 명령어와 관련이 없다.

③ 분기 조건을 계산하기 위하여 별도의 클럭 사이클을 필요로 한다.

④ PC의 값을 변경할지 판단하는 조건으로 사용한다.

07 시스템 리셋 후 다음과 같은 프로그램을 실행할 때, 정지 단계까지 필요한 클럭 수를 적어라.

주소	명령어		인출 단계 클럭 수	실행 단계 클럭 수	소계
0000h	BR	100h			
...					
0100h	LDI	R1, #20h			
0102h	LDI	R2, #40h			
0104h	CALL	0200h			
0106h	HALT				
...					
0200h	ADD	R0, R1, R2			
0202h	RET				
총계					

7.6 제어 신호

01 [그림 7-10]에 제어 신호 IR2A, OR0H, OR1L, SUB가 동시에 인가될 때 실행하는 마이크로 오퍼레이션은?

    ① R0 ← R1 + R2　　　　　　　② R0 ← R1 − R2

    ③ R2 ← R0 + R1　　　　　　　④ R2 ← R0 − R1

02 [그림 7-10]의 데이터 전달 경로에서 실행할 수 있는 마이크로오퍼레이션은?

    ① SP ← PC　　　　　　　　　② PCL ← R0

    ③ IR ← MAR　　　　　　　　　④ PC ← MAR

제어장치

08 제어장치

'7장 중앙처리장치 설계'에서 이 교재에서 교육용으로 개발한 ToyCOM의 프로그래머 모델을 제시하고, 명령어 집합을 설계하고, 명령어 사이클을 정의하고, 마이크로오퍼레이션을 정의하고, 제어 신호를 추출하고, 마지막으로 간단한 예제 프로그램이 ToyCOM 상에서 실행되는 과정을 살펴보았다. 중앙처리장치 중에서 이제 다루지 않은 부분은 제어장치이다. 이 장은 제어장치의 기능과 구조, 그리고 동작 원리를 이해하는데 목적이 있다.

제어장치는 순서 제어와 동작 제어를 담당하며 컴퓨터의 모든 제어 신호를 생성한다. '8.1 제어장치 기능'에서 제어장치의 순서 제어와 동작 제어 기능을 설명하고, 제어장치로 입력되는 신호의 역할에 대하여 설명한다. '8.2 제어장치 종류'는 제어장치를 순차 논리회로로 구현하는 하드와이어드 방법과 기억장치로 구현하는 마이크로프로그램 방법에 대하여 구조와 특징을 소개한다. 각 구현 방법을 8.3절과 8.4절에서 소개한다. 하드와이어드 제어장치는 타이밍 신호 발생기, 명령어 디코더, 제어 신호 발생기로 구성되어 있다. 마이크로프로그램 제어장치는 제어 기억장치와 순서 제어기로 구성되어 있다.

8.1 제어장치 기능

컴퓨터 시스템을 포함한 모든 디지털 시스템은 [그림 8-1]과 같이 제어부(control path)와 실행부(data path)로 나누어 구현된다. 실행부는 외부에서 입력된 데이터를 처리하여 출력 데이터를 생성한다. 제어부는 실행부에서 상태 신호를 입력으로 받고 실행부의 동작을 제어하기 위한 제어 신호를 제공한다.

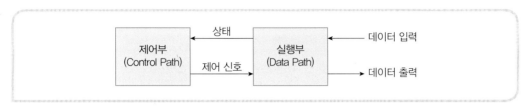

그림 8-1 디지털 시스템의 구조

컴퓨터 시스템의 실행부는 프로그래머 모델에 해당한다고 볼 수 있으며, 중앙처리장치 내부의 레지스터, 연산기, 그리고 중앙처리장치 외부의 기억장치와 입출력장치로 구성된다. 제어부는 중앙처리장치 내부의 제어장치에 해당한다. 제어장치의 입력 신호는 명령어 레지스터, 상태 레지스터, 그리고 제어 버스 중 일부이고, 제어장치의 출력 신호는 실행부의 모든 소자를 제어한다.

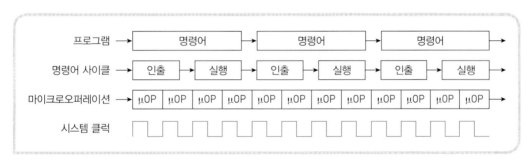

그림 8-2 프로그램 실행 과정

컴퓨터 시스템은 프로그램을 실행하는 기계이고, 이를 위하여 컴퓨터 시스템은 [그림 8-2]와 같이 계층적으로 프로그램을 실행한다. 프로그램은 명령어들의 집합이고, 한 개의 명령어는 명령어 사이클을 구성하는 인출 단계와 실행 단계로 구성되어 있고, 각 단계는 여러 개의 마이크로오퍼레이션으로 구성되어 있다.

제어장치의 기능은 궁극적으로 프로그램이 실행되도록 만드는 것이다. 즉, 제어장치는 명령어 사이클이 돌아가도록 만들고 마이크로오퍼레이션을 수행하기 위한 제어신호를 생성해야 한다. 제어장치는 프로그램을 수행하기 위하여 다음과 같은 두 가지 기능을 수행한다.

- 순서 제어(sequence control): 프로그램을 실행하도록 명령어 사이클을 진행시킨다. 제어장치는 현재 실행하고 있는 명령어 사이클의 어떤 단계가 실행 중인지 알고 있어야 하고, 각 단계의 동작을 마치면 다음 단계를 실행하도록 제어하여야 한다.

- 동작 제어(operation control 또는 execution control): 명령어 사이클의 각 단계에서 실행해야 할 마이크로오퍼레이션을 수행하도록 만든다. 이를 위하여 제어장치는 각 단계에서 필요로 하는 제어 신호를 생성하여야 한다.

제어장치는 조합 논리소자와 순서 논리소자를 사용하는 하드와이어드 방식과 기억장치를 사용하는 마이크로프로그램 방식으로 구현될 수 있다. 하드와이어드 방식은 내부적으로 명령어 사이클을 제어하기 위한 상태 머신(state machine)을 구동하여 순서 제어를 처리하고, 마이크로프로그램 방식은 순서 제어기(sequencer)를 사용하여 순서 제어를 처리한다.

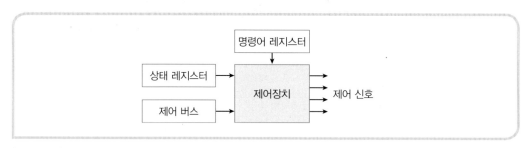

▌그림 8-3 ▎제어장치의 입력과 출력

[그림 8-3]은 제어장치의 입력과 출력 신호를 보여준다. 각 입력 신호는 다음과 같은 역할을 한다.

- 명령어 레지스터(IR): 제어장치는 명령어 레지스터의 동작 코드(opcode)를 해독하여 현재 실행하고 있는 명령어를 인식한다.
- 상태 레지스터: 조건 분기와 같이 조건부 실행 여부를 판단하기 위하여 상태 레지스터의 플래그를 사용한다.
- 제어 버스: 시스템 버스 중 외부 장치에서 중앙처리장치로 입력되는 제어 신호를 사용하여 제어장치의 상태를 결정한다. 인터럽트 요청 신호와 DMA 동작과 관련된 버스 요청 신호가 그 예이다.

제어장치의 출력은 컴퓨터 내의 모든 구성 요소들의 동작을 제어하는 신호로 사용된다. 다음 절에서는 제어장치를 논리회로로 구현하는 방법과 기억장치로 구현하는 예제를 제시함으로써, 하드와이어드 구현과 마이크로프로그램 구현의 특성을 살펴본다.

일반적으로 논리회로를 논리소자 또는 기억장치로 구현할 수 있다. 논리소자 구현 방법은 설계 사양으로부터 간소화된 논리식을 구하고 그 논리식을 논리 게이트와 플립플롭으로 구현한다. 반면에 기억장치 구현 방법은 2진수로 표현된 설계 사양을 직접 기억장치로 구현할 수 있다. 이때 사용되는 기억장치를 제어 기억장치(control memory)라고 부른다. 제어 기억장치의 주소는 회로의 입력 신호에 해당하고, 제어 기억장치에 저장된 데이터는 출력 신호에 해당한다. 이 절에서는 조합 논리회로와 순차 논리회로를 제어 기억장치로 구현하는 예를 제시한다.

8.2.1 조합 논리회로 구현

전가산기(full-adder)는 조합 논리회로이다. 전가산기를 논리회로로 구현하려면, 먼저 [그림 8-4(a)]의 전가산기 진리표(truth table)를 구한 후, 각 출력 신호를 논리식([그림 8-4(b)])으로 표현하고, 논리식에 대한 논리 회로도([그림 8-4(c)])를 구한다.

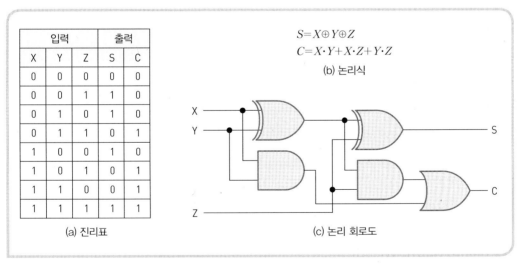

입력			출력	
X	Y	Z	S	C
0	0	0	0	0
0	0	1	1	0
0	1	0	1	0
0	1	1	0	1
1	0	0	1	0
1	0	1	0	1
1	1	0	0	1
1	1	1	1	1

(a) 진리표

$$S = X \oplus Y \oplus Z$$
$$C = X \cdot Y + X \cdot Z + Y \cdot Z$$

(b) 논리식

(c) 논리 회로도

그림 8-4 전가산기

전가산기에 대한 진리표를 직접 기억장치에 구현함으로써, 전가산기를 기억장치로 구현할 수 있다. 전가산기를 기억장치로 구현한 예는 [그림 8-5]이다. 회로의 입력 신호를 기억장치의 주소로 사용하고, 기억장치의 데이터를 출력 신호로 사용한다. 기억장치를 사용하여 조합 회로를 구현할 경우, 간소화한 논리식을 구할 필요가 없다.

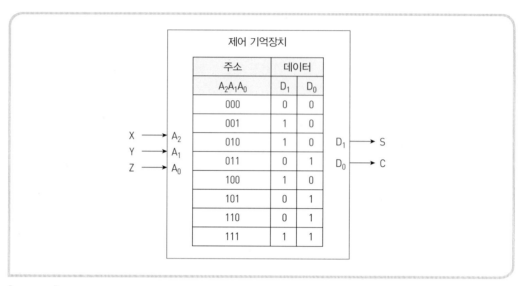

그림 8-5 기억장치로 구현한 전가산기

<8.2.2> 순차 논리회로 구현

8.2.2 순차 논리회로 구현

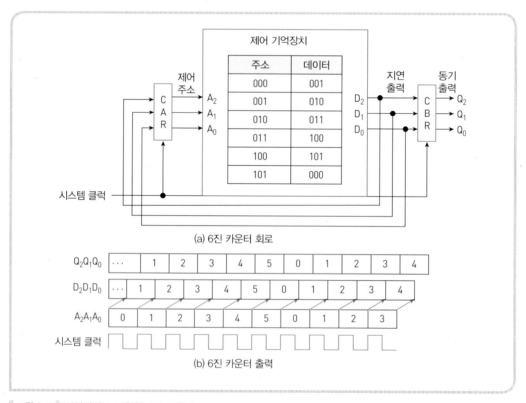

그림 8-6 기억장치로 구현한 6진 카운터

기억장치를 사용하여 순차 논리회로도 구현할 수 있다. 기억장치를 사용하여 순차 논리회로를 구현하려면, 피드백 경로가 필요하다. 예를 들어, [그림 8-6(a)]는 6진 카운터를 구현한 것이다. 두 개의 레지스터는 시스템 클럭에 의해 동작 시기가 제어된다. 6진 카운터는 0부터 5까지 반복하여 카운트한다. 기억장치의 주소 n번지는 다음 상태에 해당하는 [(n+1) mod 6]의 값을 갖는다. [그림 8-6(b)]는 카운터의 출력 파형이다. 기억장치는 논리회로보다 동작 지연 시간이 길다. 이 회로는 다음과 같이 동작한다.

- 제어주소 $A_2A_1A_0$가 인가된 후 기억장치를 액세스하는 지연 시간 이후에 클럭에 동기되지 않은 출력 신호 $D_2D_1D_0$가 출력된다.
- 기억장치의 출력 신호가 피드백되어 제어주소 레지스터(CAR, Control Address Register)로 입력된다. 이 레지스터의 출력이 클럭과 동기가 맞는 기억장치 주소 $(A_2A_1A_0)$로 사용된다.
- 시스템 클럭과 동기를 맞추기 위하여 제어버퍼 레지스터(CBR, Control Buffer Register)를 사용한다. 출력으로 $D_2D_1D_0$ 또는 $Q_2Q_1Q_0$ 중 하나를 사용할 수 있으나, 시스템 클럭과 동기가 맞는 출력은 $Q_2Q_1Q_0$이다.

논리소자 또는 기억장치를 사용하여 제어부와 실행부로 구성된 디지털 시스템의 제어부도 구현할 수 있다. 예를 들어, [그림 8-7(a)]의 간단한 디지털 시스템의 제어부를 구현해 보자. 제어부는 실행부에서 한 비트의 조건(condition) 신호 S를 받고, 두 비트의 제어 신호 C_1C_0을 출력한다. 조건 S는 실행부에서 제어부로 전달된다. 제어부는 0과 1 두 개의 상태(state)를 갖는 상태 머신(state diagram)으로 동작하며, 제어부의 상태는 조건 신호 S에 따라 [그림 8-7(b)]와 같이 변한다.

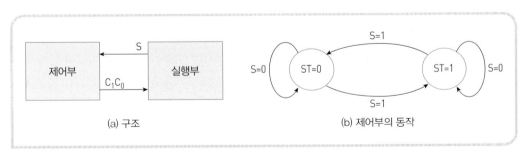

(a) 구조 (b) 제어부의 동작

그림 8-7 간단한 디지털 시스템의 구조 및 제어 상태도

표 8-1 제어 상태표

현재상태(ST)	조건 신호(S)	다음상태(ST)	플립플롭 입력 논리식
0	0	0	D = S
	1	1	
1	0	1	D = S'
	1	0	

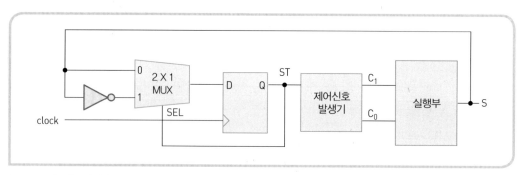

그림 8-8 하드와이어드 제어장치 구현

〈표 8-1〉은 [그림 8-7(b)]를 상태표(state table)로 표현한 것이고, 이 분석 결과에 따라 제어장치를 하드웨어로 구현한 구조가 [그림 8-8]이다. D 플립플롭의 출력이 현재상태에 해당한다. D 플립플롭은 D의 입력이 다음상태로 결정된다. 멀티플렉서는 D 플립플롭의 입력을 결정하며, 멀티플렉서의 출력이 다음상태를 결정한다. 현재상태가 0일 때, 다음 상태는 조건 신호 S와 같다. 즉, S=0이면 다음상태는 0이고, S=1이면 다음상태는 1이다. 현재상태가 1일 때, 다음 상태는 조건 신호의 반대 값(S′)이다. 즉, S=0이면 다음상태는 1이고, S=1이면 다음상태는 0이다. D 플립플롭의 상태를 참고하여 제어신호 발생기는 제어신호 $C_1 C_0$를 생성하여 실행부로 전달한다. 실행부는 조건 신호 S를 생성하고 이것이 다시 제어부로 피드백된다.

[그림 8-9]는 제어 기억장치를 사용하여 제어부를 구현한 회로이다. 제어 기억장치의 출력 중에서 제어 신호 부분을 시스템 클럭과 동기를 맞추기 위하여 레지스터를 사용하며, 이 레지스터를 제어버퍼 레지스터(CBR, Control Buffer Register)라고 한다. 제어 기억장치에 저장되어 있는 데이터를 제어단어(control word)라고 부른다. 이 회로는 다음과 같이 동작한다.

- 제어 단어 세 비트 중 $D_2 D_1$은 실행부로 제공되는 제어 신호이고, 마지막 비트인 D_0는 제어부로 피드백되어 다음상태를 결정한다.
- 제어 기억장치의 출력 중 제어 신호에 해당하는 $D_2 D_1$은, 클럭 신호와 동기를 맞추

기 위하여, CBR에 의하여 래치된 후 실행부의 제어 신호 C_1C_0로 전달된다. 실행부는 조건 신호를 생성하고, 이 신호는 제어부로 피드백된다.

- 기억장치의 두 비트의 주소 A_1A_0는 A_1=현재상태, A_0=조건 신호에 해당한다.

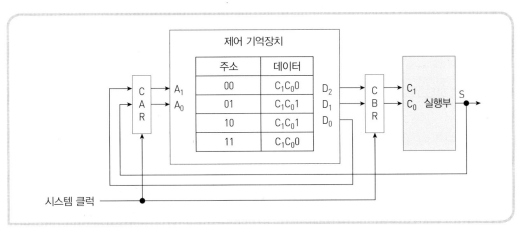

그림 8-9　마이크로프로그램에 의한 제어부 구현

〈8.2.3〉 특성 비교

제어장치의 특성을 비교한 것이 〈표 8-2〉이다. 논리회로에 의한 하드와이어드 구현 방법은 설계 명세서인 진리표, 상태도 또는 상태표로부터 간소화된 논리식을 구하고 상태도를 순차회로로 구현한다. 이 방법은 동작 속도가 빠르다는 장점이 있다. 그렇지만, 설계 명세서가 변경되면 구현 과정을 다시 반복하여야 하고, 기존의 회로를 다시 구현해야 한다는 단점이 있다. 이에 반하여, 기억장치를 사용하는 마이크로프로그램 구현 방법은 하드웨어 구현 과정이 간단하다. 설계 명세서가 변경되더라도, 회로는 변경되지 않으며 기억장치의 데이터만 수정하면 충분하다. 그렇지만, 기억장치가 논리회로보다 동작 속도가 느리다는 단점이 있다.

표 8-2　제어장치의 특성 비교

구분	하드와이어드 제어장치	마이크로프로그램 제어장치
구현 방법	조합, 순서 논리소자	제어 기억장치, 순서 제어기
구현 과정	간소화, 상태도. 복잡하고 어렵다.	마이크로프로그래밍. 간단하고 쉽다.
동작 속도	빠르다.	느리다.
회로 수정	복잡하다.	하드웨어는 항상 동일하다. 간단하다.
적용 분야	RISC	CISC

제어장치를 구현하는 하드와이어드 구현과 마이크로프로그램 구현도 위의 장단점을 그대로 이어받는다. 일반적으로 명령어 형식이 복잡한 CISC 형 프로세서는 마이크로프로그램 방식으로 구현하고, 명령어 형식이 간단한 RISC 형 프로세서는 하드와이어드 방식으로 구현하는 경향이 있다.

8.3 하드와이어드 제어장치

[그림 8-10]은 하드와이어드 제어장치의 구조이다. 외부에서 보면 명령어 레지스터, 상태 레지스터, 그리고 시스템 클럭이 입력으로 제공되고, 여러 개의 제어 신호를 출력한다. 하드와이어드 제어장치는 내부에 타이밍 신호 발생기(timing signal generator), 명령어 디코더(instruction decoder), 그리고 제어신호 발생기(control signal generator)를 포함하고 있다.

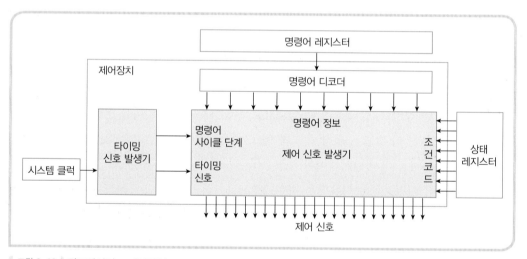

그림 8-10 하드와이어드 제어장치

제어 신호 발생기는 다음과 같은 세 가지 구성 요소가 제공하는 정보를 바탕으로 제어 신호를 생성한다.

- 타이밍 신호 발생기는 명령어 사이클에 포함되어 있는 단계를 구분하는 신호와 각 단계 안에서 몇 번째 클럭이 진행되고 있는지 나타내는 타이밍 신호를 생성한다.
- 명령어 디코더(명령어 해독기)는 명령어 레지스터에 포함되어 있는 동작 코드와

부동작 코드를 디코드하여 현재 처리하고 있는 명령어가 어떤 종류인지 구별한다.
- 명령어 실행부인 프로그래머 모델에서 전달되는 상태 레지스터는 제어장치에게 분기 명령어를 다룰 수 있도록 조건 코드를 제공한다.

제어장치의 두 가지 기능 중에서 순서 제어는 타이밍 발생기가 담당하고, 제어 신호 발생기가 생성한 제어 신호가 동작 제어를 담당한다.

⟨8.3.1⟩ 타이밍 신호 발생기

타이밍 신호 발생기는 명령어 사이클 단계를 구별하는 명령어 사이클 코드(ICC, Instruction Cycle Code)와 명령어 사이클 단계 안에서 몇 번째 클럭이 진행되고 있는지 나타내는 시퀀스 카운트(SCNT, Sequence Count)를 생성한다. [그림 8-11]은 타이밍 신호 발생기의 두 가지 출력 신호의 예이다. 명령어 사이클 코드(ICC)는 인출 단계와 실행 단계를 실행하고 나서 인출 단계로 들어가고, 인출 단계는 0부터 5까지 6개의 클럭을 소비하고, 실행 단계는 0부터 3까지 4개의 클럭을 소비한 예이다. 제어장치는 이 두 가지 입력 신호로부터 명령어 사이클의 어느 단계의 몇 번째 클럭이 진행되고 있는지 구분할 수 있다.

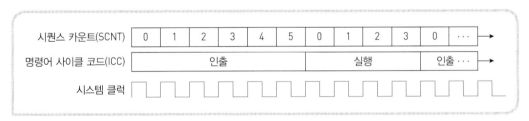

그림 8-11 타이밍 신호 발생기의 출력

명령어 사이클의 각 단계에서 소비하는 클럭 수가 같을 때 명령어 사이클 코드를 생성하는 회로를 카운터로만 구현할 수 있다. 그렇지 않은 경우는 명령어 사이클 코드 발생기를 상태 머신(state machine)으로 구현하고, 각 상태가 시작할 때 0부터 수를 세는 카운터로 시퀀스 카운터를 구현한다.

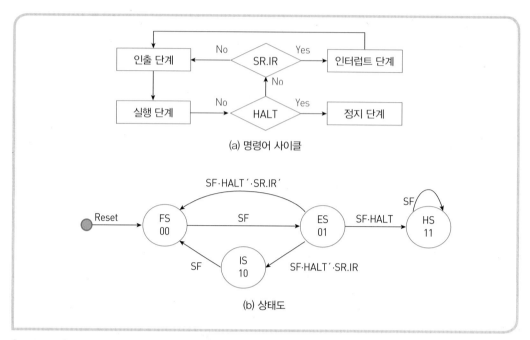

(a) 명령어 사이클

(b) 상태도

그림 8-12 ToyCOM의 제어 상태도

[그림 8-12(a)]는 7장에서 소개한 ToyCOM의 명령어 사이클이고, [그림 8-12(b)]는 이것을 상태도로 표현한 것이다. 상태도에서 명령어 사이클의 단계를 상태로 표현한다. 상태가 4개이므로 각 상태에 2비트의 상태 코드(ICC)를 할당할 수 있다. 상태도의 SF(State Finished)는 명령어 사이클의 임의의 단계가 끝났음을 나타내는 신호이고, 조건 SR.IR은 상태 레지스터의 인터럽트 요청 플래그이다. 상태도는 다음과 같이 해석된다.

- 시스템이 초기화된 후 제어장치는 명령어 인출 상태(FS: Fetch State, 코드 00)이다. 인출 상태는 항상 6개의 클럭을 소비한다.
- 명령어 인출 상태가 끝나면, 다음 상태는 실행 상태(ES: Execution State, 코드 01)이다. 실행 상태에서 소비하는 클럭 수는 명령어마다 다르다.
  - 명령어 실행 상태에서 조건에 따라 다음 상태가 결정된다.
  - 명령어 실행 상태가 끝났을 때 정지 명령어를 실행한다면, 정지 상태(HS: Halt State, 코드 11)로 들어간다.
  - 명령어 실행 상태가 끝났을 때 인터럽트 요청이 있다면, 인터럽트 상태(IS: Interrupt State, 코드 10)로 들어간다.
- 명령어 실행 상태가 끝났을 때 정지 명령어도 실행하지 않았고 인터럽트 요청도

없다면, 명령어 인출 상태로 이동한다.

- 인터럽트 상태가 끝나면 항상 명령어 인출 상태로 이동한다. 인터럽트 상태는 항상 12개의 클럭을 소비한다.
- 정지 상태에서는 계속 그 상태를 유지한다. 정지 상태에서 아무 일도 하지 않고 SF의 값은 항상 1이다.

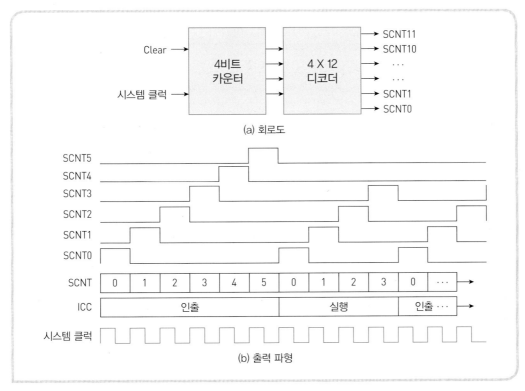

(a) 회로도

(b) 출력 파형

그림 8-13 시퀀스 카운터

시퀀스 카운터는 명령어 사이클 상태 안에서 몇 번째 클럭이 진행되고 있는지 알려주는 카운터이다. ToyCOM은 수행 시간이 가장 긴 인터럽트 단계에서 12사이클을 소모한다. 그러므로 [그림 8-13(a)]와 같이 시퀀스 카운터를 4비트 카운터와 디코더로 구현할 수 있다. 카운터의 출력인 상태 머신이 새로운 상태로 들어갈 때마다 0으로 리셋되어 처음부터 다시 카운트한다. [그림 8-13(b)]는 시퀀스 카운터의 출력 파형을 보여준다.

⟨8.3.2⟩ 명령어 디코더

명령어 디코더(Instruction Decoder, 명령어 해독기)는 명령어 레지스터의 명령어를 디코드하여 제어 신호 발생기가 명령어를 구분할 수 있게 만든다. 명령어 디코더는 명령어 형식에 따라 복잡도가 결정된다. 만일 프로세서가 가변 길이 명령어 형식을 사용한다면, 명령어 디코더를 순서 회로로 설계하여야 한다. 처음 몇 바이트의 명령어만으로 명령어를 구별할 수 없기 때문이다. ToyCOM과 같이 고정 길이 명령어 형식을 사용하고 명령어 형식이 간단한 경우에는 동작 코드에 대한 디코더와 논리 게이트만으로 명령어 디코더를 구현할 수 있다.

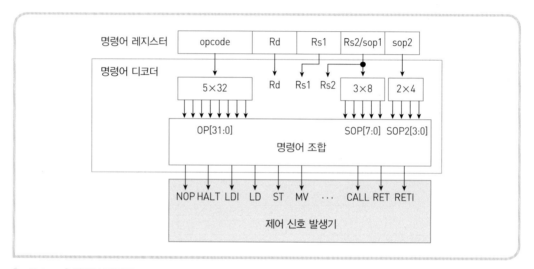

그림 8-14 명령어 디코더

표 8-4 명령어 디코더 논리식

명령어	비트 패턴					명령어 추출 논리식
	15 - 11	10 - 8	7 - 5	4 - 2	1-0	
NOP	00000	X	X		00	NOP = OP[0] · SOP2[0]
LDI Rd, #value	00001	Rd	#value			LDI = OP[1]
LD Rd, (Rs+1:Rs)	00010	Rd	Rs	000	00	LD = OP[2] · SOP1[0] · SOP2[0]
ST (Rd+1:Rd), Rs	00010	Rd	Rs	000	01	ST = OP[2] · SOP1[0] · SOP2[1]
INC Rd	00100	Rd	X	000	00	INC = OP[4] · SOP1[0] · SOP2[0]
ADD Rd,Rs1,Rs2	00101	Rd	Rs1	Rs2	00	ADD = OP[5] · SOP2[0]
CALL target	11111	offset				CALL = OP[31]
RET	01001	X	X		00	RET = OP[9] · SOP2[0]

[그림 8-14]는 ToyCOM의 명령어 디코더이다. ToyCOM의 명령어 형식은 동작 코드와 두 개의 부동작 코드를 포함하고 있으며, 각각 5비트, 3비트, 2비트이다. 따라서 5×32, 3×8, 2×4 디코더 세 개를 사용하여 명령어를 디코드할 수 있다. 각 디코더의 출력을 OP[31:0], SOP1[7:0], SOP2[3:0]이라고 하자. 예를 들어, OP[0]은 명령어의 opcode 필드가 00000일 때, 출력이 1이고 나머지는 0이다. 즉, OP[0]은 명령어가 NOP 또는 HALT일 때 출력이 1이다. 제어 신호 발생기는 디코더의 출력을 조합하여 명령어 레지스터의 각 명령어를 구별하는 신호를 생성한다.

〈표 8-4〉는 ToyCOM 명령어 중 일부에 대한 명령어 비트 패턴과 그 명령어를 구별하는 논리식의 예를 보여준다. 각 명령어에 대한 명령어 코드에 해당하는 OP, SOP1, SOP2를 AND 연산하여 명령어를 구별한다. 각 명령어를 구별하는 신호의 이름을 명령어 니모닉과 같게 선택하였다. 예를 들면, OP[0]가 1이고 동시에 SOP2[0]이 1일 때 명령어는 NOP이다.

〈8.3.3〉 제어 신호 발생기

이제 제어장치에서 남은 부분은 제어 신호 발생기이다. 제어 신호 발생기의 동작을 설명하기 전에 제어장치의 구성 요소들의 역할을 요약해 보자. 지금까지 설명하였던 ToyCOM의 제어장치 구조는 [그림 8-15]와 같다. 제어 신호 발생기에서 타이밍 신호 발생기로 전달되는 EF(Execution stage Finished)는 실행 단계가 끝났음을 알려준다. [그림 8-12(b)]에서 실행 상태가 종료되었음을 나타내는 신호를 생성하는데 EF 신호를 사용한다.

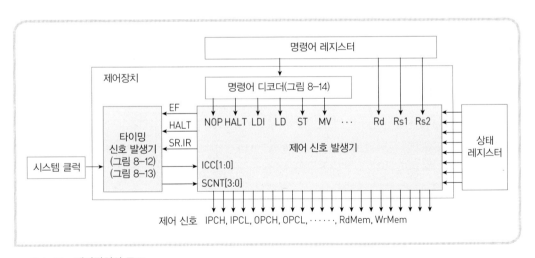

그림 8-15 제어장치의 구조

- 타이밍 신호 발생기는 명령어 사이클의 단계를 구별하는 2비트의 명령어 사이클 코드(ICC)를 생성하고, 각 단계에서의 클럭 진행을 표현하는 4비트의 시퀀스 카운트(SCNT)를 생성한다.
- 명령어 디코더는 각 명령어를 구별하는 신호를 생성하고 명령어에 포함된 레지스터 필드(Rd, Rs1, Rs2)를 제공한다.
- 상태 레지스터는 ToyCOM의 연산 결과를 반영한 상태 플래그를 제어장치로 공급한다.

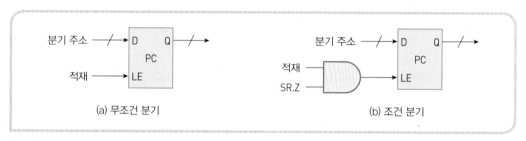

（a) 무조건 분기   （b) 조건 분기

그림 8-16 ┃ 상태 플래그를 사용한 제어 신호 생성

제어장치로 입력되는 상태 레지스터는 조건 분기 명령어를 실행하는 제어 신호를 생성하는 논리식에 AND 조건으로 참여한다. [그림 8-16(a)]는 무조건 분기 명령어가 실행될 때 프로그램 카운터의 모습이다. 클럭은 생략되어 있다. 프로그램 카운터로 적재할 분기 주소와 적재 동작을 가능하게 만드는 적재 제어 신호가 프로그램 카운터에 인가되면 분기 주소가 프로그램 카운터에 적재되어 무조건 분기가 실행된다. [그림 8-16(b)]는 상태 레지스터의 제로 플래그(SR.Z)가 1일 때 분기하는 조건 분기의 예이다. SR.Z는 적재 제어 신호를 마지막 단계에서 프로그램 카운터의 적재 인에이블(LE) 단자로 전달하는 게이트를 지킨다. SR.Z가 1일 때만 적재 제어 신호가 프로그램 카운터로 전달된다. 이 예제와 같이 상태 레지스터에 포함된 플래그는 조건 동작을 결정하는 제어 신호와 AND 연산되어 제어 신호를 전달할지 결정하는데 사용된다.

제어 신호 발생기는 세 가지 종류의 신호를 입력으로 받아 마이크로오퍼레이션을 수행하기 위한 제어 신호를 생성한다. 제어 신호는 중앙처리장치 내부와 외부 모두에서 사용된다. ToyCOM의 제어 신호 생성 논리식의 예는 다음과 같다. '7장 중앙처리장치 설계' 마지막 부분에서 정의한 마이크로오퍼레이션과 제어 신호를 참고하기 바란다.

- IPCH = ES·RET·SCNT2   // PCH 레지스터에 대한 적재는 실행 단계에서 RET 명령어를 실행하는 2번째 클럭 사이클에서 수행된다.
- IPCL   = ES·RET·SCNT5   // PCH 레지스터에 대한 적재는 실행 단계에서 RET 명령어를 실행하는 5번째 클럭 사이클에서 수행된다.
- RdMem = FS·(SCNT1 + SCNT4) + ES·(LD·SCNT2 + RET·SCNT5)   // 기억장치에 대한 읽기 제어 신호(RdMem)는 인출 단계의 1번째와 4번째에서 인가되고, 또한 실행 단계 LD 명령어의 2번째 클럭과 RET 명령어의 5번째 클럭에서 인가된다.
- WrMem = ES·(ST·SCNT2 + PUSH·SCNT3 + CALL·SCNT3 + CALL·SCNT7) + IS·(SCNT3 + SCNT7 + SCNT11)   // 기억장치에 대한 쓰기 제어 신호(WrMem)는 실행 단계 ST 명령어의 2번째 클럭과 PUSH 명령어의 3번째 클럭과 CALL 명령어의 3번째와 7번째 클럭, 그리고 인터럽트 단계의 3번째, 7번째, 11번째 클럭에서 인가된다.

나머지 제어신호를 생성하는 논리식에 대한 설명을 생략한다. 지금까지 제어 신호 발생기에서 제어 신호를 추출하는 예제를 설명하였다. 제어 신호를 추출하는 전제적인 과정을 이해하기를 바란다. 타이밍 신호 발생기는 명령어 사이클에 대한 상태도를 운영하면서 명령어 사이클의 단계와 각 단계의 실행 시간을 구별하는 신호를 생성하고, 명령어 디코더는 현재 실행하는 명령어의 종류를 구별하는 신호를 생성한다. 제어신호 발생기는 이것들을 조합하여 적절한 시기에 동작할 제어 신호를 생성한다.

8.4 ▷ 마이크로프로그램 제어장치

[그림 8-17]은 마이크로프로그램 제어장치의 구조이다. 제어장치 외부에서 본 제어장치의 입출력 신호는 하드와이어드 제어장치의 입출력 신호와 같다. 즉, 명령어 레지스터와 상태 레지스터를 입력으로 받아 제어 신호를 생성한다. 다만 제어장치의 내부 구조가 하드와이어드 제어장치와 다르다. 마이크로프로그램 제어기는 순서 제어기(sequencing logic), 제어주소 레지스터(CAR), 제어 기억장치, 그리고 제어버퍼 레지스터(CBR)로 구성되며, 각 구성 요소의 역할은 다음과 같다.

- 제어주소 레지스터(CAR): 제어 기억장치의 주소를 공급한다.
- 제어 기억장치: 기억장치 안에 제어 신호를 저장한다. 한 개의 주소에 저장되어 있는 제어 신호를 제어 단어(control word)라고 부른다. 제어 단어는 프로세서의 제어 신호와 제어 장치 내부적으로 다음주소를 결정하기 위한 정보로 구성되어 있다. 전자를 제어신호 필드(control signal field)라고 부르고, 후자를 다음주소 선택 필드(next address selection field)라고 부른다.
- 제어버퍼 레지스터(CBR): 제어 단어 중 제어신호 필드를 시스템 클럭 신호에 맞춰 동기화하여 실행부로 제어 신호를 전달한다.
- 순서 제어기(microprogram sequencer): 명령어 레지스터, 상태 레지스터, 그리고 제어 단어의 다음주소 선택 필드로부터 제어주소 레지스터로 적재할 다음주소를 결정한다.

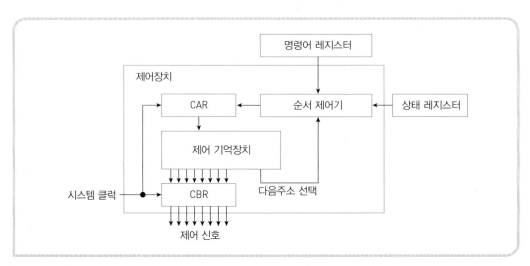

그림 8-17 마이크로프로그램 제어장치의 구조

마이크로프로그램 제어장치도 순서 제어와 동작 제어를 수행한다. 제어 단어의 제어신호 필드가 동작 제어를 담당하고 순서 제어기가 순서 제어를 담당한다. 이 제어 방식의 순서 제어는 제어주소 레지스터의 값을 변경하는 것을 의미한다.

마이크로프로그램 제어장치를 구현한다는 것은 제어 기억장치 안에 저장될 제어 단어를 작성하는 작업을 말한다. 이 과정이 마치 어셈블리 언어로 프로그램을 작성하는 과정과 비슷하기 때문에, 제어 단어를 작성하는 것을 '아주 작은 프로그램'이란 의미로 마이크로프로그래밍(microprogramming)이라고 하고, 작성 결과를 마이크로프로그램(microprogram)이라고 한다.

이러한 의미에서 한 개의 제어 단어를 마이크로 명령어(microinstruction) 또는 마이크로 코드(micro-code)라고도 한다.

마이크로프로그램 제어장치를 구현하는 과정도 하드와이어드 제어장치 구현 과정과 같다. 먼저 프로세서의 명령어 사이클, 명령어 집합, 마이크로오퍼레이션이 정의되어 있어야 한다. 그리고 제어장치를 설계하는 과정인 데이터 경로 설계, 제어 신호 할당 과정을 거쳐야 한다. 마지막 단계인 제어 신호를 생성하는 과정만 다르다.

〈8.4.1〉 마이크로프로그램 동작 제어

마이크로프로그램 제어기는 제어 단어에 저장되어 있는 제어신호 필드에 의하여 프로세서의 동작을 제어한다. 제어 기억장치의 제어 단어는 제어신호 필드와 다음주소 선택 필드로 구성되어 있다. [그림 8-18(a)]는 '4.4 명령어 사이클'의 [그림 4-18(d)]에서 예제로 제시한 4단계 명령어 사이클이고, [그림 8-18(b)]는 이 프로세서에 대한 제어 기억장치의 예이다. 명령어를 인출한 후, 실행 단계에서 처리할 데이터가 간접 주소지정방식으로 표현된 경우, 간접 단계로 이동하여 기억장치에서 유효 주소를 구한다.

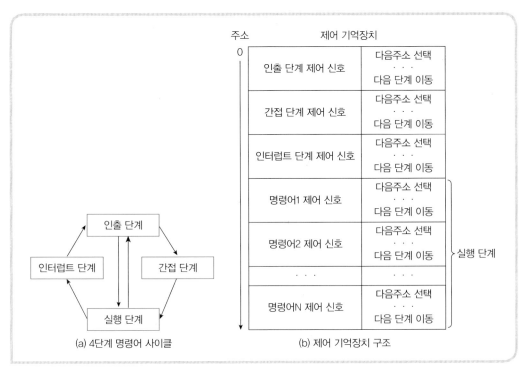

(a) 4단계 명령어 사이클   (b) 제어 기억장치 구조

그림 8-18   명령어 사이클과 제어 기억장치

제어 기억장치는 프로세서의 명령어 사이클을 구성하는 단계에 해당하는 영역으로 구분되어 있다. 각 영역의 마지막에는 다음 단계를 결정하여 이동하는 제어 단어가 저장된다. 명령어 사이클의 첫 번째 단계는 인출 단계이므로, 일반적으로 제어 기억장치의 0번지부터 시작하는 영역에 인출 단계의 마이크로 명령어를 저장한다. 명령어 사이클의 각 단계는 한 개 이상의 마이크로오퍼레이션을 수행하므로, 제어 기억장치를 각 단계로 분리한 영역의 기억 장소수는 해당 단계에서 수행해야 하는 마이크로오퍼레이션의 수와 같다.

실행 단계는 각 명령어마다 실행하는 동작이 다르므로 명령어마다 마이크로오퍼레이션을 별도로 정의해야 한다. 실행 단계에 해당하는 제어 기억장치의 영역을 명령어마다 별도로 할당하여야 하며, 각 영역의 크기는 각 명령어를 수행하기 위한 마이크로오퍼레이션의 수와 같다.

한 단계를 마치고 다음 단계로 이동하는 순서 제어 정보는 [그림 8-17(b)]의 다음주소 선택 필드에 저장되어 있다. 제어단어를 읽는 순서를 제어하는 것이 마이크로프로그램 순서 제어이다. 일반적으로 제어 기억장치의 영역에 포함된 제어 단어를 차례대로 읽어 처리하고, 영역의 마지막에서 적절한 다른 영역으로 이동한다. 예를 들어 인출 단계를 실행할 경우, 인출 단계의 첫 번째 제어 단어를 수행한 후 차례대로 다음주소가 선택되어 제어 단어를 수행한다. 인출 단계의 마지막 제어 단어에 도달하면 인출한 명령어에 따라 적절한 단계로 이동한다.

〈8.4.2〉 제어 신호 부호화

프로세서의 주소지정방식과 명령어 집합에 속한 명령어의 수가 증가할수록 제어 신호의 수가 증가한다. 명령어 사이클의 단계와 명령어 수가 많아질수록 제어 기억장치의 용량이 증가하고, 제어 신호의 수가 많아질수록 제어 기억장치의 폭이 길어진다. 제어 신호 필드의 폭은 제어장치가 제공해야 하는 제어 신호의 수와 같아야 한다. 일반적으로 제어 신호의 수는 수백 개나 된다. 그러므로 제어 신호의 수를 줄일 수 있다면 그 수를 줄이는 것이 좋다.

제어 신호의 폭을 줄이기 위하여, 제어 신호의 일부를 부호화(encoding) 할 수 있다. [그림 8-19(a)]와 같이 제어 신호를 부호화하지 않은 방법을 수평적 마이크로프로그래밍(horizontal microprogramming)이라고 한다. 이 방법은 필요한 제어 신호마다 한 비트를 할당하여 제어 단어를 구성하므로 필연적으로 제어 단어의 폭이 증가한다. [그림 8-19(b)]와 같이 제어 신호를 부호화하는 방법을 수직적 마이크로프로그래밍(vertical microprogramming)이라고 한다. 이 방법은 제어 신호를 서로 동시에 사용하지 않는 그룹으로 구분하고, 그룹별로 제어 신호를 부

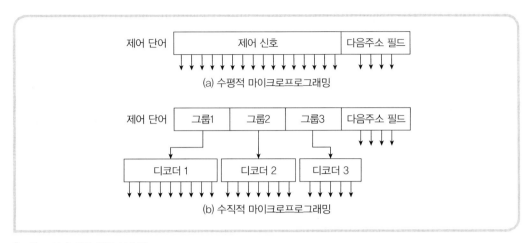

그림 8-19　제어 신호 부호화

호화한다. 부호화된 제어 코드는 디코더로 원래의 제어 신호로 풀어진 다음에 제어점으로 연결된다.

　디코더의 출력 신호는 동시에 1이 될 수 없다. 그러므로 제어 신호를 부호화할 때, 서로 같은 시간 구간에 동작하는 것들을, 즉 동시에 1이 되는 것들을 그룹으로 묶어 부호화할 수 없다. 그리고 부호화할 그룹에 속한 제어 신호가 모두 활성화(active)되지 않는 경우도 포함하여 생각하여야 한다. 즉, 그룹에 속한 제어 신호의 값이 모두 0일 때, 출력이 1인 디코더의 출력을 제어 신호로 사용할 수 없다. 따라서, 그룹에 속한 제어 신호를 n비트이면, $[\log_2(n+1)]$ 비트로 부호화된다. [x]는 실수 x를 포함하는 최소 정수를 의미한다.

예제 8-1

제어 단어가 〈표 8-5〉와 같이 주어졌을 때, 제어 신호 부호화 기법에 의하여 가능한 제어 단어의 폭을 줄여라.

표 8-5 ▎ 제어 신호 부호화의 예

시간	제어 단어											
	C1	C2	C3	C4	C5	C6	C7	C8	C9	C10	C11	C12
0	H								H			
1							H					
2					H	H						H
3	H		H						H			
4										H		
5				H							H	
6	H					H			H			
7								H				
8						H				H		H
9		H						H			H	
10		H										

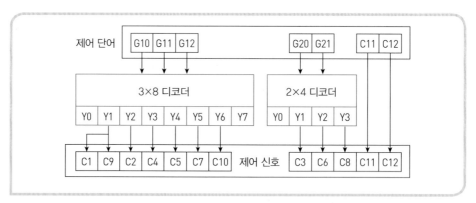

그림 8-20 ▎ 제어 신호 부호화 결과

풀이

- 제어 신호가 생성되는 주소가 같은, 즉 구동 시간이 같은 제어 신호가 여러 개인 경우에 한 개로 합칠 수 있다. 〈표 8-5〉에서 {C1, C9}가 완전히 같은 시간에 동작하므로 한 개로 합친다.
- 동시에 구동되지 않는 제어 신호는 부호화할 수 있다.
- {C1, C2, C4, C5, C7, C10}은 서로 동시에 사용되지 않는다. 따라서 이 6개의 제어 신호를 3비트로 부호화할 수 있다. 부호화한 제어 신호를 {G10, G11, G12}라고 하자.

- 남은 제어 신호는 C3, C6, C8, C11, C12이다.
- C8과 C11은 시간 9에서 같이 동작하므로 부호회에 참여할 수 없다.
- C6과 C12는 시간 2와 8에서 같이 동작하므로 부호화에 참여할 수 없다.
- 따라서 [C3, {C6, 12}, {C8, C11}]을 2비트로 부호화할 수 있다. { } 안의 제어 신호는 둘 중 하나만 사용되는 것을 나타낸다. [C3, C6, C8]을 2 부호하고, 제어 신호를 {G20, G21}이라고 하자.
- 남은 C11과 C12는 동시에 사용되지 않지만, 2비트이므로 부호화하는 효과가 없다.
- [그림 8-20]은 제어 신호 부호화한 결과이다. 3×8 디코더의 Y0, Y7, 그리고 2×4 디코더의 Y0는 사용되지 않는다. 한 개의 제어 신호로 C1과 C9를 동시에 구동한다.
- 제어신호 부호화에 의하여 12비트(C1부터 C12까지) 제어신호가 7비트(G10, G11, G12, G20, G21, C11, C12)로 줄어들었다. 그 대가로 3 x 8 디코더와 2×4 디코더를 한 개씩 추가하여야 한다.

8.4.3 마이크로프로그램 순서 제어

마이크로프로그램 제어장치는 제어 기억장치에 저장된 제어 단어를 읽어 실행부로 공급한다. 그러므로 마이크로프로그램 제어 방식의 순서 제어는 제어 기억장치에 주소를 공급하는 방법을 결정하는 것이고, 구체적으로 제어주소 레지스터(CAR)의 값을 결정하는 것이다.

〈표 8-6〉은 마이크로프로그램 순서 제어를 설명하기 위하여 예제로 사용할 제어 기억장치의 상태이다. 제어 기억장치의 영역을 굵은 선으로 분리하였다. 편의상 인출 단계, 실행 단계, 인터럽트 단계만 표현하였다. 실행 단계는 명령어에 따라 수행하는 일이 다르므로 명령어마다 별도로 기억장치 영역을 차지한다. 다음주소 선택 필드는 다음 중 한 가지에 해당한다.

- Next: CAR ← CAR+1
  - 제어 주소 레지스터에 현재 제어 주소 레지스터의 값에 1을 더한 값이 적재된다.
  - 일반적으로 한 단계의 마지막 마이크로오퍼레이션을 제외한 영역에서 사용된다.
- Jump TO: CAR ← TO
  - 제어 주소 레지스터에 다음 주소 필드의 값(TO)이 적재된다.
  - 이것은 명령어 사이클의 한 단계가 끝나고 다른 단계로 이동할 때 사용된다.
- Jump (IR): CAR ← MAP(IR)
  - 명령어 레지스터(IR)를 참고하여 해당 명령어에 대한 제어 단어가 포함된 시작 주소를 제어 주소 레지스터에 적재한다.
  - 명령어 실행 단계의 첫 번째는 항상 여기를 거쳐간다.

표 8-6 ┃ 제어 기억장치의 예

주소	제어 단어	다음주소 선택	비고
FET	인출 단계 제어 신호 0	Next	인출 단계
FET+1	인출 단계 제어 신호 1	Next	
…	인출 단계 제어 신호 x	Next	
FET+n	인출 단계 제어 신호 끝	Jump EXE	
EXE	-	Jump (IR)	실행 단계
EXE_INST0	명령어 0 제어 신호	Next	
…	명령어 0 제어 신호	Next	
EXE_INST0+e0	명령어 0 제어 신호 끝	Jump EXIT	
EXE_INST1	명령어 1 제어 신호	Next	
…	명령어 1 제어 신호	Next	
EXE_INST1+e1	명령어 1 제어 신호 끝	Jump EXIT	
…	명령어 제어 신호	…	
…	명령어 제어 신호	…	
INT	인터럽트 단계 제어 신호 0	Next	인터럽트 단계
INT+1	인터럽트 단계 제어 신호 1	Next	
…	인터럽트 단계 제어 신호 x	Next	
INT+k	인터럽트 단계 제어 신호 끝	Jump FET	
EXIT	-	If (SR.IR) Jump INT	단계 변경
EXIT+1	-	Jump FET	

- If (조건) Jump TO: if (조건) CAR ← TO; else CAR ← CAR+1
  - 만일 조건을 만족한다면 제어 주소 레지스터의 값은 다음 주소 필드(TO)로 설정된다. 조건을 만족하지 않는다면, 제어 주소 레지스터의 값은 현재의 다음 주소로 설정된다.
  - 조건은 실행부의 상태 레지스터에서 공급된다.
  - 마이크로프로그램이 조건 분기를 처리할 때 이 형식을 사용한다.

〈표 8-6〉의 제어 기억장치를 갖는 프로세서에서 다음과 같이 프로그램을 수행한다고 가정한다.

- 명령어 0과 명령어 1을 차례대로 실행한다.
- 명령어 1을 실행하는 도중에 인터럽트 요청이 발생한다.

인터럽트 단계를 실행할 때까지 제어 주소 레지스터의 값의 변화를 순서대로 적어라.

풀이

명령어 0을 실행하는 과정은 다음과 같다.

- 명령어 0 인출: FET, FET+1, …, FET+n
  - CAR에 FET부터 FET+n까지 차례대로 적재된다.
  - CAR = FET+n일 때, Jump EXE에 의하여 CAR에 EXE가 적재된다.
- 명령어 0 실행: EXT, EXT_INST0, …, EXT_INST0+e0
  - CAR = EXE에서 Jump (명령어 0)에 의하여 CAR에 EXE_INST0가 적재된다.
  - CAR에 차례대로 EXE_INST0+e0까지 적재된다.
  - CAR = EXE_INST0+e0일 때, Jump EXIT에 의하여 CAR에 EXIT가 적재된다.
- 명령어 0 실행 후: EXIT, EXIT+1
  - CAR = EXIT에서 인터럽트 요청이 없으므로, CAR은 EXIT+1로 변한다.
  - CAR = EXIT+1에서 Jump FET에 의하여 CAR = FET가 적재된다.

명령어 1을 실행하는 과정은 다음과 같다.

- 명령어 1 인출: FET, FET+1, …, FET+n
  - 명령어 0의 인출 과정과 같다.
- 명령어 1 실행: EXT, EXT_INST1, …, EXT_INST1+e1
  - CAR = EXE에서 Jump (명령어 1)에 의하여 CAR에 EXE_INST1가 적재된다.
  - CAR에 차례대로 EXE_INST1+e1까지 적재된다.
  - CAR = EXE_INST1+e1일 때, Jump EXIT에 의하여 CAR에 EXIT가 적재된다.
- 명령어 1 실행 후: EXIT
  - CAR = EXIT에서 인터럽트 요청이 있으므로, If (SR.IR) Jump INT에 의하여 CAR에 INT가 적재된다. 따라서 다음은 인터럽트 단계를 실행한다.

인터럽트 단계를 실행하는 과정은 다음과 같다.

- 인터럽트 단계: INT, INT+1, …, INT+k
  - CAR = INT이므로 인터럽트 단계의 끝까지 CAR은 차례대로 증가한다.
  - CAR = INT+k일 때, Jump FET에 의하여 CAR에 FET가 적재된다.
  - 이 때 인출하는 명령어는 인터럽트 서비스 루틴의 첫 번째 명령어이다.

지금까지 설명한 예제에서 제어 주소 레지스터의 값을 결정하는 방법을 정리해 보자. 제어 단어 중에서 다음 주소 선택 필드에 의해 다음 주소가 결정된다. 다음 주소를 선택하는 방법을 다음과 같이 세 가지 방법으로 요약할 수 있다.

- Next: 현재 출력 중인 제어 단어의 다음 주소.
  - 현재 출력 중인 제어 단어의 다음 주소는 (CAR + 1)로 계산할 수 있다.
  - 명령어 사이클의 단계가 여러 개의 제어 단어로 구성되어 있고 그 안에 조건 분기 처리가 없을 때, 제일 마지막 제어 단어를 제외한 중간의 제어 단어들은 다음 주소 를 선택한다.
- Jump (IR): 명령어 실행 사이클의 경우, 실행 하는 명령어에 대한 첫 번째 제어 단 어의 주소.
  - 명령어의 첫 번째 제어 단어의 주소를 결정하는 방법을 별도로 설명한다.
- If (조건) Jump TO: 조건에 따라 분기 주소를 결정하는 조건 분기
  - 무조건 분기는 조건 분기에서 분기 조건이 항상 참인 경우이다. 그러므로 Jump TO 형식의 무조건 분기는 조건 분기의 한 종류로 볼 수 있다.
  - 무조건 분기는 명령어 사이클의 한 단계가 끝나고 다음 단계로 이동할 때 사용된다.
  - 조건 분기는 상태 레지스터의 한 비트를 참고하여 분기 조건을 결정한다.

명령어 실행 단계의 경우, 명령어마다 실행해야 할 마이크로오퍼레이션이 다르다. 이 경우에 명령어 레지스터의 명령어 코드를 참조하여 해당 명령어에 대한 첫 번째 마이크로 명령어의 주소를 제어주소 레지스터에 적재하여야 한다. 각 명령어에 대한 첫 번째 마이크로 명령어의 주소를 구하는 방법은 [그림 8-21]과 같이 두 가지 방법이 있다.

첫 번째 방법은 [그림 8-21(a)]와 같이 명령어 레지스터에 포함된 동작 코드(opcode)로부터 해당 마이크로 명령어의 주소를 계산하는 방법이다. 이 방법은 모든 명령어에 대한 마이크로오퍼레이션의 수가 같은 경우, 혹은 명령어에 대한 마이크로 명령어들이 일정한 간격으로 배치되어 있을 때 적용할 수 있다. 명령어의 시작 주소를 [동작 코드×(명령어 마이크로오퍼레이션의 수, 또는 간격)+실행 단계 마이크로 단어의 첫 번째 주소]로 계산할 수 있다. 만일 명령어에 대한 제어 단어를 배치한 간격이 2^k(k는 정수)인 경우, 동작 코드를 왼쪽으로 시프트 함으로써 쉽게 마이크로 명령어의 시작 주소를 구할 수 있다.

두 번째 방법은 매핑 테이블을 사용하는 방법이다. 기억장치로 매핑 테이블을 구현한다. 명령어 레지스터의 동작 코드(opcode)가 매핑 테이블의 주소로 사용되고, 기억장치의 데이터에

해당 명령어에 대한 마이크로 명령어의 시작 주소를 저장한다. 명령어에 대한 제어 단어가 일정한 간격으로 배치되어 있지 않은 경우에 주로 사용되는 방법이다.

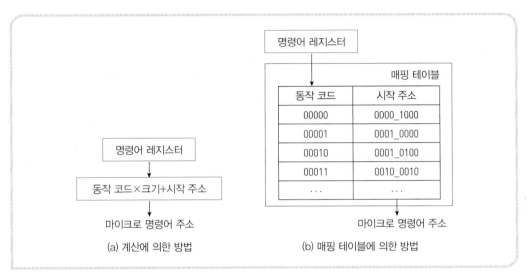

그림 8-21 ┃ 명령어에 대한 마이크로 명령어 시작 주소 계산

만일 마이크로프로그램에 같은 마이크로오퍼레이션을 수행하는 부분이 여러 곳에 존재한다면, 같은 부분을 서브루틴 형태로 작성할 수 있다. 서브루틴을 사용하기 위하여, 리턴 주소를 저장하는 장소가 필요하다. 복귀 주소를 저장하기 위한 특수 레지스터를 서브루틴 레지스터(SBR, Subroutine register)라고 하자. 한 개의 서브루틴 레지스터를 사용한다면, 서브루틴을 한 번만 호출할 수 있다. 즉, 서브루틴 안에서 다른 서브루틴을 호출할 수 없다. 마이크로프로그램의 서브루틴 호출과 복귀에 대한 마이크로오퍼레이션은 다음과 같다.

- 호출: SBR ← CAR + 1, CAR ← 서브루틴 시작 주소
- 복귀: CAR ← SBR

지금까지 설명을 종합하면, 제어주소 레지스터에 적재될 수 있는 주소는 다음과 같은 네 가지 중 하나이다.

- CAR+1 (현재 출력하고 있는 제어 단어 주소의 다음주소)
- 명령어 동작 코드 매핑 테이블
- 제어 단어에서 지정하는 분기 주소
- SBR (서브루틴 복귀 레지스터)

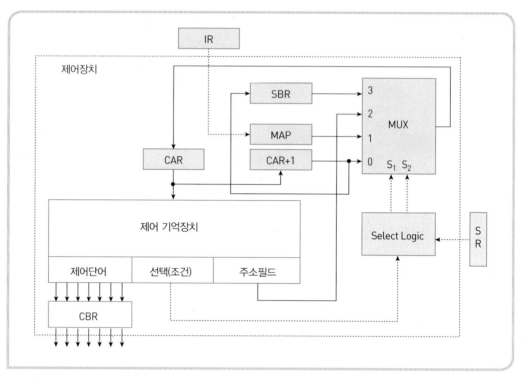

그림 8-22 순서 제어기

　[그림 8-22]는 마이크로프로그램 순서 제어기의 구조이다. CAR은 제어 기억장치의 주소를 공급한다. 멀티플렉서(MUX)는 네 개의 입력 주소 중에서 하나를 선택하여 제어 주소 레지스터로 연결한다. 멀티플렉서의 입력은 다음과 같이 네 가지 종류의 주소이다.

- 다음 주소(0번 입력): CAR+1은 현재 출력하고 있는 제어 단어의 다음 주소를 제공한다.
- 명령어 시작 주소(1번 입력): 명령어 레지스터의 입력을 받는 매핑 테이블(MAP)은 명령어 동작 코드에 대한 마이크로프로그램의 첫 번째 제어 단어의 주소를 저장한다.
- 분기 주소(2번 입력): 제어 단어의 주소 필드에서 공급되는 조건 분기의 목적지 주소이다.
- 복귀 주소(3번 입력): 서브루틴 레지스터(SBR)는 CAR+1을 저장한다.

　제어 기억장치의 선택(조건) 필드는 멀티플렉서의 네 가지 입력 주소 중 하나를 선택하는 신호와 상태 레지스터의 조건 필드 중 하나를 선택하는 신호로 구성되어 있다. 선택 회로

(select logic)는 제어 기억장치의 선택(조건) 필드에 따라, 상태 레지스터(SR)에서 조건을 참고하여, 멀티플렉서의 네 가지 입력 주소 중 하나를 선택하여 제어 주소 레지스터로 공급한다. 선택 회로의 출력은 다음과 같다.

- S_1S_0 = 00: 마이크로프로그램이 순자적으로 실행될 때
- S_1S_0 = 01: 명령어 인출 단계가 끝나고 첫 번째 실행 단계를 실행할 때
- S_1S_0 = 10: 마이크로프로그램에서 무조건 분기가 실행될 때. 이 때 SBR에 (CAR+ 1)을 저장한다.
- S_1S_0 = 11: 마이크로프로그램의 서브루틴에서 복귀할 때

상태 레지스터의 조건 플래그는 마이크로프로그램에서의 조건 분기를 구현할 때 사용된다. 예를 들어 제로 플래그(SR.Z)가 1일 때 마이크로프로그램이 분기하도록 만들려면, 제어 기억장치의 선택(조건) 필드의 값은 10으로 만들고, 이것과 SR.Z를 조합하여, SR.Z가 1이면 10을 그대로 전달하고, SR.Z가 0이면 00을 전달하도록 선택 회로를 만든다.

지금까지 기억장치를 사용하는 마이크로프로그램 제어기를 설명하였다. 마이크로프로그램 제어기의 하드웨어 구조는 항상 [그림 8-22]와 같다. 제어 기억장치를 어떻게 프로그램 하는가에 따라 제어 신호를 다르게 생성할 수 있다. 구조를 변경하지 않고 제어 장치를 변경할 수 있다는 것이 마이크로프로그램 제어기의 장점이다. 그러나 기억장치를 액세스 하는 속도가 느려서 전반적인 동작 속도가 늦다는 것이 단점이다.

 8.5 요약

제어장치는 외부에서 명령어 레지스터와 상태 레지스터를 입력으로 받아 제어 신호를 출력한다. 이 장에서는 제어장치의 기능을 살펴보고 하드와이어드 제어장치와 마이크로프로그램 제어장치의 구조를 설명하였다.

제어장치는 순서 제어와 동작 제어 기능을 수행한다. 순서 제어는 명령어 사이클을 진행하고, 동작 제어는 명령어 사이클에 속한 마이크로오퍼레이션이 수행될 수 있도록 제어 신호를 생성하는 것이다. 제어 장치를 만드는 방법은 두 가지 방법이 있다. 하드와이어드 제어장치는 논리회로를 사용하고, 마이크로프로그램 제어장치는 기억장치를 사용한다. 전자는 동작 속도가 빠르지만 설계 변경이 어렵고, 후자는 하드웨어 구조를 변경하지 않고 제어 기억장치의 내

용을 변경하여 제어 신호를 변경할 수 있지만 동작이 늦다.

하드와이어드 제어장치는 타이밍 신호 발생기, 명령어 디코더, 제어 신호 발생기로 구성되어 있다. 순서 제어를 담당하는 타이밍 신호 발생기는 상태 머신과 순서 카운터로 구성되어 있다. 상태 머신은 명령어 사이클을 제어하고, 순서 카운터로 명령어 사이클의 각 단계 안에 진행되는 클럭의 수를 구분하는 신호를 생성한다. 명령어 디코더는 명령어 레지스터의 명령어를 디코드하여 명령어를 구분한다. 동작 제어를 담당하는 제어 신호 발생기는 타이밍 신호 발생기와 명령어 디코더의 출력 그리고 상태 레지스터를 입력으로 받아, 조합 논리회로에 의하여 제어 신호를 생성한다.

마이크로프로그램 제어장치는 제어 신호를 저장하는 제어 기억장치, 주소를 공급하는 제어 주소 레지스터, 제어 신호를 저장하는 제어버퍼 레지스터, 그리고 다음 주소를 선택하기 위한 순서 제어기로 구성되어 있다. 마이크로프로그램 제어장치의 동작 제어는 제어 기억장치에 저장되는 제어 신호에 의하여 수행된다. 제어 기억장치의 비트 수를 줄이기 위하여 제어 신호를 동시에 사용되지 않는 것들로 그룹화하여 부호화할 수도 있다. 제어 신호를 부호화 하는 방법을 수직적 마이크로프로그래밍이라고 하고, 부호화하지 않는 방법을 수평적 마이크로프로그래밍이라고 한다. 수직적 마이크로프로그래밍의 경우는 그룹화된 제어 신호를 디코드하여 제어 신호로 사용하여야 한다. 마이크로프로그램의 동작 제어는 제어주소 레지스터의 값을 변경하는 작업이다. 현재 실행되고 있는 제어 단어의 다음 주소, 명령어 매핑 테이블, 제어 단어에 포함된 분기 주소, 서브루틴 레지스터의 값 중 하나가 제어주소 레지스터에 저장될 수 있다. 그리고 상태 레지스터의 조건 중 하나를 선택하여 분기 여부를 결정한다.

연습문제

8.1 제어장치 기능

01 디지털 시스템을 제어부와 실행부로 나눌 때, 실행부에서 제어부로 전달되는 신호는?

① 상태
② 제어 신호
③ 데이터 입력
④ 데이터 출력

02 포함 관계가 올바른 것은? ("A ⊇ B"는 "A는 B의 모임으로 구성된다"는 의미이다.)

① 마이크로오퍼레이션 ⊇ 프로그램 ⊇ 명령어
② 명령어 ⊇ 마이크로오퍼레이션 ⊇ 프로그램
③ 프로그램 ⊇ 마이크로오퍼레이션 ⊇ 명령어
④ 프로그램 ⊇ 명령어 ⊇ 마이크로오퍼레이션

03 제어장치의 순서 제어에 대한 올바른 설명은?

① 산술 연산을 수행한다.
② 프로그램을 진행시킨다.
③ 기억장치를 액세스 한다.
④ 명령어를 실행하는 제어 신호를 생성한다.

04 제어장치에서 동작 제어를 담당하는 것은?

① 프로그램 카운터
② 명령어 레지스터
③ 상태 레지스터
④ 제어 신호

05 제어장치로 입력되는 신호가 아닌 것은?

① 시스템 클럭
② 명령어 레지스터
③ 상태 레지스터
④ 프로그램 카운터

06 상태 레지스터를 통하여 제어장치로 입력되는 제어 버스의 신호는?

① 인터럽트 확인   ② 인터럽트 요청

③ 기억장치 쓰기   ④ 기억장치 읽기

8.2 제어장치 종류

01 조합 논리회로를 기억장치로 구현하는 방법으로 올바른 것을 모두 선택하라.

① 기억장치의 주소에 조합회로의 입력 신호를 연결한다.

② 기억장치의 주소를 조합회로의 출력 신호로 사용한다.

③ 기억장치의 데이터에 조합회로의 입력 신호를 연결한다.

④ 기억장치의 데이터를 조합회로의 출력 신호로 사용한다.

02 제어 기억장치(control memory)에 대한 올바른 설명은?

① 특수한 반도체로 만든 기억장치이다.

② 하드와이어드 제어장치의 구성 요소 중 하나이다.

③ 기억장치의 데이터를 제어신호로 사용하는 기억장치이다.

④ 기억장치 안에서 읽기 쓰기 동작을 제어하는 부분을 말한다.

03 설명에 해당하는 장치의 이름을 적어라.

(1) 제어 기억장치에 주소를 공급하는 레지스터는?

(2) 제어 기억장치의 한 개의 장소에 저장된 데이터를 지칭하는 용어는?

(3) 제어 기억장치에 저장되어 있는 데이터를 적재하여 실행부로 제어 신호를 공급하는 레지스터는?

04 마이크로프로그램 제어장치와 하드와이어드 제어장치를 비교할 때, 마이크로프로그램 제어장치에 대한 설명에 해당하면 O, 그렇지 않으면 X표 하라.

(1) 기억장치로 구현한다.   (   )

(2) 동작 속도가 빠르다.   (   )

(3) 회로를 수정하기 편리하다.   (   )

(4) CISC에서 주로 사용한다.   (   )

(5) 회로를 간소화해야 한다.   (   )

01 하드와이어드 제어장치에서 순서 제어를 담당하는 회로는?

① 상태 머신 ② 제어신호 발생기
③ 명령어 디코더 ④ 상태 레지스터

02 하드와이어드 제어장치에서 동작 제어를 담당하는 회로는?

① 상태 머신 ② 제어신호 발생기
③ 명령어 디코더 ④ 상태 레지스터

03 하드와이어드 제어장치에서 현재 진행되고 있는 명령어 사이클을 구별하는 구성 요소는?

① 시스템 클럭 ② 명령어 디코더
③ 제어신호 발생기 ④ 타이밍 신호 발생기

04 하드와이어드 제어장치에서 명령어 레지스터에 저장된 명령어 종류를 구별하는 구성 요소는?

① 시스템 클럭 ② 명령어 디코더
③ 제어신호 발생기 ④ 타이밍 신호 발생기

05 하드와이어드 제어장치에 포함되어 있는 순서 카운터(sequence counter)의 역할은?

① 현재 실행 중인 명령어가 무엇인지 구별한다.
② 현재 몇 번째 클럭이 진행되고 있는지 구별한다.
③ 상태 레지스터의 어느 플래그의 값이 1인지 구별한다.
④ 현재 명령어 사이클의 어느 단계가 진행되고 있는지 구별한다.

06 제어장치가 명령어 사이클을 구성하는 각 단계를 구별하기 위하여 부여하는 코드를 나타내는 용어는?

① 명령어 코드 ② 인출 단계 코드
③ 실행 단계 코드 ④ 명령어 사이클 코드

07 ToyCOM의 다음 명령어에 대한 명령어 비트 패턴을 적고, 〈표 8-4〉를 참고하여 각 명령어를 구별하기 위한 논리식을 구하라.

명령어	비트 패턴					명령어 추출 논리식
	15 - 11	10 - 8	7 - 5	4 - 2	1-0	
MV Rd, Rs						
ASR Rd						
SUB Rd,Rs1,Rs2						
BRA target						

8.4 마이크로프로그램 제어장치

01 [그림 8-17]을 보고 다음 질문에 해당하는 마이크로프로그램 제어장치의 구성 요소를 적어라.

(1) 제어 신호를 저장한다.
(2) 제어 기억장치에 주소를 공급한다.
(3) 제어 신호를 적재하여 실행부로 전달한다.
(4) 제어 주소 레지스터에 적재될 값을 선택한다.

02 마이크로프로그램 제어장치에서 제어 신호를 저장하는데 사용되는 기억 소자는?

① Register
② Magnetic Disk
③ ROM(Read Only Memory)
④ RAM(Random Access Memory)

03 마이크로프로그램 제어장치의 제어버퍼 레지스터(CBR)의 폭과 관련이 있는 것은?

① 마이크로오퍼레이션 수
② 실행부 제어 신호의 수
③ 제어 기억장치 주소의 수
④ 명령어 사이클의 단계 수

04 수평적 마이크로프로그래밍에 대한 설명은?

① 제어신호를 부호화하지 않는다.
② CAR과 CBR을 수평으로 배치한다.
③ 인출단계와 실행단계의 마이크로 코드를 같은 주소에 배치한다.
④ 인출단계와 간접단계의 마이크로 코드를 같은 주소에 배치한다.

05 수직적 마이크로프로그래밍에 대한 설명은?

① 자주 사용되는 제어신호를 앞에 배치한다.

② 제어신호 필드를 먼저 배치하고 그 다음에 다음주소 필드를 배치한다.

③ 다음주소 필드를 먼저 배치하고 그 다음에 제어신호 필드를 배치한다.

④ 제어신호를 서로 동시에 사용하지 않는 것으로 그룹화한 후 부호화 한다.

06 수직적 마이크로프로그래밍 방법을 사용할 때 필요한 논리 소자는?

① 디코더   ② 인코더

③ 멀티플렉서   ④ 디멀티플렉서

07 제어 신호를 동시에 사용되지 않는 그룹으로 분리한 결과 그룹 1에 8개의 제어 신호가 할당되었다. 그룹 1을 최소 몇 비트로 부호화할 수 있는가?

08 명령어에 대한 첫 번째 제어 단어가 저장된 제어기억장치의 주소를 구하는데 사용되는 소자는?

① 매핑 테이블   ② 멀티플렉서

③ 디멀티플렉서   ④ 상태 레지스터

09 CAR에 적재되는 값이 아닌 것은?

① CBR   ② CAR + 1

③ 매핑 테이블의 출력   ④ 제어 단어의 분기 주소

10 [그림 8-22]에서 언제 SBR에 CAR+1이 적재되어야 하는가?

① CAR에 SBR을 적재할 때   ② CAR에 CAR+1을 적재할 때

③ CAR에 MAP의 출력을 적재할 때   ④ CAR에 주소필드(Target)를 적재할 때

11 〈표 8-6〉을 제어 기억장치로 사용하는 프로세서가 명령어1을 인출하고 실행하려고 한다. 명령어1에 대한 제어단어는 EXE_INST1부터 EXE_INST1+e1까지이다. 중간에 인터럽트 요청은 없다고 가정한다. 명령어1을 인출하고 실행한 후, 다음 명령어를 인출하기 전까지 제어 주소레지스터의 변화를 적어라.

Chapter

09

기억장치

Chapter
09 기억장치

기억장치는 중앙처리장치와 입출력장치와 더불어 컴퓨터의 3대 구성 요소이다. 최근의 프로세서는 모두 프로그램 내장형 방식을 채택하고 있으므로, 프로그램과 데이터를 주기억장치에 저장하고 있다. 컴퓨터의 주기억장치는 전원이 인가되어 있을 때만 데이터를 저장하므로 전원이 꺼져 있을 때도 데이터를 보관할 필요가 있다. 컴퓨터의 주기억장치(main memory)는 주로 전원이 켜져 있을 때 실행하는 프로그램과 데이터를 저장하고, 보조기억장치(auxiliary storage)는 영구적으로 프로그램과 데이터를 저장한다. 이 장에서는 컴퓨터 주기억장치의 종류, 특성을 이해하고 중앙처리장치가 기억장치를 사용하는 방법에 대하여 학습한다. 이 교재는 보조기억장치의 종류별 특성을 다루지 않는다.

'9.1 기억장치 특성'에서 기억장치의 일반적인 특성을 소개하고, '9.2 반도체 기억장치'에서 기억장치로 사용되는 반도체 소자들의 특성을 소개하고, '9.3 기억장치 모듈 설계'에서는 여러 개의 기억장치 소자들을 사용하여 기억장치의 폭과 용량을 확장하는 방법을 설명한다. 기억장치는 논리적으로 거대한 일차원 배열로 생각할 수 있으므로 구조가 가장 간단하지만, 운영체제가 기억장치를 활용하는 방법은 생각보다 매우 복잡하다. 기억장치의 속도가 중앙처리장치보다 느리기 때문에 성능을 개선하기 위한 여러 가지 기법들이 활용되고 있다. 그 예가 캐시 기억장치와 가상 기억장치이다. 캐시 기억장치는 기억장치의 액세스 속도를 개선하기 위하여 도입되었고, 가상 기억장치는 주기억장치의 용량 부족을 해결하기 위하여 도입되었다. '9.4 캐시 기억장치'와 '9.5 가상 기억장치'에서 이 두 가지 기억장치 활용 방법에 대하여 자세히 설명한다.

9.1 기억장치 특성

기억장치는 종류가 다양하므로, 기억장치의 특성을 표현하기 위하여 여러 가지 용어들이 사용되고 있다. 이 절에서는 주기억장치와 보조기억장치에 공통으로 적용되는 기억장치 관련 용어를 소개한다. 기억장치의 특성을 기억장치 종류, 물리적 특성, 용량 및 전송 단위, 액세스 방법, 성능, 그리고 기억장치 계층으로 분류하여 설명한다.

〈 9.1.1 〉 기억장치 종류

기억장치는 데이터를 저장한다. 데이터를 저장한다는 의미에서 컴퓨터의 기억장치는 중앙처리장치 내부의 레지스터, 중앙처리장치와 직접 버스로 연결되는 주기억장치(main memory), 그리고 입출력 장치로 연결되는 보조기억장치로 구성되어 있다. 주기억장치는 중앙처리장치와 온라인(on-line)으로 연결되고, 보조기억장치는 오프라인(off-line)으로 연결된다. 온라인 연결은 중앙처리장치가 필요할 때 항상 사용할 수 있다는 의미이고, 오프라인은 별도의 연결 과정을 거친 후 사용할 수 있다.

레지스터는 주기억장치의 내용을 필요에 따라 임시로 중앙처리장치 안에 저장하는 용도로 사용된다. 일반적으로 기억장치의 특성을 논할 때, 레지스터를 포함하지 않는다.

컴퓨터 내부에는 주기억장치가 있으며, 주기억장치는 반도체 소자인 ROM(Read Only Memory)과 RAM(Random Access Memory)으로 만들어져 있다. 중앙처리장치는 주소에 의하여 주기억장치를 액세스한다. ROM은 그 안에 저장된 데이터를 읽기만 가능하고, 지우거나 다른 값으로 갱신할 수 없는 기억 소자이다. 전원이 제거되더라도 ROM에 저장된 데이터는 그대로 유지된다. 전원이 인가될 때 처음으로 실행하는 프로그램인 부트로더(bootloader)를 저장하는 용도로 ROM을 사용한다. RAM에 저장된 데이터는 읽고 쓰기가 가능하다. 전원이 제거되면 RAM의 내용이 모두 지워진다. 컴퓨터는 보조기억장치에 있는 프로그램을 RAM으로 복사한 후 RAM에서 실행한다. ROM과 RAM은 모두 반도체 기술로 제조된 기억장치이다. 반도체 기억장치는 전기의 흐름에 의하여 0과 1을 표시한다. 초기의 컴퓨터는 자기 코어(magnetic core) 기억장치를 주기억장치로 사용하였지만, 지금은 전혀 사용하지 않는다.

보조기억장치는 프로그램과 데이터를 영구적으로 보관할 목적으로 사용되는 일종의 입출력 장치이다. 중앙처리장치는 보조기억장치에 저장되어 있는 데이터를 일단 주기억장치로 옮겨 놓고 사용한다. 보조기억장치의 종류는 플로피 디스크, 하드 디스크, 마그네틱 테이프, CD-ROM 등이 있으며, 최근에는 반도체 소자의 일종인 플래시 기억 소자로 만든 SSD(Solid-State Disk)도 많이 사용되고 있다.

9.1.2 물리적 특성

기억장치를 만드는 소자에 의하여 기억장치의 물리적 특성이 결정된다. 기억장치의 물리적 특성을 표현하기 위한 용어는 휘발성(volatile)과 비휘발성(nonvolatile), 삭제 기능(erasable) 및 불가능(non-erasable)이 있다.

- 휘발성: 기억장치에서 전원을 제거하면, 저장된 내용이 없어지는 특성이다. 주기억장치의 대부분을 차지하는 RAM은 휘발성 기억장치이다.
- 비휘발성: 기억장치에서 전원을 제거하더라도, 내용이 그대로 유지하는 특성이다. ROM과 보조기억장치는 비휘발성이다.
- 삭제 가능: 한 번 기록된 내용을 지우고 다른 값으로 갱신할 수 있다. RAM과 하드 디스크는 삭제 가능한 기억장치이다.
- 삭제 불가능: 한 번 기록된 내용을 지우거나 갱신할 수 없다. ROM과 CD-ROM은 삭제 불가능한 기억장치이다.

9.1.3 용량 및 전송 단위

기억장치 용량은 기억장치가 저장할 수 있는 데이터의 비트 수를 표현한다. 일반적으로 주기억장치는 바이트 단위로 구성되어 있다. 중앙처리장치는 주기억장치와 단어(word) 단위로 데이터를 액세스(access)한다. 액세스는 읽기와 쓰기를 함께 부르는 용어이다. 단어의 크기는 프로세서 종류에 따라 다르지만, 일반적으로 바이트의 배수이며, 8비트, 16비트, 혹은 32비트 중 하나를 사용하고 있으며, 최근에는 64비트인 프로세서도 존재한다. 단어의 크기는 레지스터의 비트 수, 데이터 버스의 폭과 일치한다. 중앙처리장치는 기억장치에서 단어 크기에 정렬된(word-sized aligned) 데이터를 한 번에 액세스할 수 있다.

보조기억장치의 용량도 바이트 단위로 표시한다. 그렇지만, 보조기억장치는 컴퓨터와 오프라인으로 연결되어 있으므로 중앙처리장치가 필요할 때 즉시 보조기억장치의 데이터를 액세스할 수 없다. 컴퓨터는 보조기억장치를 입출력 장치를 연결하는 방식으로 보조기억장치를 액세스하며, 한 번 연결하여 적은 양의 데이터를 송수신하는 것은 전체적인 성능이 낮아지는 요인이 된다. 따라서 컴퓨터는 주기억장치에 많은 양의 데이터를 모아 두었다가 한 번에 보조기억장치로 전송하고, 보조기억장치에서 많은 양의 데이터를 읽어 주기억장치로 저장해두고 필요한 데이터를 가져온다. 컴퓨터와 보조기억장치 간에 데이터를 전송하는 단위를 블록(block)이라고 한다. 블록의 크기는 512바이트이었으나, 보조기억장치의 용량 증가와 함께 따라 블록의 크기도 1K바이트, 2K바이트, 4K바이트로 증가하는 추세이다.

액세스 방법

　기억장치에 값을 쓰거나 기억장치에서 데이터를 읽는 동작을 액세스한다고 말한다. 기억장치를 구성하는 소자의 구조적 특징에 따라 액세스 방법이 달라지며, 순차 액세스(sequential access), 직접 액세스(direct access), 임의 액세스(random access), 연관 액세스(associative access) 방법이 있다.

- 순차 액세스(sequential access): 데이터가 일렬로 저장되어 있어서, 데이터를 처음부터 차례대로 액세스한다. 자기 테이프가 대표적인 순차적 액세스 장치이다. 자기 테이프의 임의 위치를 읽으려면, 처음부터 시작하여 해당 위치에 도달할 때까지 테이프를 넘겨야 한다. 따라서 필요한 데이터가 저장된 위치에 따라 액세스 시간이 달라진다.

- 직접 액세스(direct access): 기억장치의 임의 위치를 직접 액세스할 수 있다. 자기 디스크와 CD-ROM이 직접 액세스 장치의 예이며, 디스크 헤드를 트랙과 섹터로 이동한 다음 그 위치에서 데이터를 액세스한다. 디스크에 있는 파일을 액세스하는 경우, 디스크 헤드를 그 파일의 처음 부분으로 이동시키지만, 파일 내부는 순차적으로 액세스한다. 디스크에 파일이 할당되어 있는 위치가 디스크 헤드가 이동하는 시간과 관련이 있다.

- 임의 액세스(random access): 기억장치의 임의 위치를 직접 액세스할 수 있다는 점이 직접 액세스와 같으나, 임의 위치를 액세스하는 시간이 같다는 점이 직접 액세스와 다르다. 각 기억장치마다 고유의 주소가 할당되어 있으며, 주소에 의하여 데이터를 액세스한다. 주기억장치로 사용되는 반도체 기억 소자들이 임의 액세스 소자이다.

- 연관 액세스(associative access): 특수한 기억장치인 연관 기억장치(associative memory)를 액세스하는 방법이다. 연관 기억장치는 키(key) 필드와 데이터 필드로 구성된 테이블 구조를 갖고 있다. 외부에서 검색할 키 값이 제공되면, 키 값과 테이블의 키 필드를 동시에 비교하여, 일치하는 행의 데이터 필드를 출력한다. 주어진 키와 키 필드를 비교하는 시간이 항상 같다. 연관 기억장치는 가격이 비싼 특수한 기억장치이며, 고속으로 데이터를 탐색해야 하는 특수한 경우에 사용된다. 키 필드의 내용에 의하여 데이터 액세스가 가능하므로 CAM(Content Addressable Memory)이라고도 부른다.

9.1.5 > 성능

기억장치의 성능은 액세스 속도로 표현된다. 기억장치 액세스 속도를 표현하는 단위는 액세스 시간(access time), 사이클 시간(cycle time), 그리고 전송률(transfer rate)이 있다. 반도체 기억장치의 경우 액세스 시간과 사이클 시간을 구분하지 않고 사용하기도 한다.

- 액세스 시간(access time): 기억장치에게 주소와 읽기 또는 쓰기 제어신호가 제공된 후, 데이터가 읽혀지거나 쓰여지기 시작할 때까지의 시간이다. 순차 액세스와 직접 액세스 기억장치는 액세스하려는 기억장소의 위치에 따라 액세스 시간이 다르고, 임의 액세스와 연관 액세스 기억장치는 액세스하려는 기억장소의 위치와 무관하게 액세스 시간이 같다.
- 사이클 시간(cycle time): 기억장치의 데이터를 연속적으로 액세스할 때 한 번 데이터를 액세스하는데 소요되는 시간이다. 사이클 시간은 액세스 시간에 데이터를 처리하는 데 필요한 약간의 여유 시간을 더한 시간이며, 결과적으로 액세스 시간보다 약간 길다.
- 전송률(transfer rate): 1초에 액세스할 수 있는 데이터의 양을 의미한다. 정의에 따라 전송률은 사이클 시간의 역수이다. 전송률의 단위는 bps(bits/sec)이다.
- 대역 폭(band width): 대역 폭은 원래 데이터 통신에서 채널의 주파수 대역의 범위를 말한다. 대역 폭이 넓으면 데이터 통신 속도가 빠르고, 대역 폭이 좁으면 통신 속도가 느리다. 대역 폭을 표현하는 단위도 bps이며, 기억장치의 경우 전송률 대신에 대역 폭이란 용어를 사용하기도 한다.

예제 9-1

바이트 단위로 구성되어 있는 기억장치의 바이트 전송 사이클 시간이 100nsec일 때, 데이터 전송률을 구하라.

풀이

전송률 = (1/100)nsec/바이트 = 10M바이트/초 = 10Mbps

9.1.6 > 기억장치 계층

일반적으로 기억장치의 데이터 액세스 속도보다 중앙처리장치의 데이터 처리 속도가 빠르다. 기억장치의 속도는 컴퓨터의 전체 성능에 영향을 준다. 컴퓨터의 기억장치를 구성할 때, 기억장치의 용량, 속도, 그리고 가격을 고려하여야 한다. 컴퓨터의 기억장치는 용량이 크고,

속도가 빠르고, 가격이 저렴할수록 좋다. 그러나 이 세 가지 특징은 상반되는 특징을 갖고 있다. 컴퓨터의 기억장치 액세스 속도는 빠를수록 좋다. 그렇지만 액세스 속도가 빠른 기억장치는 비트당 가격이 비싸다. 컴퓨터의 기억장치는 용량이 클수록 좋다. 그렇지만, 기억장치 용량을 늘리려면 가격이 비싸진다.

컴퓨터는 기억장치를 빠르게 액세스하면서도 많은 용량을 사용하기 위하여, 기억장치를 [그림 9-1]과 같이 계층적으로 구성하여 운영하고 있다. 위로 올라갈수록 중앙처리장치의 사용 빈도가 증가하고, 액세스 시간이 짧고, 용량이 적고, 비트당 가격이 비싸다. 컴퓨터는 속도가 느리고 용량이 큰 기억장치의 내용 중에서 중앙처리장치가 자주 사용하는 데이터들 속도가 빠른 기억장치로 옮겨 놓고 사용함으로써, 전체적인 기억장치 액세스 속도를 개선하는 전략을 사용한다.

프로그래머 혹은 컴파일러는 당장 처리해야 할 데이터를 가장 값이 비싼 레지스터로 옮겨 놓고 처리한다. 캐시 기억장치는 프로그래머에게 보이지 않으며, 심지어 중앙처리장치에도 보이지 않는다. 캐시 기억장치의 액세스 속도는 레지스터의 속도와 같거나 조금 느리다. 일반적으로 액세스 시간은 수십 나노초(nsec) 정도이다. 중앙처리장치가 주기억장치를 액세스하려고 기억장치 주소를 생성하면, 캐시 제어기는 해당 주소를 포함하는 여러 개 또는 수십 개의 데이터를 한 번에 캐시 기억장치로 옮겨 놓고, 그곳에서 데이터를 액세스하도록 만든다. 9.4절에서 캐시 기억장치를 자세히 설명한다.

컴퓨터가 보조기억장치를 사용하는 주된 목적은 프로그램과 데이터를 영구적으로 보관하는 것이다. 그 외에도 컴퓨터는 보조기억장치의 일부를 가상 기억장치(virtual memory)로 활용하기도 한다. 가상 기억장치는 주기억장치를 확장하는 개념이며, 운영체제(operating system)가 가상 기억장치 운영을 담당한다. 9.5절에서 가상 기억장치를 다룬다.

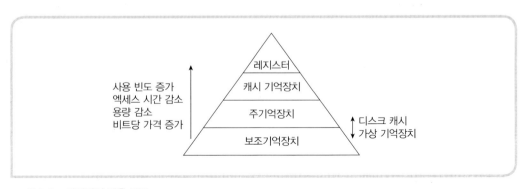

그림 9-1   기억장치 계층 구조

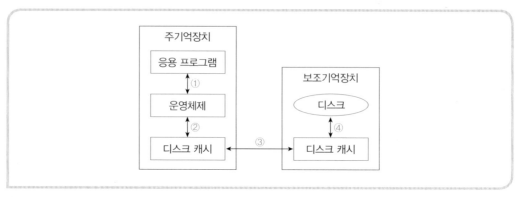

그림 9-2 디스크 캐시의 활용

보조기억장치는 컴퓨터 시스템과 오프라인으로 연결되어 있기 때문에, 운영체제는 유연성 있게 데이터 전송을 처리하기 위하여 디스크 캐시(disk cache)를 사용하기도 한다. 디스크 캐시는 주기억장치 혹은 보조기억장치에 존재할 수 있으며, 일반적으로 두 개의 장치 모두 디스크 캐시를 포함하고 있다. [그림 9-2]는 응용 프로그램이 데이터를 디스크의 파일로 전송하는 과정이다.

① 먼저 응용 프로그램은 디스크에 대한 파일 출력을 운영체제에게 부탁한다.
② 운영체제는 파일에 기록할 데이터를 주기억장치에 마련되어 있는 디스크 캐시로 저장하고, 응용 프로그램에게 데이터 전송이 완료되었음을 알린다.
③ 운영체제는 한 개의 블록에 대한 데이터가 디스크 캐시에 모일 때까지 기다렸다가, 블록이 채워지면, 적절한 시간에 보조기억장치로 한 개의 블록을 전송한다. 이 때, 보조기억장치는 자신의 디스크 캐시에 데이터를 저장하고 운영체제에게 디스크 기록이 완료되었다고 보고한다.
④ 디스크는 컴퓨터 시스템과 독립적으로 동작하는 입출력 장치이므로, 디스크 캐시의 데이터를 안전한 시간에 디스크로 기록한다.

디스크 캐시의 운영은 전적으로 운영체제가 담당한다. 이 교재에서 운영체제의 기능을 다루지 않는다.

반도체 기억장치

반도체 기술의 발달과 더불어 반도체로 제조된 기억장치가 컴퓨터의 주기억장치로 자리 잡았으며, 비교적 최근에 개발된 반도체 기억장치인 플래시 메모리 칩은 보조기억장치로도 활용되고 있다. 반도체 기억장치는 크게 구분하여 RAM(Random Access Memory)과 ROM(Read Only Memory)이 있으며, 각각의 기능에 따라 용도가 다르다. 이 절에서는 반도체 기억장치의 물리적인 특성은 제외하고 종류와 특성, 그리고 논리적인 구조와 기능에 대하여 설명한다.

9.2.1 종류와 특성

반도체 기억장치인 RAM과 ROM의 종류를 〈표 9-1〉과 같이 세분할 수 있으며, 특성을 사용 방법, 휘발성 여부, 삭제 가능 여부 및 삭제 단위, 프로그램 방법으로 나누어 설명할 수 있다. 기억장치에 값을 쓴다는 것은 해당 장소를 지우고 새로운 값을 기록하는 것을 의미한다. ROM 형태의 반도체 기억장치에 새로운 값을 기록하는 것을 "프로그램 한다"고 말한다.

표 9-1 반도체 기억장치의 분류

분류	종류	사용 방법	휘발성	삭제(단위)	프로그램	기타
RAM	SRAM	읽기/쓰기	휘발성	전기(바이트)	온라인, 전기	
	DRAM	읽기/쓰기	휘발성	전기(바이트)	온라인, 전기	재충전
ROM	Mask ROM	읽기	비휘발성	불가	오프라인, 생산 공정	
	PROM	읽기	비휘발성	불가	오프라인, 전용 장치	
	EPROM	읽기	비휘발성	자외선(전체)	오프라인, 전용 장치	
	EEPROM	읽기/쓰기	비휘발성	전기(바이트)	온라인, 전기	
	Flash Memory	읽기/쓰기	비휘발성	전기(블록)	온라인, 전기	

RAM과 ROM의 기능은 명칭에 잘 표현되어 있다. RAM(임의 액세스 기억장치)은 임의의 장소를 읽고 쓰기를 마음대로 할 수 있다는 의미를 포함하고 있고, ROM(읽기만 가능한 기억장치)은 말 그대로 읽기만 할 수 있고 쓰기, 즉 지우고 그 자리를 새로운 값으로 갱신하는 것은 불가능하다는 것을 의미한다. 즉, 컴퓨터는 RAM에 저장된 데이터를 수시로 갱신할 수 있으나, ROM에 저장되어 있는 데이터를 읽기만 할 수 있을 뿐 그 내용을 갱신할 수 없다.

RAM과 ROM은 '9.1.4 액세스 방법'에서 설명한 임의 액세스(random access)가 가능한 소자이다. 액세스 방법을 설명할 때와 기억 소자를 분류할 때, 임의 액세스란 용어가 약간 다르게 적용된다. 앞에서는 임의의 위치를 액세스한다는 개념이 포함되어 있고, 여기에서는 읽기와 쓰기가 모두 가능하다는 개념이 강조되었다.

RAM은 SRAM(static RAM, 정적 RAM)과 DRAM(dynamic RAM, 동적 RAM)으로 구분할 수 있다. 이것들의 차이는 한 비트의 정보를 저장하는 이진 셀(binary cell)에 기인한다. SRAM의 이진 셀은 플립플롭으로 만들어져 있어 전기가 공급되는 한 안정적으로 동작한다. 반면에 DRAM의 이진 셀은 크기가 작은 캐패시터로 만들어져 있기 때문에, 한 번 충전해 놓은 전하가 시간이 지나면 방전된다는 단점이 있다. 즉, SRAM은 한 번 값이 저장하면 다음에 변경할 때까지 그 값이 변하지 않으나, DRAM은 시간이 지나면 값을 잃어버린다. DRAM의 일종인 SDRAM(Synchronous DRAM)은 클럭 신호에 동기를 맞추어 동작을 제어한다. 〈표 9-2〉는 RAM의 종류별 특성을 요약한 것이다.

- 재충전(refresh): DRAM은 주기적으로 셀의 전하를 재충전하여야 그 값을 잃어버리지 않는다. 그러므로, 주기억장치로 DRAM을 사용하려면, 재충전 기능을 수행하는 DRAM 제어기(DRAM Controller)가 필요하다. SRAM은 재충전할 필요가 없다.
- 비트 당 크기, 가격 및 속도: 캐패시터는 플립플롭보다 크기가 매우 작다. 따라서, DRAM은 SRAM에 비하여 상대적으로 이진 셀의 크기가 작고, 반도체 단위 면적당 용량이 크고, 비트당 가격이 싸다. 속도 면에서는 읽는 과정의 복잡성으로 인하여 SRAM의 액세스 속도가 더 빠르다.
- 용도: SRAM은 속도가 빠르고 특별한 제어기가 불필요하기 때문에 컴퓨터의 캐시 기억장치 또는 기억장치를 많이 탑재하지 않은 소형 임베디드 시스템의 주기억장치로 사용되고 있다. 반면에 DRAM은 데스크 탑 컴퓨터와 같이 기억장치를 많이 탑재하고 있는 컴퓨터의 주기억장치로 사용되고 있다.

표 9-2   RAM 특성 비교

종류	셀	재충전	제어기	셀 크기	용량	속도	용도
SRAM	플립플롭	불필요	불필요	크다.	적다.	빠름	캐시 기억장치, 소형 시스템
DRAM	캐패시터	필요	필요	작다.	많다.	느림	대형 시스템

ROM은 비휘발성이기 때문에 전기 공급이 끊어져도 그 내용을 잃어버리지 않는 장점이 있다. ROM의 종류 중에는 삭제와 기록이 가능한 것이 있다. ROM을 삭제하고 기록하는 것은 RAM과 같이 프로그램이 임의의 기억 장소를 아무 때나 값을 변경하는 것이 아니다. 일반적으로 ROM 종류는 임의 영역을 한 번에 지우고 블록 단위로 기록한다. 영역을 지우는 방법과 블록 데이터를 기록하는 방법에 따라 ROM의 종류는 여러 가지 종류가 있다.

- 마스크 ROM(Mask ROM): 공장에서 ROM을 제조할 때, 마스크 패턴에 따라 ROM의 내용을 기록한다. 한 번 기록된 값을 변경할 수 없다. ROM에 적재될 0과 1로 구성된 특정한 값의 조합 형태를 마스크 패턴이라고 한다. 마스크 ROM은 데이터를 전혀 변경할 필요가 없는 경우에 주로 사용되며, 한 번의 공정으로 대량 생산된다.

- PROM(Programmable ROM): PROM은 생산될 때, 그 안의 데이터가 모두 1로 채워져 있다. ROM 프로그래머(ROM programmer)라는 장치를 사용하여 데이터 일부를 0으로 바꿀 수 있다. 이와 같이 ROM의 전체 또는 일부 블록의 값을 변경하는 것을 프로그램 한다고 말한다. 그렇지만, 한 번 프로그램 한 데이터를 다시 원상태로 복구할 수 없다.

- EPROM(Erasable Programmable ROM): EPROM은 PROM과 같이 ROM 프로그래머로 데이터를 기록할 수 있다. 그리고 EPROM을 회로 기판에서 떼어내어 자외선을 15분 정도 쪼여주면, EPROM에 저장되어 있는 모든 데이터를 최초 상태로 복구할 수 있다. EPROM 지우개(EPROM eraser)는 자외선 형광등이다. 지운 EPROM을 다시 프로그램 할 수 있다. EPROM은 지우는 회로를 포함하고 있기 때문에 집적도가 낮다.

- EEPROM(Electrically Erasable ROM): EEPROM은 회로에서 떼어내지 않고 전기 신호로 그 내용을 단어 또는 블록 단위로 지울 수 있다. 그렇지만 읽는 속도에 비하여 지우는 속도가 매우 느리다.

- 플래시 메모리(flash memory): 플래시 메모리는 다른 반도체 기억장치에 비하여 비교적 늦은 1980년대 중반에 개발되었고, 내부적으로 여러 개의 블록으로 구성되어 있으며, 한 개의 블록은 다시 여러 개의 페이지로 구성되어 있다. 플래시 메모리도 전기 신호로 지울 수 있다. 블록 단위로 지울 수 있으며, 페이지 단위로 프로그램 할 수 있다. 플래시 메모리는 제조 방법에 따라 NOR 플래시와 NAND 플래시로 구분된다.

ROM, PROM, EPROM의 용도는 거의 같으며, 주로 컴퓨터에 전원이 인가될 때 처음으로 수행하는 부트로더(bootloader) 또는 소형 임베디드 시스템의 프로그램을 저장할 목적으로 사용되었다. 그렇지만 사용이 편리한 플래시 메모리가 출시됨에 따라, 지금은 대부분의 시스템은 플래시 메모리가 그 자리를 대치하고 있다. EEPROM은 소형 시스템에서 시스템 설정 데이터(system configuration data)를 저장하기 위한 용도로 주로 사용된다.

지울 수 있는 ROM 종류들은 모두 재기록 가능한 횟수가 정해져 있다. 이러한 특성을 삭제-프로그램 사이클(E-P cycle, Erase-Program cycle)이라고 한다. 일반적으로 10만 번 정도까지 재기록 할 수 있다.

컴퓨터는 주기억장치에 프로그램과 데이터를 저장한다. 주기억장치를 RAM만으로 구성할 수 없다. RAM은 전원이 제거되면, 그 내용을 모두 잃어버리기 때문이다. 컴퓨터가 부트할 때 수행되는 프로그램은 반드시 ROM에 저장되어 있어야 한다. 주기억장치를 ROM만으로 구성할 수도 없다. 온라인으로 ROM에 데이터를 기록할 수 없으므로 프로그램 수행에 필수적인 시스템 스택을 ROM에 배치할 수 없다. 그러므로 컴퓨터의 주기억장치는 ROM과 RAM을 모두 포함하고 있어야 한다. 전원이 제거되더라도 값이 없어지지 않고 읽고 쓸 수도 있는 소재로 기억장치를 만들 수 있다면 컴퓨터를 매번 부트하는 번거로움을 없앨 수 있다.

⟨ 9.2.2 ⟩ 반도체 기억장치의 구조

반도체 기억장치 소자들은 이진 셀의 소재 및 동작 원리에 따라 내부 구조와 외부 인터페이스가 서로 다르다. 이에 따라 컴퓨터에서 반도체 기억장치 소자를 활용하는 방법이 달라진다. 〈표 9-3〉은 반도체 기억장치를 용도별로 분류하여 정리한 것이다. 기억 소자 중에서 RAM, ROM, PROM, EPROM, 그리고 NOR 플래시는 주기억장치로 사용될 수 있지만, EEPROM과 NAND 플래시는 주기억장치로 활용될 수 없는 구조를 갖고 있다. 여기에서는 앞에서 소개한 반도체 기억장치 소자의 외부 인터페이스와 내부 구조에 대하여 설명한다.

표 9-3 반도체 기억장치의 용도별 분류

구분	용도	반도체 기억장치 소자	인터페이스
주기억장치	읽기 전용	ROM, PROM, EPROM, NOR Flash	주소, 데이터, 읽기, (프로그램)
	읽기/쓰기	SRAM, DRAM	주소, 데이터, 읽기, 쓰기
보조기억장치	읽기/쓰기	EEPROM, NAND Flash	입출력

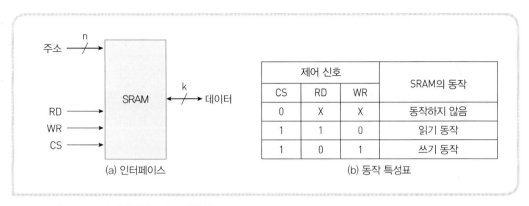

그림 9-3 ┃ SRAM의 인터페이스와 동작특성표

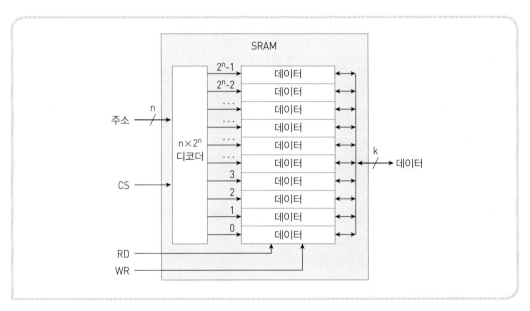

그림 9-4 ┃ SRAM의 내부 구조

RAM의 종류인 SRAM과 DRAM은 구조가 다르다. 먼저 SRAM의 구조를 살펴보자. SRAM의 외부 인터페이스는 [그림 9-3]과 같이, n비트의 주소와 k비트의 데이터, 그리고 읽기(RD), 쓰기(WR), 칩 선택(CS, Chip Select 또는 CE, Chip Enable) 제어 신호를 제공한다. 주소 비트 수 n은 기억장치 용량을 결정하며, 일반적으로 데이터 비트 수 k는 8이다. CS는 칩 전체의 동작을 제어한다. CS=0일 때, SRAM은 동작하지 않고 데이터 버스는 논리적으로 내부와 끊어져 있는 상태(high impedance state)이다. CS=1이고 RD=1, WD=0이면, 읽기 동작을 수행한다. CS=1이고 RD=0, WR=1이면, 쓰기 동작을 수행한다.

[그림 9-4]는 간단하게 표시한 SRAM의 내부 구조이다. 데이터를 저장하는 셀들은 일차원 배열의 형태로 배치되어 있으며, 각각 고유의 주소를 갖는다. 주소 선은 디코더로 입력되어 내부 데이터 셀을 선택하는 신호를 생성한다. CS는 디코더의 동작뿐만 아니라 데이터의 출력 여부도 제어한다. 선택된 데이터 셀은 RD와 WR 제어 신호의 값에 따라 외부로 데이터를 출력하거나 외부에서 데이터를 기록한다.

SRAM의 용량은 (데이터 셀의 수×비트 수)로 표현된다. 예를 들어, n=20, k=8인 SRAM의 용량은 $2^{20} \times 8$ = 1M바이트이다.

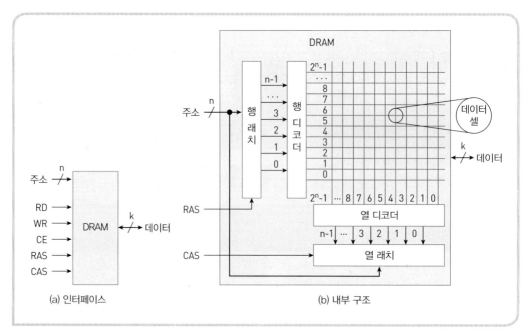

그림 9-5 DRAM의 인터페이스와 내부 구조

DRAM은 SRAM에 있는 제어 신호 이외에 [그림 9-5(a)]와 같이 RAS(Row Address Strobe)와 CAS(Column Address Strobe) 제어 신호를 더 갖고 있다. [그림 9-5(b)]는 읽기, 쓰기, 칩 선택 제어 신호와 데이터 선을 생략한 DRAM의 내부 구조이다. SRAM과 다르게 내부적으로 데이터 셀이 바둑판과 같이 이차원 배열의 형태이다.

DRAM은 n비트의 주소를 두 번 사용한다. 외부에서 인가되는 주소 선은 먼저 행 주소(row address)를 제공하고, 잠시 후 값을 변경하여 열 주소(column address)를 제공한다. DRAM은 RAS 신호가 인가될 때 행 주소를 행 래치(row latch)로 적재하고, 잠시 후 CAS 신호가 인가될 때 열 주소를 열 래치(column latch)로 적재한다. 각 래치의 출력은 행 디코더와 열 디코더로 인가되고, 기억소자의 이차원 배열에서 디코더의 출력이 겹치는 한 개의 데이터 셀이 선택된다. 예를 들어, 행 주소가 6이고 열 주소가 4인 경우, [그림 9-5(b)]에 동그라미로 표시된 데이터 셀이 선택된다. DRAM의 데이터 셀은 1비트, 4비트, 또는 8비트로 구성되어 있다.

따라서 주소가 n비트이고 데이터가 k비트인 DRAM의 용량은 $2^{2n} \times k$비트이다. 예를 들어, 용량이 1M바이트이고 데이터가 8비트인 DRAM은 주소 선이 10비트이다. 컴퓨터의 중앙처리장치는 RAS와 CAS 제어 신호를 제공하지 않는다. DRAM을 사용하려면 DRAM 제어기(DRAM controller)가 필요한데, 이것이 RAS와 CAS 제어 신호를 제공한다. 그리고 DRAM은 시간이 흐르면 자신이 저장하고 있는 데이터를 잃어버리기 때문에 데이터를 재충전해야 한다. DRAM의 행 주소를 인가하면, 같은 행에 있는 모든 데이터 셀들이 재충전된다. DRAM 제어기는 내부에 재충전 카운터(refresh counter)를 포함하고 있고, 이 카운터의 출력을 행 주소로 제공함으로써 주기적으로 DRAM을 재충전한다.

DRAM을 읽는 방법은 두 가지가 있다. 첫 번째는 행 주소와 열 주소를 번갈아 인가하면서 한 개의 데이터를 읽는 방법이고, 두 번째는 행 주소를 고정시키고 열 주소를 0부터 $2^n - 1$까지 변경하면서 한 개의 행에 배치되어 있는 데이터를 연속해서 읽는 방법이다. 두 번째 방법을 연속 읽기 모드(burst mode)라고 부른다.

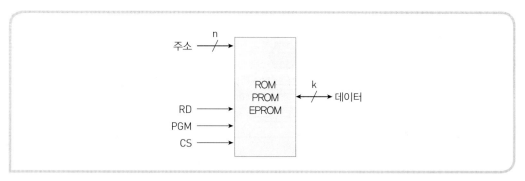

그림 9-6 **ROM의 인터페이스**

마스크 ROM, PROM, EPROM은 외부 인터페이스가 모두 [그림 9-6]과 같다. 다만, 마스크 ROM은 프로그램이 불가능하기 때문에 외부에 PGM(program) 제어 신호가 없다. 이 소자들은 모두 읽기만 가능하기 때문에 WR 제어 신호가 없다. PGM은 PROM과 EPROM을 프로그램 하는데 사용되는 제어 신호이다. 이것들은 [그림 9-4]의 SRAM과 같은 일차원 배

363

열 구조를 갖고 있다. 일반적으로 데이터는 8비트나 최근에는 16비트인 소자도 출시되고 있다.

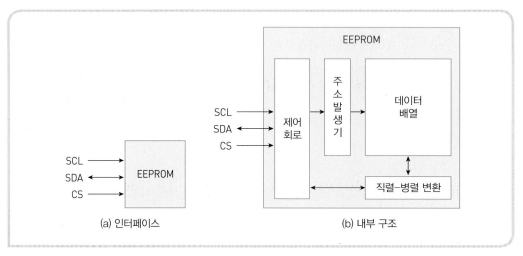

그림 9-7　EEPROM의 인터페이스와 내부 구조

　　EEPROM은 EPROM과 다르게 전기 신호를 인가하여 바이트 단위로 지울 수 있다. EEPROM은 직렬 또는 병렬 인터페이스를 가진 것들로 구분되며, 대부분 직렬 인터페이스인 것을 많이 사용하고 있다. 직렬 방식의 경우에 표준 통신 프로토콜인 SPI(Serial Peripheral Interface Bus) 또는 I^2C(Inter-Integrated Circuit) 방식의 직렬 버스를 제공한다. [그림 9-7(a)]는 I^2C 인터페이스를 가진 EEPROM의 외부 모습이다. 필립스에서 개발한 저속 직렬 통신 규약인 I^2C는 클럭을 제공하는 SCL과 데이터를 전달하는 SDA 두 개의 선으로 통신한다. EEPROM은 컴퓨터의 주소 버스와 데이터 버스에 직접 연결될 수 없는 구조로 되어 있다. 중앙처리장치는 입출력 장치와 같이 입출력 주소를 할당하여 EEPROM을 액세스 한다. EEPROM을 사용하기 위하여 SCL과 SDA 라인을 통하여 먼저 동작 명령(operation command)을 제공하고, 그러고 나서 주소와 데이터를 차례대로 제공하여야 한다. 따라서 동작 속도가 매우 느리다. EEPROM의 내부 구조는 [그림 9-7(b)]와 같다. 제어 회로는 직렬로 전송된 데이터를 해석하여 동작 명령을 인식한다. 직렬-병렬 변환기를 데이터 배열에 병렬로 저장된 데이터를 직렬로 변환하여 외부로 전송한다.

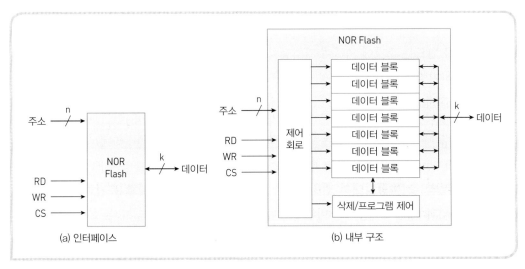

그림 9-8 NOR 플래시의 인터페이스와 내부 구조

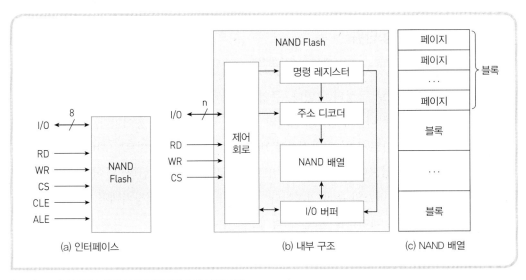

그림 9-9 NAND 플래시의 인터페이스와 내부구조

플래시 메모리는 NOR 플래시와 NAND 플래시 두 가지 종류가 있다. 이것들은 외부 인터페이스가 서로 다르다. [그림 9-8]은 NOR 플래시의 외부 인터페이스와 내부 구조이다. NOR 플래시는 외부에서 볼 때 [그림 9-6]의 ROM과 인터페이스가 같으나 내부 구조는 다르다. NOR 플래시의 데이터를 읽는 과정은 일반 ROM과 마찬가지로 주소를 인가하고 데이터를 읽을 수 있다. 즉, 중앙처리장치는 직접 NOR 플래시에 저장되어 있는 프로그램을 읽어 실행할 수 있다. 그러나 RAM과 같이 데이터를 기록할 수 없다. 사용자는 NOR 플래시의 데이터 블록 단위로 지우거나 프로그램 할 수 있다. 데이터 블록의 크기는 1~4K바이트이다.

NOR 플래시에 데이터를 기록하려면, 사용자는 특별한 순서에 따라 명령을 제공하여야 한다. NOR 플래시는 칩 전체 지우기, 블록 단위 지우기, 블록 단위 프로그램 기능을 제공한다. 외부에서 명령을 인가하면 [그림 9-8(b)]의 삭제 및 프로그램 제어부가 데이터 블록을 지우거나 프로그램 하는 과정을 제어한다.

NAND 플래시는 NOR 플래시와 다르게 [그림 9-9(a)]와 같은 인터페이스를 제공한다. 칩 외부에 주소와 데이터가 없고 8비트의 I/O를 제공한다. 사용자는 I/O를 통하여 주소, 데이터, 명령을 제공한다. CLE(Command Latch Enable)는 I/O에 인가된 신호가 명령임을 나타내고, ALE(Address Latch Enable)은 I/O에 인가된 신호가 주소임을 나타낸다. 중앙처리장치는 NAND 플래시의 데이터를 읽어 주기억장치로 옮겨 놓은 후에, 그 데이터를 사용할 수 있다.

NAND 플래시 내부 구조를 간단하게 표현한 것이 [그림 9-9(b)]이다. 내부에 명령 레지스터와 주소 레지스터, 데이터를 저장하는 NAND 배열, 그리고 NAND 배열에서 한 개의 페이지 데이터를 저장하는 I/O 버퍼를 포함하고 있다. 사용자는 명령, 주소, 데이터를 차례대로 인가하여 NAND 플래시를 액세스 한다. NAND 플래시는 블록 읽기, 블록 지우기, 페이지 프로그램 등과 같은 명령을 제공한다.

NAND 배열은 [그림 9-9(c)]와 같이 여러 개의 블록으로 구성되어 있고, 한 개의 블록은 여러 개의 페이지로 구성되어 있다. 사용자는 NAND 플래시의 블록 단위로 지울 수 있고, 페이지 단위로 프로그램 할 수 있다. 일반적으로 페이지의 크기는 512바이트~2K바이트이고, 한 개의 블록에 32~64개 정도의 페이지가 포함되어 있다. 구체적인 사항은 NAND 플래시의 용량에 따라 다르며, 용량이 증가함에 따라 페이지 크기와 블록에 포함되는 페이지 수가 증가하는 추세이다.

9.3 기억장치 모듈 설계

일반적으로 한 개의 기억장치 모듈은 용량이 한정되어 있고 비트 폭도 8비트 또는 16비트이다. 이에 반하여 중앙처리장치는 기억장치 모듈이 제공하는 비트 폭보다 더 큰 단어와 더 큰 용량으로 만들어진 기억장치를 사용하는 경우가 많다. 따라서 기억장치 모듈 여러 개를 사용하여 주기억장치의 비트 폭과 용량, 또는 두 가지 모두를 증가시킬 필요가 있다. 기억장치의 비트 폭을 증가시키기 위하여 여러 개의 기억장치 모듈을 병렬로 연결하고, 용량을 증가시키기 위하여 기억장치 모듈을 직렬로 연결한다.

〈9.3.1〉 기억장치 비트 폭 확장

용량이 1M×8비트 SRAM 여러 개를 사용하여 1M×32비트의 기억장치 모듈을 구성하는 예를 들어 비트 폭을 확장하는 방법을 알아보자. 1M×8비트인 SRAM은 [그림 9-10(a)]와 같이 주소는 20비트이고, 데이터는 8비트이다. 1M×32비트의 기억장치 모듈은 [그림 9-10(b)]와 같이 주소는 20비트이고, 데이터는 32비트이다. 따라서 데이터 폭이 32비트인 기억장치 모듈을 구성하려면, 1M×8비트 SRAM 네 개가 필요하다. [그림 9-10(c)]는 네 개의 SRAM을 병렬로 연결하여 1M×32비트의 기억장치 모듈을 구현한 회로이다.

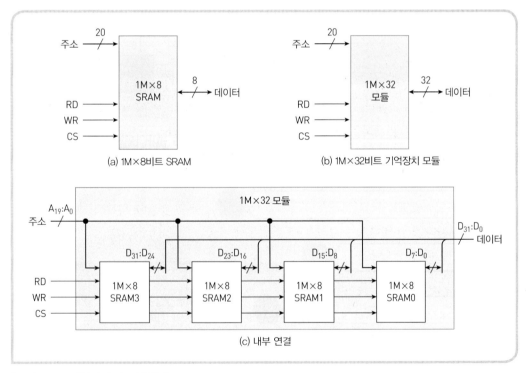

그림 9-10 기억장치 비트 폭 확장

- 20비트의 주소 A_{19}:A_0를 내부의 SRAM의 주소로 공통으로 연결한다.
- 내부의 각 SRAM이 제공하는 8비트의 데이터를 합쳐 1M×32비트 모듈의 데이터로 사용한다. SRAM0은 D_7:D_0를 공급하고, SRAM1은 D_{15}:D_8를 공급하고, SRAM2는 D_{23}:D_{16}를 공급하고, SRAM3은 D_{31}:D_{24}를 공급한다.
- RD, WR, CS 제어 신호를 모두 공통으로 연결한다. [그림 9-10(c)]에 이 신호들이 칩을 통과하는 것처럼 그렸지만, 공통으로 연결한 것을 간단하게 표현한 것이다.

이와 같이 병렬로 연결된 1M×8비트 SRAM들은 주어진 주소와 제어 신호에 대하여 동시에 동작하여 데이터를 저장하거나 출력한다. 예를 들어, 중앙처리장치에서 12345678h를 기억장치 모듈에 저장하면, 12h는 SRAM3에, 34h는 SRAM2에, 56h는 SRAM1에, 그리고 78h는 SRAM0에 저장된다.

⟨9.3.2⟩ 기억장치 용량 확장

이번에는 기억장치 비트 폭과 용량을 모두 확장하는 예를 살펴보자. 용량이 1M×8비트 SRAM 여러 개를 사용하여 4M×16비트의 기억장치 모듈을 구성해 보자. 1M×8비트인 SRAM은 [그림 9-11(a)]와 같이 주소는 20비트이고, 데이터는 8비트이다. 4M×16비트의 기억장치 모듈은 [그림 9-11(b)]와 같이 주소는 22비트이고, 데이터는 16비트이다. 데이터 폭이 2배이고 용량이 4배이므로, 1M×8비트 SRAM 8개를 사용하여 4M×16비트의 기억장치 모듈을 구성할 수 있으며, [그림 9-11(c)]의 회로도가 4M×16비트의 기억장치 모듈의 회로이다.

제어 신호 RD와 WR은 모든 칩에 공통으로 연결한다. 내부 SRAM 모듈의 데이터를 다음과 같이 연결한다.

- SRAM13, SRAM12, SRAM11, SRAM10의 8비트의 데이터 선을 공통으로 연결하여 4M×16비트의 기억장치 모듈의 데이터 D_{15}:D_8로 사용한다.
- SRAM03, SRAM02, SRAM01, SRAM00의 8비트의 데이터 선을 공통으로 연결하여 4M×16비트의 기억장치 모듈의 데이터 D_7:D_0로 사용한다.
- D_{15}:D_8와 D_7:D_0가 모여 전체 16비트의 데이터 선을 형성한다.

4M×16비트의 기억장치 모듈의 외부에서 인가되는 22비트의 주소는 SRAM의 기억장치

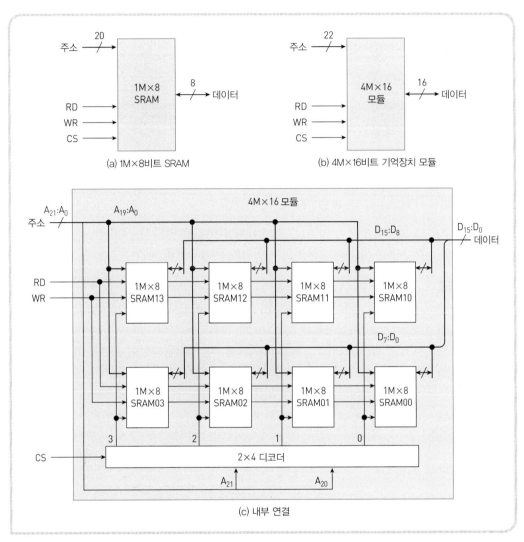

그림 9-11 기억장치 비트 폭과 용량 확장

주소의 비트 수보다 2비트 더 많다. 주소를 처리하는 방법은 다음과 같다.

- 22비트의 주소 중에 하위 20비트인 A_{19}:A_0를 8개의 SRAM에 공통으로 연결한다.
- 22비트의 주소 중에 상위 2비트인 A_{21}:A_{20}를 2×4디코더의 입력으로 연결한다.
- 외부에서 인가되는 CS는 디코더의 인에이블 단자에 연결되어 전체의 동작 여부를 결정한다. 즉, CS=0일 때 내부의 SRAM이 하나도 동작하지 않고, CS=1일 때 디코더의 입력 A_{21}:A_{20}에 의하여 선택되는 상하 두 개의 SRAM이 동작한다.

이와 같이 연결하면 [그림 9-11(c)]의 외부에서 본 신호는 [그림 9-11(b)]와 같다.

SRAM13~SRAM10은 데이터의 상위 바이트(D_{15}:D_8)를 저장하고, SRAM03~SRAM00은 데이터의 하위 바이트(D_7:D_0)를 저장한다. 그리고 SRAM 쌍에 할당된 주소는 다음과 같다.

- SRAM13, SRAM03: 30_0000h ~ 3F_FFFFh
- SRAM12, SRAM02: 20_0000h ~ 2F_FFFFh
- SRAM11, SRAM01: 10_0000h ~ 1F_FFFFh
- SRAM10, SRAM00: 00_0000h ~ 0F_FFFFh

예제 9-2

[그림 9-11]에 대하여 질문에 답하라.

(1) 주소 22_38B0h의 하위 바이트는 어느 SRAM에 저장되어 있는가?
(2) 주소 09_3A84h의 상위 바이트는 어느 SRAM에 저장되어 있는가?

풀이

(1) 주소의 상위 두 비트인 A_{21}:A_{20}=10이므로, 디코더에 의하여 SRAM12와 SRAM02가 선택된다. 하위 바이트는 SRAM02에 저장되어 있다.

(2) 주소의 상위 두 비트인 A_{21}:A_{20}=00이므로, 디코더에 의하여 SRAM10과 SRAM00이 선택된다. 상위 바이트는 SRAM10에 저장되어 있다.

9.4 캐시 기억장치

프로그램 내장형 컴퓨터는 프로그램과 데이터를 주기억장치에 저장해두고 명령어를 하나씩 중앙처리장치로 인출하여 실행한다. 그런데 문제는 주기억장치의 액세스 속도가 중앙처리장치보다 4~10배 또는 그 이상 느리다는 것이다. 중앙처리장치는 주기억장치에서 명령어나 데이터를 인출하기 위하여 긴 시간 동안 대기하여야 한다. 이러한 문제점을 해결하기 위하여 컴퓨터 개발자들은 캐시 기억장치(cache memory)를 도입하였다.

캐시는 용량은 적지만 액세스 속도가 빠른 기억장치로써, 중앙처리장치와 주기억장치 사이에 존재한다. 중앙처리장치는 현재 수행하고 있는 프로그램과 데이터 일부를 주기억장치에서 캐시로 옮겨놓고, 캐시에서 빠르게 처리한다. 캐시는 프로그래머에게 보이지 않는다. 즉, 프로그래머는 캐시의 존재 여부를 알고 있을 필요가 없다. 캐시를 도입한 목적이 기억장치 액세스 속도를 높이는 것이므로, 캐시와 관련된 동작은 모두 하드웨어로 처리된다.

⟨ 9.4.1 ⟩ 참조의 지역성

캐시를 도입함으로써 전반적인 기억장치 액세스 속도를 빠르게 유지할 수 있는 이론적 근거는 참조의 지역성(locality of reference)이다. 이것은 프로세서가 프로그램을 수행할 때 기억장치의 특정 부분을 집중적으로 참조하는 경향이 있는 특성을 말한다. 프로그램은 명령어 코드와 데이터를 액세스하기 위하여 기억장치를 참조한다. 참조의 지역성은 명령어 코드와 데이터 모두에 적용된다. 프로그램이 수행되는 형태를 생각해보면 이러한 성질을 확인할 수 있다. 참조의 지역성은 공간적 참조의 지역성(spatial locality of reference)과 시간적 참조의 지역성(temporal locality of reference)으로 구분하여 생각할 수 있다.

- **공간적 참조의 지역성**: 인접한 영역의 명령어 또는 데이터가 다음 번에도 계속 참조될 가능성이 큰 것을 의미한다. 중앙처리장치는 현재 실행 중인 명령어의 다음 명령어를 수행하거나 반복적으로 거리가 짧은 루프를 실행하는 경우가 많다. 만일 함수(서브루틴)를 호출하더라도 그 함수 안에 있는 명령어들을 한동안 수행한다. 그리고 함수는 일반적으로 지역 변수를 가장 많이 사용하는데, 이것들이 스택과 같은 일정한 영역에 집중적으로 배치되는 경향이 많다.
- **시간적 참조의 지역성**: 한 번 사용된 프로그램이 일정한 시간 내에 다시 참조될 가능성이 크다는 의미이다. 프로그램 코드는 주로 한 번 사용한 데이터를 여러 번 사용하는 경향이 있고, 함수에서 복귀하면, 원래 수행하던 코드 영역을 다시 수행할 가능성이 큰 것을 나타낸다.

참조의 지역성을 고려할 때, 주기억장치에서 캐시 기억장치로 옮겨온 데이터를 중앙처리장치가 여러 번 사용할 가능성이 크다. 컴퓨터 시스템은 [그림 9-12]와 같은 방식으로 캐시를 활용한다.

- 중앙처리장치가 기억장치를 액세스하려고 주소를 생성한다.
- 만일 중앙처리장치가 요청한 데이터가 캐시 안에 존재한다면, 중앙처리장치는 캐시에서 데이터를 가져온다.
- 만일 중앙처리장치가 요청한 데이터가 캐시 안에 존재하지 않는다면, 주기억장치에서 중앙처리장치가 원하는 데이터를 포함한 데이터 블록을 캐시로 복사한 후, 캐시에서 해당 단어를 중앙처리장치로 전송한다.

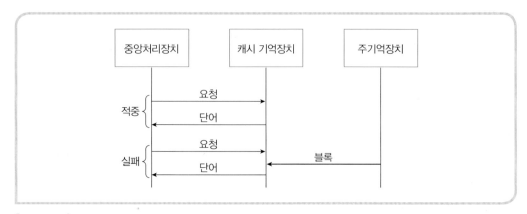

┃ 그림 9-12 ┃ 캐시의 동작

중앙처리장치가 요청한 데이터가 캐시에 들어 있는 것을 "적중하였다(hit)"라고 말하고, 존재하지 않는 것을 "실패(miss)하였다"라고 말한다. 적중률(hit ratio)은 중앙처리장치의 기억장치에 대한 전체 요청 수에 대하여 적중한 수를 퍼센트로 표현한 척도이다. 적중률에 의하여 캐시를 도입함으로써 기억장치 액세스 속도가 얼마나 개선되는지 계산할 수 있다. 적중률을 $h(0<h<1)$라고 하면, 캐시의 실패율은 $1-h$이다. 캐시 액세스 속도를 t_c라 하고, 주기억장치 액세스 속도를 t_m이라고 하고, 기억장치의 평균 액세스 속도를 t_a라고 하자. 적중한 경우는 캐시만 액세스하고, 실패한 경우는 캐시와 주기억장치를 모두 액세스해야 하므로, 기억장치에 대한 평균 액세스 시간을 다음 식과 같이 계산할 수 있다.

$$t_a = h \times t_c + (1-h) \times (t_m + t_c) = t_c + (1-h) \times t_m$$

예제 9-3

캐시 액세스 시간이 1μsec이고, 주기억장치 액세스 시간이 10μsec일 때, 적중률의 변화에 대한 기억장치 평균 액세스 속도를 그래프로 표현하라.

풀이

$t_a = 1 + (1-h) \times 10 = 11 - 10h$
일차 방정식에 대한 그래프는 [그림 9-13]이다. 적중률이 90%일 때, 평균 액세스 속도는 2μsec이고, 캐시를 사용하지 않을 때보다 5배 빠르다.

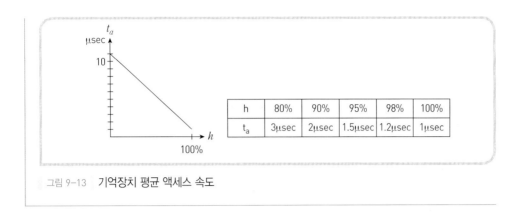

h	80%	90%	95%	98%	100%
t_a	3μsec	2μsec	1.5μsec	1.2μsec	1μsec

그림 9-13 기억장치 평균 액세스 속도

캐시의 적중률은 컴퓨터가 실행하는 응용 프로그램의 지역성에 의하여 결정된다. 데이터베이스 프로그램 같은 경우에 캐시 적중률이 낮고, 신호처리 프로그램의 경우 캐시 적중률이 높은 것으로 알려져 있다. 실제로 캐시 적중률은 95~99% 범위로 측정된다. 캐시를 사용함으로써 기억장치 효율을 상당히 개선할 수 있음을 알 수 있다.

〈9.4.2〉 캐시 기억장치 구조

주기억장치와 캐시 간에는 여러 개의 단어로 구성된 블록 단위로 데이터를 전송한다. 일반적으로 주기억장치의 데이터 전송 단위를 블록(block)이라고 부르고, 캐시의 전송 단위를 라인(line) 또는 슬롯(slot)이라고 부른다. 주기억장치의 블록 크기는 캐시의 라인 크기를 서로 다르게 설정할 수 있으나, 일반적으로 같게 설정한다. 여기에서도 블록과 라인의 크기가 같다고 가정한다. 즉, 주기억장치의 한 개의 블록이 캐시의 한 개의 라인으로 복사된다. 기억장치 한 개의 장소에 한 개의 단어가 저장된다고 할 때, 주기억장치와 캐시의 제원은 〈표 9-4〉와 같다.

- 주기억장치의 주소가 n비트이면, 주기억장치의 용량은 2^n단어이다.
- 캐시의 주소가 k비트이면, 캐시의 용량은 2^k단어이다. 주기억장치가 캐시 기억장치보다 크기 때문에 n>k이다.
- 주기억장치 블록의 크기가 w단어이면, 주기억장치는 $2^n/w$개의 블록을 갖고 있다.
- 캐시의 라인의 크기도 w단어이면, 캐시는 $2^k/w$개의 라인을 갖고 있다.

주기억장치와 캐시의 용량은 컴퓨터의 성능에 따라 차이가 크기 때문에 일반적인 용량을 제시하기 쉽지 않다. 개인용 컴퓨터의 경우, 주기억장치는 512M바이트 이상이고, 캐시는 256K바이트 이상이다. 그러므로 주기억장치가 캐시보다 약 2,000배 이상 크다. 일반적으로 라인(블록)의 크기는 32, 64, 또는 128바이트이다. 프로세서 성능이 개선됨에 따라, 캐시의 용량 그리고 라인 크기도 함께 증가하고 있다.

표 9-4 주기억장치와 캐시 기억장치의 제원

항목	주기억장치	캐시 기억장치
주소선의 수	n비트	k비트
전체 용량	2^n단어	2^k단어
데이터 전송 단위 및 크기	블록: w단어	라인: w단어
블록(라인) 수	블록 수: $b = 2^n/w$	라인 수: $a = 2^k/w$

예제 9-4
주기억장치의 용량이 16M바이트이고, 캐시의 용량이 16K바이트이다. 한 개의 블록(라인)의 크기를 64바이트라고 할 때, 주기억장치의 블록 수와 캐시의 라인 수를 구하라.

풀이

주기억장치 블록 수 $= 16\text{M바이트} / 64\text{바이트} = 2^{24} / 2^6 = 2^{18} = 256\text{K블록}$

캐시 라인 수 $= 16\text{K바이트} / 64\text{바이트} = 2^{14} / 2^6 = 2^8 = 256\text{라인}$

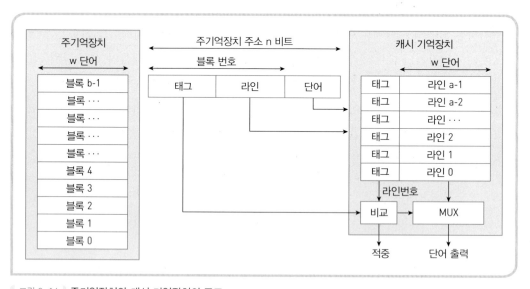

그림 9-14 주기억장치와 캐시 기억장치의 구조

[그림 9-14]는 블록 단위로 배치된 주기억장치와 라인 단위로 배치된 캐시 기억장치의 구조를 보여주고 있다. 주기억장치는 크기가 w단어인 b개의 블록으로 구성된 일차원 배열이다. 캐시는 크기가 w단어인 a개의 라인으로 구성된 일차원 배열이다. 주기억장치의 블록 수가 캐

시의 라인 수보다 훨씬 많으므로, 캐시의 라인에 어느 블록이 저장되어 있는지 표시할 필요가 있다. 이 부분을 캐시의 태그(tag) 영역이라고 부른다. 캐시의 용량은 태그 필드 영역을 고려하지 않고 라인 부분의 합으로 표현한다.

중앙처리장치가 주기억장치로 공급하는 n비트의 주소는 태그 필드, 라인 번호 필드, 그리고 단어 필드로 분해할 수 있다.

- 단어 필드: 한 개의 라인 내에서 한 개의 단어를 지정한다. 단어 필드의 길이는 $\log_2 w$비트이다. 예를 들어 한 개의 라인이 16단어이면, 단어 필드는 4비트이다.
- 라인 필드: 캐시의 라인 번호에 해당한다. 라인 필드의 길이는 주기억장치의 블록을 캐시의 라인에 저장하는 정책(policy)에 따라 달라진다.
- 태그 필드: 주기억장치 주소 중에서 라인 필드와 단어 필드를 제외한 부분이다. 태그 필드는 캐시의 태그 영역에 저장된다.

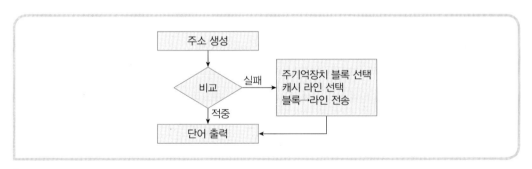

그림 9-15 | 캐시 읽기 동작

캐시 기억장치가 존재하더라도 중앙처리장치는 기억장치를 읽기 또는 쓰기로 액세스한다. 기억장치에 쓰는 방법은 별도로 설명하기로 하고, 읽는 과정을 먼저 살펴보자. 기억장치에서 한 개의 단어를 읽는 과정은 [그림 9-15]와 같다.

- 중앙처리장치는 한 개의 주소를 생성한다. 이 주소에 해당하는 데이터가 캐시에 들어 있을 수도 있고, 들어 있지 않을 수도 있다.
- 먼저 주기억장치 주소의 태그 필드와 캐시의 태그 영역에 들어 있는 a개의 태그를 동시에 비교한다.
- 이와 동시에 주기억장치의 단어 필드에 의하여 각 라인에서 a개의 단어를 동시에 읽는다.
- 만일 캐시의 태그 중에 주기억장치의 태그 필드와 일치하는 것이 존재한다면, 즉

적중되었다면, [그림 9-14]의 단어 선택기(MUX)를 통하여 해당 라인의 단어를 중앙처리장치로 전송한다.

- 만일 실패하였다면, 중앙처리장치가 원하는 단어를 포함하고 있는 주기억장치 블록을 캐시로 복사한 다음에 해당 단어를 출력한다.

캐시는 주기억장치의 액세스 속도를 개선하기 위하여 도입된 장치이므로, 주기억장치 주소의 태그 필드와 캐시의 태그 영역을 하드웨어로 동시에 비교한다. 그러므로 캐시는 연관 액세스 기억장치이다.

⟨9.4.3⟩ 캐시 설계시 고려 사항

캐시 기억장치를 도입함에 있어서 고려할 사항은 캐시의 크기와 수, 매핑 함수(mapping function), 교체 정책(replacement policy), 쓰기 정책(write policy), 그리고 일관성 유지 (coherence) 등이 있다.

캐시를 도입함으로써 기억장치의 비트 당 평균 비용이 많이 증가하지 않을 만큼 캐시는 작아야 하고, 기억장치의 평균 액세스 시간이 캐시의 액세스 시간에 가까워질 만큼 캐시는 충분히 커야 한다. 캐시의 용량이 커질수록 아무래도 태그 필드를 비교하는 부분의 부담이 커지기 때문에 캐시의 속도가 약간 느려질 가능성도 있다. 이러한 점을 고려하여 캐시의 크기를 결정해야 한다.

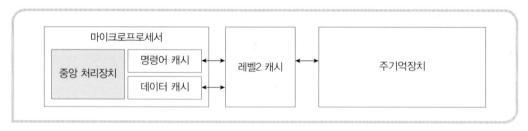

│ 그림 9-16 │ 계층적 캐시 구성

반도체 기술의 발달로 최근에는 [그림 9-16]과 같이 마이크로프로세서 칩 내부에 캐시를 포함함으로써 두 레벨의 캐시를 사용하는 것을 자주 볼 수 있다. 칩 내부에 포함된 캐시를 온 칩(on-chip) 캐시 또는 레벨1 캐시라고 부르고, 칩 외부의 캐시를 오프 칩(off-chip) 캐시 또는 레벨2 캐시라고 부른다. 레벨2 캐시는 액세스 속도 면에서 레벨1 캐시보다 느리고 주기억장치보다 빠르며, 용량 면에서는 레벨1 캐시보다 많다. 또한, 중앙처리장치가 명령어를 인출할 때와 데이터를 액세스 할 때 기억장치를 사용하는 형태(pattern)가 다르기 때문에, 레벨1 캐시를 명령어 캐시와 데이터 캐시로 분리하여 사용하기도 한다. 명령어 캐시와 데이터 캐시를 분리하면 중앙처리장치가 명령어와 데이터를 동시에 액세스 할 수 있는 장점이 있다. 이와 같은 구조를 하버드 구조라고 부른다. 명령어 캐시와 데이터 캐시에 대하여 다음에 설명할 나머지 캐시 설계 요소를 다르게 적용하는 것이 일반적이다.

기타 나머지 캐시 설계 요소에 대하여 별도의 절에서 설명하기로 한다. 각 설계요소는 캐시 기억장치 운영과 관련하여 다음과 같은 주제를 다룬다.

- 매핑 함수: 주기억장치의 블록을 캐시의 라인으로 복사할 때 어느 라인으로 복사할 지 결정하는 규칙이다.
- 교체 정책: 캐시의 라인이 모두 채워져 있을 때, 주기억장치에서 새로운 블록을 복 사하려면 현재 캐시 라인 중 하나와 교체하여야 하는데, 이때 교체할 라인을 선택 하는 방법을 정한다.
- 쓰기 정책: 중앙처리장치가 기억장치에 대하여 쓰기 동작을 수행할 때 최종적으로 주기억장치의 내용이 수정되어야 한다. 이 과정에 대한 처리 방법을 쓰기 정책이 라고 한다.
- 일관성 유지: 주기억장치는 프로세서 이외의 요인에 의하여 그 내용이 변경될 수 있 으므로, 주기억장치의 내용과 캐시의 내용이 다른 경우가 존재할 수 있다. 주기억 장치와 캐시 기억장치의 내용을 항상 같게 유지하는 방법을 일관성 유지라고 한다.

〈9.4.4〉 매핑 함수

캐시 라인의 수는 주기억장치 블록의 수보다 적기 때문에, 주기억장치 블록을 캐시 라인으로 매핑하는 방법이 필요하다. 매핑 함수는 주기억장치의 한 개의 블록이 캐시의 라인으로 들어가는 방법을 정의한다. 매핑 함수에 따라 캐시의 구조가 달라질 수 있으며, 다음과 같은 세 가지 방법이 있다.

- 직접 매핑(direct mapping)
- 완전 연관 매핑(full-associative mapping)
- 집합 연관 매핑(set-associative mapping)

표 9-5	매핑 함수 예제		

제원		예제 1	예제 2
블록(라인) 크기		w = 8바이트	w = 256바이트
주기억장치	용량	128바이트 (n = 7비트)	256M바이트 (n = 28비트)
	블록 수	16블록	1M블록
캐시 기억장치	용량	32바이트 (k = 5비트)	256K바이트 (k = 18비트)
	라인 수	4 라인	1K 라인

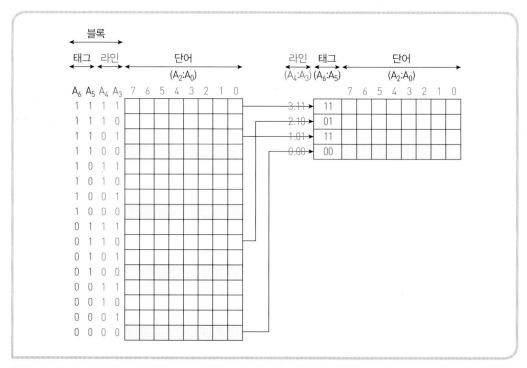

그림 9-17 ▏ 예제 1의 직접 매핑

〈표 9-5〉와 같은 두 가지 예제를 사용하여 캐시의 매핑 함수를 설명하기로 한다. 예제 1은 아주 간단한 경우이고, 예제 2는 보다 실질적인 경우이다. 블록(라인)의 크기는 w바이트, 캐시 기억장치의 주소는 k비트, 주기억장치의 주소는 n비트로 가정한다.

직접 매핑(direct mapping)은 주기억장치의 한 개의 블록이 캐시의 한 개의 라인에만 들어갈 수 있다. 예제 1의 직접 매핑의 예는 [그림 9-17]과 같다.

- 캐시 기억장치 주소 5비트 중에서 하위 3비트(A_2:A_0)는 한 개의 라인 안에서 단어를 결정하고, 상위 두 비트(A_4:A_3)는 라인 주소이다.

- 주기억장치 주소 7비트 중에서 하위 3비트($A_2:A_0$)는 한 개의 블록 안에서 단어를 결정하고, 나머지 네 비트($A_6:A_3$)는 블록 주소이다.
- 캐시에 4개의 라인이 있으므로, 주기억장치의 블록 주소 중에서 하위 2비트 ($A_4:A_3$)로 자신이 들어갈 캐시 라인을 지정한다.
- 직접 매핑 방법은 주기억장치 주소의 라인 주소로 자신이 들어갈 수 있는 캐시 라인을 결정한다. 즉, 주기억장치에서 보면, 한 개의 블록이 들어갈 수 있는 캐시 라인이 정해져 있다.
- 주기억장치의 블록 주소 중에서 나머지 비트($A_6:A_5$)는 캐시의 태그 영역에 저장된다. 캐시의 태그 필드를 보면, 주기억장치의 어느 블록이 캐시의 해당 라인에 들어와 있는지 알 수 있다.

[그림 9-17]은 주기억장치의 $A_6:A_3$=1111인 블록이 캐시 11번 라인에 저장되고, $A_6:A_3$=0110인 블록이 캐시 10번 라인에 저장되고, $A_6:A_3$=1101인 블록이 캐시 01번 라인에 저장되고, $A_6:A_3$=0000인 블록이 캐시 00번 라인에 저장된 예를 보여주고 있다. [그림 9-17]의 파란색 블록들은 모두 캐시의 00번 라인으로 매핑되어야 한다. 만일 중앙처리장치가 이것들 중 하나를 사용하려고 한다면, 캐시의 00번 라인과 교체되어야 한다.

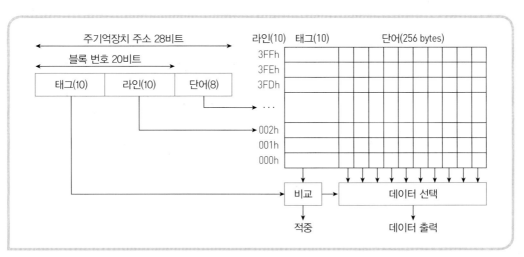

그림 9-18 예제 2의 직접 매핑

[그림 9-18]은 예제 2의 직접 매핑에 대한 주소 해석과 캐시의 구조를 보여준다. 라인 크기 w = 256바이트이므로, 주소의 하위 8비트로 한 개의 라인 내에서 단어를 지정한다. 캐시에 1024라인(000h~3FFh)이 있으므로, L=10비트로 캐시 라인을 지정한다. 주기억장치의 주소

28비트 중에서 단어와 라인 필드를 제외한 10비트가 캐시의 태그 영역에 저장된다. 중앙처리장치가 데이터를 읽기 위하여 주기억장치 주소를 생성하면, 주기억장치의 주소 상위 10비트와 캐시 라인 주소에 해당하는 한 개의 태그를 비교하여 적중 여부를 결정한다.

- 직접 매핑의 경우 주기억장치의 주소 n비트는 다음과 같이 분할되어 사용된다.
- 하위 W비트: 한 개의 라인 안에서 단어를 정한다. $W = \log_2$(라인 크기)이다.
- 중간 L비트: 캐시의 라인 번호를 지정한다. $L = \log_2$(캐시 용량/라인 크기)이다.
- 상위 T비트: 캐시의 태그에 저장된다. $T = n - (W + L)$이다.

직접 매핑 방법은 간단하지만, 주기억장치의 블록이 들어갈 수 있는 캐시 라인이 하나뿐이라는 단점이 있다. 만일 어느 프로그램이 같은 라인으로 매핑되는 두 개의 주기억장치 블록을 번갈아 사용한다면, 반복적으로 캐시 라인 교체가 발생하고, 결과적으로 캐시의 적중률이 낮아진다.

완전 연관 매핑(full-associative mapping)은 직접 매핑의 단점을 보완한 방법이다. 완전 연관 매핑 방법은 특별한 매핑 규칙을 사용하지 않고 임의의 주기억장치 블록이 임의의 캐시 라인에 들어가는 것을 허용한다. [그림 9-19]는 예제 1에 대한 완전 연관 매핑의 예이다.

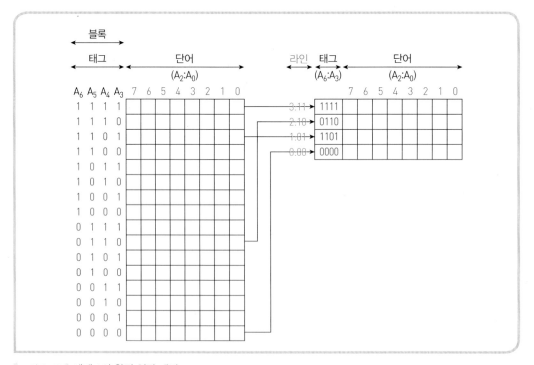

그림 9-19 예제 1의 완전 연관 매핑

- 캐시 주소의 하위 3비트($A_2:A_0$)는 한 개의 라인 안에서 단어를 결정하고, 상위 두 비트($A_4:A_3$)는 라인 주소이다.
- 주기억장치의 주소 중에서 블록 안에서 단어를 구분하기 위한 하위 3비트를 제외한 나머지($A_6:A_3$)가 모두 캐시의 태그 영역에 저장된다.

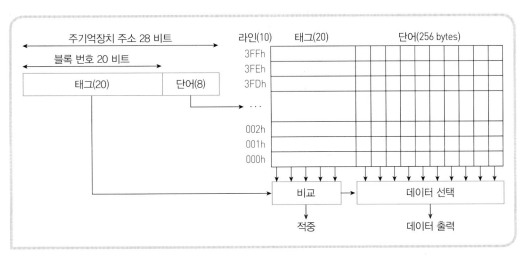

그림 9-20 　예제 2의 완전 연관 매핑

[그림 9-20]은 예제 2의 완전 연관 매핑에 대한 주소 해석과 캐시의 구조를 보여준다. 주기억장치 주소의 하위 8비트를 제외한 나머지 20비트가 모두 캐시의 태그 영역에 저장된다. 중앙처리장치가 데이터를 읽기 위하여 주기억장치 주소를 생성하면, 주기억장치의 상위 20비트와 캐시의 태그 영역에 저장되어 있는 1,024개의 태그를 동시에 비교하여 적중 여부를 결정한다.

완전 연관 매핑은 매핑 규칙이 없으므로, 주기억장치 주소 중에서 단어를 구분하기 위한 비트를 제외한 상위 주소가 모두 캐시의 태그 영역에 저장되어야 한다. 그러므로 주기억장치의 주소는 다음과 같이 두 가지 필드로 분할된다.

- 하위 W비트: 한 개의 라인 내에서 단어를 정한다. $W = \log_2$(라인 크기)이다.
- 상위 T비트: 캐시의 태그에 저장된다. $T = n - W$이다.

완전 연관 매핑은 캐시의 태그 영역으로만 주기억장치의 블록을 구별할 수 있다. 주기억장치에서 보면, 한 개의 블록이 임의의 라인에 들어갈 수 있으므로 융통성이 크다는 장점이 있다. 그렇지만 캐시 적중인지 판단하기 위하여 캐시의 모든 라인에 들어 있는 태그들과 주기억장치의 블록 주소를 동시에 비교해야 한다. 따라서 캐시의 모든 라인에서 태그를 읽고 병렬로 블록 주소와 비교하기 위한 비교기 회로가 매우 복잡하다는 단점이 있다.

새로운 블록이 캐시에 들어가려고 할 때, 직접 매핑은 들어갈 캐시 라인이 결정되어 있다. 그렇지만 완전 연관 매핑은 캐시 라인 중에서 하나를 선택하여 그 라인과 교체해야 한다. 따라서 어느 캐시의 라인과 교체할지 정하는 교체 정책이 필요하다.

집합 연관 매핑(set-associative mapping)은 직접 매핑 함수와 연관 매핑 함수의 장단점을 절충한 방식으로서, 캐시 기억장치를 s개의 집합으로 나누어 사용한다. 일반적으로 s는 2, 4, 8 중 하나이다. 캐시 기억장치를 s개의 집합으로 나눈 것을 s-way 집합 연관 매핑이라고 부른다. [그림 9-21]은 예제 1에 대한 2-way 집합 연관 매핑이다.

- 캐시 기억장치를 두 개의 집합으로 나누면, 한 개의 집합에 두 개의 라인이 배치된다.
- 캐시의 주소 중에 A_3 한 비트로 라인을 구별할 수 있다.
- 주기억장치의 블록 주소(A_6:A_3) 중에서 A_3 한 비트로 캐시의 라인을 결정한다.
- 주기억장치의 블록 주소(A_6:A_3) 중에서 캐시 라인 주소에 해당하는 A_3을 제외한 상위 세 비트(A_6:A_4)를 캐시의 태그 영역에 저장한다.

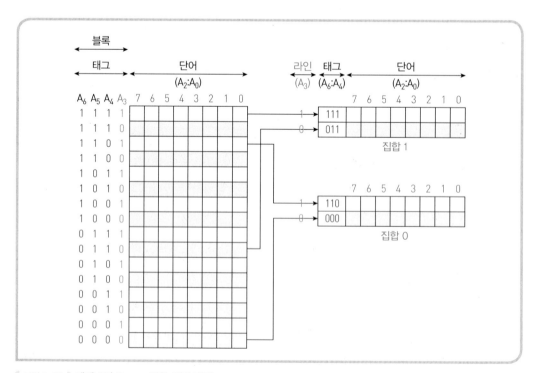

그림 9-21 예제 1의 2-way 집합 연관 매핑

[그림 9-21]에서 파란색 블록은 캐시의 파란색 라인 중 하나에 들어갈 수 있다. 이와 같이 s-way 집합 연관 사상에서 주기억장치 한 개의 블록은 s개의 캐시 집합 중 하나의 라인에 들어갈 수 있다.

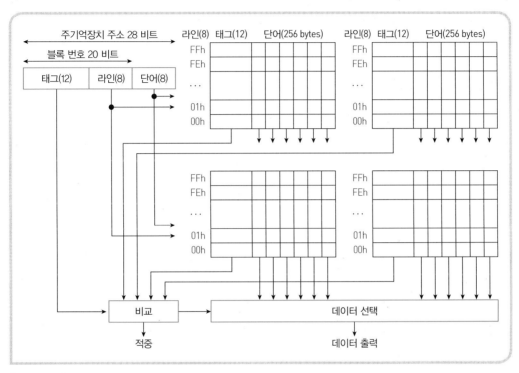

그림 9-22 예제 2의 4-way 집합 연관 매핑

[그림 9-22]는 예제 2의 4-way 집합 연관 매핑에 대한 주소 해석과 캐시의 구조를 보여준다. 256K바이트의 캐시는 크기가 64K바이트인 네 개의 집합으로 나누어 사용된다. 한 개의 라인에 256바이트가 배치되어 있으므로, 각 집합은 256개의 라인을 갖는다. 주기억장치 주소는 다음과 같이 분할되어 사용된다.

- 라인 내 단어를 구별하는데 $W = \log_2(256) = 8$비트를 사용한다.
- 라인을 결정하기 위하여 $L = \log_2(64\ K/256) = 8$비트를 사용한다.
- 나머지 $T = 28 - (8 + 8) = 12$비트는 캐시의 태그 영역에 저장된다.

집합 연관 매핑 방법에서 주기억장치의 주소 n비트는 다음과 같이 분할되어 사용된다.

- 하위 W비트: 한 개의 라인 내에서 단어를 정한다. $W = \log_2($라인 크기$)$이다.

- 중간 L비트: 캐시의 라인 번호를 지정한다. L = $\log_2$(세트 용량/라인 크기)이다.
- 상위 T비트: 캐시의 태그에 저장된다. T = n − (W + L)이다.

이와 같이 s-way 집합 연관 매핑에서 주기억장치의 주소 중에서 태그 필드와 캐시의 라인 주소에 해당하는 s개의 태그를 비교하여 적중 여부를 판정한다. 만일 새로운 블록이 캐시에 들어가려면, s개의 캐시 라인 중에 하나와 교체하여야 한다. 이때도 교체 정책이 필요하다.

〈9.4.5〉 교체 정책

캐시 실패(miss)가 발생할 때 주기억장치에서 새로 가져온 블록은 기존에 캐시에 저장된 라인 중 하나와 교체되어야 한다. 직접 매핑의 경우, 주기억장치의 블록이 들어갈 수 있는 캐시 라인이 고정되어 있으므로 선택의 여지가 없다. 그렇지만 두 가지 연관 매핑의 경우, 주기억장치의 블록이 들어갈 수 있는 캐시 라인이 여러 개이므로 교체할 라인을 선택해야 한다.

여러 개의 캐시 라인 중에서 어느 것을 선택하는지 결정하는 방법을 교체 정책(replacement policy)이라고 하며, LRU(Least Recently Used), FIFO(First-In-First-Out), LFU(Least Frequently Used), 그리고 임의(random) 방법이 있다. 교체 정책을 선택할 때의 기준은 캐시 운영의 적중률을 높게 유지하는 것이다. 교체 정책을 구현하기 위하여 캐시 라인마다 별도의 정보를 관리할 필요도 있다. 캐시를 사용하는 목적이 기억장치를 빠르게 액세스하기 위한 것이므로, 캐시 교체 알고리즘은 하드웨어로 구현되어야 한다.

가장 이상적인 교체 정책은 교체 대상인 캐시 라인 중에서 향후 가장 오랫동안 사용하지 않을 라인을 선택하는 방법이다. 그렇지만 가장 오랫동안 사용하지 않을지는 미래의 일이기 때문에 현실적으로 구현이 불가능하다.

LRU(Least Recently Used)는 그 이름을 해석하면 가장 최근에 적게 사용된 라인을 선택하는 방법이다. 현재부터 과거로 볼 때, 가장 오래 전에 사용하였던 라인을 선택하여 교체한다. 한동안 사용하지 않았기 때문에 앞으로도 사용할 가능성이 적다는 추정에 근거한 방법이며, 대부분 우수한 적중률을 유지한다. LRU를 구현하기 위하여, 캐시 라인마다 사용한 시기를 기록하는 USE 카운터(use counter)를 둔다. 캐시 라인을 액세스할 때마다 해당 라인의 USE 카운터를 0으로 만들고 다른 라인의 USE 카운터를 증가시킨다. 교체할 때, 대상 라인 중에서 USE 카운터의 값이 가장 큰 라인을 선택한다.

FIFO(First-In-First-Out)는 캐시에 먼저 들어온 라인을 먼저 교체하는 방법이다. 즉, 캐시 안에 가장 오랫동안 존재하였던 라인을 교체한다. 가장 오래된 라인이라도 자주 사용될 가능성이 있으므로, 적중률 면에서 높은 효율을 보이지 않는 것으로 알려져 있다. FIFO도 USE 카운터를 다르게 사용하여 구현할 수 있다. 캐시 라인에 새 블록이 들어올 때, USE 카운터를 0으로 만들고, 다른 라인의 USE 카운터를 증가시킨다. 교체할 때, 대상 라인 중에서 USE 카운터의 값이 가장 큰 라인을 선택한다.

LFU(Least Frequently Used)는 가장 적게 참조되었던 라인을 교체하는 방법이다. 즉, 사용 횟수가 가장 적은 라인을 교체한다. 최근에 캐시에 들어온 라인이 교체 대상으로 선택될 가능성이 있다는 단점을 갖는다. 이 방법은 캐시 라인에 새로운 블록이 들어올 때 USE 카운터를 0으로 만들고, 이 사용될 때마다 USE 카운터를 증가시킴으로써 구현할 수 있다. 교체할 때, 대상 라인 중에서 USE 카운터의 값이 가장 적은 라인을 선택한다.

마지막은 임의(random) 알고리즘으로, 사용 횟수와 무관하게 임의로 교체할 라인을 선택한다. 이 방법도 제법 효율이 좋다고 알려져 있다.

예제 9-5

블록(라인)의 크기가 8바이트, 주기억장치의 용량은 128바이트, 캐시 기억장치의 용량은 32바이트이고, 2-way 집합 연관 매핑을 사용한다. 캐시는 처음에 비어 있다고 가정한다. 어떤 프로그램이 수행하면서 다음과 같은 주소를 연속적으로 사용(address trace)한다. LRU 교체 정책을 사용한다고 할 때, 최종 캐시의 상태와 적중률을 구하라. 두 집합이 모두 비워져 있을 때 집합 0부터 라인을 채운다.

00h, 01h, 02h, 40h, 03h, 42h, 04h, 08h,
09h, 0ah, 0bh, 58h, 0ch, 0dh, 59h, 5ah,
10h, 11h, 09h, 61h, 12h, 13h, 62h, 14h

풀이

- 〈표 9-6〉은 예제에 대한 캐시 상태의 변화이다.
- Hit/Miss/Rep는 적중, 실패, 교체 여부를 나타낸다.
- 집합0과 집합1의 각 라인0과 라인1의 태그(Tag), 캐시 라인에 저장되는 데이터의 주소(Data), 그리고 USE 카운터의 값을 기록하였다.
- 쉽게 관찰할 수 있도록, 캐시 라인의 상태가 변하는 경우만 표시하였다. 일단 캐시 라인에 값이 기록되면, 그 후에 변경이 이루어질 때까지 캐시 라인의 값을 유지한다. 마지막 줄만 캐시의 상태를 모두 표시하였다.
- 결과적으로 캐시 실패는 6번, 교체는 2번 발생한다.
- 적중률 = 적중/주소 = 18/24 = 75%

표 9-6 예제 9-5에 대한 캐시 상태의 변화

주소	Hit/ Miss/ Rep	집합 0 Line 0			집합 0 Line 1			집합 1 Line 0			집합 1 Line 1		
		Tag	Data	Use	Tag	Data	Use	Tag	Data	Use	Tag	Data	Use
00h	M	000	0-7	0									
01h	H			0									
02h	H			0									
40h	M			1				100	40-47	0			
03h	H			0						1			
42h	H			1						0			
04h	H			0						1			
08h	M				000	8-F	0						
09h	H						0						
0ah	H						0						
0bh	H						0						
58h	M						1				101	58-5F	0
0ch	H						0						1
0dh	H						0						1
59h	H						1						0
5ah	H						1						0
10h	MR			1				001	10-17	0			
11h	H			1						0			
09h	H						0						1
61h	MR	110	61-67	0						1			
12h	H			1						0			
13h	H			1						0			
62h	H			0						1			
14h	H	110	61-67	1	000	8-F	0	001	10-17	0	101	58-5F	1

〈9.4.6〉 쓰기 정책

캐시 기억장치는 기억장치 액세스 속도를 빠르게 하려고 도입한 장치이고, 프로그래머에게 보이지 않는다. 프로그램을 수행하면서 중앙처리장치는 읽기와 쓰기를 모두 수행한다. 읽을 때 기억장치의 내용이 변하지 않으므로 문제가 없지만, 기억장치에 대한 쓰기는 궁극적으로 주기억장치에 데이터가 기록되어야 한다. 쓰기 정책(write policy)은 캐시와 주기억장치에 대한 쓰기 동작을 처리하는 방법을 규정하며, write-through 정책과 write-back 정책이 있다.

Write-through 정책은 쓰기 동작이 수행될 때마다 캐시 라인의 해당 단어와 주기억장치의 단어를 모두 수정하는 방법이다. 이 방법에서 주기억장치는 항상 유효한 데이터를 보관하고 있게 된다. 항상 캐시와 주기억장치의 내용을 같게 유지할 수 있으며, 캐시 라인을 교체할 때 주기억장치의 블록을 선택된 캐시 라인으로 복사하면 된다는 장점이 있다. 그렇지만 주기억장치를 액세스하는 횟수가 증가하여 전체적인 개선 속도가 느려지는 단점이 있다.

Write-back 정책은 쓰기 동작이 수행될 때 일단 캐시 라인의 단어만을 수정하고 주기억장치의 단어를 수정하지 않는다. 대신 캐시 라인이 변경될 때마다, 해당 라인이 수정되었다고 표시해 둔다. 이 정보를 dirty 비트(혹은 write bit, update bit)이라고 한다. 나중에 dirty 비트가 세트되어 있는 캐시 라인을 교체할 때, 해당 라인 전체를 주기억장치 블록으로 복사한 다음에 새로운 블록을 가져온다. Write-through 정책보다는 기억장치 액세스 속도가 빠르다는 것이 장점이지만, 주기억장치와 캐시의 내용이 일치하지 않는 순간이 존재한다는 것이 주요 단점이다.

〈 9.4.7 〉 일관성 유지

중앙처리장치 이외에 입출력장치도 기억장치를 액세스한다. 한 개의 컴퓨터에 여러 개의 프로세서를 탑재한 멀티프로세서(multi-processor) 시스템인 경우, 프로세서마다 독립적을 기억장치를 액세스한다. [그림 9-23]은 멀티프로세서 시스템의 구성 예이다. 프로세서는 자신만의 캐시를 갖고 있고, 한 개의 주기억장치를 공유한다. 입출력 버스에 연결된 입출력장치도 DMA 방식으로 프로세서와 상관없이 주기억장치를 액세스할 수 있다. 이런 환경에서 캐시 기억장치를 운영할 때, 다음과 같은 문제점이 발생할 수 있다.

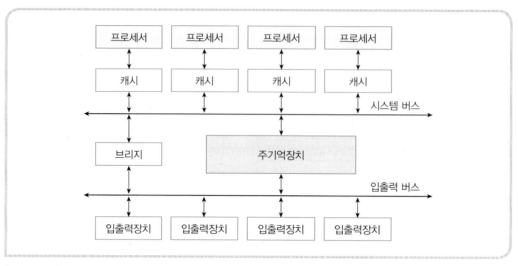

그림 9-23 │ 멀티프로세서 시스템 환경

- 주기억장치의 한 개의 블록이 여러 개의 캐시에 복사될 수 있다. 만일 프로세서 중 하나가 데이터를 자신의 캐시에 기록하면, 같은 블록을 복사해 갖고 있는 프로세서의 캐시 라인은 틀린 값을 갖고 있게 된다.
- 만일 입출력 장치가 주기억장치에 데이터를 직접 기록하는 경우, 해당 데이터가 포함된 블록을 복사하고 있는 캐시 라인은 틀린 값을 갖게 된다.

캐시와 주기억장치의 내용이 일치하지 않는 상태를 무효 상태(invalid state)라고 하고, 캐시와 주기억장치의 내용이 같도록 유지하는 문제를 일관성 유지(coherence)라고 한다. 다음과 같은 일관성 유지 방법이 있다.

- 캐시 불가능 영역(non-cacheable region) 지정: 여러 개의 프로세서들이 동시에 사용하는 주기억장치의 데이터 영역을 캐시로 들어가지 않도록 지정한다.
- 버스 감시(bus watching): 각 프로세서의 캐시 제어기는 시스템 버스에서 데이터 쓰기가 발생하는 것을 감시한다. 만일 자신의 캐시가 새로 갱신되는 기억장치 블록을 저장하고 있다면, 해당 라인을 무효화시킨다. Write-through 정책을 채택하고 있는 경우에 이 방법을 주로 사용한다.
- 동시 갱신(concurrent update): 주기억장치의 데이터를 수정할 때, 모든 캐시의 내용도 모두 수정한다.

캐시 데이터의 일관성을 유지하기 위하여 캐시 기억장치도 라인의 상태를 관리할 필요가 있다. 멀티프로세서 시스템에서 가장 널리 알려진 일관성 유지 방법은 MESI(Modified,

Exclusive, Shared, Invalid) 프로토콜이다. 이 방법은 캐시의 각 라인의 상태를 관리하기 위하여 별도의 정보를 추가한다. 각 라인은 다음과 같은 상태 중 하나일 수 있다.

- 수정(modified): 캐시 라인이 수정되어 주기억장치의 블록과 다르지만, 한 개의 캐시에만 존재한다.
- 배타(exclusive): 캐시 라인과 주기억장치 블록의 내용이 같고, 다른 캐시에는 존재하지 않는다.
- 공유(shared): 캐시 라인과 주기억장치 블록의 내용이 같고, 다른 캐시에도 존재한다.
- 무효(invalid): 캐시의 라인은 유효한 데이터를 갖고 있지 않다.

지금까지 캐시에 대한 동작을 제어하는 방법을 설명하였다. 캐시 기억장치는 태그, 라인 이외에 교체 정책을 관리하기 위한 USE 비트 그리고 일관성 유지를 위한 상태 비트 등을 더 포함하고 있다. 실제 프로세서는 여러 가지 캐시 기능을 사용자가 설정할 수 있도록 만들어져 있다.

9.5 가상 기억장치

컴퓨터의 기억장치 액세스 속도를 개선하기 위하여 캐시 기억장치를 도입하였다. 컴퓨터는 초기에 기억장치 용량을 증가시키는 방법으로 가상 기억장치(virtual memory)를 사용하였다. 이것은 용량이 큰 보조 기억장치, 예를 들면 디스크를 마치 주기억장치인 것처럼 활용하는 방법이다. 가상 기억장치와 상대적인 개념으로 실제로 컴퓨터 시스템에 탑재되어 있는 주기억장치를 물리 기억장치(physical memory)라고 부른다.

32비트 프로세서의 경우 주소 버스도 32비트인 경우가 많다. 즉, 주기억장치를 4G바이트까지 탑재할 수 있다. 그렇지만 실제로 주기억장치를 그보다 훨씬 적게, 예를 들면 512M바이트 또는 1G바이트를 탑재시켜 놓고 실제로 마치 주기억장치가 4G바이트인 것처럼 사용한다. 하드 디스크에 4G바이트의 공간을 확보하고 이 공간을 주기억장치인 것처럼 활용하기 때문에, 이러한 설정이 가능하다.

가상 기억장치 운영에 관한 사항은 컴퓨터의 중앙처리장치가 담당하는 것이 아니고 운영체제가 담당한다. 최근의 프로세서는 가상 기억장치의 운영을 지원하는 MMU(Memory Management Unit)를 포함하고 있다. 이 절에서는 가상 기억장치를 운영하는 소프트웨어적인 개념을 제외하고, 가상 기억장치 운영을 지원하는 하드웨어 조직인 페이지 테이블과 변환 우선참조 버퍼(TLB, translation lookaside buffer)에 대하여 설명한다.

〈9.5.1〉 페이지 테이블

컴퓨터 시스템은 보조 기억장치를 가상 기억장치로 활용한다. 가상 기억장치에 저장된 프로그램이나 데이터는 실제로 중앙처리장치에 의하여 처리될 때 물리 기억장치로 옮겨져 사용된다. 가상 기억장치와 물리 기억장치 간에 데이터를 주고받는 것을 스워핑(swapping)이라고 부른다. 가상 기억장치에서 물리 기억장치로 데이터를 불러오는 것을 스웝-인(swap-in)이라고 하고, 물리 기억장치에서 가상 기억장치로 데이터를 내보내는 것을 스웝-아웃(swap-out)이라고 한다.

스워핑을 하기 위하여 서로 교환할 데이터의 크기를 정해야 한다. 최근에는 기억장치를 일정한 크기의 영역으로 나누고, 이 영역 단위로 스워핑 하는 방법을 사용한다. 가상 기억장치 영역을 논리적으로 일정한 크기로 나눈 영역을 페이지(page)라고 한다. 한 개의 페이지 내부의 주소는 연속적이다. 물리 기억장치를 같은 크기로 나눈 영역을 페이지 프레임(page frame)이라고 부른다. 물리 기억장치의 페이지 프레임 한 개는 가상 기억장치의 페이지 하나를 저장한다. 가상 기억장치와 물리 기억장치 간에 페이지를 교환하는 것을 페이징(paging)이라고 한다. 일반적으로 32비트 프로세서의 경우 페이지 프레임의 크기는 4K바이트이다.

프로세서가 생성한 가상 주소의 데이터가 물리 기억장치의 페이지 프레임에 적재되어 있지 않은 경우를 페이지 부재(page fault)라고 한다. 페이지 부재가 발생하면, 운영체제는 가상 기억장치에서 해당 페이지를 물리 기억장치 중 하나의 페이지 프레임으로 적재한다. 이때도 캐시 기억장치와 마찬가지로 물리 기억장치의 페이지 프레임 중에서 퇴출할 페이지 프레임을 결정해야 하는 문제가 있으며, 대부분 LRU 알고리즘을 사용한다. 이와 같이 프로세서가 데이터를 사용하려고 할 때 해당 페이지를 주기억장치로 읽어오는 방법을 요구 페이징(demand paging)이라고 부른다. 가상 기억장치 시스템은 다음과 같은 세 가지의 기억장치 주소를 사용한다.

- 논리 주소(logical address): 중앙처리장치가 데이터를 액세스 하기 위하여 사용하는 주소이다.
- 가상 주소(virtual address) 또는 선형 주소(linear address): 가상 기억장치에 대한 주소이다.

- 물리 주소(physical address): 주기억장치를 액세스하는 주소이다.

인텔의 X86 계열 프로세서는 내부적으로 세그먼트(segment)와 오프셋(offset)으로 구성된 논리 주소를 사용하며, 이 두 가지를 조합하여 가상 주소를 생성한다. 그 외에 대부분의 프로세서는 논리 주소와 가상 주소가 같다. 이 교재에서는 논리 주소와 가상 주소가 같다고 가정한다. 프로세서가 생성하는 n비트의 가상 기억장치 주소를 [그림 9-24]와 같이 두 부분으로 나누어 생각할 수 있다.

- 페이지 내부의 오프셋: 한 개의 페이지 내부에서 데이터의 상대적인 위치를 지정한다. 전체 n비트의 주소 중에서 이 부분에 해당하는 비트는 $k = \log_2$(페이지의 크기)이다.
- 페이지 번호: 전체 n비트의 주소 중에서 페이지 내부의 오프셋에 해당하는 k비트를 제외한 나머지 상위 비트들은 가상 기억장치의 페이지 번호이다.

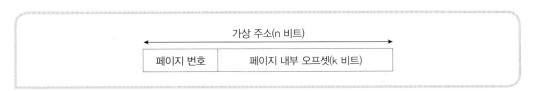

그림 9-24 가상 주소

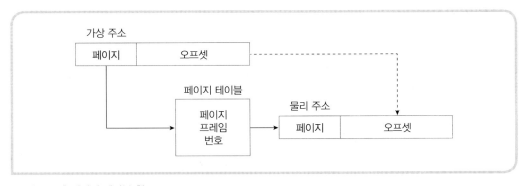

그림 9-25 페이지 테이블 참조

가상 기억장치의 페이지는 물리 기억장치의 임의의 페이지 프레임에 할당될 수 있다. 프로세서가 생성한 가상 주소는 가상 기억장치 영역에 대한 주소이기 때문에 실제로 프로세서가 액세스하려는 데이터가 저장되어 있는 물리 주소로 변환되어야 한다. 이 변환을 위하여 가상 기억장치의 페이지가 물리 기억장치의 어느 페이지 프레임에 들어가 있는지 알려주는 테이블이 필요하다. 이 매핑 테이블을 페이지 테이블(page table)이라고 한다. 페이지 테이블의 인덱스는 가상 기억장치의 페이지 번호이고 내용은 물리 기억장치의 페이지 프레임의 번호이다. [그림 9-25]는 페이지 테이블을 사용하여 가상 주소를 물리 주소로 변환하는 과정을 보여주고 있다. 가상 주소의 페이지 번호로 페이지 테이블을 액세스하여 페이지 프레임 번호를 구하고, 여기에 가상 주소의 오프셋 부분을 연결하여 물리 주소를 구한다.

페이지 크기가 4K바이트이고, 가상 기억장치는 16개의 페이지, 그리고 물리 기억장치는 4개의 페이지 프레임을 갖고 있는 [그림 9-26]의 가상 기억장치 시스템을 생각해 보자. 왼쪽 부분은 가상 기억장치의 현재 상태이다. 가상 기억장치 전체의 용량은 16×4K바이트 = 64K바이트이고 주소는 16비트이다. 주소 중 상위 4비트는 페이지 번호이고, 나머지 하위 12비트는 페이지 내부의 오프셋이다. 가상 기억장치의 0~2번 페이지에 프로세스A(PA0~PA2)가 적재되어 있고, 프로세스A의 크기는 12K바이트이다. 가상 기억장치의 4~9번 페이지에 프로세스B(PB0~PB5)가 적재되어 있고, 프로세스B의 크기는 24Kbytes이다. 가상 기억장치의 나머지 공간은 비어있다고 가정한다.

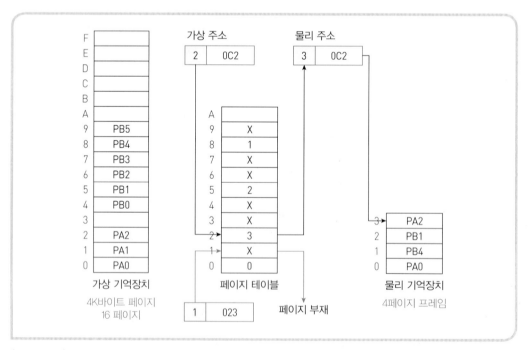

그림 9-26 페이징 기법

페이지 테이블은 원래 가상 기억장치의 페이지 수만큼 16개의 항목이 있어야 하지만 사용하지 않는 부분을 표시하지 않았다. 현재 물리 기억장치의 0번 페이지에 PA0, 1번 페이지에 PB4, 2번 페이지에 PB1, 그리고 3번 페이지에 PA2가 들어와 있다. 다음과 같이 페이징을 수행한다.

- 프로세서가 가상 주소 20C2h를 생성하였다. 주소의 상위 2는 페이지 번호이고, 하위 0C2는 페이지 내 상대 주소이다.
- 페이지 번호로 페이지 테이블을 액세스한다. 페이지 테이블의 2번째 값은 3이다.
- 물리 주소 30C2를 조합하고, 이 주소로 물리 기억장치의 페이지 프레임을 액세스한다.

이 예에서 만일 가상 주소 1023h가 생성되었다고 가정하자. 이 주소에 해당하는 페이지는 PA1이고, 페이지 번호는 1이다. 페이지 테이블을 확인해 보면, 이 페이지는 물리 기억장치에 저장되어 있지 않음을 알 수 있다. 페이지 부재가 발생한 것이다. 운영체제는 물리 기억장치의 페이지 프레임 중 하나와 PA1을 교체한다.

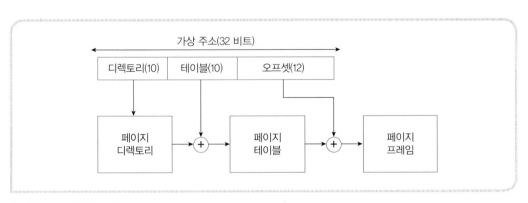

그림 9-27 2단계 페이징

주소가 32비트이고 페이지 크기가 4K바이트인 경우, 페이지 번호는 32 - 12 = 20비트이다. 페이지 테이블은 2^{20} = 1M개의 항목을 가져야 하고, 한 개의 항목에 20비트를 저장하려면, 항목당 최소 3바이트가 필요하므로, 전체적으로 페이지 테이블의 크기는 3M바이트나 된다. 이 경우 페이지 테이블을 관리하기 위한 비용이 너무 비싸기 때문에, 일반적으로 [그림 9-27]과 같이 페이지 테이블을 두 단계로 나눈다. 페이지 테이블과 구별하기 위하여, 첫 번째 페이지 테이블을 페이지 디렉토리(page directory)라고 부른다. 페이지 디렉토리와 페이지 테이블의 구조는 같다. 페이지 디렉토리와 페이지 테이블을 참조하기 위하여 각각 10비트를 사용하므로, 각 테이블의 크기는 1K개의 항목만 가지면 된다.

컴퓨터는 페이징 기법을 사용함으로써 물리 기억장치의 용량보다 더 큰 프로세서를 실행할 수 있다. 페이징 기법은 하드웨어적으로 관리하는 것이 아니고 운영체제가 소프트웨어적으로 관리한다. 페이지 테이블 자체도 하드웨어적으로 할당된 특수한 기억장치가 아니고, 운영체제가 주기억장치의 일부를 페이지 테이블 영역으로 지정하여 사용한다.

⟨ 9.5.2 ⟩ 변환 우선참조 버퍼

페이징은 기억장치 용량을 확장하는 훌륭한 기법이다. 그렇지만, 페이지 테이블이 물리 기억장치 상에 존재하기 때문에, 기억장치를 액세스 할 때마다 한 번은 페이지 테이블을 참조해야 하고, 또 한 번은 필요한 데이터를 액세스해야 한다. 이와 같이 가상 기억장치는 액세스 시간을 두 배로 길어지게 만드는 단점이 있다.

이 문제를 해결하기 위하여 대부분의 프로세서는 변환 우선참조 버퍼(TLB, Translation Lookaside Buffer)를 갖고 있다. 변환 우선참조 버퍼는 프로세서에 내장되어 있고 연관 액세스가 가능한 특수한 캐시 기억장치이다. 이 캐시는 중앙처리장치가 생성한 가상 주소에 대한 페이지 번호를 저장한다. 만일 중앙처리장치가 생성한 가상 주소에 대한 페이지 정보가 변환 우선참조 버퍼 안에 존재한다면, 시간을 지체하지 않고 바로 물리 주소를 생성한다. 그렇지 않은 경우는 페이지 테이블을 참조한다.

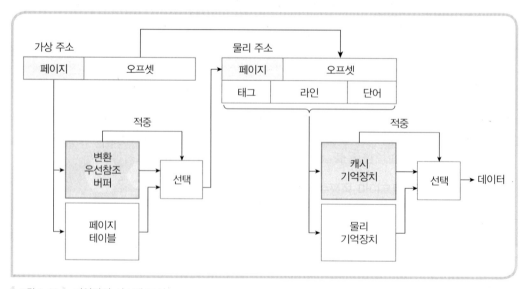

그림 9-28 기억장치 시스템 구성

지금까지의 설명을 종합하면, 컴퓨터의 기억장치 시스템은 [그림 9-28]과 같이 가상기억장치, 변환 우선참조 버퍼, 그리고 캐시 기억장치로 구성되어 있다. 중앙처리장치가 생성한 가상 주소에 대한 데이터를 액세스하는 과정은 [그림 9-29]와 같은 과정을 거친다. 다음 설명에서 (H)는 하드웨어 동작이고, (S)는 소프트웨어에 의하여 수행되는 동작이다.

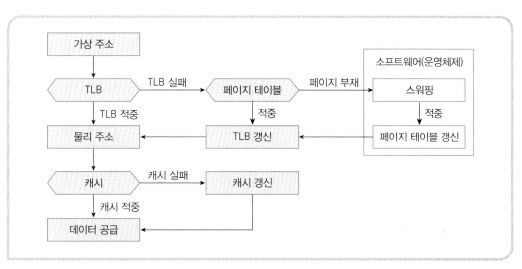

그림 9-29　기억장치 액세스 과정

- (H) 중앙처리장치는 가상 주소를 생성한다. 가상 주소는 페이지 번호와 오프셋으로 구성되어 있다.
- (H) 변환 우선참조 버퍼 동작: 변환 우선참조 버퍼에 해당 페이지의 항목이 존재하는지 검사한다. 만일 존재한다면(TLB 적중), 변환 우선참조 버퍼를 참조하여 즉각적으로 물리 주소를 생성한다.
- (H) 페이지 테이블 참조: 페이지 테이블을 참조한다. 페이지 테이블에 해당 페이지에 대한 항목이 존재한다면, 변환 우선참조 버퍼를 갱신하고 물리 주소를 생성한다.
- (S) 페이지 교체: 페이지 테이블에도 페이지 항목이 존재하지 않는다면, 운영체제는 스워핑을 하고 페이지 테이블을 갱신한다.
- (H) 캐시 동작: 캐시에 해당 주소가 존재한다면(캐시 적중), 바로 캐시에서 데이터를 읽어간다.
- (H) 물리 기억장치 동작: 캐시에서 실패하면, 물리 기억장치에서 해당 블록을 캐시 라인으로 저장하고 데이터를 공급한다.

이와 같이 프로세서가 기억장치를 액세스하는 과정은 하드웨어에 의한 처리와 소프트웨어에 의한 처리가 복합적으로 수행된다. 참조의 지역성 원리에 의하여 중앙처리장치의 기억장치 참조는 최근에 사용된 페이지를 다시 사용하는 경우가 많다. 그러므로 대부분의 기억장치 참조는 기억장치 시스템의 동작 중에서 하드웨어로 실행되는 부분만 실행하는 경우가 많다.

기억장치는 개념적으로 간단하지만, 운영 측면에서는 가상 기억장치, 물리 기억장치, 캐시 기억장치를 통하여 액세스하기 때문에 복잡하다. 그렇지만 프로그래머는 이런 사항을 알고 있을 필요가 없다. 하드웨어와 운영체제가 마치 일차원 배열을 액세스하는 것처럼 기억장치를 관리해 주기 때문이다.

〈 9.5.3 〉 가상 기억장치 기능 확장

가상 기억장치는 처음에 보조 기억장치를 활용하여 부족한 주기억장치를 확장하는 방안으로 마련되었다. 가상 기억장치가 도입되어 기억장치를 페이지 프레임 단위로 나누어 프로세스에게 할당할 수 있게 됨에 따라, 페이지 프레임에 읽기, 쓰기, 실행 가능 여부와 같은 속성을 추가하여 소프트웨어적으로 페이지 프레임에 대한 사용 권한을 제한할 수 있게 되었다. 즉, 페이지 기법에 기억장치를 보호하는 기능이 추가되었다. 이에 따라 기억장치 전체를 운영체제가 사용하는 커널 영역과 사용자 영역으로 나누어 사용할 수 있게 되었다.

이후 반도체 기술과 컴퓨터 기술이 더욱 발달하면서, 컴퓨터는 프로세서의 주소 처리 능력보다 더 큰 주기억장치와 수백, 수천 기가바이트를 넘어 테라 바이트 단위까지 보조기억장치를 갖게 되었다. 이제 가상 기억장치 기능은 주기억장치 주소 확장 기능이 아니고 컴퓨터가 실행하는 프로세스들을 서로 보호하는 기능이 더 중요해졌다. 이 기능이 확장되어 가상 머신(VM, Virtual Machine)의 사용이 일반화되었다. 가상 머신은 컴퓨터 한 대에 여러 개의 서로 다른 운영체제를 갖는 가상의 컴퓨터를 여러 개 수행하는 것을 말한다. 가상 머신이 실행되는 바탕 하드웨어를 제공하는 컴퓨터를 호스트(host computer)라고 부르고, 호스트 상에서 실행되는 가상의 컴퓨터를 게스트(guest)고 부른다. 가상 머신은 여러 개의 게스트 컴퓨터가 하나의 호스트 상에서 실행되는 추상 계층을 제공한다. 가상 머신은 최근 유행하는 클라우드 컴퓨팅(cloud computing)의 핵심 기술이고, 그 중심에 가상 기억장치 기술이 있다.

9장에서는 기억장치의 종류와 특성, 반도체 기억장치의 종류와 사용 방법을 소개하였다. 이 과정에서 기억장치와 관련된 새로운 용어들을 설명하였다. 그리고 프로세서가 기억장치의 액세스 속도를 개선하기 위한 캐시 기억장치와 용량을 증가시키는 가상 기억장치에 대하여 설명하였다.

컴퓨터에는 주기억장치와 보조기억장치가 있다. 주기억장치는 프로세서와 온라인으로 연결되어 있고, ROM과 RAM으로 구성되어 있다. 주기억장치의 대부분을 차지하는 RAM은 휘발성 장치이다. 보조 기억장치는 프로세서와 오프라인으로 연결되어 있으며, 전원이 제거되었을 때 프로그램과 데이터를 영구적으로 보관하는 비휘발성 장치이다. 프로세서가 기억장치를 액세스 하는 방법은 순차, 직접, 임의, 그리고 연관 액세스 방법이 있다. 연관 액세스 장치는 키 필드에 의하여 내용을 액세스하는 특수한 고속 기억장치이다.

컴퓨터의 주기억장치는 반도체 기억 소자로 만들어져 있다. 반도체 기억 소자는 RAM과 ROM으로 크게 구별된다. RAM은 SRAM과 DRAM으로 분류되며, ROM은 마스크 ROM, PROM, EPROM, EEPROM, 플래시 메모리로 분류된다. 각 기억 소자마다 제공하는 기능과 인터페이스에 따라 컴퓨터에서의 활용 방법이 달라진다. 그리고 여러 개의 기억 소자를 사용하여 주기억장치의 비트 폭과 용량이 확장된 기억장치 모듈을 설계하는 방법을 소개하였다.

컴퓨터는 기억장치를 계층적으로 구성하여 활용한다. 기억장치 계층은 레지스터, 캐시 기억장치, 주기억장치, 가상 기억장치로 구성되어 있다. 프로세서와 가까운 장치일수록 사용 빈도가 높고, 액세스 속도가 빠르고, 크기는 작고, 비트당 가격이 증가한다.

캐시 기억장치는 참조의 지역성 원리에 따라 주기억장치의 액세스 속도를 개선하기 위하여 도입되었다. 주기억장치의 블록을 캐시 기억장치로 적재하는 방법은 직접 매핑, 완전 연관 매핑, 집합 연관 매핑 방법이 있다. 캐시에 새로운 라인을 적재할 때, 이미 캐시에 들어 있는 라인 중 하나를 선택하여 교체하여야 하며, LRU 알고리즘을 가장 많이 사용한다. 주기억장치에 데이터를 기록할 때는 최종적으로 캐시뿐만 아니라 주기억장치도 갱신되어야 한다. 쓰기 정책은 write-through와 write-back 방법이 있다. 그리고 멀티프로세서 환경에서 캐시 일관성을 유지할 필요가 있다.

가상 기억장치는 보조 기억장치를 활용하여 주기억장치의 용량을 증가시키기 위하여 사용하는 방법이다. 기억장치를 페이지 단위로 분리하여 가상 기억장치와 주기억장치 간에 데이터를 교환하는 페이징 기술이 도입되었다. 이를 위하여 페이지 테이블이 필요하다. 페이지 테이블을 사용함으로써 주기억장치 액세스 빈도가 증가하는 것을 방지하기 위하여 변환 우선참조 버퍼가 도입되었다. 가상 기억장치는 기본적으로 운영체제에 의하여 관리된다.

연습문제

기억장치 특성

01 부트로더를 저장하기 위한 기억 소자는?

① ROM   ② SRAM

③ DRAM   ④ Magnetic Core

02 전기 공급이 중단되면 내용을 잃어버리는 특성을 설명하는 용어는?

① 휘발성   ② 비휘발성

③ 삭제 가능   ④ 삭제 불가능

03 휘발성 기억 소자는?

① ROM   ② RAM

③ Flash   ④ CD-ROM

04 삭제 불가능 장치는?

① ROM   ② RAM

③ Flash   ④ 하드 디스크

05 프로세서와 주기억장치 간에 데이터를 전송하는 단위는?

① 8비트   ② 16비트

③ 32비트   ④ 단어

06 컴퓨터와 보조기억장치 간에 데이터를 전송하는 단위는?

① 단어   ② 블록

③ 메가바이트   ④ 기가바이트

07 설명에 해당하는 액세스 방법의 기호를 적어라.

| A. 순차 액세스 | B. 직접 액세스 | C. 임의 액세스 | D. 연관 액세스 |

(1) 키 필드에 의하여 액세스한다.
(2) 처음부터 차례대로 데이터를 액세스한다.
(3) 임의의 장소를 액세스하며 위치와 상관없이 액세스 시간이 같다.
(4) 임의의 장소로 이동하여 데이터를 액세스한다.

08 직접 액세스 장치와 임의 액세스 장치를 구별하는 기준은?

① 용량　　　　　　　　　　② 휘발성
③ 삭제 가능성　　　　　　　④ 액세스 속도

09 기억장치의 성능을 나타내는 용어 중에서 서로 역수 관계에 있는 두 가지는?

① 용량　　　　　　　　　　② 전송률
③ 액세스 시간　　　　　　　④ 사이클 시간

10 기억장치의 성능을 나타내는 용어 중에서 같은 의미로 사용되는 두 가지는?

① 대역 폭　　　　　　　　　② 전송률
③ 액세스 시간　　　　　　　④ 사이클 시간

11 컴퓨터에 있는 기억장치를 중앙처리장치에서 가까운 순서로 나열하라.

| A. 캐시 기억장치 | B. 레지스터 | C. 보조 기억장치 | D. 주기억장치 |

12 기억장치 계층을 구성하는 의미가 아닌 것은?

① 기억장치 용량을 증가시키기 위하여
② 기억장치 액세스 속도를 개선하기 위하여
③ 기억장치의 재충전 필요성을 제거하기 위하여
④ 기억장치를 구성하는 비트당 가격을 줄이기 위하여

13 디스크 캐시에 대한 설명에 해당하는 것은?

① 주기억장치의 일부이다.
② 하드웨어적으로 관리한다.
③ 캐시 기억장치와 같은 말이다.
④ 디스크로 캐시 기억장치를 구현한 것이다.

14 디스크 캐시를 사용하는 목적은?

① 주기억장치의 용량 확장
② 보조기억장치의 용량 확장
③ 주기억장치 액세스 속도 개선
④ 보조기억장치 액세스 속도 개선

9.2 반도체 기억장치

01 Programmable ROM에서 "프로그램 가능하다(Programmable)"라는 용어의 의미는?

① ROM을 재충전한다.
② ROM에 있는 데이터를 지운다.
③ ROM에 데이터를 기록한다.
④ ROM 안에 있는 프로그램을 실행한다.

02 재충전이 필요한 소자는?

① ROM
② SRAM
③ DRAM
④ EPROM

03 기억장치의 용량을 구하라.

(1) 주소가 24비트이고 데이터가 8비트인 SRAM
(2) 주소가 12비트이고 데이터가 8비트인 DRAM
(3) 주소가 18비트이고 데이터가 8비트인 EPROM의 용량

04 DRAM을 재충전하는 방법은?

① 행(row) 주소를 인가한다.
② 열(column) 주소를 인가한다.
③ 재충전 단자에 전기를 공급한다.
④ 각 데이터 셀의 값을 다시 기록한다.

05 DRAM의 특징이 아닌 것은?

① 집적도가 높다.
② 재충전이 필요하다.
③ SRAM보다 느리다.
④ 주소가 n비트일 때 용량은 2^n이다.

06 데이터를 읽는 방식이 다른 기억소자는?

① ROM ② PROM

③ EPROM ④ EEPROM

07 데이터를 지우는 방식이 다른 기억소자는?

① EPROM ② EEPROM

③ NOR 플래시 ④ NAND 플래시

08 플래시 메모리의 데이터를 지우는 방법은?

① 지울 수 없다. ② 자외선을 쪼여준다.

③ RAM과 같이 셀 단위로 지운다. ④ 특별한 지우기 명령을 제공한다.

09 올바른 것을 선택하라.

(1) NAND 플래시의 한 개의 (블록, 페이지)은 여러 개의 (블록, 페이지)로 구성되어 있다.

(2) NAND 플래시는 (블록, 페이지) 단위로 구성되어 있다.

(3) NAND 플래시는 (블록, 페이지) 단위로 지운다.

(4) NAND 플래시는 (블록, 페이지) 단위로 프로그램 한다.

9.3 기억장치 모듈 설계

01 용량이 512K × 8비트 SRAM을 여러 개 사용하여 4M × 32비트인 기억장치 모듈을 구성하려고 한다.

(1) 512K × 8비트 SRAM의 주소와 데이터의 비트 수는?

(2) 4M × 32비트 기억장치 모듈의 주소와 데이터의 비트 수는?

(3) 주소 공간은 몇 배 확장되는가?

(4) 데이터 폭은 몇 배 확장되는가?

(5) 기억장치 모듈을 구성할 때 필요한 SRAM의 수는?

(6) 모듈을 구성할 때 필요한 디코더의 규격은?

02 [그림 9-11(c)]의 회로에서 다음 데이터는 어느 SRAM에 저장되는가?

(1) 주소 21_1230h의 상위 바이트

(2) 주소 21_1230h의 하위 바이트

(3) 주소 3C_3440h의 상위 바이트

(4) 주소 3C_3440h의 하위 바이트

9.4 캐시 기억장치

01 컴퓨터가 프로그램을 실행하는 특성 중에서 참조의 지역성을 높이는 요인이 아닌 것은?

① 프로그램 안에는 반복문이 많다.

② 함수는 주로 파라미터와 자신의 지역 변수를 사용한다.

③ 함수의 실행이 끝나면 이전에 실행하던 곳으로 복귀한다.

④ 컴퓨터는 여러 개의 프로그램을 번갈아 가면서 실행한다.

02 올바른 것을 선택하라.

(1) 중앙처리장치와 캐시 기억장치는 (단어, 블록) 단위로 데이터를 전송한다.

(2) 캐시 기억장치와 주기억장치는 (단어, 블록) 단위로 데이터를 전송한다.

03 다음과 같은 액세스 속도를 가진 기억장치 시스템의 평균 액세스 시간을 구하라.

- 캐시 기억장치 액세스 시간: t_c = 10nsec
- 주기억장치 액세스 시간: t_m = 200nsec
- 적중률: h = 95%

04 캐시 기억장치 운영에 있어서 매핑 함수란?

① 주기억장치의 블록 크기를 정하는 방법이다.

② 캐시 기억장치의 라인 크기를 정하는 방법이다.

③ 캐시 기억장치의 태그 필드에 값을 인코딩 하는 방법이다.

④ 주기억장치의 한 개의 블록을 캐시 라인에 배정하는 규칙이다.

05 기억장치 제원이 다음과 같다.

- 주기억장치 용량은 4G바이트이고, 블록 크기는 128바이트이다.
- 캐시 기억장치 용량은 512K바이트이고, 라인 크기는 128바이트이다.

다음과 같은 세 가지 매핑 함수에 대하여 태그 비트 수, 라인 비트 수, 단어 비트 수, 그리고 캐시 적중 여부를 판단하기 위한 비교기의 비트 수와 비교기의 수를 구하라.

매핑 방법	주소의 구성			비교기	
	태그 필드	라인 필드	단어 필드	비트	개
직접 매핑					
완전 연관 매핑					
4-way 집합 연관 매핑					

06 직접 매핑의 단점은?

① 교체 알고리즘이 필요하다.　　② 비교기의 하드웨어가 복잡하다.

③ 명령어 캐시에 적용할 수 없다.　　④ 블록이 한 개의 라인에만 들어갈 수 있다.

07 주기억장치와 캐시 기억장치의 규격과 운영 방법이 다음과 같다. 블록(라인)의 크기는 4바이트이다.

- 주기억장치 용량: 64bytes, 캐시 기억장치 용량: 16bytes
- 주기억장치 블록이 들어갈 수 있는 캐시 라인이 여러 개 있을 때, 캐시 라인 번호 중에서 작은 번호의 블록을 우선적으로 선택한다.
- 비어 있는 캐시 라인이 없을 때에는 LRU(least recently used) 알고리즘에 의하여 교체될 라인을 선택한다.
- 완전 연관 매핑을 사용한다.

어느 순간 캐시 기억장치의 상태는 다음과 같다. 태그 필드의 값은 2진수이고 캐시 라인에 들어 있는 16진수는 주기억장치 주소이다. USE 카운터의 값이 적은 라인이 최근에 사용한 라인이다. 즉, 캐시 라인 01이 가장 최근에 사용된 라인이다. 현 상태에서 프로그램이 주소 2Eh, 36h, 33h의 순서로 기억장치를 액세스하려고 한다. 각 주소를 처리할 때, 적중인지 실패인지 판단하고, 처리한 후의 캐시의 상태를 표시하라.

〈 캐시 기억장치 상태 〉

라인 번호	태그	캐시 라인 번호				USE
		11	10	01	00	
00	0000	03h	02h	01h	00h	3
01	0010	0bh	0ah	09h	08h	0
10	1010	2bh	2ah	29h	28h	2
11	1101	37h	36h	35h	34h	1

〈 주소 2Eh: (적중/실패) 〉

라인 번호	태그	캐시 라인 번호				USE
		11	10	01	00	
00						
01						
10						
11						

〈 주소 36h: (적중/실패) 〉

라인 번호	태그	캐시 라인 번호				USE
		11	10	01	00	
00						
01						
10						
11						

〈 주소 33h: (적중/실패) 〉

라인 번호	태그	캐시 라인 번호				USE
		11	10	01	00	
00						
01						
10						
11						

08 Dirty 비트의 의미는?

① 중앙처리장치가 캐시 라인의 한 단어를 읽었다.

② 주기억장치 블록이 캐시 라인에 새로 들어왔다.

③ 중앙처리장치가 캐시 라인의 한 단어를 수정하였다.

④ 주기억장치 블록을 캐시 라인으로 복사하는 것을 금지한다.

09 Write-through 쓰기 정책에의 특성을 모두 선택하라.

① Dirty 비트를 운영하여야 한다.

② 주기억장치를 자주 액세스 한다.

③ 주기억장치와 캐시의 데이터 값이 항상 같다.

④ 주기억장치와 캐시의 데이터 값이 다른 순간이 존재한다.

10 캐시 일관성 유지를 위한 MESI 알고리즘은 각 라인의 상태를 의미하는 네 개의 단어로 구성되어 있다. 각 단어의 의미를 적어라.

9.5 가상 기억장치

01 페이지 크기가 4Kbytes이고, 가상 기억장치는 16개의 페이지, 그리고 물리 기억장치는 4개의 페이지 프레임을 갖고 있는 가상 기억장치의 상태가 그림과 같다. 표에 주어진 가상 주소에 대하여 페이지 테이블 인덱스와 페이지 테이블의 값을 구하고, 해당 물리 주소를 구하라. 만일 가상 주소가 물리주소에 존재하지 않는다면, 페이지 부재임을 표시하라.

가상 기억장치   매핑 예제

가상 주소	페이지 테이블 인덱스	페이지 테이블 값	물리 주소/부재
1130h			
2400h			
43FFh			
5730h			
689ah			
74bah			

02 페이지 테이블은 어디에 존재하는가?

① 중앙처리장치   ② 캐시 기억장치

③ 주기억장치   ④ 보조 기억장치

03 페이징 기법을 운영하는 주체는?

① 운영체제   ② 제어장치

③ 중앙처리장치   ④ 응용 프로그램

04 프로그램을 실행하면서 중앙처리장치가 생성하는 주소는?

① 논리 주소   ② 물리 주소

③ 페이지 주소   ④ 캐시 기억장치 주소

05 변환 우선참조 버퍼는 어떤 기억장치인가?

① 순차 액세스   ② 연관 액세스

③ 임의 액세스   ④ 직접 액세스

06 변환 우선참조 버퍼를 사용하는 목적은?

① 레지스터 액세스 횟수를 줄이기 위하여

② 페이지 테이블 액세스 횟수를 줄이기 위하여

③ 캐시 기억장치 액세스 횟수를 줄이기 위하여

④ 보조 기억장치 액세스 횟수를 줄이기 위하여

07 프로세서가 생성한 주소로부터 데이터를 액세스 하는 과정을 순서대로 나열하라.

A. 주기억장치	B. 캐시 기억장치	C. 페이지 테이블	D. 변환 우선참조 버퍼

(1) TLB 적중, 캐시 적중일 때

(2) TLB 실패, 페이지 테이블 적중, 캐시 적중일 때

(3) TLB 실패, 페이지 테이블 부재일 때

Chapter

10

입출력

10 입출력

입출력장치는 프로그램과 데이터를 컴퓨터로 공급하는 중요한 역할을 담당한다. 데이터 전송 방식, 데이터 형식, 그리고 동작 원리 측면에서 다양한 종류의 입출력장치가 사용되고 있다. 입출력장치는 기계 또는 사람의 동작을 포함하고 있으므로 동작 속도 측면에서 중앙처리장치 및 주기억장치의 속도에 비하여 느리다. 기본적으로 입출력장치도 주소에 의하여 액세스되기 때문에, 입출력장치 액세스 방법은 기억장치를 액세스하는 방법과 같다. 그렇지만 동작 속도가 느리다는 특징 때문에 컴퓨터와 입출력장치 간의 데이터 전송을 제어하는 특별한 방법이 필요해진다.

'10.1 입출력장치의 개요'에서 입출력장치의 특성을 정리하고 컴퓨터와의 인터페이스 방법을 설명한다. 그러고 나서 컴퓨터가 사용하고 있는 세 가지 입출력 방법을 설명한다. 입출력 과정은 입출력 장치가 데이터를 전송할 준비가 끝났는지 점검하는 상태 검사와 실제로 데이터를 주고받는 입출력 동작으로 구성된다. '10.2 프로그램에 의한 입출력'은 중앙처리장치가 프로그램을 수행함으로써 상태 검사와 입출력을 모두 수행하는 방법을 소개한다. '10.3 인터럽트에 의한 입출력'은 입출력장치가 데이터를 전송할 준비가 끝났을 때 중앙처리장치에게 인터럽트를 요청하고 중앙처리장치는 인터럽트 서비스 루틴에서 입출력을 수행하는 방법을 소개한다. 마지막으로 '10.4 직접 기억장치 액세스'는 중앙처리장치가 입출력 동작에 개입하지 않고 입출력장치와 기억장치 간에 데이터를 주고받는 방법을 다룬다.

10.1 입출력장치의 개요

다양한 종류의 입출력장치가 존재하지만, 컴퓨터와 입출력장치를 연결하는 관점에서 보면 공통성을 찾을 수 있다. 입출력 모듈(I/O module)은 입출력장치에 포함되어 있으면서 컴퓨터와의 인터페이스를 담당하는 부분이다. 컴퓨터와 입출력장치는 입출력 포트(I/O port)를 통하여 서로 간에 데이터를 전송한다. 입출력 포트는 컴퓨터 시스템이 입출력장치에 할당하는 입출력 전용 주소(address)이다. 입출력장치는 포트를 디코드하여 그 주소가 자신을 지칭하는지 확인한다. 이 절에서 입출력 모듈의 기능과 입출력 포트에 의한 데이터 전송 방법에 대하여 설명한다. 마지막으로 세 가지 입출력 방법을 개략적으로 설명한다.

〈10.1.1〉 입출력장치 종류

입출력장치를 주변장치(peripheral)라고도 한다. 입출력장치의 종류가 다양한 만큼 입출력 장치를 분류하는 기준도 여러 가지 관점이 있다. 입출력장치를 데이터 전달 방향, 사용자, 전송 방식, 그리고 통신 방식에 의하여 구분해 보자. 입력과 출력의 기준은 컴퓨터이다. 즉, 컴퓨터가 데이터를 입력하면 입력장치이고, 컴퓨터가 데이터를 출력하면 출력장치이다.

- 데이터 전달 방향에 의한 분류
  - 입력장치: 컴퓨터는 입력장치가 제공한 데이터를 기억장치에 저장한다.
  - 출력장치: 컴퓨터는 기억장치에 저장된 데이터를 출력장치로 내보낸다.
  - 입출력장치: 입력과 출력을 모두 수행한다.
- 사용자에 의한 분류
  - 사람: 컴퓨터 사용자가 컴퓨터와 데이터를 주고 받는다.
  - 기계: 기계의 상태를 감시하거나 기계를 제어한다.
  - 통신 장치: 컴퓨터의 데이터를 통신 장치를 통하여 컴퓨터 외부의 다른 장치로 전송한다.
  - 컴퓨터: 보조기억장치에 데이터를 영구적으로 저장한다.
- 전송 방식에 의한 분류
  - 문자 입출력 장치: 한 번의 접속으로 한 개의 문자(또는 바이트)를 전송한다.
  - 블록 입출력 장치: 한 번의 접속으로 여러 바이트로 구성된 블록을 전송한다.
- 통신 방식에 의한 분류
  - 직렬 방식: 컴퓨터 본체와 외부장치 간에 한 비트씩 데이터를 전송한다.
  - 병렬 방식: 컴퓨터 본체와 외부장치 간에 한 바이트 이상의 데이터를 병렬로 전송한다.

표 10-1 ▌ 입출력장치의 분류

주변장치	데이터 전달 방향			사용자				전송 방식		통신 방식	
	입력	출력	입출력	사람	기계	통신	컴퓨터	문자	블록	직렬	병렬
마우스	√			√				√		√	
모니터		√		√					√		√
센서	√				√			√		√	√
모터		√			√			√		√	√
모뎀			√			√		√		√	
네트워크 카드			√			√			√		√
하드 디스크			√				√		√		√
USB 기억장치			√				√		√	√	

〈표 10-1〉은 주변에서 흔히 볼 수 있는 입출력장치를 위에서 구분한 네 가지 관점으로 분류한 예이다. 입출력장치를 보는 관점에 따라 다르게 분류할 수도 있다.

〈10.1.2〉 **입출력 모듈**

입출력장치는 그 종류와 용도가 다양하지만, 중앙처리장치와 비교할 때 공통으로 다음과 같은 차이점이 있다.

- **동작 속도**: 중앙처리장치 또는 주기억장치에 비하여 동작 속도가 느리다.
- **동작 방식**: 입출력장치는 대부분 전자기계식으로 동작한다.
- **데이터 형식**: 컴퓨터와 문자(바이트) 단위로 데이터를 주고 받는다.
- **오류 발생 가능성**: 컴퓨터와 오프라인으로 연결되므로 데이터 전송 과정에서 오류가 발생할 가능성이 크다.

모든 입출력장치를 [그림 10-1]과 같이 모델링 할 수 있다. 입출력장치는 컴퓨터의 시스템 버스에 연결된다. 입출력장치의 내부를 전자 회로 부분과 기계 장치로 구별하여 볼 수 있으며, 전자 회로 부분을 입출력 모듈(I/O module)이라고 한다. 입출력 모듈은 중앙처리장치와 입출력장치의 차이점을 해결하는 기능을 수행한다. 입출력 모듈 중에서 컴퓨터의 시스템 버스와 직접 연결되는 부분을 입출력 인터페이스(I/O interface)라고 부른다.

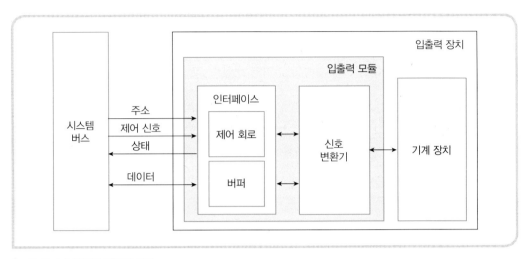

그림 10-1 입출력 장치의 구조

입출력 모듈의 내부는 시스템 버스로 연결되는 인터페이스 부분과 신호 변환기(transducer)로 구성되어 있다. 신호 변환기는 제어 신호와 데이터를 기계 동작으로 변환하는 기능을 수행하며, 중앙처리장치와 입출력장치의 동작 방식의 차이를 해결한다. 예를 들면, 프린터의 경우 용지를 공급하거나 프린터 헤드를 통하여 문자를 인쇄하도록 기계 장치를 구동하는 부분에 해당한다. 인터페이스의 제어 회로는 중앙처리장치가 시스템 버스를 통하여 제공하는 제어 신호를 해석하고 입출력장치의 상태 정보를 시스템 버스로 공급한다. 버퍼는 시스템 버스를 통하여 데이터를 주고받는다. 레지스터와 기억장치로 만들어진 버퍼는 중앙처리장치와의 전송 속도 차이를 극복하기 위한 완충 장치 역할을 하며, 데이터 전송 형식을 변환하는 역할도 수행한다. 입출력 모듈은 다음과 같은 신호에 의하여 시스템 버스에 연결된다.

- **주소 버스**: 시스템 버스의 주소를 디코드하여 입출력 장치의 주소를 결정한다.
- **제어 버스**: 읽기 또는 쓰기 제어 신호를 받는다.
- **상태**: 데이터 버스를 통하여 입출력장치가 데이터를 송수신할 준비가 되었는지 알려준다.
- **데이터**: 데이터 버스를 통하여 입출력장치와 데이터를 송수신한다.

입출력장치가 제공하는 데이터는 궁극적으로 컴퓨터의 주기억장치에 저장되어야 한다. 또는 주기억장치의 데이터를 입출력장치로 전송하여야 한다. 중앙처리장치는 자신이 필요할 때 즉시 주기억장치를 사용할 수 있으나, 자신이 필요할 때 바로 입출력장치를 사용할 수 없다. 먼저 입출력장치가 데이터를 송수신할 준비가 되었는지 확인해 보아야 한다. 따라서 입출력장치와 통신하기 위하여 통신 흐름을 제어하기 위한 특별한 절차가 필요하며, 이 절차를 핸드쉐이킹(handshaking) 또는 프로토콜(protocol)이라고 한다. [그림 10-2]는 데이터를 입력하는 간단한 핸드쉐이킹의 예이며, 상태 검사와 데이터 전달 두 과정으로 구성되어 있다.

- **상태 검사**: 중앙처리장치는 입출력 모듈에게 데이터를 전송할 준비가 되었는지 확인하기 위하여 상태를 요청한다. 만일 입출력 모듈이 데이터를 전송할 준비가 되어 있지 않다면, 나중에 다시 상태를 검사한다.
- **데이터 전송**: 입출력 모듈이 데이터를 전송할 수 있음을 확인한 후, 중앙처리장치는 입출력 모듈에서 데이터를 전달 받고 기억장치에 저장한다.

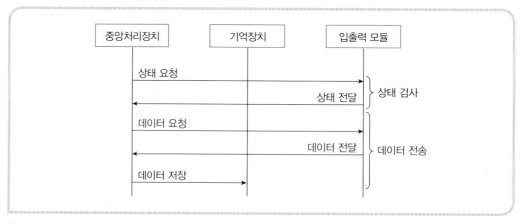

| 그림 10-2 | 간단한 핸드쉐이킹의 예

핸드쉐이킹 절차는 입출력장치의 특성에 따라 아주 복잡할 수도 있다. 핸드쉐이킹은 프로그램에 의하여 수행되며, 오류 검출과 오류 수정 기능을 포함하기도 한다.

⟨10.1.3⟩ 입출력 주소

컴퓨터는 입출력장치에게 할당되는 주소로 입출력장치를 구별하며, 입출력 주소를 입출력 포트(I/O port)라고 한다. 입출력장치에 할당되는 주소를 기억장치 주소 공간에서 할당하는 것을 기억장치 맵(memory map)이라고 하고, 독립된 입출력 주소 공간에서 할당하는 것을 입출력 맵(I/O map) 또는 독립 입출력 맵(isolated I/O map)이라고 한다.

모든 프로세서는 기억장치를 필요로 하므로 반드시 기억장치 주소 공간을 제공한다. 그러나 프로세서에 따라 독립된 입출력 주소 공간을 제공하지 않는 것도 있다. 이 경우에는 입력과 출력 명령어도 제공하지 않으며, 입출력장치를 반드시 기억장치 주소 공간에 연결하여야 한다. 기억장치 주소 공간에 입출력장치를 연결할 때, 그 입출력장치가 연결된 기억장치 주소 영역에 기억장소를 할당할 수 없다. 프로세서가 독립된 입출력 주소 공간을 제공하는 경우에, 입출력 장치를 입출력 주소 공간 또는 기억장치 공간에 할당할 수 있다.

입출력장치의 주소는 주소 버스를 디코드하여 결정하고, 입출력장치의 데이터는 데이터 버스에 연결된다. 입출력장치의 읽기와 쓰기를 제어하기 위한 제어 신호는 〈표 10-2〉와 같이 MR, MW, IOR, IOW가 있다.

- MR(Memory Read): 중앙처리장치가 기억장치 읽기(load) 명령어를 실행할 때 활성화된다.
- MW(Memory Write): 중앙처리장치가 기억장치 쓰기(store) 명령어를 실행할 때 활성화된다.
- IOR(I/O Read): 중앙처리장치가 입출력 주소 입력(input) 명령어를 실행할 때 활성화된다.
- IOW(I/O Write): 중앙처리장치가 입출력 주소 출력(output) 명령어를 실행할 때 활성화된다.

표 10-2 　입출력 장치에 대한 제어 신호

제어 신호	의미	명령어	비고
MR(Memory Read)	기억장치 주소에서 데이터를 읽는다.	Load	모든 프로세서가 제공한다.
MW(Memory Write)	기억장치 주소에 데이터를 쓴다.	Store	
IOR(I/O Read)	입출력 포트에서 데이터를 읽는다.	Input	제공하지 않는 프로세서도 존재한다.
IOW(I/O Write)	입출력 포트에 데이터를 쓴다.	Output	

[그림 10-3]은 입출력장치를 기억장치 맵과 입출력 맵에 연결한 모습을 보여준다. 입출력 모듈은 데이터, 칩 선택(CS), 그리고 읽기(RD)와 쓰기(WR) 신호를 제공한다. 시스템의 주소 버스를 디코드하여 입출력 모듈의 칩 선택에 연결함으로써, 입출력 장치의 주소를 결정한다. 시스템 제어 버스의 MR과 MW을 입출력 모듈의 RD와 WR에 연결하면 입출력장치를 기억장치 맵에 연결하는 것이고, 시스템 제어 버스의 IOR과 IOW을 입출력 모듈의 RD와 WR에 연결하면 입출력장치를 입출력 맵에 연결하는 것이다.

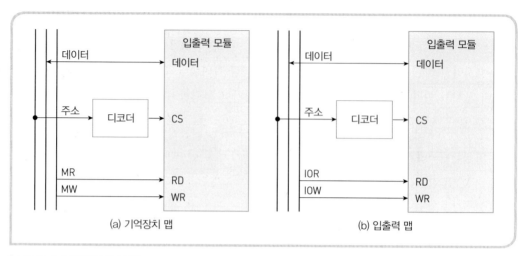

| (a) 기억장치 맵 | (b) 입출력 맵 |

그림 10-3 **입출력 포트 할당**

프로세서의 명령어 집합에는 입출력 동작과 관련하여 기억장치 적재(load)와 저장(store) 그리고 입력(input)과 출력(output) 명령어를 포함하고 있다. 앞에서 설명하였듯이 입력과 출력 명령어를 제공하지 않는 프로세서도 있다. 명령어를 사용하는 형식은 프로세서마다 다르게 정의할 수 있으나, 이 교재에서는 명령어가 다음과 같이 정의되어 있다고 가정한다.

- LOAD [레지스터], [기억장치 주소]: 주소 버스에 기억장치 주소가 출력되고, 제어 신호 MR이 활성화된다. 데이터 버스의 값을 레지스터로 적재한다.
- STORE [기억장치 주소], [레지스터]: 주소 버스에 기억장치 주소가 출력되고, 데이터 버스에 레지스터의 값이 출력되고, 제어 신호 MW가 활성화된다.
- INPUT [레지스터], [입출력 포트]: 주소 버스에 입출력 포트가 출력되고, 제어 신호 IOR이 활성화된다. 데이터 버스의 값을 레지스터로 적재한다.
- OUTPUT [입출력 포트], [레지스터]: 주소 버스에 입출력 포트가 출력되고, 데이터 버스에 레지스터의 값이 출력되고, 제어 신호 IOW가 활성화된다.

입출력 명령(I/O command)은 명령어(instruction)와 다른 개념으로 사용되는 용어이다. 명령어는 중앙처리장치가 인식하고 실행할 수 있는 기본 동작을 나타내는 코드이고, 입출력 명령은 입출력장치가 의미 있는 동작을 수행하도록 명령어를 실행함으로써 전달하는 데이터 또는 데이터를 전달하는 행위를 말한다. 중앙처리장치는 명령어를 실행함으로써 데이터를 입출력장치로 전달하고, 입출력장치는 데이터가 의미하는 명령을 해석하여 동작을 실행한다. "CD 트레이를 꺼내라", "프린터의 용지가 공급되어 있는지 검사하라" 등이 명령의 예이다. 입출력장치마다 그 입출력장치를 구동하기 위한 고유의 명령 목록을 제공하고 있으며, 입출력장치의 동작 설명서에 명령 코드와 명령의 의미가 설명되어 있다.

입출력장치를 연결하는 예를 살펴보자. 프로세서가 제공하는 입출력 주소는 16비트라고 가정한다. 입출력 주소 공간은 0000h부터 FFFFh까지이다. 이 시스템에 연결할 입출력장치의 입출력 모듈은 [그림 10-4]와 같다. 입출력 모듈은 상태 레지스터, 제어 레지스터, 포트 A, 그리고 포트 B로 구성되는 네 개의 레지스터를 포함하고 있으며, 다음과 같은 신호를 제공한다.

- 8비트의 데이터(D_7:D_0): 내부 레지스터의 값을 전달한다.
- 칩 선택(CS): 입출력 모듈의 기능을 활성화 한다.
- 2비트의 주소(A_1:A_0): 내부 레지스터 중 하나를 선택한다.
- 읽기(RD): A_1:A_0에 의하여 선택된 레지스터의 값을 D_7:D_0로 출력한다.
- 쓰기(WR): A_1:A_0에 의하여 선택된 레지스터에 D_7:D_0의 값을 기록한다.

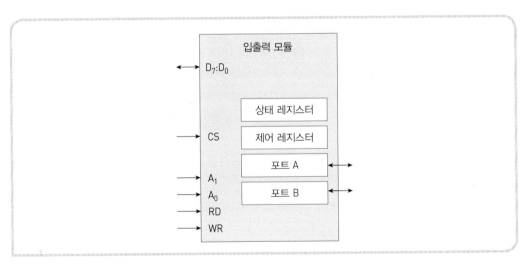

그림 10-4 | 입출력 모듈의 예

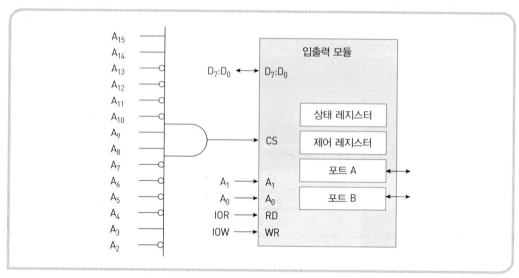

그림 10-5 | 입출력 모듈 연결

표 10-3 | 입출력 모듈의 동작표

CS	A1	A0	RD	WR	동작
0	X	X	X	X	동작하지 않는다.
1	0	0	1	0	상태 레지스터를 데이터로 출력한다.
1	0	1	0	1	제어 레지스터에 데이터를 기록한다.
1	1	0	1	0	포트 A의 값을 데이터로 출력한다.
1	1	0	0	1	포트 A에 데이터를 기록한다.
1	1	1	1	0	포트 B의 값을 데이터로 출력한다.
1	1	1	0	1	포트 B에 데이터를 기록한다.

〈표 10-3〉은 입출력 모듈의 동작을 요약한 것이다. [그림 10-5]는 이 입출력장치를 입출력 공간 C308h~C30Bh에 연결한 회로도이고, 주소에 표시된 작은 원은 주소 비트의 값이 역전됨을 의미한다. AND 게이트는 주소 디코더 역할을 하며, 주소가 1100_0011_0000_10XX일 때 1을 출력한다. 시스템 버스의 주소 A_1과 A_0를 입출력 모듈의 A_1:A_0에 연결하여 내부 레지스터를 선택하도록 만든다. 입출력 모듈의 D_7:D_0를 데이터 버스로 직접 연결한다. 그리고 시스템 제어 버스의 IOR과 IOW를 입출력 모듈의 RD와 WR에 연결한다. 시스템의 주소 버스에 C308h~C30Bh 이외의 주소가 실려 있을 때 입출력 모듈은 동작하지 않는다. 이렇게 연결하였을 경우, 다음과 같은 입출력 주소로 입출력 모듈의 레지스터를 선택할 수 있다.

- C308h 번지: 상태 레지스터를 선택한다.
- C309h 번지: 제어 레지스터를 선택한다.
- C30Ah 번지: 포트 A 레지스터를 선택한다.
- C30Bh 번지: 포트 B 레지스터를 선택한다.

[그림 10-5]의 회로에서 다음과 같은 명령어가 실행될 때 입출력 동작을 해석하라. R0, R1은 범용 레지스터이다.

(1) INPUT   R0, C308h
(2) OUTPUT   C309h, R0
(3) INPUT   R1, C300Ah
(4) OUTPUT   C30Bh, R1

풀이

(1) 상태 레지스터를 읽어 R0에 저장한다.
(2) R0의 값을 제어 레지스터에 기록한다.
(3) 포트 A를 읽어 R1에 저장한다.
(4) R1의 값을 포트 B로 출력한다.

10.1.4 입출력 방법

컴퓨터와 입출력장치 간에 데이터를 주고 받는 방법은 세 가지가 있다. 〈표 10-4〉는 세 가지 입출력 방법을 요약한 것이다. 대부분의 프로세서는 세 가지 입출력 기능을 모두 지원한다.

표 10-4 입출력 방법

입출력 방법	상태 검사	입출력 동작	기억장치 전송	준비 사항
프로그램에 의한 입출력	중앙처리장치	중앙처리장치	중앙처리장치	없음
인터럽트 구동 입출력	없음	중앙처리장치	중앙처리장치	인터럽트 벡터 인터럽트 서비스 루틴
직접 기억장치 액세스	없음	DMA 제어기	DMA 제어기	DMA 제어기 초기화

프로그램에 의한 입출력(programmed I/O) 방법은 중앙처리장치가 프로그램을 수행함으로써 직접 입출력 동작을 수행한다. 먼저 입출력장치가 송수신할 준비가 되었는지 상태를 검사하고, 입출력장치에서 레지스터로 데이터를 읽어 기억장치로 저장하거나, 기억장치의 데이터를

레지스터에 적재한 후 입출력장치로 출력한다. 특별히 미리 준비할 사항이 없고 개념이 간단한 장점이 있으나, 중앙처리장치가 모든 입출력 과정에 관여한다는 것이 부담이다. 특히 입출력장치의 속도가 느릴 경우, 입출력 준비가 완료되었는지 상태를 검사하는 부분에서 시간을 많이 소비할 가능성이 크다.

인터럽트 구동 입출력(interrupt-driven I/O) 방법에서 중앙처리장치는 입출력 준비 상태를 검사하지 않는다. 그 대신에 입출력장치가 데이터를 송수신할 준비를 마치면, 입출력 모듈을 통하여 중앙처리장치에게 인터럽트를 요청한다. 인터럽트 요청이 발생하면 중앙처리장치는 인터럽트 서비스 루틴을 수행함으로써 입출력 동작을 수행한다. 속도가 느린 입출력장치가 데이터를 준비하는 동안에 중앙처리장치는 다른 프로그램을 수행할 수 있다는 장점이 있다. 반면에 입출력 인터럽트를 받아들이기 위한 준비 과정이 필요하다. 인터럽트 요청을 생성한 장치를 구별하여 인터럽트 서비스 루틴을 찾기 위한 인터럽트 벡터가 설정되어 있어야 하고 기억장치에 인터럽트 서비스 루틴(또는 인터럽트 핸들러)이 적재되어 있어야 한다.

입출력장치의 동작 속도가 느리고 한 번에 한 개의 문자(바이트) 단위로 데이터를 전송하는 경우에 프로그램에 의한 입출력 방법과 인터럽트 구동 입출력 방법을 주로 사용한다.

직접 기억장치 액세스(DMA, Direct Memory Access) 방법은 중앙처리장치가 입출력 준비 상태를 검사하지 않을 뿐만 아니라 데이터 전송도 관여하지 않는다. DMA 방식으로 입출력을 수행하려면 DMA 제어기(DMAC, DMA Controller)가 필요하며, 이것이 입출력 동작과 기억장치를 모두 제어한다. 입출력 동작이 수행되기 전에 중앙처리장치는 DMA 제어기에게 입출력장치의 주소, 데이터 전송 방향, 기억장치 주소, 한 번의 DMA 전송으로 전달할 데이터의 양을 미리 알려주어야 한다. 입출력장치가 데이터를 전송할 준비가 완료되었을 때 DMA 제어기는 중앙처리장치에게 시스템 버스를 자신이 사용하겠다고 요청한다. 중앙처리장치는 버스 사용을 허가하고, 아무 일도 하지 않고 가만히 기다린다. 이 시간 동안에 DMA 제어기는 기억장치에 대하여 입출력을 수행한다. 일반적으로 하드 디스크나 네트워크 카드 등과 같이 데이터 전송 속도가 빠르고 한 번에 많은 데이터를 전송할 필요가 있는 입출력장치에 대하여 DMA 방법을 사용한다.

입출력 프로그램을 작성하려면 입출력장치가 제공하는 모든 명령을 알고 있어야 한다. 따라서 일반 프로그래머는 입출력장치를 구동하는 프로그램을 작성하기 쉽지 않다. 만일 컴퓨터 사용자가 입출력장치를 구동하는 프로그램을 작성할 수 있다고 하더라도, 한 개의 컴퓨터에서 여러 프로세스가 실행될 수 있으므로, 여러 개의 프로세스들이 같은 시간대에 입출력장치를 구동한다면 혼란이 발생할 수도 있다. 따라서 [그림 10-6]과 같이 운영체제가 입출력장치를 관리하는 것이 일반적이다. 운영체제 포함되면서 입출력장치의 동작을 제어하는 프로그램을 디바이스 드라이버(device driver)라고 부른다. 대부분의 운영체제는 일반 프로그래머가 입출력장치를 파일처럼 다룰 수 있도록 소프트웨어 인터페이스를 제공한다. 이러한 기능을 제공하기 위하여 디바이스 드라이버의 상위 계층에 파일 시스템이 연결되어 있다.

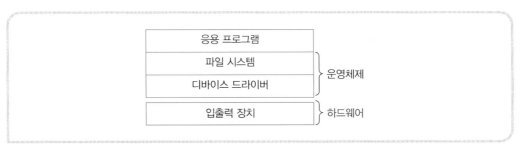

그림 10-6 │ 소프트웨어 계층

10.2 프로그램에 의한 입출력

프로그램에 의한 입출력(programmed I/O) 방법은 중앙처리장치가 프로그램을 수행함으로써 모든 입출력 과정을 통제하는 방법이다. [그림 10-7]은 이 방식을 사용하여 n바이트의 데이터를 입력하고 출력하는 프로그램의 흐름도이다.

[그림 10-7(a)]의 입력 프로그램을 살펴보자. 입력할 데이터의 수를 세기 위한 카운터를 n으로 초기화한다. 그러고 나서 입출력 모듈에서 장치의 상태를 읽고, 입출력장치가 데이터를 전송할 준비가 완료되었는지 검사한다. 일반적으로 입출력장치의 속도가 느리므로 여러 번 반복하여 상태를 검사할 필요가 있다. 입출력장치가 데이터를 전송할 준비가 완료하였음을 확인한 후, 중앙처리장치는 입출력 모듈에서 한 바이트의 데이터를 읽고 기억장치에 저장한다. 그러고 나서 카운터를 1 감소시키고 n바이트의 데이터 전송이 완료되었는지 확인한다. 만일 카운터의 값이 0이 아니면, 다시 상태 입력 단계부터 반복한다.

데이터를 출력하는 [그림 10-7(b)]의 경우도 프로그램의 전반적인 흐름은 입력의 경우와 마찬가지이다. 다만, 상태 검사를 마친 후 기억장치에서 데이터를 적재하고 입출력 모듈로 전송하는 부분만 다르다.

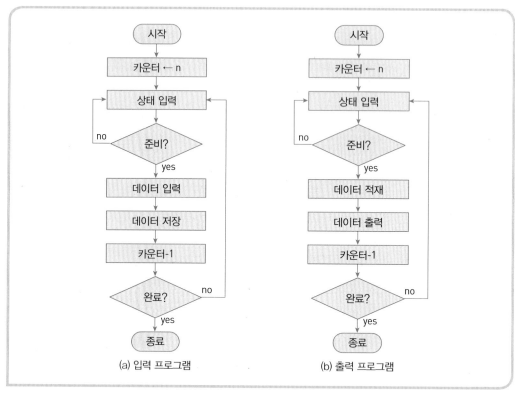

그림 10-7 프로그램에 의한 입출력 프로그램의 흐름도

입출력장치의 동작 속도가 느린 경우, 프로그램에 의한 입출력 방법은 상태를 검사하는 부분에서 시간을 많이 소모한다. 예를 들어, 중앙처리장치가 명령어를 한 개 실행하는 시간이 1μsec이고, 입출력장치가 데이터를 준비하는 시간이 1msec라고 가정하자. 중앙처리장치는 상태를 검사하기 위하여 입출력 포트를 읽어 레지스터에 저장하고 레지스터의 값을 비교하는 두 개의 명령어를 실행한다고 가정하자. 정확하게는 데이터 입력과 저장 그리고 카운터를 갱신하는 시간을 제외하고 계산해야 하지만, 대략 500번 상태를 검사해야 한다. 이것은 상당한 시간 낭비이다.

만일 입출력장치의 전원이 꺼져 있거나 입출력장치가 고장이면, 상태를 검사하는 루프에서 빠져나오지 못할 수도 있다. 이러한 문제에 대비하여 워치독 타이머(watch-dog timer)를 사용한다. 컴퓨터에 시간을 측정하는 기능이 있다면, 일반적으로 입출력장치가 데이터를 준비하는 데 걸리는 시간 이내에 데이터 전송 준비를 완료하는지 검사한다. 만일 시간을 측정하는 기능이 없다면, 상태를 검사하는 루프의 반복 횟수를 제한할 수 있다. [그림 10-8]은 워치독 타이머를 사용하는 입출력 프로그램의 흐름도이다. 상태를 검사하기 전에 입출력장치가 데이터를 준비하는 정상적인 시간의 두세 배 정도로 워치독 타이머를 초기화한다. 상태를 입력하여 아직 입출력장치가 아직 준비되어 있지 않다면, 타이머가 만료되었는지 검사한다. 만일 타이머가 만료되지 않았다면, 계속 상태를 검사한다. 그러나 타이머가 만료되었다면, 입출력장치에 이상이 발생한 것으로 판단하고 상태 검사 루프를 빠져 나와 오류가 발생하였음을 표시한다.

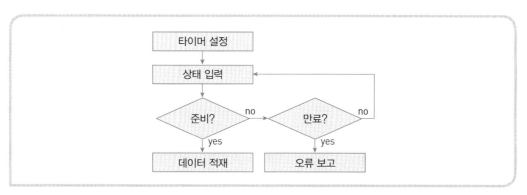

그림 10-8 워치독 타이머의 활용

그림 10-9 입출력 모듈의 상태 레지스터 예

[그림 10-5]와 같이 컴퓨터의 시스템 버스에 연결된 입출력 모듈에서 프로그램에 의한 입출력 방법으로 포트 A에서 100 바이트의 데이터를 입력하는 C 언어 프로그램을 작성해 보자. 포트 A의 주소는 C30Ah번지이다. C308h번지에 있는 상태 레지스터는 [그림 10-9]와 같은 기능을 갖는다. 즉, 상태 레지스터의 비트 0은 포트 A의 상태를 나타내고 비트 1은 포트 A의 상태를 나타낸다. 만일 포트 A에 데이터가 준비되어 있다면, 상태 레지스터를 읽었을 때 비트 0의 값이 1이다. 데이터를 입력하는 다음과 같은 라이브러리 함수가 있다고 가정한다.

```
unsigned char input(unsigned int io_port);
```

이 함수는 입출력 포트를 아규먼트로 받고, 해당 포트에서 한 바이트 크기의 데이터를 읽어 리턴한다. 입출력장치에서 DATA_SIZE개의 데이터를 읽어 배열 io_data[]에 저장하는 C 언어 함수 read_data()의 소스 코드는 다음과 같다. 이 함수가 1을 리턴하면 입출력 동작을 성공한 것이고, 0을 리턴하면, 실패한 것이다.

```
1.   #define DATA_SIZE       100
2.   #define TIME_OUT        10000
3.   #define STATUS_PORT     0xC308
4.   #define PORT_A          0xC30A

5.   #define IO_READY        (input(STATUS_PORT) & 0x01)
6.   #define IO_READ         input(PORT_A)

7.   unsigned char io_data[DATA_SIZE];

8.   int read_data(void)
9.   {
10.      int watch_dog = TIME_OUT;
11.      int index = 0;
12.      do {
13.        while ((watch_dog>0) && (IO_READY != 1))
14.            watch_dog -= 1;
15.        if (watch_dog != 0)
16.            io_data[index++] = IO_READ;
17.        else
18.            break;          // IO error
19.      } while (index < DATA_SIZE);
20.      if (index == DATA_SIZE)
21.          return 1;
22.      else
23.          return 0;
24.  }
```

- 라인 1~4: 기본 상수를 정의한다. 상태를 조사하는 최대 반복 횟수를 10,000으로 가정한다.
- 라인 5: 상태 포트를 읽어 비트 0의 값을 조사하는 매크로 함수를 정의한다. 연산 식의 값이 1이면 데이터가 준비된 것이다.
- 라인 6: 포트 A를 읽는 매크로 함수를 정의한다.
- 라인 7: 포트 A에서 읽을 데이터를 저장할 배열을 선언한다.
- 라인 10: 워치독 카운트로 사용할 변수 watch_dog을 초기화한다.
- 라인 11: 데이터를 저장할 배열 io_data[]의 인덱스를 0으로 초기화한다.

- 라인 12~19: 포트 A에서 100바이트를 읽어 io_data[]에 저장하는 루프이다.
- 라인 13: watch_dog의 값이 0보다 크고 입출력장치가 아직 준비되지 않았는지 조사한다.
- 라인 14: 아직 입출력장치가 준비되지 않았다면, watch_dog의 값을 줄이고, 라인 13을 다시 반복한다.
- 라인 15: 프로그램이 여기에 도달했을 때 watch_dog이 0이 아니면, 입출력장치에 데이터가 준비된 것이다.
- 라인 16: 데이터를 읽어 배열 io_data[]에 저장하고, 라인 19로 이동하여 루프를 반복한다.
- 라인 17: 프로그램이 여기에 도달하면, 반복 횟수 내에 입출력장치가 준비되지 않은 것이다.
- 라인 18: 오류가 발생하였으므로, 루프를 벗어난다.
- 라인 19: 읽은 데이터의 수가 DATA_SIZE보다 적으면, 라인 12로 돌아가 다음 데이터를 읽는다.
- 라인 20~23: 프로그램이 여기에 도달하면, 데이터를 읽는 루프를 벗어난 것이다. 만일 index가 DATA_SIZE와 같으면, 데이터를 모두 성공적으로 읽은 것이므로 1을 리턴한다. 그렇지 않으면, 라인 18에 의해 중단된 것이므로 0을 리턴하여, 실패임을 알린다.

10.3 인터럽트 구동 입출력

인터럽트의 개념과 인터럽트의 동작 원리에 대하여 이미 '4.3 인터럽트'에서 설명한 바 있다. 기억을 되살리는 의미에서 인터럽트에 관한 중요한 사항을 정리하면 다음과 같다.

- 컴퓨터의 인터럽트는 중앙처리장치가 컴퓨터 내부 혹은 외부에서 발생하는 갑작스러운 사건에 대처하는 기능이다.
- 중앙처리장치는 명령어 사이클의 실행 단계가 끝날 때마다 제어 버스의 인터럽트 요청(Interrupt Request) 신호를 검사하여, 인터럽트 요청이 존재하면 인터럽트 단계를 수행한다.
- 인터럽트 단계에서 인터럽트를 요청한 원인을 알아내고, 상태 레지스터와 프로그

램 카운터를 스택에 저장하고, 인터럽트 서비스 루틴의 주소를 프로그램 카운터에 저장한다.

- 인터럽트 서비스 루틴에서 리턴할 때, 프로그램 카운터와 상태 레지스터를 복구함으로써 중단된 명령어 이후의 명령어들을 실행한다.
- 프로그래머는 외부 인터럽트의 허용 여부를 결정하기 위하여 상태 레지스터에 포함된 인터럽트 가능 플래그(IE 플래그)를 사용한다.

인터럽트 구동 입출력(interrupt-driven I/O) 방법은 인터럽트 기능을 사용하여 인터럽트 서비스 루틴 안에서 데이터를 입출력 하는 방법이며, 프로그램에 의한 입출력 방법의 단점인 대기 시간을 없애는 장점이 있다. 이 절에서는 입출력의 관점에서 인터럽트 서비스 루틴이 실행되는 과정을 설명하고, 여러 장치가 인터럽트를 요청하는 다중 인터럽트 환경에 대처하는 방법에 대하여 설명한다.

⟨10.3.1⟩ 인터럽트 서비스 루틴

[그림 10-10]은 인터럽트를 준비하는 과정과 인터럽트 서비스 루틴에서 데이터를 입력하는 과정을 보여준다. 먼저 인터럽트에 의한 입출력을 준비하는 과정을 알아보자.

- 시스템 초기화 과정은 인터럽트 서비스 루틴을 기억장치에 적재하고,
- 인터럽트 벡터를 올바르게 설정한 다음에,
- 인터럽트 가능 플래그(IE)를 1로 만들어 인터럽트 요청을 허용한다.

그 후에 중앙처리장치는 자신이 수행해야 할 임의의 프로그램을 실행한다. 그 과정에서 입출력 동작이 필요하면 입출력 모듈에게 입출력을 시작하라는 명령(command)을 출력한다. 그러고 나서 계속 다른 프로그램을 수행한다. 컴퓨터가 다른 프로그램을 수행하는 동안에 입출력 장치는 전송할 데이터를 준비한다. 데이터 준비를 마치면, 입출력 모듈은 중앙처리장치에게 인터럽트를 요청한다.

인터럽트 단계에서 중앙처리장치는 제어 버스의 인터럽트 확인(Interrupt Acknowledge) 신호를 출력하여 인터럽트를 요청한 장치를 알아내고, 올바른 인터럽트 벡터를 프로그램 카운터에 적재하여 인터럽트 서비스 루틴을 시작한다. 이 과정은 하드웨어적으로 수행된다. 대부분의 중앙처리장치는 인터럽트 단계에서 인터럽트 인에이블(IE) 플래그를 0으로 만들어 인터럽트 요청을 금지한다. 그 이유는 이 인터럽트를 처리할 때까지 다른 인터럽트를 받아들이지

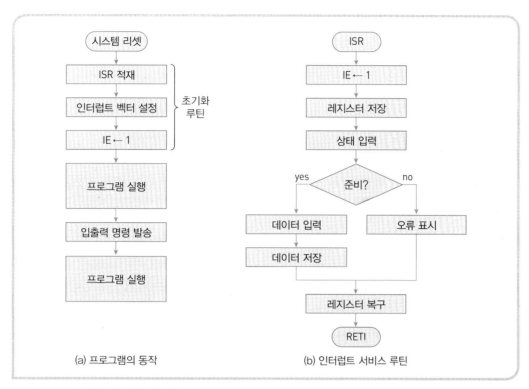

그림 10-10 인터럽트에 의한 데이터 입력 처리 과정

않도록 조치하기 위함이다. 프로세서에 따라 인터럽트 단계에서 IE 플래그를 0으로 만들지 않는 프로세서도 있다.

인터럽트 서비스 루틴은 다음과 같은 순서로 데이터 입출력 동작을 처리한다.

- 먼저 인터럽트 인에이블(IE) 플래그를 1로 만드는 명령어(STI)를 수행하여, 인터 럽트 서비스 루틴을 수행하는 도중에도 다른 인터럽트 요청을 허용하도록 만든다. 만일 이 명령어를 생략한다면, 인터럽트 서비스 루틴을 실행하는 도중에 다른 인 터럽트 요청을 허용하지 않는 상태를 유지하는 것이며, 인터럽트에서 복귀하기 전 에 STI 명령어를 실행해야 한다.
- 인터럽트 서비스 루틴에서 사용하는 레지스터들을 스택에 저장한다.
- 입출력 모듈에서 상태를 읽어 준비되었는지 검사한다. 입출력장치가 데이터 전송 준비를 마쳤기 때문에 인터럽트를 요청하였을 것이므로, 이 과정을 생략해도 문제 가 없다. 다만 데이터 준비 상태를 확인하기 위한 과정이다. 만일 데이터가 준비되 어 있지 않다면 오류를 표시한다.

- 입출력 모듈에서 데이터를 입력하고 기억장치에 저장한다. 만일 데이터를 출력하는 인터럽트 서비스 루틴이면, 기억장치에서 데이터를 적재하고 입출력 모듈로 출력한다.
- 스택에 저장하였던 레지스터들을 복구하고, 인터럽트 서비스 루틴에서 리턴하는 명령어(RETI)를 실행하여 원래의 프로그램으로 돌아간다.

반복해서 데이터가 준비되었는지 검사하지 않는다는 점이 인터럽트 구동 입출력으로 얻는 장점이다. 인터럽트라는 복잡한 체계를 도입함으로써 얻는 이익이 적어 보일 수 있으나, 실제로 많은 시간을 절약할 수 있다.

프로그램이 인터럽트 서비스 루틴에서 저장한 데이터를 사용하기 전에 다른 인터럽트 요청이 발생한다면, 이전에 저장해 두었던 데이터를 잃어버릴 수 있다. 이런 문제를 해결하기 위하여 인터럽트 서비스 루틴에서 데이터를 저장하는 기억장치 장소를 큐(queue, First-In-First-Out 방식으로 운영되는 자료 구조) 형태로 사용하는 것이 일반적이다. 원래의 프로그램은 큐를 조사하여 데이터가 들어 있다면, 큐에서 데이터를 제거하고 사용한다.

〈10.3.2〉 다중 인터럽트 처리

일반적으로 컴퓨터에 여러 개의 입출력장치가 연결되어 있으며, 입출력장치마다 인터럽트를 요청할 수 있다. 이런 상황을 다중 인터럽트(multiple interrupts)라고 한다. 다중 인터럽트를 처리하기 위하여 각 입출력장치에 대한 입출력을 처리하는 인터럽트 서비스 루틴이 마련되어 있어야 하고, 인터럽트를 요청한 장치를 구별할 수 있어야 한다.

중앙처리장치는 명령어 사이클의 실행 단계가 끝날 때 인터럽트 요청이 존재하는지 검사하고, 만일 인터럽트 요청이 있다면, 인터럽트 단계에서 해당 입출력장치에 대한 인터럽트 서비스 루틴의 주소를 결정한다. 인터럽트 서비스 루틴의 시작 주소를 인터럽트 벡터(interrupt vector)라고 한다. 주기억장치의 특정 영역에 여러 개의 인터럽트에 대한 인터럽트 벡터를 모아놓는 영역이 있으며, 이곳을 인터럽트 벡터 테이블(interrupt vector table)이라고 한다. 기억장치 안에 인터럽트 벡터 테이블의 위치는 하드웨어적으로 고정되어 있으며, 대부분의 프로세서의 경우 인터럽트 벡터 테이블은 0번지부터 시작하고, 0번지에는 시스템 리셋 인터럽트의 벡터가 들어있다.

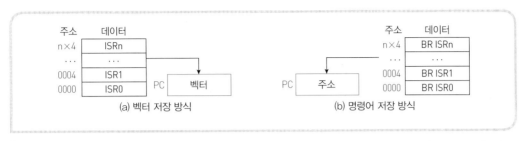

인터럽트 벡터 테이블에 인터럽트 벡터를 저장하는 방법은 [그림 10-11]과 같이 벡터 저장 방식과 명령어 저장 방식이 있다. [그림 10-11]에서 n은 인터럽트 번호이고 ISRn은 인터럽트 서비스 루틴의 시작 주소(즉 인터럽트 벡터)이다. 벡터 한 개의 크기는 4바이트라고 가정한다. 따라서, 인터럽트 n번의 인터럽트 벡터는 기억장치 n×4번지에 저장된다.

- 벡터 저장 방식: 인터럽트 벡터 테이블에 인터럽트 서비스 루틴의 시작 주소가 저장되어 있다. 중앙처리장치는 인터럽트 단계에서 인터럽트 번호를 확인하고 기억장치 n×4번지에 저장된 값을 프로그램 카운터에 적재한다.
- 명령어 저장 방식: 인터럽트 벡터 테이블에 인터럽트 서비스 루틴의 시작 주소로 무조건 분기 명령어(BR ISRn)가 저장되어 있다. 중앙처리장치는 인터럽트 단계에서 인터럽트 번호를 확인하고 기억장치 n x 4번지를 프로그램 카운터에 적재한다. 따라서 인터럽트 단계가 끝나고 실행 단계에서 "BR ISRn" 명령어를 실행한다.

다중 인터럽트를 처리하는 방법은 다음과 같은 네 가지 방법이 있다.

- 소프트웨어 폴링(software polling)
- 다중 인터럽트 요청선(multiple interrupt line)
- 데이지 체인(daisy chain)
- 우선순위 인코더(priority encoder)

이 방법들은 중앙처리장치가 인터럽트 요청을 인식하기 위한 하드웨어 연결 구조가 다르다. 각 방법은 중앙처리장치에게 다음과 같은 세 가지 기능을 제공할 수 있어야 한다.

- 인터럽트를 요청한 장치를 구별하는 방법
- 인터럽트를 요청한 장치에 대한 인터럽트 서비스 루틴을 찾는 방법
- 여러 개의 장치가 동시에 인터럽트를 요청하였을 때 우선적으로 처리할 인터럽트를 선택하는 방법

일반적으로 프로세서는 위 방법 중 두 가지 이상을 복합적으로 사용하여 다중 인터럽트를 지원한다. 다음 절부터 다중 인터럽트를 처리하는 방법을 소개한다.

⟨10.3.3⟩ 소프트웨어 폴링

컴퓨터 용어에서 폴링(polling)이란 "물어본다"는 의미이다. 다중 인터럽트 처리 방식에서 소프트웨어 폴링(software polling)은 프로그램을 수행함으로써 인터럽트를 요청하였는지 입출력장치에게 물어보는 방법이다.

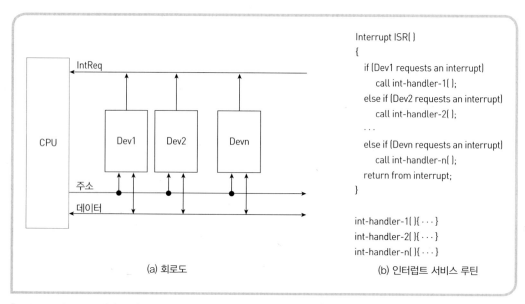

```
Interrupt ISR( )
{
    if (Dev1 requests an interrupt)
        call int-handler-1( );
    else if (Dev2 requests an interrupt)
        call int-handler-2( );
    . . .
    else if (Devn requests an interrupt)
        call int-handler-n( );
    return from interrupt;
}

int-handler-1( ){ · · · }
int-handler-2( ){ · · · }
int-handler-n( ){ · · · }
```

(a) 회로도   (b) 인터럽트 서비스 루틴

그림 10-12 소프트웨어 폴링

소프트웨어 폴링 방식을 사용하는 경우, [그림 10-12(a)]와 같이 여러 개의 입출력장치가 한 개의 인터럽트 요청선(IntReq)을 공유한다. 인터럽트 요청이 발생하였을 때, 중앙처리장치는 인터럽트 요청이 있음을 알 수 있지만, 어느 입출력장치가 인터럽트를 요청하였는지 알 수 없다. 인터럽트 서비스 루틴은 [그림 10-12(b)]와 같이 한 개만 마련되어 있다. 인터럽트 요청을 확인하면, 중앙처리장치는 이 대표 인터럽트 서비스 루틴을 수행한다. 대표 인터럽트 서비스 루틴은 주소와 데이터 버스를 통하여 입출력장치에게 인터럽트를 요청하였는지 물어보고, 인터럽트를 요청한 것을 확인하면 해당 입출력장치에 대한 입출력 동작을 처리하는 핸들러를 호출한다. 소프트웨어 폴링 기법의 다중 인터럽트 처리 방식을 요약하면 다음과 같다.

- 인터럽트 요청 장치 구별 방법: 대표 인터럽트 서비스 루틴 안에서 프로그램으로 각 장치에게 인터럽트를 요청하였는지 물어본다.
- 인터럽트 서비스 루틴 결정 방법: 프로그램에 의하여 입출력을 처리하는 함수를 호출한다.
- 우선순위 결정 방법: 소프트웨어적으로 인터럽트를 요청하였는지 물어보는 순서가 우선순위이다.

소프트웨어 폴링 기법은 한 개의 인터럽트 요청선을 여러 개의 장치가 공유할 수 있다는 장점이 있는 반면에, 소프트웨어적으로 인터럽트를 요청한 장치를 구별하므로 속도가 느리다는 단점이 있다.

⟨10.3.4⟩ 다중 인터럽트 요청선

다중 인터럽트 요청선(multiple interrupt line) 방식을 지원하는 중앙처리장치는 여러 개의 인터럽트 요청선을 제공한다. 각 입출력장치는 [그림 10-13(a)]와 같이 인터럽트 요청선 중 하나로 인터럽트를 요청한다. 각 장치마다 다른 인터럽트 요청선을 사용하므로, 중앙처리장치는 인터럽트 요청선으로 장치를 구별할 수 있다. 각 입출력장치에 대한 인터럽트 서비스 루틴은 [그림 10-13(b)]와 같이 컴퓨터의 기억장치에 별도로 마련되어 있다. 다중 인터럽트 요청선 방식의 기능을 요약하면 다음과 같다.

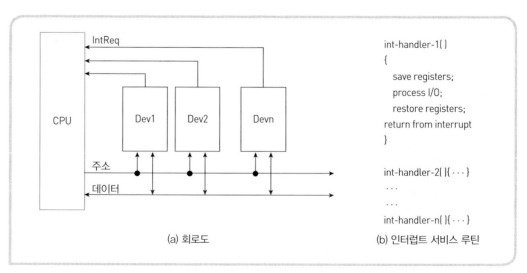

그림 10-13 다중 인터럽트 요청선

- 인터럽트 요청 장치 구별 방법: 인터럽트 요청선으로 구별한다.
- 인터럽트 서비스 루틴 결정 방법: 인터럽트 요청선마다 별도의 인터럽트 서비스 루틴이 마련되어 있다.
- 우선순위 결정 방법: 중앙처리장치가 하드웨어적으로 인터럽트 요청선에 우선순위를 부여한다.

다중 인터럽트 요청선 방식은 인터럽트를 요청한 장치를 쉽게 구분할 수 있으나, 중앙처리장치가 여러 개의 인터럽트 요청선을 제공하여야 하고, 인터럽트 요청선 수에 의하여 연결할 수 있는 입출력장치의 수가 제한된다는 점이 부담이다.

⟨10.3.5⟩ 데이지 체인

데이지 체인(daisy chain) 방식은 한 개의 인터럽트 요청선을 여러 개의 입출력장치가 공유한다. 중앙처리장치는 인터럽트 확인(interrupt acknowledge) 신호를 제공하고, 이것으로 인터럽트를 요청한 장치를 구별한다. 인터럽트 확인 신호는 체인 형태로 입출력장치를 연결한다. 입출력장치의 입출력 모듈은 다음과 같은 두 가지 기능을 제공하여야 한다.

- 인터럽트 확인선을 체인 형태로 연결하기 위한 입력과 출력 단자
- 인터럽트 벡터를 저장하는 레지스터

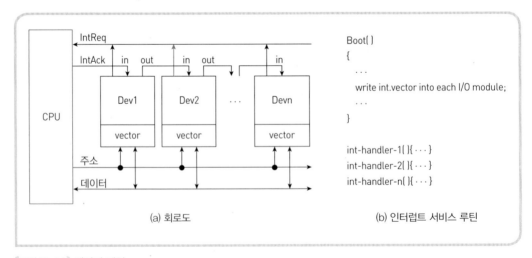

(a) 회로도 (b) 인터럽트 서비스 루틴

[그림 10-14] 데이지 체인

인터럽트 확인선은 [그림 10-14(a)]와 같이 첫 번째 입출력장치로 입력되고, 내부 회로를

거쳐 출력되어 두 번째 입출력장치로 연결된다. 그 이후도 계속 이와 같이 체인 형태로 연결된다. 인터럽트 벡터는 인터럽트 서비스 루틴의 시작 주소이다. 이 방식을 사용하는 컴퓨터는 초기화 과정에서 [그림 10-14(b)]와 같이 각 입출력 모듈의 인터럽트 벡터 레지스터에 인터럽트 서비스 루틴의 시작 주소를 저장한다. 즉, 각 입출력장치에게 자신의 인터럽트 서비스 루틴이 적재된 기억장치 주소를 갖고 있게 만든다. [그림 10-14(a)]에서 Dev2가 인터럽트를 요청하였다고 할 때, 인터럽트를 처리하는 과정은 다음과 같다.

- 중앙처리장치는 인터럽트 요청을 확인하고, 명령어 사이클의 인터럽트 단계에서 인터럽트 확인 신호(IntAck)를 보낸다.
- IntAck는 Dev1로 입력된다. Dev1은 자신이 인터럽트를 요청하지 않았으므로, 이 신호를 다음 체인으로 전달한다.
- 인터럽트를 요청한 Dev2는 IntAct를 받고 자신이 보관하고 있는 인터럽트 벡터를 데이터 버스로 실어 보낸다. 그리고 IntAck 신호를 다음 체인으로 전달하지 않는다.
- 중앙처리장치는 IntAck를 보내면서 데이터 버스를 읽는다. Dev2가 인터럽트 벡터를 전송하므로, 이 값을 프로그램 카운터로 적재한다. 따라서, 명령어 사이클의 인터럽트 단계가 끝난 후 바로 Dev2의 인터럽트 서비스 루틴을 수행할 수 있다.

데이지 체인 방식에서 인터럽트를 요청이 발생하였을 때 중앙처리장치는 인터럽트 확인 신호를 보내면서 데이터 버스를 읽어 인터럽트 벡터를 구할 수 있다. 입출력장치가 인터럽트 확인 신호를 받았을 때, 자신이 인터럽트를 요청하였다면 인터럽트 벡터를 데이터 버스로 출력하고, 그렇지 않다면 인터럽트 확인 신호를 다음 체인으로 넘겨준다. 인터럽트 확인 신호를 전파하는 회로는 조합논리 회로로 만들어져 있으므로 별도의 클럭을 필요로 하지 않는다. 이 과정이 마치 하드웨어적으로 인터럽트 요청을 확인하는 것과 마찬가지이므로, 데이지 체인 방식을 하드웨어 폴링(hardware polling)이라고도 부른다. 데이지 체인 방식의 기능을 요약하면 다음과 같다.

- **인터럽트 요청 장치 구별 방법**: 인터럽트 확인 신호를 체인으로 연결한다. 입출력장치는 자신이 인터럽트를 요청하지 않았다면 인터럽트 확인 신호를 다음 단으로 전달하고, 인터럽트를 요청했다면 전달하지 않는다.
- **인터럽트 서비스 루틴 결정 방법**: 중앙처리장치는 인터럽트 단계에서 인터럽트 확인 신호를 보내고 데이터 버스를 읽어 인터럽트 서비스 루틴의 시작 주소를 결정한다.

• 우선순위 결정 방법: 체인이 연결된 순서가 우선순위이다.

데이지 체인 방식으로 다중 인터럽트를 처리하는 방식은 한 개의 인터럽트 요청선을 공유하면서 여러 개의 입출력장치를 구별할 수 있다는 장점이 있다. 반면에 각 입출력 모듈마다 인터럽트 확인 신호에 대한 입력과 출력, 그리고 인터럽트 벡터 레지스터를 갖고 있어야 한다는 점이 단점이다.

⟨10.3.6⟩ 우선순위 인코더

이 방법은 다중 인터럽트를 제어하기 위하여 별도의 인터럽트 제어기(interrupt controller)를 사용한다. 인터럽트 제어기는 내부적으로 우선순위 인코더(priority encoder)를 포함하고 있다. 우선순위 인코더는 입력 신호들 중에서 가장 우선순위가 높은 신호의 번호를 출력하는 조합 논리회로이다.

[그림 10-15(a)]와 같이 인터럽트 제어기는 입출력장치가 연결할 수 있는 여러 개의 인터럽트 요청선을 제공한다. 입출력장치는 인터럽트 제어기에게 인터럽트를 요청하고, 인터럽트 제어기가 다중 인터럽트를 중재하여 중앙처리장치에게 인터럽트를 요청한다. 컴퓨터는 초기화 과정에서 인터럽트 서비스 루틴을 기억장치에 적재하고, 인터럽트 벡터 테이블을 인터럽트 서비스 루틴의 시작 주소로 초기화한다. 중앙처리장치가 인터럽트를 처리하는 과정은 다음과 같다.

• 인터럽트 요청을 확인한 중앙처리장치는 인터럽트 확인 신호를 내보낸다.
• 인터럽트 확인 신호를 받은 인터럽트 제어기는 인터럽트를 요청한 장치들 중에서 우선순위가 가장 높은 우선순위에 해당하는 인터럽트 번호를 데이터 버스에 실어 준다.
• 중앙처리장치는 데이터 버스에서 읽은 인터럽트 번호를 사용하여 인터럽트 서비스 루틴의 주소를 구한다.

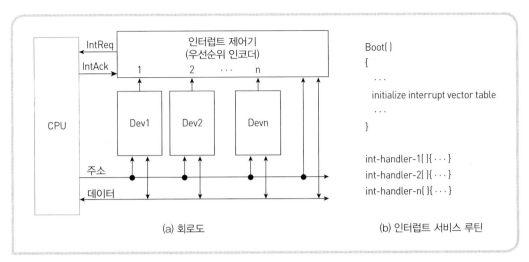

그림 10-15 인터럽트 제어기

우선순위 인코더에 의한 다중 인터럽트 처리 방법을 다음과 같이 요약할 수 있다.

- **인터럽트 요청 장치 구별 방법**: 중앙처리장치가 인터럽트 단계에서 인터럽트 확인 신호(IntAck)를 보내면, 인터럽트 제어기 안에 있는 우선순위 인코더가 인터럽트를 요청한 장치를 구별하여 데이터 버스로 인터럽트를 요청한 장치의 번호를 제공한다.
- **인터럽트 서비스 루틴 결정 방법**: 중앙처리장치는 인터럽트 벡터 테이블에서 인터럽트 번호에 해당하는 인터럽트 서비스 루틴의 주소를 프로그램 카운터에 적재한다.
- **우선순위 결정 방법**: 우선순위 인코더에 의하여 우선순위를 결정한다.

우선순위 인코더에 의한 다중 인터럽트 처리 방법은 중앙처리장치로 연결되는 한 개의 인터럽트 요청선을 여러 개의 입출력장치들이 공유하면서, 별도의 인터럽트 제어기를 필요로 한다.

지금까지 다중 인터럽트를 지원하기 위한 네 가지 방법을 설명하였다. 일반적으로 상용 프로세서는 이 방법들을 중복해서 사용한다. 다만, 데이지 체인 방식과 우선순위 인코더 방식은 서로 독립적이다. 즉, 프로세서는 이 두 가지 방식 중 하나만 사용한다. 일반적으로 프로세서는 인터럽트 요청선을 두 개 혹은 그 이상 제공한다. 그 중 하나는 NMI(Non-Maskable Interrupt)로 사용한다. NMI는 상태 레지스터의 인터럽트 가능 플래그(IE flag)로 제어할 수 없는, 즉 항상 인터럽트 요청을 받아야만 하는, 우선순위가 가장 높은 인터럽트이다. NMI는 외부에서 발생하는 전원 차단과 같은 중요한 사건을 검출하기 위하여 사용된다. 나머지 인터

435

럽트 요청선은 입출력장치를 연결하는데 사용된다. 그렇지만 여러 개의 입출력장치가 한 개의 인터럽트 요청선을 공유하도록 구성할 수도 있다. 예를 들면, [그림 10-15(a)]에서 여러 개의 입출력장치가 인터럽트 제어기의 우선순위 2번 입력을 공유하도록 회로를 구성할 수 있다. 이 경우, 우선순위 2번에 해당하는 인터럽트 서비스 루틴 안에서 어느 입출력장치가 인터럽트를 요청하였는지 소프트웨어적으로 폴링하여야 한다.

10.4 직접 기억장치 액세스

프로그램에 의한 입출력과 인터럽트 구동 입출력 방식은 중앙처리장치가 입출력 과정에 개입한다. 컴퓨터가 전송률이 낮은 입출력장치와 데이터를 전송하기 위하여 주로 이 방법들을 사용한다. 그렇지만, 속도가 빠르고 한 번에 많은 양의 데이터를 전송하는 디스크와 같은 입출력장치와 데이터를 전송할 때는 비효율적이다. 직접 기억장치 액세스(DMA, Direct Memory Access) 방법은 중앙처리장치의 개입을 없앤 입출력 방법이다.

DMA 방법은 기억장치가 입출력장치와 직접 데이터를 교환한다. DMA 방식의 데이터 전송을 제어하기 위하여 DMA 제어기(DMA Controller)라는 장치를 사용한다. DMA 제어기도 입출력 모듈의 일종이다. DMA 방식은 데이터를 전송하도록 DMA 제어기를 설정하는 과정에 소요되는 부담이 크기 때문에, 한 번에 블록 단위로 데이터를 전송한다. 일반적으로 한 개의 블록은 512바이트~4K바이트이다. 한 개의 DMA 제어기는 여러 개의 입출력장치를 구동할 수 있다. DMA 제어기와 입출력장치의 연결을 채널(channel)이라고 부른다.

DMA 제어기가 데이터 전송을 수행하는 동안에 중앙처리장치는 아무 일도 하지 않고 대기한다. 따라서 중앙처리장치가 사용할 시스템 클럭을 DMA 제어기가 훔쳐가는 것처럼 보일 수 있다. 이런 이유로 DMA에 의한 전송 방식을 사이클 훔침(cycle stealing)이라고도 한다. 실제로 초기의 DMA 방식은 DMA 전송 중에 중앙처리장치로 인가되는 시스템 클럭을 차단하는 방식을 사용하였다.

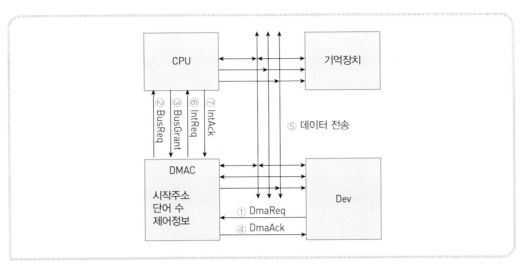

그림 10-16 DMA 제어기의 연결 및 DMA 처리 과정

[그림 10-16]은 DMA 제어기와 입출력장치가 시스템 버스에 연결된 모습이다. DMA 제어기도 하나의 입출력 모듈이기 때문에 시스템 버스에 연결되어 있다. DMA 전송을 시작하기 위하여 중앙처리장치는 사전에 준비할 사항이 있다. 중앙처리장치는 프로그램을 수행하면서 시스템 버스를 통하여 다음과 같은 정보를 먼저 DMA 제어기에게 알려주어야 한다.

- **기억장치 주소**: 입출력 데이터를 저장하고 있는 기억장치의 시작 주소
- **단어 수**: 입출력장치로 전송할 데이터의 단어 수
- **데이터 전송 방향**: 입력 또는 출력
- **입출력장치 번호**: 데이터를 입출력 할 장치가 연결된 채널 번호

이와 같은 내용으로 DMA 제어기를 초기화 한 후, 중앙처리장치는 입출력장치에게 데이터를 전송하라는 명령을 전달하고 나서 다른 작업을 수행한다. 나중에 입출력장치가 데이터 전송 준비를 완료하면, 다음과 같은 절차에 따라 데이터를 전송한다.

① DMA 요청(DmaReq): 데이터 전송 명령을 받은 입출력장치는 입출력 준비를 마치고 DMA 제어기에게 DMA 요청 신호를 보낸다.
② 버스 요청(BusReq): DMA 제어기는 중앙처리장치에게 자신이 버스를 사용할 것을 허가해달라고 요청한다.
③ 버스 허가(BusGrant): 중앙처리장치는 즉시 버스를 사용하도록 허가한다. 그러고 나서 중앙처리장치는 버스 사용권을 DMA 제어기에 넘기고, 아무 일도 하지 않고 대기한다.
④ DMA 확인(DmaAck): DMA 제어기는 입출력 장치에게 DMA 전송이 허가되었음을 통보한다.
⑤ 데이터 전송: DMA 제어기는 주소 버스로 기억장치 주소와 입출력장치의 주소를 번갈아 공

급하고, 읽기/쓰기 그리고 입력/출력 등의 제어 신호를 생성함으로써 지정된 단어 수만큼의 데이터를 전송한다.

⑥ 인터럽트 요청(IntReq): 데이터 전송이 완료되면, DMA 제어기는 중앙처리장치에게 인터럽트를 요청하여 데이터 전송이 끝났음을 알린다.

⑦ 인터럽트 확인(IntAck): 중앙처리장치는 인터럽트 확인 절차를 거쳐 DMA 제어기에 대한 인터럽트 서비스 루틴을 수행한다. 이 과정에서 인터럽트 서비스 루틴은 다시 또 다른 데이터를 전송할 것인지 아니면 데이터 전송을 그만둘 것인지 판단하여 그에 적절한 조치를 취한다.

[그림 10-17]은 DMA 제어기의 내부 구조이다. 왼쪽의 신호는 시스템 버스에 연결되고, 오른쪽 신호는 입출력장치와 연결된다. 시스템 버스에 연결되는 신호들의 용도는 다음과 같다.

- 주소 버스: 중앙처리장치가 DMA 제어기를 프로그램할 때 DMA 제어기의 입출력 포트를 지정한다. DMA 방식으로 데이터를 전송할 때 DMA 제어기가 주소를 공급한다.

- 데이터 버스: DMA 제어기를 프로그램할 때 입력으로 사용된다. DMA 방식으로 데이터를 전송할 때는 DMA 제어기가 데이터 버스를 구동한다.

- 칩 선택: DMA 제어기도 일종의 입출력 모듈이므로 고유의 입출력 주소를 갖고 있다. 시스템의 주소 버스를 디코드하여 DMA 제어기의 입출력 포트 번호를 결정한다.

- 레지스터 선택: 주소 버스의 하위 비트에 연결되며, 내부 레지스터를 선택한다.

- IOR과 IOW: 프로그램을 수행하여 DMA 제어기 안에 있는 레지스터를 액세스할 때 사용되는 입력과 출력 제어신호이다.

- MR과 MW: DMA 방식으로 데이터를 전송하는 도중에 DMA 제어기가 기억장치에 대한 읽기와 쓰기 제어 신호를 공급한다.

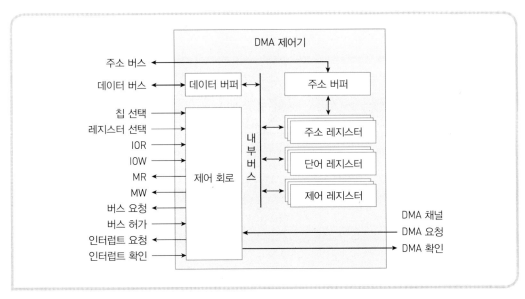

그림 10-17 DMA 제어기의 내부 구조

나머지 제어 신호들에 대하여 [그림 10-16]의 DMA 처리 과정에서 설명하였다. DMA 요청과 DMA 확인 신호는 입출력장치로 연결되며, DMA 제어기가 관리하는 채널마다 한 쌍씩 존재한다. DMA 제어기 안에는 동작을 설정하기 위하여 사용되는 세 가지 레지스터들이 포함되어 있다. 이 레지스터들도 채널마다 마련되어 있다.

- 주소 레지스터: DMA 동작을 수행할 기억장치 주소를 저장한다.
- 단어 레지스터: 한 번의 DMA 동작으로 전송할 단어 수를 저장한다.
- 제어 레지스터: 데이터의 전송 방향을 저장한다.

DMA 동작을 수행할 때, 주소 레지스터의 값이 시스템의 주소 버스로 제공된다. 한 개의 단어를 전송하고 나면 DMA 주소 레지스터의 값은 증가하고, 단어 레지스터의 값은 감소한다. 단어 레지스터의 값이 0이 될 때까지 단어 전송을 반복한다. DMA 제어기는 입출력장치에 대한 데이터 전송 이외에도 기억장치의 한 영역에서 다른 영역으로 복사하는 기능도 제공한다.

인터럽트를 처리할 때 중앙처리장치가 입출력에 관여하므로, 명령어 사이클의 실행 단계가 끝날 때 인터럽트를 허가하고 인터럽트 단계에서 콘텍스트 스위치(context switch)를 수행한다. 즉, 상태 레지스터와 프로그램 카운터를 저장하고 프로그램 카운터에 인터럽트 서비스 루틴의 시작 주소를 적재한다. 그렇지만 DMA 방식에서는 중앙처리장치가 개입하지 않기 때문에 콘텍스트 스위치를 수행할 필요가 없고, 명령어 사이클과 무관하게 임의의 클럭에서 버스 요청을 승인할 수 있다.

사용자 수가 많은 대형 컴퓨터 시스템의 경우, 중앙처리장치의 부담을 덜어주기 위하여 입출력 동작을 전담하는 전용 제어기를 사용하기도 한다. 이러한 시스템에서 입출력을 전담하는 제어기를 입출력 채널(I/O Channel) 또는 입출력 프로세서(I/O processor)라고 부른다. 입출력 채널은 자체적으로 프로세서와 기억장치를 갖고 있다. [그림 10-18]은 입출력 채널을 사용한 컴퓨터 시스템의 구조이다. 중앙처리장치는 입출력 채널에게 데이터 전송 명령을 전달하기만 하고 직접 데이터 전송에 개입하지 않는다. 입출력 채널은 시스템 버스와 독립적으로 입출력 장치와 데이터를 송수신하고 DMA 방식으로 시스템의 기억장치로 전달한다.

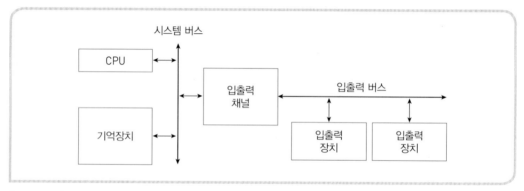

그림 10-18 입출력 채널

10.5 요약

컴퓨터는 전자 회로에 의하여 동작하는 반면에 입출력장치는 종류가 다양하고 기계적인 요소를 포함하고 있다. 따라서 특별한 관리가 필요하며, 중앙처리장치와 입출력장치 간의 차이점을 해결하기 위하여 입출력 모듈을 도입한다. 입출력 모듈은 전자 신호를 입출력 장치 고유의 신호 형식으로 변환하고 입출력 장치를 컴퓨터 시스템에 연결하는 역할을 담당한다. 컴퓨터는 입출력장치를 주소로 구분하며, 입출력장치에게 할당된 주소를 포트라고 부른다. 입출력 포트는 기억장치 맵 혹은 입출력 맵에 의하여 컴퓨터의 시스템 버스에 연결된다.

컴퓨터와 입출력장치는 세 가지 방법으로 데이터를 교환한다. 프로그램에 의한 입출력 방법은 중앙처리장치가 모든 입출력 과정을 관리한다. 개념은 간단하지만, 입출력장치의 동작이 느릴 경우 입출력장치가 데이터를 준비하는 동안 대기하는 시간을 낭비하는 문제점이 있다. 이 과정에 중앙처리장치가 무한 루프에 빠질 경우를 대비하여 워치독 타이머를 활용하여 오류 상태를 점검한다.

인터럽트 구동 입출력 방법은 중앙처리장치의 대기 시간을 제거한다. 이 방법을 사용하려면 미리 인터럽트 서비스 루틴을 기억장치에 적재해 두어야 한다. 인터럽트를 요청하는 장치가 여러 개인 다중 인터럽트의 경우에 인터럽트를 요청한 장치를 구별하는 방법이 필요하다. 컴퓨터의 기억장치에 지정되어 있는 인터럽트 벡터 테이블은 인터럽트 서비스 루틴의 주소를 모아놓는 곳이다. 인터럽트 번호를 알면, 인터럽트 서비스 루틴을 구할 수 있다. 다중 인터럽트 처리 방법은 소프트웨어 폴링, 다중 인터럽트 요청선, 데이지 체인, 우선순위 인코더 방법이 있으며, 각 방법에 대하여 하드웨어 구조, 인터럽트를 요청한 장치를 구별하는 방법, 인터럽트 서비스 루틴 결정 방법, 그리고 우선순위 결정 방법을 알아두어야 한다.

입출력장치와 기억장치 간에 데이터를 직접 교환하는 DMA 방법은 DMA 제어기가 데이터 전송 과정을 제어한다. 중앙처리장치는 미리 DMA 제어기에게 데이터 전송에 필요한 기억장치 주소, 단어 수, 데이터 전송 방향, 입출력장치 번호를 알려주면, DMA 제어기가 시스템 버스를 구동하여 블록 단위로 데이터를 전송한다.

연습문제

10.1 입출력장치의 개요

01 올바른 것을 선택하라.

(1) 입출력장치는 중앙처리장치에 비하여 속도가 (느리다, 빠르다).
(2) 대부분의 입출력장치의 데이터 전송 단위는 (단어, 바이트)이다.
(3) 대부분의 입출력장치는 (전자식, 전자기계식)으로 동작한다.
(4) 입출력장치는 기억장치에 비하여 오류 발생 가능성이 (크다, 적다).

02 입출력 모듈의 기능을 가장 잘 설명한 것은?

① 입출력장치의 주소를 결정한다.
② 입출력장치와 컴퓨터의 차이점을 해결한다.
③ 입출력장치의 통신 속도를 결정한다.
④ 입출력장치의 데이터를 영구적으로 보관한다.

03 입출력 모듈 안에 있는 신호 변환기(transducer)의 역할은?

① 시스템 버스에서 주소를 받는다.
② 전기 신호를 기계 동작으로 변환한다.
③ 시스템 버스에서 데이터를 받는다.
④ 통신 속도와 데이터 형식의 차이점을 해결한다.

04 입출력 모듈 안에 있는 버퍼의 역할은?

① 시스템 버스에서 주소를 받는다.
② 전기 신호를 기계 동작으로 변환한다.
③ 시스템 버스에서 데이터를 받는다.
④ 통신 속도와 데이터 형식의 차이점을 해결한다.

05 핸드셰이킹이란?

① 사람이 사용하는 입출력장치의 구동 방법

② 통신 장치가 사용하는 입출력장치의 구동 방법

③ 컴퓨터와 입출력장치가 데이터를 주고받는 절차

④ 컴퓨터와 기억장치간에 데이터를 전송하는 방법

06 명령어와 관련이 있는 제어 신호를 선으로 연결하라.

(1) LOAD   ·   ·   ㉠ MR

(2) STORE   ·   ·   ㉡ IOR

(3) INPUT   ·   ·   ㉢ MW

(4) OUTPUT   ·   ·   ㉣ IOW

07 입출력 명령에 해당하는 동작은?

① 기억장치에서 데이터를 적재하라.   ② 기억장치에 데이터를 저장하라.

③ 입출력장치로 데이터를 출력하라.   ④ 키보드의 Num Lock LED를 켜라.

08 [그림 10-4]의 입출력 모듈을 기억장치 주소 공간 FF00h~FF03h로 연결하는 회로도를 그려라.

09 필요한 명령어를 사용하여, 문제 8의 회로에서 다음 기능을 수행하는 명령어를 적어라.

> • LOAD [레지스터], [기억장치 주소]: 기억장치에서 레지스터에 데이터를 적재한다.
>
> • STORE [기억장치 주소], [레지스터]: 레지스터의 값을 기억장치로 저장한다.
>
> • INPUT [레지스터], [입출력 포트]: 입출력 포트에서 레지스터에 데이터를 입력한다.
>
> • OUTPUT [입출력 포트], [레지스터]: 레지스터의 값을 입출력 포트로 출력한다.

(1) 상태 레지스터의 값을 읽어 레지스터 R0에 저장한다.

(2) 명령 레지스터로 레지스터 R1의 값을 출력한다.

(3) 포트 A의 값을 읽어 레지스터 R2에 저장한다.

(4) 포트 B로 레지스터 R3의 값을 출력한다.

10 디바이스 드라이버에 대한 설명이 아닌 것은?

① 프로그램이다.   ② 응용 프로그램이다.

③ 운영체제의 일부이다.   ④ 입출력장치를 제어한다.

01 중앙처리장치의 개입이 가장 많은 입출력 방법은?

① 프로그램에 의한 입출력　　　　② 인터럽트 구동 입출력

③ 직접 기억장치 액세스　　　　　④ 입출력 채널

02 프로그램에 의한 입출력 방법으로 데이터를 입력할 때 중앙처리장치가 수행하는 일이 아닌 것은?

① 상태 검사　　　　　　　　　　② 인터럽트 요청 검사

③ 기억장치에 데이터 저장　　　　④ 입출력장치에서 데이터 입력

03 워치독 타이머의 기능은?

① 입출력장치의 데이터 전송률을 측정한다.

② 입출력장치의 데이터 전송 단위를 측정한다.

③ 입출력장치가 전송 준비를 마쳤는지 검사한다.

④ 입출력장치가 제한된 시간 내에 동작하는지 검사한다.

04 프로그램에 의한 입출력 방법의 가장 큰 문제점은?

① 기억장치의 낭비가 크다.

② 별도의 입출력 모듈이 필요하다.

③ 상태를 검사하는데 시간을 많이 소요한다.

④ 중앙처리장치가 동작하지 않는 시간이 존재한다.

05 [그림 10-4]의 입출력 모듈의 상태 레지스터가 [그림 10-9]와 같다. 입출력 모듈이 기억장치 맵 FF00h~FF03h에 연결되어 있다고 가정하자. 프로그램에 의한 입출력 방식으로 포트 A에서 데이터를 입력하여 리턴하는 C 프로그램 함수를 완성하라.

```
#define   IO_STATUS   0xF400   // 입출력 모듈의 상태 레지스터의 주소
#define   IO_DATA     0xF402   // 입출력 모듈의 데이터 레지스터의 주소
#define   READY       0x01     // 입출력 모듈의 데이터가 준비되었는지 검사할 값

int       *pstatus;            // 상태 레지스터에 대한 포인터
int       *pdata;             // 데이터 레지스터에 대한 포인터

int function()
{
    pstatus = _____      // 포인터 변수 = 상태 포트
    pdata = _____        // 포인터 변수 = 데이터 포트

    while (_____ = = 0) ;   // 상태 검사
    return _____;                 // 데이터 입력 및 리턴
}
```

10.3 인터럽트 구동 입출력

01 인터럽트 구동 입출력의 장점은?

① 중앙처리장치는 입출력 동작에 관여하지 않는다.

② 중앙처리장치는 인터럽트 벡터를 설정할 필요가 없다.

③ 중앙처리장치가 입출력 동작을 모두 제어하므로 개념이 간단하다.

④ 입출력장치에서 데이터를 전달할 준비가 되었는지 검사하지 않는다.

02 올바른 것을 선택하라.

(1) 중앙처리장치는 (인출 단계, 실행 단계)의 마지막에 인터럽트 요청 신호를 검사한다.

(2) 인터럽트 가능 플래그는 외부 인터럽트를 (마스크 한다, 마스크하지 않는다).

(3) 인터럽트 가능 플래그는 내부 인터럽트를 (마스크 한다, 마스크하지 않는다).

(4) 인터럽트 서비스 루틴을 마치고 원래 수행하던 프로그램으로 복귀할 때 인터럽트 가능 플래그의 값은 (인터럽트 가능 상태, 인터럽트 불가능 상태)이다.

03 인터럽트 서비스 루틴에서 수행하는 일을 순서대로 나열하라.

A. 레지스터 복구	B. 입출력 및 기억장치 액세스
C. 레지스터 저장	D. 인터럽트 서비스 루틴에서 복귀

04 인터럽트에 의한 입출력 방법은 프로그램에 의한 입출력 과정의 어느 부분을 개선하는가?

① 입출력 중 발생할 수 있는 에러를 복구하는 과정

② 입출력장치가 데이터를 전송할 준비가 되었는지 검사하는 과정

③ 기억장치의 데이터를 중앙처리장치의 레지스터로 전송하는 과정

④ 입출력장치에서 데이터를 중앙처리장치의 레지스터로 전송하는 과정

05 인터럽트 벡터 테이블은?

① 인터럽트 서비스 루틴들이 적재되어 있는 기억장치 영역이다.

② 인터럽트 서비스 루틴의 시작 주소를 모아놓은 기억장치의 영역이다.

③ 인터럽트 서비스 루틴에서 전송할 데이터를 모아놓은 기억장치 영역이다.

④ 인터럽트 서비스 루틴이 사용하는 입출력장치의 주소를 모아놓은 기억장치 영역이다.

06 다중 인터럽트 처리 방법에 있어서 소프트웨어 폴링 방법의 우선순위 결정 방법은?

① 우선순위 인코더의 자체 기능

② 중앙처리장치 내부에서 인터럽트 요청선을 검사하는 순서

③ 하드웨어적으로 인터럽트 확인선(INTACK)을 연결하는 순서

④ 대표 인터럽트 서비스 루틴에서 인터럽트 요청 여부를 물어보는 순서

07 소프트웨어 폴링 방법의 장점은?

① 인터럽트 서비스 루틴이 간단하다.

② 우선순위가 하드웨어적으로 결정된다.

③ 한 개의 인터럽트 요청선을 여러 개의 입출력장치가 공유한다.

④ 인터럽트 요청선에 의하여 인터럽트를 요청한 장치를 구별할 수 있다.

08 데이지 체인 방식에서 중앙처리상치가 인터럽트 요청 장치를 구별하는 빙법은?

① 인터럽트 요청 신호로 구별한다.

② 인터럽트 확인 신호를 보내고 주소 버스를 읽는다.

③ 인터럽트 확인 신호를 보내고 데이터 버스를 읽는다.

④ 인터럽트 서비스 루틴 안에서 입출력장치에게 물어본다.

09 데이지 체인 방식에서 체인 형태로 연결되는 신호는?

① 주소 버스   ② 데이터 버스

③ 인터럽트 요청 신호   ④ 인터럽트 확인 신호

10 그림과 같은 회로를 사용하는 다중 인터럽트 처리 방법은? 입출력 모듈 안에 있는 INT는 인터럽트를 요청하였는지 나타내는 플립플롭이다.

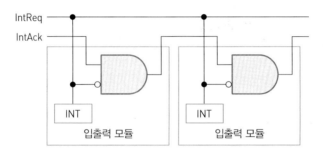

11 인터럽트 제어기 안에 포함되어 있는 논리소자는?

① 디코더   ② 멀티플렉서

③ 디멀티플렉서   ④ 우선순위 인코더

12 우선순위 인코더 방식에서 중앙처리장치가 인터럽트 요청 장치를 구별하는 방법은?

① 인터럽트 요청 신호로 구별한다.

② 인터럽트 확인 신호를 보내고 주소 버스를 읽는다.

③ 인터럽트 확인 신호를 보내고 데이터 버스를 읽는다.

④ 인터럽트 서비스 루틴 안에서 입출력장치에게 물어본다.

01 DMA 채널이란?

① DMA 제어기와 기억장치 간의 연결   ② DMA 제어기와 입출력장치 간의 연결

③ 중앙처리장치와 입출력장치 간의 연결   ④ 중앙처리장치와 DMA 제어기 간의 연결

02 DMA 전송을 위하여 중앙처리장치가 DMA 제어기에게 알려주어야 할 사항이 아닌 것은?

① 레지스터 번호   ② 기억장치 주소

③ 데이터 전송 방향   ④ 전송 데이터의 단어 수

03 DMA 전송 과정을 순서대로 나열하라.

A. 인터럽트 요청	B. 인터럽트 확인	C. 버스 요청	D. 버스 허가
E. DMA 요청	F. DMA 확인	G. 데이터 전송	

04 DMA 전송 과정 중에 DMA 제어기 안에 있는 주소 레지스터와 단어 레지스터의 동작은?

① 주소 레지스터는 감소하고, 단어 레지스터도 감소한다.

② 주소 레지스터는 증가하고, 단어 레지스터는 감소한다.

③ 주소 레지스터는 감소하고, 단어 레지스터는 증가한다.

④ 주소 레지스터는 증가하고, 단어 레지스터도 증가한다.

05 DMA 동작 중에 중앙처리장치는?

① 기억장치 주소를 생성한다.

② 프로그램 카운터를 저장한다.

③ 수행하던 일을 멈추고 가만히 기다린다.

④ 프로그램 카운터와 상태 레지스터를 저장한다.

06 입출력 채널이란?

① DMA 제어기이다.   ② 인터럽트 제어기이다.

③ 데이지 체인 제어기이다.   ④ 입출력을 전담하는 컴퓨터이다.

고성능 컴퓨터

11 고성능 컴퓨터

전자식 컴퓨터가 개발된 이후 1990년대 이전까지 컴퓨터는 반도체 집적 기술의 발달에 따라 외형적인 크기는 작아지면서 처리 용량을 높이는 방향으로, 즉 중앙처리장치의 비트 수가 증가하고 기억장치 용량이 증가하는 방향으로 발전하였다. 1980년대부터 컴퓨터의 조직을 변경함으로써 성능을 개선하는 방법이 도입되었다. 그 예가 캐시 기억장치와 명령어 파이프라인(instruction pipeline)이다. 또한 1990년대부터 프로그램이 실행되는 특성을 분석하여 컴퓨터에서 자주 사용되는 명령어들을 더 빠르게 실행할 수 있도록 구조를 개선한 RISC형 컴퓨터가 도입되었고, 한 번에 여러 개의 명령어를 인출하여 동시에 실행할 수 있는 명령어들을 동시에 실행시키는 슈퍼스칼라 구조(superscalar architecture)도 도입되었다. 2000년대 들어서는 한 개의 칩에 여러 개의 프로세서를 탑재한 멀티 코어 프로세서(multi-core processor)도 개발되어 사용되고 있다.

'11.1 RISC'에서는 전통적인 컴퓨터의 프로그램 실행 특성 분석을 기반으로 컴퓨터의 성능을 개선할 수 있는 요인을 제시한다. 그러고 나서 RISC형 컴퓨터에서 도입된 명령어 파이프라인과 명령어 파이프라인에서 연속적인 명령어의 흐름을 방해하는 분기 명령어를 처리하는 방법을 설명한다. '11.2 슈퍼스칼라 프로세서'에서는 프로그램을 구성하는 명령어 중에서 동시에 실행할 수 있는 것들을 동시에 실행하는 슈퍼스칼라 구조를 소개한다. 어떤 명령어들을 동시에 실행할 수 있는지, 동시에 명령어들을 실행하기 위하여 하드웨어 구조는 어떻게 개선되는지에 대한 내용이 수록되어 있다. 마지막 '11.3 병렬처리 컴퓨터'에서는 전통적인 컴퓨터 분류 방법과 병렬처리 컴퓨터의 구조와 특성, 그리고 응용 분야에 대하여 설명한다.

11.1 RISC

컴퓨터 하드웨어의 발달과 더불어 컴퓨터의 응용 분야가 확대됨으로써 소프트웨어도 함께 다양화되고 대형화되었다. 1990년대까지 컴퓨터는 이전 버전의 프로세서와 명령어 호환성

(instruction compatibility)을 유지하면서 프로세서의 비트 수를 확장하고 새로운 기능을 추가한 계열(family) 형태로 발전해 왔다. 구체적으로 다음과 같은 방향으로 프로세서 기술이 발전하였다.

- 고급 프로그래밍 언어가 표현하는 문장을 가능한 적은 수의 기계 명령어로 번역하도록 복잡한 명령어를 추가하였다.
- 고급 프로그래밍 언어에서 사용되는 다양한 데이터 액세스 방법을 지원하기 위하여 복잡한 주소지정방식을 채택하였다.
- 명령어 사이클의 인출 단계와 실행 단계를 동시에 실행하도록 명령어 파이프라인을 도입하였다.

1980년대에 도입한 명령어 파이프라인 기술은 하드웨어 자원을 늘리지 않고 처리 속도를 배가시키는 획기적인 기술이다. 이 부분은 다음 절에서 자세히 설명하기로 한다. 이러한 노력의 결과로 컴퓨터 하드웨어는 고급 프로그래밍 언어를 적은 수의 명령어로 번역하여 실행할 수 있게 되었다. 그렇지만 명령어가 복잡해짐에 따라 상대적으로 구현이 쉬운 마이크로프로그램에 의한 제어장치를 채택하게 되었고, 이것은 프로세서의 동작 속도를 느리게 만드는 요인이 되었다. 계속 이러한 추세를 반영하여 컴퓨터 구조를 개선하기엔 너무 하드웨어 구조가 복잡해졌고, 따라서 프로세서 개발자들은 다른 방법을 채택할 생각을 하게 이르렀다.

이런 과정을 거쳐 명령어 구조가 간단한 RISC형 프로세서가 개발되었다. 이 절에서는 RISC 프로세서의 특징과 RISC 프로세서의 주요 개념인 명령어 파이프라인과 분기 예측 기법에 대하여 설명한다.

〈11.1.1〉 RISC 특징

1980년대부터 프로세서 개발자들은 컴퓨터의 구조를 개선하기 위하여 프로세서가 명령어를 실행하는 특성을 분석하였다. 기계어로 번역된 프로그램을 실행하면서 어떤 명령어가 자주 사용되는지, 어떤 유형의 오퍼랜드가 자주 사용되는지, 어떤 주소지정방식이 자주 사용되는지, 그리고 어떤 명령어 종류가 실행 시간을 많이 소모하는지를 분석하였다. 분석 결과를 요약하면 다음과 같다.

- 단순한 데이터 할당문, 즉 데이터 전달 명령어의 사용 빈도가 가장 높다.
- 배열 데이터나 상수 데이터보다 단일 변수 데이터를 처리하는 빈도가 높다.

- 복잡한 주소지정 방식의 명령어보다 단순한 주소지정방식의 명령어의 사용 빈도가 높다.
- 서브루틴 호출은 스택을 통한 파라미터 전달을 포함하고 있으므로 시간을 많이 소모한다.
- 분기 명령어는 실행 단계에서 분기 여부를 결정하므로 파이프라인을 도입하여 명령어를 중첩 실행함으로써 얻는 성능 개선 효과를 반감시킨다.

이런 분석 결과는 고급 프로그래밍 언어의 기능을 하드웨어로 구현한 효과가 그리 크지 않음을 보여주는 것이다. 오히려 단순한 명령어를 빠르게 실행할 수 있도록 개선하는 것이 전체적인 성능 개선에 도움을 줄 수 있다는 것을 의미한다. 컴퓨터 구조 연구자들은 이러한 분석 결과에 따라 다음과 같은 특징을 갖는 RISC(Reduced Instruction Set Computer)의 개념을 제안하였다.

- 범용 레지스터를 많이 탑재한다. 컴파일러 최적화 기법을 사용하여 서브루틴을 호출할 때 레지스터를 통하여 파라미터를 전달하는 등 레지스터 사용을 최대한 늘리고 기억장치 액세스를 가능한 줄이도록 기계어 명령어를 생성한다.
- 복잡한 명령어를 제거하고 단일 변수를 처리하는 명령어를 빠르게 실행할 수 있는 하드웨어 구조를 채택한다.
- 복잡한 주소지정방식을 제거한다. 기억장치를 액세스하는 명령어를 적재와 저장 명령어로 제한하고, 데이터 처리 명령어는 레지스터 주소지정방식만을 사용한다.
- 하드와이어드 제어장치를 도입한다. 명령어 형식이 간단해짐에 따라 하드와이어드 제어장치를 적용할 수 있고, 프로세서의 명령어 처리 속도를 개선할 수 있다.
- 명령어 파이프라인의 활용을 높인다. 가능한 한 개의 사이클 안에 한 개의 명령어를 처리할 수 있도록 명령어 파이프라인을 설계한다.
- 분기 예측 기법을 사용한다. 명령어 파이프라인 도입 효과를 반감시키지 않도록, 분기 조건에 대한 연산 결과를 예측하여 실행하는 방법을 도입한다.

RISC가 만들어지면서 이전의 프로세서 구조를 CISC(Complex Instruction Set Computer)라고 부르게 되었다. 처음에는 CISC의 단점을 개선하기 위하여 RISC를 개발하였으나, 최근에는 CISC도 RISC의 특징에 해당하는 파이프라인, 분기 예측, 컴파일러 최적화 기법을 도입하고 있다.

⟨11.1.2⟩ 명령어 파이프라인

자동차를 생산하는 조립 라인을 생각하면 파이프라인을 쉽게 이해할 수 있다. 자동차 조립 라인은 긴 컨베이어 벨트에 여러 개의 조립 단계로 구성되어 있으며, 단계마다 한 가지 조립 작업을 수행하면서, 일정한 시간마다 다음 단계로 조립 중인 자동차를 전달한다. 조립 라인의 마지막 단계에서 일정한 시간마다 완성된 한 대의 자동차가 생산된다. 이와 같이 파이프라인은 컴퓨터가 명령어를 실행하는 명령어 사이클을 여러 단계로 나누고, 명령어를 다음 단계로 전달하면서, 각 단계를 동시에 실행하도록 운영하는 방법이다.

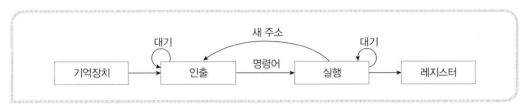

그림 11-1 2단계 명령어 파이프라인

[그림 11-1]은 두 단계로 구성한 파이프라인의 예이다. 명령어 사이클은 인출 단계와 실행 단계로 구분되어 있고, 각 단계는 동시에 동작한다. 인출 단계는 쉬지 않고 기억장치에서 명령어를 인출하여 실행 단계로 전달하고, 이와 동시에 실행 단계는 인출 단계에서 인계 받은 명령어를 처리한다. 프로그램 실행 중 분기가 발생하면 새로운 주소에서 명령어를 인출해야 한다. 어차피 명령어를 실행하려면 인출 단계를 처리하는 하드웨어도 있어야 하고 실행 단계를 처리하는 하드웨어도 있어야 한다. 명령어 파이프라인을 도입함으로써, 별도로 하드웨어를 추가하지 않더라도 명령어를 병렬로 처리할 수 있다는 점이 가장 큰 장점이다.

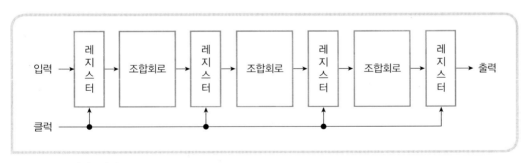

그림 11-2 파이프라인 구조

[그림 11-2]는 3단계로 구성한 일반적인 파이프라인의 구조이다. 외부에서 입력된 명령어는 조합회로에 의하여 처리된 후 각 단계의 레지스터에 적재되어 다음 단계로 전달된다. 파이프라인의 각 단계에서 작업을 처리하는 시간이 같도록 파이프라인을 설계하여야 한다. 파이프라인에서 명령어를 다음 단계로 전달하는 시간 간격은 동작 시간을 가장 많이 소모하는 단계에 맞추어져야 한다. 파이프라인의 단계를 세분화할수록 조합회로 부분의 지연시간을 줄일 수 있어서 전체적인 성능을 더 높일 수 있다. 예를 들면, 파이프라인을 n단계로 구성하면 최대 n배의 성능 향상을 기대할 수 있다. 그렇지만, 다음과 같은 요인 때문에 실제로 파이프라인에 명령어들을 연속적으로 공급하지 못하게 된다.

- 분기 명령어의 실행: 무조건 분기 명령어는 명령어를 디코드한 후에 분기 주소가 결정되고, 조건 분기 명령어는 실행 단계에서 분기 여부가 결정된다. 그러므로 실행 단계의 분기 여부 결정에 따라 인출 단계에서 이미 인출한 명령어를 버리고 새로 파이프라인을 채우는 동작을 수행하는 경우가 발생한다.

- 자원 충돌(resource conflict): 각 파이프라인 단계는 자신이 맡은 동작을 실행하기 위하여 실행부의 레지스터, 연산기, 기억장치 등과 같은 구성 요소를 사용한다. 이러한 구성 요소를 자원(resource)이라고 부른다. 만일 파이프라인 단계들이 명령어를 처리하면서 같은 자원을 사용한다면, 파이프라인 처리는 지연되어야 한다. 예를 들면 폰 노이만 구조의 컴퓨터인 경우 기억장치 모듈이 한 개만 존재하므로, 명령어 인출과 데이터 인출을 동시에 수행할 수 없다. 그렇지만 하버드 구조는 명령어와 데이터를 서로 다른 기억장치 모듈에 저장하고 있으므로, 명령어 인출과 데이터 인출을 동시에 수행할 수 있다.

- 데이터 의존성(data dependency): 여러 개의 명령어들이 동시에 처리되고 있으므로, 명령어가 처리하려는 오퍼랜드의 값이 아직 결정되어 있지 않을 수도 있다. 예를 들면 다음과 같은 두 개의 명령어들이 연속적으로 배치되어 있다고 생각해 보자.

```
I1:    R1 ← R2 + R3
I2:    R4 ← R1 + R5
```

명령어 I1의 실행이 완료되어 레지스터 R1에 값이 확정되어야만 명령어 I2를 실행할 수 있다. 명령어 I2가 명령어 I1의 실행 결과인 레지스터 R1을 사용하기 때문이다. 이런 현상을 "데이터 의존성이 존재한다"고 말한다. 데이터 의존성은 레지스터 자원이 충돌하는 예이다.

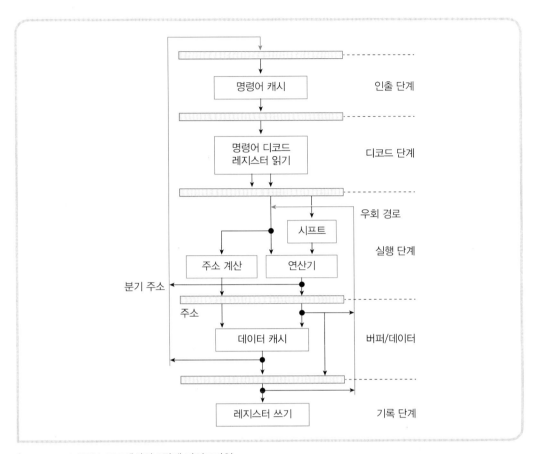

그림 11-3　ARM 프로세서의 5단계 파이프라인

[그림 11-3]은 RISC 형태인 ARM 프로세서의 5단계 파이프라인 구조를 간략하게 표현한 것이다. ARM 프로세서는 모든 명령어의 길이가 한 개의 32비트 단어이고, 명령어 캐시(I-cache)와 데이터 캐시(D-cache)를 별도로 갖고 있어서, 명령어와 데이터를 동시에 인출할 수 있다. [그림 11-3]에 점선으로 구분된 부분이 한 개의 단계이다. ARM 프로세서의 파이프라인은 다음과 같은 단계로 구성되어 있다.

- **명령어 인출(FI, Fetch Instruction)**: 명령어 캐시에서 한 개의 명령어를 인출한다.
- **명령어 디코드(DI, Decode Instruction)**: 명령어 디코더가 명령어를 해독하고, 레지스터 파일에서 레지스터를 읽는다.
- **명령어 실행(EI, Execute Instruction)**: 한 개의 오퍼랜드를 시프트하면서 연산기를 사용하여 명령어를 실행한다. 기억장치 적재 또는 저장 명령어인 경우 이 단계에서 기억장치 주소를 계산한다.

- 버퍼/데이터(BD, Buffer/Data): 적재 또는 저장 명령어의 경우 데이터 캐시를 액세스한다. 만일 데이터 캐시를 사용하지 않는 데이터 처리 명령어인 경우는 연산 결과를 한 사이클 지연시킨다.
- 기록(WB, Write Back): 명령어 실행 결과를 레지스터에 기록한다.

ARM 프로세서는 단계마다 서로 다른 하드웨어 자원을 사용한다. [그림 11-3]에 의하면, 레지스터 파일은 두 개의 읽기와 한 개의 쓰기를 동시에 실행할 수 있다. 그러므로 명령어를 파이프라인 구조에서 실행할 때, 레지스터에서의 자원 충돌은 발생하지 않는다.

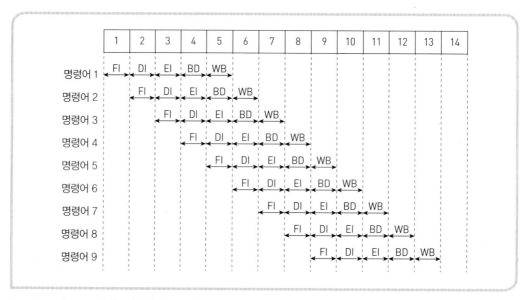

그림 11-4 ARM 파이프라인의 명령어 연속 실행

[그림 11-4]는 ARM 프로세서에서 명령어들이 연속적으로 실행될 때, 파이프라인의 실행 모습이다. 처음에 파이프라인이 비어 있더라도, 구간 5부터 파이프라인이 모두 채워져 모든 단계가 동시에 동작한다. 파이프라인을 사용하지 않았다면 9개의 명령어를 처리하는데 45개의 구간이 필요하지만, 5단계 파이프라인에서 9개의 명령어를 처리하는데 단 13개의 구간만 필요하다. 만일 계속하여 명령어들이 파이프라인으로 공급된다면, 최대 5배의 성능 개선 효과를 달성할 수 있다. 이런 효과를 얻기 위하여 명령어들이 다섯 개의 단계를 모두 지나가야 한다.

[그림 11-3]의 ARM 파이프라인은 뒤쪽에 있는 단계의 처리 결과를 앞쪽에 있는 처리 단

계로 미리 전달하는 우회 경로(forwarding path)를 네 개 포함하고 있다. [그림 11-3]의 왼쪽에 있는 두 가지 우회 경로는 분기 목적지 주소를 인출 단계로 전달하고, 오른쪽에 있는 두 가지는 실행 단계에서 필요로 하는 오퍼랜드를 실행 단계로 전달한다. 먼저 분기 목적지 주소를 전달하는 우회 경로를 살펴보자. 각 우회 경로는 다음과 같은 기능을 수행한다.

- 실행 단계에서 분기 명령어에 의하여 결정되는 목적지 주소를 인출 단계로 전달한다. 따라서 분기 명령어를 실행하는 경우, 실행 단계가 끝난 후 분기 목적지 주소에 있는 명령어를 인출할 수 있다.
- 버퍼/데이터 단계에서 데이터 캐시에서 읽은 분기 주소를 인출 단계로 전달한다. 데이터 캐시에 저장되어 있는 값으로 분기하는 명령어(LDR PC)가 이 경로를 사용한다.

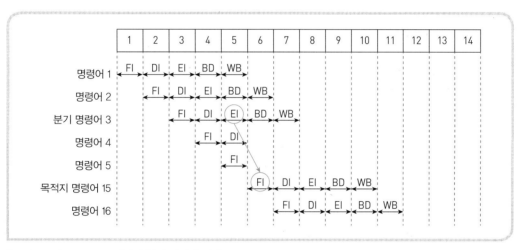

그림 11-5 ARM 프로세서의 분기 명령어 처리

우회 경로에 의하여 분기 주소를 사용하는 시기를 앞당길 수 있다. 분기 명령어가 실행될 때 파이프라인에서 처리되는 과정을 살펴보자. [그림 11-5]는 명령어 3이 조건 분기 명령어인 경우에 파이프라인의 실행 모습이다. 명령어 3이 끝나고 명령어 15로 분기한다고 가정한다. 우회 경로에 의하여 실행 단계가 끝난 후 분기 목적지 주소를 알 수 있으므로, 목적지에 있는 명령어 15는 구간 6에서 인출될 수 있다. 미리 인출하였던 명령어 4와 명령어 5를 버리고 파이프라인을 다시 채워야 한다. 만일 우회 경로가 없다면 명령어 3의 처리가 끝난 구간 8에서 명령어 15를 인출할 수 있다. 그러므로 우회 경로에 의하여 두 개의 구간에 해당하는 시간을 절약한 셈이다.

이제 오퍼랜드를 실행 단계로 전달하는 우회 경로를 살펴보자. 각 우회 경로는 다음과 같은 기능을 수행한다.

- 버퍼/데이터 단계에서 사용하는 연산 결과를 실행 단계로 전달한다. 따라서 연산 결과를 레지스터 혹은 기억장치에 저장하기 전에 실행 단계에서 연산 결과를 사용할 수 있다.
- 마지막 기록 단계에서 데이터 캐시에서 읽은 오퍼랜드를 레지스터에 기록함과 동시에 실행 단계로 전달한다.

오퍼랜드를 실행 단계로 전달하는 우회 경로는 데이터 의존성이 있는 경우에 한 개의 시간 구간을 절약하는 효과를 제공한다. 명령어 간의 데이터 의존성 때문에 파이프라인에서 지연이 발생하는 경우를 살펴보자. 명령어가 다음과 같은 순서로 실행된다고 가정하자.

```
I1:    LOAD    R0, A          // R0 ← Mem(A)
I2:    LOAD    R1, B          // R1 ← Mem(B)
I3:    ADD     R2, R0, R1     // R2 ← R0 + R1
I4:    STORE   C, R2          // Mem(C) ← R2
```

이 명령어들 간에는 다음과 같은 의존성이 존재한다.

- 명령어 I1과 명령어 I2는 서로 의존성이 없다.
- 명령어 I1에서 A를 레지스터 R0에 적재한 후 명령어 I3이 레지스터 R0를 사용할 수 있으므로, 명령어 I3은 명령어 I1에 대하여 데이터 의존성이 존재한다.
- 마찬가지로, 명령어 I3은 레지스터 R1을 사용하므로 명령어 I2에 대하여 데이터 의존성이 존재한다.
- 명령어 I4는 레지스터 R2를 사용하므로 명령어 I3에 대하여 데이터 의존성이 존재한다.

이와 같은 데이터 의존성 때문에 이 명령어들을 연속해서 실행할 수 없다. [그림 11-6]은 예제 프로그램이 ARM 파이프라인에서 실행되는 과정을 보여준다. ADD 명령어는 레지스터 R0와 R1의 값이 모두 결정되는 구간 5 이후에 레지스터를 읽어 실행할 수 있다. 따라서 ADD 명령어는 LOAD R1, B 명령어에 이어 바로 시작하지 못하고 한 개의 시간 구간만큼 지연되어 실행되어야 한다. 만일 우회 경로가 없다면 R1에 B를 적재한 이후에 R1을 사용할 수 있으므로 ADD 명령어는 두 개의 시간 구간만큼 지연되어야 한다.

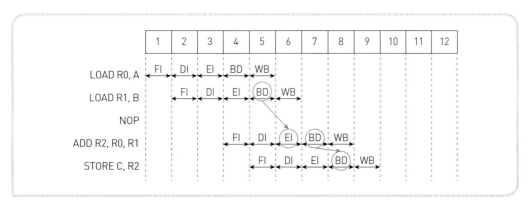

그림 11-6 ㅣ 데이터 의존성에 의한 파이프라인 지연

ADD 명령어가 레지스터 R2에 적재할 연산 결과를 결정하는 시기는 구간 6이고 구간 7에서 버퍼/데이터 단계로 전달한다. STORE 명령어가 데이터 캐시에 연산 결과를 저장하는 시기는 버퍼/데이터 단계이다. 따라서 STORE 명령어는 ADD 명령어 다음에 바로 시작할 수 있다. 만일 우회 경로가 없다면 구간 9에 이후에 R2의 값을 사용할 수 있으므로 STORE 명령어는 한 개의 시간 구간만큼 지연되어 시작되어야 한다.

데이터 의존성으로 인한 파이프라인 지연을 제어하는 방법은 두 가지 방법이 있을 수 있다. 첫 번째는 컴파일러가 데이터 의존성을 검출하여 의존성이 있는 명령어 사이에 NOP 명령어를 추가하는 방법이다. 두 번째는 하드웨어적으로 데이터 의존성을 검출하고 의존성이 존재한다면 다음 단계의 처리를 한 개의 시간 구간만큼 지연시키는 방법이다.

⟨11.1.3⟩ 분기 예측

분기 명령어는 파이프라인의 연속적인 흐름을 방해하는 주요인이다. 대부분의 RISC 프로세서는 분기 명령어를 실행하기 전에 목적지 주소를 예측함으로써 분기 명령어로 인한 파이프라인 지연을 가능한 줄이는 방법을 채택하고 있다. 이 방법을 분기 예측(branch prediction)이라고 부른다. 조건 분기 명령어에서 조건이 참으로 판정되어 분기 목적지로 이동하는 경우를 taken이라 하고, 조건이 거짓으로 판정되어 다음 명령어를 실행하는 것을 not taken이라고 한다. 분기 예측 기법은 다음과 같이 동작한다.

- 분기 명령어에 대하여 taken과 not taken 중 하나를 예측하여 실행한다.
- 예측하여 실행하기 때문에, 실행 결과를 레지스터 또는 기억장치에 기록하지 않는다. 나중에 분기 예측이 틀렸을 때, 원래의 상태로 복구하기가 매우 복잡해지기 때

문이다.

- 분기 명령어의 목적지가 결정된 후, 예측이 올바르면 실행 결과를 갱신한다.
- 예측이 틀렸으면 그 동안 예측 실행한 결과를 버리고 프로그램 카운터를 올바른 위치로 복구하고 다시 실행한다.

분기를 예측하는 방법은 다음과 같이 네 가지 방법이 있을 수 있다.

- 다음 명령어 선택(predict never taken): 조건 분기 명령어의 조건 검사를 거짓이라고 예측하고, 항상 다음에 있는 명령어를 예측하여 실행한다.
- 목적지 명령어 선택(predict always taken): 조건 분기 명령어의 조건 검사를 참이라고 예측하고, 항상 분기 목적지에 있는 명령어를 예측하여 실행한다.
- 동작 코드에 의한 예측(predict by opcode): 프로그램에 나타난 조건 분기 명령어의 형태에 의하여 taken 또는 not taken으로 예측한다. 예를 들면, "branch if zero"와 같이 긍정적인 조건문은 taken으로 예측하고, "branch if not zero"와 같이 부정적인 조건문은 not taken으로 예측한다.
- 상태도에 의한 예측(predict by taken/not taken switch): 분기 명령어를 실행할 때 taken인지 not taken인지 기록을 저장해 두고, 그 분기 명령어를 다시 실행하는 경우에 이전 기록에 따라 분기를 예측한다.

[그림 11-7]은 네 가지 상태를 사용하여 분기를 예측하는데 사용되는 상태도의 예이며, 두 번 연속해서 예측이 틀렸을 때 예측을 변경한다. 이 상태도는 다음과 같이 동작한다.

- 초기 상태는 00이고, 처음에는 항상 taken으로 예측한다.
- 안정 taken 상태(00): taken으로 예측한다. 만일 분기 조건을 판정한 결과가 taken이면, 상태를 변경하지 않고 그대로 남아 있는다. 만일 분기 조건을 판정한 결과가 not taken이면, 다음 상태를 01로 변경한다.
- 불안정 taken 상태(01): taken으로 예측한다. 만일 분기 조건을 판정한 결과가 taken이면, 00 상태로 돌아간다. 만일 이번에도 분기 조건을 판정한 결과가 not taken이면, 다음 상태를 11로 변경한다.
- 안정 not taken 상태(11): not taken으로 예측한다. 만일 분기 조건을 판정한 결과가 not taken이면, 상태를 변경하지 않고 그대로 남아 있는다. 만일 분기 조건을 판정한 결과가 taken이면, 다음 상태를 10으로 변경한다.
- 불안정 not taken 상태(10): not taken으로 예측한다. 만일 분기 조건을 판정한 결과

가 not taken이면, 11 상태로 돌아간다. 만일 이번에도 분기 조건을 판정한 결과가 taken이면, 다음 상태를 00으로 변경한다.

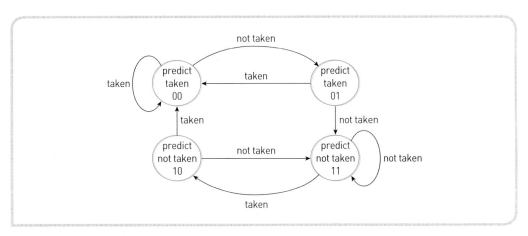

그림 11-7 분기 예측 상태도

상태도에 의한 예측 기법은 프로그램에 포함되어 있는 반복문을 처리하는데 아주 효과적이며, [그림 11-7]의 상태도를 사용하는 경우, 예측의 정확도를 75% 이상 유지하는 것으로 알려져 있다. 이 방법을 사용하려면 프로그램에 포함되어 있는 분기 명령어에 대하여 예측 결과가 옳았는지 아니면 틀렸는지에 대한 기록(history)을 저장해 두는 자료 구조가 필요하다. 이것을 분기 목적지 버퍼(BTB, Branch Target Buffer) 또는 분기 기록 테이블(BHT, Branch History Table)이라고 부른다. 분기 목적지 버퍼의 구조는 [그림 11-8]과 같이 세 개의 필드로 구성되어 있다.

분기 명령어 주소	분기 목적지 주소	상태

그림 11-8   분기 목적지 버퍼(BTB)의 구조

- 분기 명령어 주소 필드: 분기 명령어가 저장되어 있는 기억장치 주소를 저장한다.
- 분기 목적지 주소 필드: 분기 명령어가 taken으로 판정될 때 명령어 실행 단계에서

결정한 분기 목적지 주소를 저장한다. 따라서 해당 분기 명령어가 처음에 실행할 때만 분기 목적지 주소를 계산하고 그 이후에 다시 실행할 때는 분기 목적지 주소를 계산할 필요가 없다.

- **상태 필드**: 분기 명령어를 실행할 때 taken으로 판정할지 아니면 not taken으로 판정할지 결정하기 위한 분기 예측 상태도의 상태 코드를 저장한다.

가상 기억장치의 페이지 기법에서 사용하는 변환 우선참조 버퍼(TLB)와 마찬가지로 분기 목적지 버퍼도 프로세서가 하드웨어적으로 운영하는 구성 요소이며 연관 액세스가 가능한 특수 기억장치이다. 분기 목적지 버퍼의 용량이 클수록 더 많은 분기 명령어에 대한 기록을 저장할 수 있다. 그렇지만 용량에 한계가 있으므로, 새로운 분기 명령어를 수행할 때 기존에 분기 목적지 버퍼에 저장되어 있는 것 중 하나와 교체할 필요가 있다.

11.2 슈퍼스칼라 프로세서

'11.3 병렬처리 컴퓨터'에서 소개할 벡터 프로세서(vector processor)는 배열에 저장되어 있는 많은 양에 데이터에 대하여 동일한 연산을 빠르게 계산할 수 있는 프로세서이다. 컴퓨터 구조에서의 벡터란 배열에 저장되어 있는 데이터를 의미한다. 벡터의 상대적인 개념으로 단일 변수에 저장되어 있는 데이터를 스칼라 변수(scalar variable)라고 부르고 스칼라 변수를 처리하는 명령어를 스칼라 명령어(scalar instruction)라고 부른다.

컴퓨터 구조 연구자들은 컴퓨터가 프로그램을 실행하는 특성을 분석하면서 배열 데이터나 상수 데이터보다 단일 변수에 저장되어 있는 데이터, 즉 스칼라 변수를 처리하는 명령어의 실행 빈도가 높다는 것을 발견하였다. 이런 연구 결과를 바탕으로 스칼라 명령어들 중에서 동시에 실행할 수 있는 명령어들을 찾아내어 동시에 실행시키는 슈퍼스칼라 프로세서(superscalar processor)를 개발하게 되었다.

이 절에서는 먼저 슈퍼스칼라 프로세서의 구조를 제시하고, 슈퍼스칼라 프로세서에서의 명령어 실행과 관련된 데이터 의존성(data dependency) 그리고 명령어 발송 정책(instruction issue policy) 에 대하여 설명한다.

〈11.2.1〉 슈퍼스칼라 프로세서의 구조

여러 개의 스칼라 명령어를 동시에 실행하려면 동시에 실행 가능한 명령어들을 추출할 수 있어야 하고 또한 추출된 명령어들을 동시에 실행할 수 있도록 하드웨어 자원이 여러 개 있어야 한다. [그림 11−9]는 이 두 가지 기능을 수행하기 위한 슈퍼스칼라 프로세서의 구조이다.

- 명령어 인출 장치(instruction fetch unit): 명령어 캐시에서 여러 개의 명령어를 동시에 인출하여 명령어 스케줄러(instruction scheduler)로 보낸다.
- 명령어 스케줄러(instruction scheduler): 인출된 명령어들 중에서 일정한 수의 명령어들을 대상으로 동시에 실행할 수 있는 명령어를 선택하여 처리장치로 전송한다. 이때 고려 대상인 명령어들을 저장하는 버퍼를 명령어 윈도우(instruction window)라고 부른다. 그리고 실행할 수 있는 명령어를 처리장치로 전송하는 것을 명령어 발송(instruction issue)이라고 한다.
- 처리장치(processing unit 또는 functional unit): 슈퍼스칼라 프로세서는 여러 개의 처리장치를 포함하고 있으며, 처리장치마다 독립적으로 명령어를 실행한다.
- 레지스터 파일(register file): 각 처리장치와 데이터를 주고받을 수 있는 여러 개의 경로를 갖고 있어야 한다.

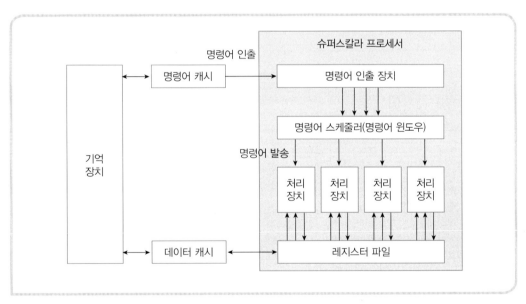

그림 11-9 슈퍼스칼라 프로세서의 구조

한 개의 처리장치는 한 개의 명령어에 대한 실행 단계를 처리한다. 처리장치의 기능을 정수 및 논리 연산을 담당하는 정수연산장치(integer unit), 실수 계산을 담당하는 실수연산장치 (floating-point unit), 조건 분기와 무조건 분기 명령어를 담당하는 분기장치(branch unit), 그리고 기억장치 액세스를 담당하는 적재저장장치(load store unit)로 나눌 수 있다. 한 개의 처리장치가 이와 같은 네 가지 기능 모두를 포함하도록 만들 수도 있고, 한 개의 처리장치가 이것들 중 한 가지 기능만 수행하도록 만들 수도 있다. 슈퍼스칼라 프로세서가 하드웨어적으로 한 번에 처리할 수 있는 명령어의 수를 기계 병렬도(degree of machine parallelism)라고 부른다. 일반적으로 기계 병렬도는 처리장치의 수와 같다.

인출	디코드	실행	기록		
	인출	디코드	실행	기록	
		인출	디코드	실행	기록

(a) RISC 파이프라인

인출	디코드	실행	기록		
인출	디코드	실행	기록		
	인출	디코드	실행	기록	
	인출	디코드	실행	기록	
		인출	디코드	실행	기록
		인출	디코드	실행	기록

(b) 슈퍼스칼라 파이프라인

인출	디코드	실행	기록		
		실행			
	인출	디코드	실행	기록	
			실행		
		인출	디코드	실행	기록
				실행	

(c) VLIW 파이프라인

그림 11-10 명령어 파이프라인의 비교

슈퍼스칼라 프로세서의 스케줄러는 명령어 윈도우에 저장된 명령어들 중에서 동시에 실행할 수 있는 명령어를 동적으로 찾는다. 이와 상대적으로 컴파일러가 프로그램을 기계어로 번역하면서 동시에 실행할 수 있는 명령어들을 찾아 이것들을 한 개의 긴 명령어를 만들고, 프로세서는 컴파일러가 만들어 놓은 긴 명령어를 실행하는 경우도 있다. 이런 프로세서를 VLIW(Very Long Instruction Word) 프로세서라고 부른다. 컴파일러가 이미 동시에 실행할 수 있는 명령어들을 하나의 긴 명령어로 만들기 때문에 VLIW는 내부에 스케줄러가 없다. 다시 말하면 VLIW는 슈퍼스칼라의 스케줄러 기능을 컴파일러에게 맡긴 것이다.

[그림 11-10]은 네 단계의 명령어 사이클을 갖는 경우에 일반적인 RISC 프로세서와 슈퍼스칼라 그리고 VLIW의 파이프라인을 비교한 것이다. 슈퍼스칼라와 VLIW는 두 개의 처리장치를 갖고 있다고 가정하였다. RISC 파이프라인은 한 번에 한 개의 명령어를 처리한다. 이상적인 경우에 슈퍼스칼라 파이프라인은 매 단계마다 두 개의 명령어를 처리한다. 두 개의 명령어들이 한 개의 긴 명령어로 만들어져 있는 VLIW의 경우는 실행 단계에서 세부 명령어를 나누어 실행한다.

〈11.2.2〉 데이터 의존성

프로그램은 명령어들을 순차적으로 나열한 것이고, 나열된 명령어들은 필연적으로 서로 연관성을 갖고 있지만 동시에 실행할 수 있는 명령어들도 존재한다. 이런 특징을 명령어 수준 병렬성(ILP, instruction-level parallelism)이라고 부르고, 임의의 프로그램에 대하여 동시에 실행할 수 있는 명령어의 수를 명령어 수준 병렬도(degree of ILP)라고 부른다.

서로 독립적인 명령어들은 동시에 실행될 수 있다. 서로 독립적이란 서로 의존하지 않는다는 의미이고, 명령어들을 동시에 실행하는데 아무 문제가 없다는 의미이다. 프로세서는 서로 의존성이 있는 명령어들을 동시에 실행할 수 없다. 의존성의 종류는 다음과 같은 세 가지가 있다.

- 자원 의존성(resource dependency): 자원 충돌(resource conflict)과 같은 개념이며, 명령어를 처리하는 하드웨어 자원이 부족한 것을 의미한다. 하드웨어 자원을 늘림으로써 자원 의존성을 해결할 수 있다.
- 프로시저 의존성(procedure dependency): 파이프라인에서의 순차적인 흐름을 방해하는 분기 명령어에 의한 명령어들 간의 의존성이다. 원칙적으로 분기 명령어 이전의 명령어들과 이후의 명령어들을 함께 실행할 수 없다. 그렇지만 분기 예측 기법을 사용한다면 이 문제를 해결할 수도 있다.
- 데이터 의존성(data dependency): 한 개의 명령어가 사용하는 오퍼랜드를 다른 명령어가 사용하는 경우에 발생한다. 데이터 의존성의 종류는 세 가지가 있으며 뒤에서 설명하기로 한다.

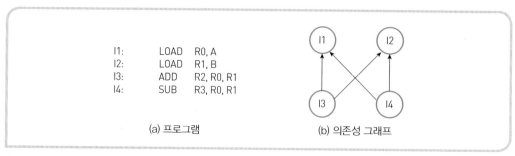

```
I1:      LOAD    R0, A
I2:      LOAD    R1, B
I3:      ADD     R2, R0, R1
I4:      SUB     R3, R0, R1
```

(a) 프로그램   (b) 의존성 그래프

그림 11-11 명령어 수준 병렬성의 예

명령어 수준 병렬성을 결정할 때는 자원 의존성을 고려하지 않는다. 예를 들어 [그림 11-11(a)]의 프로그램에 대한 명령어 수준 병렬도를 구해보자. [그림 11-11(b)]는 프로그램에 대한 의존성 그래프이다. 의존성 그래프는 동시에 실행할 수 있는 명령어들을 한 줄에 배치하고, 한 개의 명령어가 의존하는 명령어를 화살표로 연결한 것이다. 명령어 I1과 I2는 동시에 실행될 수 있다. 명령어 I3은 레지스터 R0와 R1을 사용하기 때문에 명령어 I1과 I2에 대하여 의존성이 존재하며, 명령어 I4도 마찬가지이다. 이 예의 경우 명령어 수준 병렬도는 2이다.

슈퍼스칼라 프로세서는 디코드가 끝난 명령어 중에서 동시에 실행할 수 있는 명령어들을 동시에 실행하도록 스케줄한다. 그러므로 뒤에 있는 명령어가 앞에 있는 명령어보다 먼저 실행을 시작할 수 있고, 또한 뒤에 있는 명령어를 먼저 실행한 경우 앞에 있는 명령어들보다 먼저 종료될 수도 있다. RISC의 파이프라인에서는 뒤에 있는 명령어가 앞에 있는 명령어와 데이터 의존성이 존재할 때, 뒤에 있는 명령어가 실행을 시작하는 시기를 결정하는 관점에서 데이터 의존성을 분석하였다. 그렇지만 슈퍼스칼라 프로세서에서는 뒤에 있는 명령어를 먼저 실행시킬 수 있는가 그리고 뒤에 있는 명령어가 먼저 종료되더라도 프로그램이 정상적으로 실행되는데 문제가 발생하지 않는가의 관점에서 데이터 의존성을 살펴보아야 한다. 슈퍼스칼라 프로세서에서 존재할 수 있는 데이터 의존성의 종류는 다음과 같이 세 가지가 있다.

- 데이터 의존성(true data dependency, write-read dependency): 앞에 있는 명령어가 어떤 오퍼랜드의 값을 결정하고 뒤에 있는 명령어가 그 오퍼랜드를 사용한다. 즉, 같은 오퍼랜드에 대하여 먼저 쓰기(write) 동작을 수행하고 나서 나중에 읽기(read) 동작이 발생한다.

- 출력 의존성(output dependency, write-write dependency): 앞에 있는 명령어가 어떤 오퍼랜드의 값을 결정하고 뒤에 있는 명령어가 다시 또 그 오퍼랜드에 다른 값을 기록한다. 즉, 같은 오퍼랜드에 대하여 먼저 쓰기를 수행하고 나중에 다시 또 쓰기

를 수행한다.

- 반의존성(anti-dependency, read-write dependency): 앞에 있는 명령어가 어떤 오퍼랜드를 사용하는데, 뒤에 있는 명령어가 그 오퍼랜드의 값을 기록한다. 즉, 같은 오퍼랜드에 대하여 먼저 읽기를 수행하고 나서 나중에 쓰기 동작을 수행한다.

넓은 의미에서 데이터 의존성이란 용어는 위 세 가지 의존성을 모두 포함하며, 좁은 의미로 사용할 때는 데이터 의존성은 첫 번째 의존성만을 지칭한다. 좁은 의미의 데이터 의존성을 없앨 수 없지만, 레지스터 재명명(register renaming)이란 기법을 사용하면 출력 의존성과 반의존성을 없앨 수 있기 때문이다. 구체적인 예를 들어가며 한 가지씩 살펴보자.

좁은 의미의 데이터 의존성은 쓰기 후에 읽기를 수행할 때 발생한다. 그 예로써 다음 명령어들을 생각해 보자.

```
I1:    ADD    R1, R2, R3      // R1 ← R2 + R3
I2:    SUB    R4, R1, R3      // R4 ← R1 − R3
```

이 예제에서 명령어 I1이 레지스터 R1에 데이터를 기록(write)하고 나서 명령어 I2가 레지스터 R1을 읽는다(read). 따라서, 명령어 I1과 I2를 동시에 인출하고 동시에 디코드할 수 있으나, 둘 다 동시에 실행하거나 명령어 I2를 먼저 실행할 수 없다. 따라서 슈퍼스칼라 프로세서의 스케줄러는 명령어 I1을 먼저 실행하여 레지스터 R1에 적재할 값을 결정한 후에 명령어 I2를 실행하도록 스케줄하여야 한다.

[그림 11-12]는 네 단계 파이프라인에서 이 명령어들을 스케줄한 모습이다. [그림 11-12(a)]는 우회 경로가 없는 파이프라인이다. 명령어 I1이 레지스터 R1에 값을 기록한 후 명령어 I2의 실행 단계가 수행될 수 있으므로, 명령어 I2는 두 개의 구간만큼 지연되어 실행되어야 한다. [그림 11-12(b)]는 우회 경로가 있는 파이프라인이다. 따라서 명령어 I1을 기록함과 동시에 명령어 I2를 실행할 수 있다. 이 경우 명령어 I2의 실행 단계는 한 개의 구간만큼 지연된다.

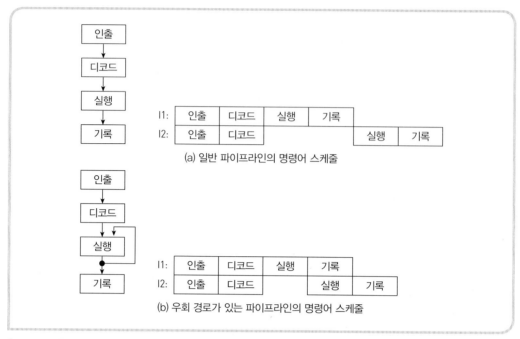

그림 11-12 데이터 의존성이 존재하는 경우의 명령어 스케줄

출력 의존성은 한 개의 레지스터에 대하여 쓰기 동작을 연속적으로 수행할 때 발생한다. 예를 들어 다음 명령어들을 분석해 보자.

```
I1:    LD      R1, A           // R1 ← Mem(A)
I2:    ADD     R3, R1, R2      // R3 ← R1 + R2
I3:    SUB     R1, R2, R4      // R1 ← R2 - R4
```

명령어 I1과 I2는 레지스터 R1으로 인하여 데이터 의존성이 존재하기 때문에 동시에 스케줄될 수 없다. 명령어 I1과 I3은 둘 다 레지스터 R1을 목적지 레지스터로 결과를 기록한다. 이런 경우를 "명령어 I3은 명령어 I1에 대하여 출력 의존성이 존재한다"고 말한다. 이 경우에 명령어 I1과 I3를 동시에 시작할 수 있으나, 명령어 I3이 명령어 I1보다 먼저 종료될 수 없다. 구체적으로 다음과 같은 분석 결과를 얻을 수 있다.

- 명령어 I2는 데이터 의존성 때문에 반드시 명령어 I1 다음에 실행되어야 한다.
- 명령어 I1과 I3은 직접적인 데이터 의존성이 없기 때문에 동시에 실행을 시작할 수 있다.

- 다만, 명령어 I1의 실행이 끝나고 명령어 I2가 레지스터 R1의 값을 읽은 다음에 명령어 I3의 실행이 끝나야 한다.
- 만일 명령어 I3이 명령어 I1보다 먼저 실행을 마치면, 명령어 I2가 읽는 레지스터 R1의 값이 틀린 값이기 때문이다.

그렇지만 다음과 같이 명령어 I1이 기록하는 레지스터 R1과 명령어 I3가 기록하는 레지스터 R1을 분리한다면, 명령어 I1과 I3를 동시에 스케줄할 수 있다.

```
I1:    LD     R1a, A        // R1a ← Mem(A)
I2:    ADD    R3, R1a, R2   // R3 ← R1a + R2
I3:    SUB    R1b, R2, R4   // R1b ← R2 − R4
```

이 코드에서 레지스터 R1a와 R1b는 서로 다른 레지스터이다. 이와 같이 프로그램을 실행하는 도중에 목적지 레지스터를 변경하는 기법을 레지스터 재명명(register renaming)이라고 한다. 따라서 레지스터 재명명을 할 수 있다면 출력 의존성을 제거할 수 있다.

반의존성은 데이터 의존성과 읽기와 쓰기 순서가 반대로 배치되었을 때 발생한다. 즉, 같은 레지스터에 대하여 읽기 명령어가 먼저 나타나고 나중에 쓰기 명령어가 나타난다. 반의존성이 나타나는 예는 다음과 같다.

```
I1:    ADD    R1, R2, R3    // R1 ← R2 + R3
I2:    SUB    R2, R0, R3    // R2 ← R0 − R3
```

명령어 I1은 레지스터 R2를 읽고, 명령어 I2는 레지스터 R2에 값을 기록한다. 따라서 만일 명령어 I1이 실행하기 전에 먼저 명령어 I2가 먼저 실행을 종료한다면, 명령어 I1이 읽는 레지스터 R2의 값은 틀린 값이다. 그러므로 명령어 I2는 명령어 I1이 레지스터 R2를 읽은 후에 실행될 수 있다. 슈퍼스칼라 프로세서는 반의존성이 존재하는 명령어에 대하여 의존하는 명령어가 먼저 종료되지 않도록 스케줄하여야 한다. 그렇지만 다음과 같이 레지스터 재명명 기법을 사용하면 반의존성도 제거할 수 있다. 즉, 명령어 I1과 I2가 사용하는 R2를 서로 다른 레지스터를 사용하도록 분리하는 것이다.

```
I1:    ADD    R1, R2a, R3    // R1 ← R2a + R3
I2:    SUB    R2b, R4, R3    // R2b ← R4 − R3
```

데이터 의존성 중에서 출력 의존성과 반의존성은 명령어들이 레지스터를 공통으로 사용함으로써 발생한다. 레지스터 재명명 기법을 사용하는 스케줄러는 명령어가 사용하는 레지스터를 동적으로 할당한다. 이를 위하여 슈퍼스칼라 프로세서는 논리 레지스터와 물리 레지스터를 구별한다.

• 논리 레지스터: 명령어에 표현되는 레지스터
• 물리 레지스터: 실제로 명령어 스케줄러가 사용하는 레지스터

물리 레지스터의 수는 논리 레지스터의 수보다 많다. 명령어는 논리 레지스터를 사용하여 표현되어 있고, 스케줄러가 인출한 명령어를 스케줄하면서 레지스터를 물리 레지스터 중에서 사용하지 않거나 사용이 끝난 레지스터로 할당한다. [그림 11-13]은 간단하게 표현한 레지스터 재명명 예제이다. 스케줄러는 명령어마다 명령어에 표현된 레지스터를 물리 레지스터로 할당하는 매핑 테이블을 갖고 있다. 이 매핑 테이블을 스코어 보드(score board)라고 부른다. 명령어에 표현된 레지스터는 논리 레지스터이며 매핑 테이블의 인덱스로 사용된다. 스케줄러는 새로 값이 할당되는 논리 레지스터를 새로운 물리 레지스터를 할당한다.

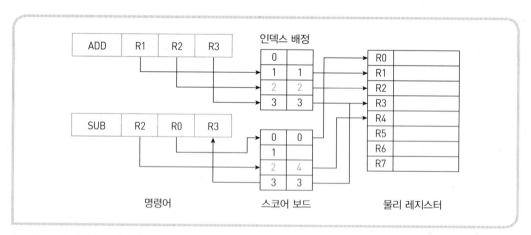

그림 11-13 레지스터 재명명

슈퍼스칼라 프로세서에서 레지스터 재명명 기법은 동시에 실행할 수 있는 명령어의 수를 늘리는데 매우 중요하다. 일반적으로 프로그램에 존재하는 명령어 수준 병렬성은 2~3 정도

이나, 레지스터 재명명 기법을 도입함으로써 명령어 수준 병렬성을 3~4 정도까지 증가시킬 수 있는 것으로 알려져 있다.

〈11.2.3〉 스케줄링 정책

슈퍼스칼라 프로세서는 여러 개의 명령어를 인출하여 동시에 실행할 수 있는 명령어들을 찾아 동시에 실행한다. 프로그램에 존재하는 명령어 수준 병렬도를 반영하여 기계 병렬도(machine parallelism)까지 동시에 명령어들을 실행할 수 있다. 슈퍼스칼라 스케줄링은 명령어를 실행 단계로 전달하는 발송 정책(issue policy)과 실행이 끝난 명령어의 결과 값을 기록함으로써 실행을 마치는 종료 정책(completion policy)으로 나누어 생각할 수 있다.

발송 정책은 명령어에 나타난 순서대로 발송하는 방법과 순서와 다르게 발송하는 방법이 있을 수 있다.

- 순서대로 발송하는 방법(in-order issue): 뒤에 있는 명령어는 앞에 있는 명령어보다 항상 나중에 발송되어야 한다. 동시에 발송될 수는 있다.
- 순서와 다르게 발송하는 방법(out-of-order issue): 만일 데이터 의존성이 존재하지 않는다면, 뒤에 있는 명령어가 앞에 있는 명령어보다 먼저 발송될 수 있다.

슈퍼스칼라 프로세서는 명령어 수준 병렬도를 더 많이 활용할 수 있는 '순서와 다르게 발송하는 방법'을 채택하고 있다. 이 경우에 출력 의존성이 문제가 될 수 있으므로 레지스터 재명명 기법에 도입하여 출력 의존성을 제거하는 방법도 동시에 채택하고 있다.

종료 정책도 명령어에 나타난 순서대로 종료하는 방법과 순서와 다르게 종료하는 방법이 있을 수 있다.

- 순서대로 종료하는 방법(in-order completion): 뒤에 있는 명령어는 앞에 있는 명령어보다 항상 나중에 또는 같은 시간에 종료되어야 한다.
- 순서와 다르게 종료하는 방법(out-of-order completion): 뒤에 있는 명령어는 앞에 있는 명령어보다 먼저 종료될 수 있다.

슈퍼스칼라 프로세서는 순서와 다르게 발송하는 발송 정책을 채택하고 있으므로, 당연히 뒤에 있는 명령어가 먼저 실행을 마칠 수 있다. 뒤에 있는 명령어를 먼저 종료하려면, 반의존성도 문제가 되지만 분기 명령어에 때문에 생기는 프로시저 의존성도 문제가 될 수 있다. 슈퍼스칼라 프로세서가 분기 명령어 이후에 있는 명령어들을 예측 실행함으로써 이 명령어들이 먼저 종료할 수 있기 때문이다. 분기 명령어를 실행하면서 예측 경로가 올바른 경우는 문제가 없다. 그렇지만 예측이 잘못된 때에는 실행하지 않아야 할 명령어를 이미 실행하고 그 결과를 기록까지 실행하기 때문에 심각한 문제가 발생한다. 이 경우에는 잘못 기록된 레지스터의 값을 실행하기 이전으로 복구해야만 하는데, 이 과정이 매우 복잡해진다. 따라서 슈퍼스칼라 프로세서는 '순서대로 종료하는 방법'을 채택하고 있다.

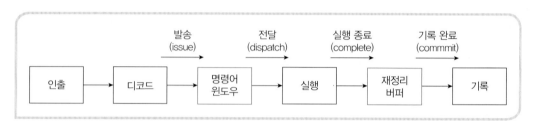

그림 11-14 슈퍼스칼라 파이프라인과 버퍼

지금까지 분석 결과를 정리하면, 슈퍼칼라 프로세서는 '순서와 다르게 발송하고 순서대로 종료(out-of-order issue with in-order completion)'하는 정책을 사용한다. 이 정책을 구현하기 위하여 슈퍼스칼라 프로세서는 [그림 11-14]와 같이 두 가지 버퍼를 사용한다.

- 명령어 윈도우(instruction window): 디코드된 명령어들을 저장한다. 스케줄러는 동시에 수행할 수 있는 명령어들을 순서에 무관하게 선택하여 실행 단계로 보낸다. 명령어를 명령어 윈도우에 저장하는 과정을 발송(issue)이라고 부르고, 실행할 수 있는 명령어를 실행 단계로 보내는 과정을 전달(dispatch)이라고 부른다.
- 재정리 버퍼(reorder buffer): 명령어를 순서와 다르게 전달하므로 뒤에 있는 명령어가 먼저 실행 단계를 마칠 수 있다. 실행이 끝난 명령어는 재정리 버퍼로 저장되고 스케줄러는 이 안에 있는 실행 결과를 순서에 맞게 목적지로 기록한다. 첫 번째 과정을 실행 종료(complete)라고 부르고, 두 번째 과정을 기록 완료(commit)라고 부른다.

이제 예제를 통하여 슈퍼스칼라 프로세서의 스케줄링 구조와 방법을 살펴보자. 일반적으로 명령어 종류 별로 슈퍼스칼라 프로세서가 처리하는 시간이 다를 수 있다. 예를 들어, 실수 명령어는 정수 명령어보다 처리 시간이 길다. 그리고 적재/저장 명령어도 정수 명령어보다 처리 시간이 더 길 수 있다. 따라서 동시에 명령어를 실행하더라도 끝나는 시간이 다를 수 있다. 다음과 같은 슈퍼스칼라 프로세서를 예로 들어 스케줄링 정책을 설명하고자 한다.

- 두 개의 명령어를 동시에 인출하고 디코드 한다.
- 세 개의 처리장치를 갖고 있다. 적재/저장 장치(LU)는 명령어를 실행하는데 두 개의 사이클을 소모한다. 정수 장치(IU)는 한 개의 사이클을 소모한다. 실수 장치(FU)는 두 개의 사이클을 소모한다.
- 실행이 끝난 두 개의 명령어를 동시에 기록할 수 있다.

그림 11-15 슈퍼스칼라 스케줄링 정책

[그림 11-15]는 '순서와 다르게 시작하고 순서대로 종료'하는 스케줄러의 명령어 처리 과정을 보여준다. [그림 11-15(a)]는 프로그램에 나타난 명령어 순서의 예이다. 각 명령어에 대하여 명령어의 종류와 실행 사이클 수를 표현하고 있고, 화살표는 명령어간 데이터 의존성을 표시한 것이다. LS 명령어는 LU에서, Int 명령어는 IU에서, 그리고 FP 명령어는 FU에서 실행될 수 있다. [그림 11-15(b)]는 명령어가 처리되는 과정을 보인 것이고 그 해석은 다음과 같다.

- **사이클 1**: 명령어 I1과 I2를 동시에 발송한다.
- **사이클 2**: 명령어 I1과 I2를 실행 장치로 전달하면서 동시에 명령어 I3과 I4를 디코드하여 발송한다.
- **사이클 3**: 정수 명령어 I2는 실행을 종료하고 재정리 버퍼로 들어간다. 그렇지만 아직 적재 명령어 I1이 종료되지 않았기 때문에 명령어 I2를 기록하지 못한다. 정수 명령어 I1은 아직도 실행 중이다. 명령어 I3은 적재 명령어 I1과 데이터 의존성 관계에 있기 때문에 전달될 수 없다. 실수 명령어 I4는 이전 명령어들과 의존성이

없으므로 실행 장치로 전달된다.

- 사이클 4: 적재 명령어 I1이 실행을 종료한다. 이제 명령어 I1과 I2를 기록할 수 있다. 적재 명령어 I1과 의존성이 있는 명령어 I3를 처리장치로 전달하고, 실수 명령어 I4는 아직도 실행 중이다. 다음 명령어 I5와 I6은 디코드를 마치고 발송된다.
- 사이클 5: 정수 명령어 I3과 실수 명령어 I4가 실행을 종료한다. 둘 다 종료하였으므로 명령어 I3과 I4를 기록한다. 명령어 I5와 I6을 처리장치로 전달한다.
- 사이클 6: 정수 명령어 I6이 실행을 종료하였으나, 적재 명령어 I5가 종료하지 않았으므로 명령어 I6를 기록할 수 없다. 적재 명령어 I5는 아직 실행 중이다.
- 사이클 7: 적재 명령어 I5가 실행을 종료하고, 명령어 I5와 I6을 기록한다.

지금까지의 설명과 같이 슈퍼스칼라 프로세서는 여러 개의 스칼라 명령어를 동시에 실행하고 동시에 종료하는 기능을 갖고 있다. 슈퍼스칼라 프로세서는 분기 예측과 레지스터 재명명 기법을 함께 사용해야 성능 개선 효과를 볼 수 있다. 최근에는 RISC 프로세서뿐만 아니라 CISC 프로세서들도 슈퍼스칼라 기능을 채택하고 있다.

11.3 병렬처리 컴퓨터

병렬처리 컴퓨터는 한 개의 컴퓨터 안에 여러 개의 프로세서가 장착되어 있고, 이것들이 협동하여 한 개 이상의 프로그램을 동시에 처리하는 컴퓨터이다. 슈퍼스칼라 프로세서는 한 개의 프로세서가 한 개의 프로그램을 구성하는 여러 개의 명령어를 동시에 실행하지만, 병렬처리 컴퓨터는 여러 개의 프로세서가 한 개 또는 여러 개의 프로그램에 속한 명령어들을 동시에 처리할 수 있다.

사실 병렬처리 컴퓨터는 컴퓨터의 발전 과정과 함께 개발되고 사용되었다. 예전에는 신호처리 응용 프로그램과 같이 계산량이 많은 프로그램을 고속으로 처리하기 위하여 특수한 병렬처리 컴퓨터를 개발하여 사용해왔다. 요즘은 프로세서가 한 번에 처리하는 데이터 비트 수가 증가함에 따라 크기가 작은 데이터 여러 개를 한 개의 명령어로 처리하는 기능이 도입되고, 그래픽 처리와 같이 다량의 데이터에 대하여 같은 연산을 병렬로 처리하는 구조가 채택되고, 그리고 한 개의 칩 안에 여러 개의 프로세서를 탑재하는 멀티 프로세서 구조가 개발되어 사용되고 있다. 이 절에서는 먼저 병렬처리 컴퓨터를 분류하고, 각 병렬처리 컴퓨터의 구조와 특징에 대하여 설명한다.

<11.3.1> **컴퓨터의 분류**

1966년 플린(Flynn)은 컴퓨터가 처리하는 명령어 스트림(instruction stream)과 데이터 스트림(data stream)의 수에 따라 컴퓨터를 분류하였다. 명령어 스트림은 컴퓨터 안에서 수행되는 프로세스를 의미한다. 컴퓨터의 제어장치는 명령어의 흐름을 관리하는 기능을 수행하므로, 컴퓨터가 처리하는 명령어 스트림의 수는 한 개의 컴퓨터 안에 제어장치(CU, control unit)의 수와 같은 개념이다. 제어장치가 여러 개이면 여러 개의 명령어를 동시에 스케줄할 수 있다. 데이터 스트림은 컴퓨터 안에서 처리되는 데이터의 흐름을 의미한다. 컴퓨터는 실행 단계에서 데이터를 처리하므로, 컴퓨터가 처리하는 데이터 스트림의 수는 컴퓨터에 포함된 처리장치(PE, processing element)의 수와 같은 개념이다. 처리장치가 여러 개이면 여러 개의 데이터를 동시에 처리할 수 있다. 처리장치는 실행장치(EU, execution unit) 또는 기능장치(FU, functional unit)와 같은 의미로 사용되는 용어이다.

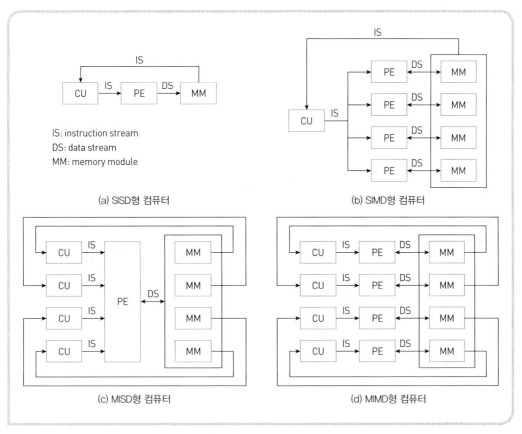

그림 11-16 **플린의 컴퓨터 분류**

플린은 이와 같은 기준에 의하여 컴퓨터를 다음과 같이 네 가지로 분류하였다.

- SISD(Single Instruction stream, Single Data stream)
- SIMD(Single Instruction stream, Multiple Data stream)
- MISD(Multiple Instruction stream, Single Data stream)
- MIMD(Multiple Instruction stream, Multiple Data stream)

SISD형 컴퓨터는 [그림 11-16(a)]와 같이 한 개의 제어장치(CU)가 한 개의 명령어 흐름을 처리하고 한 개의 처리장치(PE)가 한 개의 데이터를 처리한다. 즉 SISD 형 컴퓨터는 병렬처리 컴퓨터가 아니고 한 번에 한 개의 데이터를 처리하는 단일 프로세서(uni-processor) 시스템을 의미한다.

SIMD형 컴퓨터는 [그림 11-16(b)]와 같이 한 개의 제어장치(CU)가 한 개의 명령어를 여러 개의 처리장치로 전달하고 각 처리장치는 자신만의 데이터를 처리한다. 처리장치는 기억장치에서 데이터 스트림을 공급받는다. 제어장치가 한 개이기 때문에 처리장치들은 서로 다른 데이터에 대하여 같은 명령어를 실행한다. 예를 들어, 제어장치가 덧셈 명령어를 전달하면, 각 처리장치는 서로 다른 데이터에 대하여 덧셈을 수행하고 다른 기억장소에 저장한다. SIMD 형 병렬처리 컴퓨터의 종류는 배열 프로세서(array processor)와 벡터 프로세서(vector processor)가 있다.

MISD형 컴퓨터는 [그림 11-16(c)]와 같이 여러 개의 제어장치가 서로 다른 명령어를 처리장치로 전달하고 처리장치는 한 개의 데이터 스트림을 처리한다. 즉, 여러 개의 명령어들이 한 개의 데이터를 처리한다는 것인데, 이러한 유형의 컴퓨터는 존재할 수 없다. MISD는 컴퓨터를 명령어 스트림과 데이터 스트림의 수로 분류하는 과정에서 합성된 용어이고, 실제로 이런 구조의 컴퓨터가 개발된 사례도 없다.

MIMD 형 컴퓨터는 [그림 11-16(d)]와 같이 컴퓨터가 여러 개의 명령어가 여러 개의 데이터를 처리한다. 즉, MIMD형 컴퓨터는 한 개의 컴퓨터 안에 여러 개의 프로세서가 들어 있고 각 프로세스는 서로 다른 명령어를 처리하는 멀티 프로세서(multi-processor) 시스템이다.

따라서 플린의 컴퓨터 분류에서 SIMD형과 MIMD형 컴퓨터가 병렬처리 컴퓨터에 해당한다. SIMD형 컴퓨터는 한 개의 명령어가 서로 다른 여러 개의 데이터를 동시에 처리하고, MIMD형 컴퓨터는 여러 개의 프로세서가 각각 다른 데이터를 처리한다. 현대적인 용어로 데이터 스트림에 의한 병렬처리 가능성을 데이터 레벨 병렬도(data-level parallelism)라고 부르고, 명령어 스트림에 의한 병렬처리 가능성을 쓰레드 레벨 병렬도(thread-level parallelism) 라고 부른다. 쓰레드는 명령어의 흐름을 나타내는 용어이다.

〈11.3.2〉 ## SIMD형 프로세서

SIMD형 프로세서는 [그림 11-17]과 같이 주로 대규모 계산 작업을 담당하는 보조 프로세서(back-end processor) 형태로 개발되고 있다. 호스트 프로세서(host processor)는 일반 목적용 컴퓨터 시스템에 탑재된 프로세서이고, 계산량이 많은 프로그램과 데이터를 SIMD형 프로세서에게 전달하여 빠른 속도로 처리하게 하고 그 결과를 받는다. SIMD형 프로세서의 종류를 크게 배열 프로세서(array processor)와 벡터 프로세서(vector processor)로 나눌 수 있다.

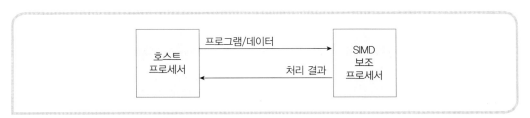

그림 11-17 보조 프로세서

SIMD 형 프로세서의 일종인 배열 프로세서(array processor)는 독립적으로 컴퓨터를 구성하기 보다 대부분의 경우 대규모 계산 작업을 수행하는 보조 프로세서(back-end processor)로 주로 사용된다. 호스트 컴퓨터는 일반 목적용 컴퓨터이고, 계산이 많은 계산 부분만 처리할 프로그램과 데이터를 배열 프로세서에게 전송한다. 배열 프로세서는 많은 처리장치를 사용하여 빠르게 계산을 수행하고 처리 결과를 호스트 컴퓨터에게 돌려준다.

[그림 11-18]은 전통적인 배열 프로세서의 구조이다. 배열 프로세서의 제어장치(CU)와 기억장치 모듈이 호스트 컴퓨터와 연결되어 있다. 배열 프로세서의 제어장치는 처리장치들에게 같은 명령어를 수행하도록 지시한다. 처리장치들은 기억장치 모듈에서 자신이 처리할 데이터를 인출하여 서로 다른 데이터에 대하여 동일한 연산을 수행한다. 배열 프로세서의 처리장치의 수는 1,024개 이상으로 그 수가 상당히 많다. 배열 프로세서의 처리장치들은 서로 상호 연결망(interconnection network)을 통하여 데이터를 주고받을 수 있다.

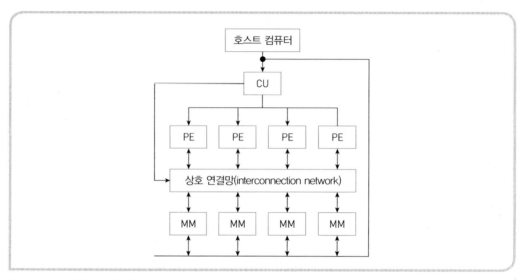

그림 11-18 배열 프로세서의 구조

　　배열 프로세서는 범용 프로세서의 성능이 좋지 않았던 시절에 영상처리와 같이 많은 양의 데이터에 대하여 한 번에 같은 연산을 동시에 수행하기 위하여 사용되었다. 프로세서의 처리 능력이 상당히 증가함에 따라 현재 배열 프로세서는 범용 프로세서에 SIMD형 명령어를 수용하는 형태와 그래픽 프로세서(graphic processor) 형태로 변화되었다.

```
                    128비트 연산기
     ┌──────────────────────────────────────────┐
  16비트 16비트 16비트 16비트 16비트 16비트 16비트 16비트
```

그림 11-19 연산기 분리

표 11-1 256비트 SIMD 멀티미디어 명령어의 활용

명령어 종류	오퍼랜드
Unsigned add/subtract	8비트 32개, 16비트 16개, 32비트 8개, 혹은 64비트 4개
Maximum/minimum	8비트 32개, 16비트 16개, 32비트 8개, 혹은 64비트 4개
Average	8비트 32개, 16비트 16개, 32비트 8개, 혹은 64비트 4개
Shift right/left	8비트 32개, 16비트 16개, 32비트 8개, 혹은 64비트 4개
Floating point	16비트 16개, 32 비트 8개, 64비트 4개, 혹은 128비트 2개

최근에 개발되는 범용 프로세서의 연산장치는 데이터 처리 비트 수가 32비트를 넘어 64, 128비트는 물론 한 번에 256비트를 연산할 수 있는 규모로 발전하고 있다. 프로세서의 데이터 처리 능력에 비하여 멀티미디어 데이터는 훨씬 비트 수가 적다. 일반적으로 영상 데이터는 8비트의 조합이고, 음성 데이터는 16비트이다. 따라서 많은 비트를 처리하는 연산장치를 크기가 작은 여러 개의 데이터를 처리하도록 운영할 수 있다. [그림 11-19]는 128비트 연산장치를 8개의 16비트 연산기로 나누어 운영하는 예이다. 이 연산장치를 사용하면 한 번에 8개의 16비트 데이터에 대한 연산을 동시에 실행할 수 있다. 이렇게 운영하도록 만들어진 명령어를 SIMD 멀티미디어 명령어 확장(SIMD multimedia instruction extension)이라고 부른다. 〈표 11-1〉은 256비트 연산기를 데이터 크기에 따라 나누어 사용할 수 있는 SIMD 명령어의 예를 보인 것이다. SIMD 멀티미디어 명령어 확장은 기존의 프로세서에 별도로 SIMD형 연산장치를 추가하지 않고 멀티미디어 데이터를 처리하는 명령어를 운영할 수 있다는 것이 장점이다.

2000년대 이후 널리 사용되는 그래픽 프로세서(GPU, Graphic Processing Unit)는 원래 컴퓨터의 화면을 제어하는 그래픽 가속기(graphic accelerator)로 시작되었다. 특히 게임 분야에서 그래픽 처리가 중요해짐에 따라 빠른 그래픽 처리가 중요하다. 컴퓨터의 그래픽은 화소(pixel)의 모임이고, 각 화소에 대하여 같은 산술 연산을 수행함으로써 화면의 움직임을 생성한다. 한 개의 화소에 대하여 수행하는 프로그램을 쓰레드(thread)로 볼 수 있다. 그러므로 그래픽 프로세서는 수많은 쓰레드가 서로 다른 데이터에 대하여 동시에 실행되는 SIMD형 프로세서이다. 그래픽 프로세서의 데이터 처리 능력이 급속도로 개선됨에 따라 계산량이 많은 신호처리 분야에서도 이 프로세서를 사용하게 되었고, 이에 따라 이름을 범용 그래픽 프로세서(GPGPU, General Purpose GPU)로 부르기도 한다.

[그림 11-20]은 간단하게 그린 NVIDIA 사의 그래픽 프로세서의 구조이다. 그래픽 프로세서는 호스트 프로세서의 보조 프로세서로 사용된다. 실제 프로세서의 수는 그림에 나타난 수보다 훨씬 많다. 스트리밍 프로세서(SP, Streaming Processor)는 그래픽 프로세서의 기본 처리장치이다. 이것이 여러 개 단위로 조직되어 스트리밍 멀티프로세서(SM, Streaming Multiprocessor)를 구성한다. 스트리밍 멀티프로세서는 자신들만 공유하는 지역 기억장치(local memory)를 갖고 있다. 한 개의 그래픽 프로세서는 여러 개의 스트리밍 멀티프로세서를 포함하고 있으며, 상호 연결망(interconnection network)을 통하여 외부에 있는 전역 기억장치(global memory)와 연결된다.

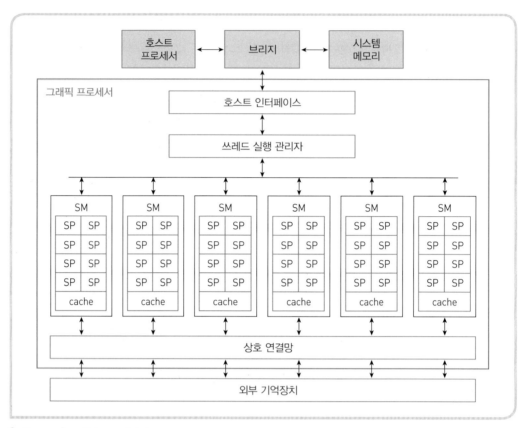

그림 11-20 그래픽 프로세서의 구조

　그래픽 프로세서 제조회사들이 하드웨어 특성과 무관하게 그래픽 프로세서에서 실행되는 병렬 프로그램을 개발할 수 있도록 CUDA(Compute Unified Device Architecture) 플랫폼을 제공하고 있다. CUDA 플랫폼은 그래픽 프로세서의 하드웨어 구조를 가상화하고, 프로그램 중에 서로 다른 데이터에 대하여 같은 동작을 수행하는 부분을 그래픽 프로세서로 처리하도록 표현하는 방법을 규정한다. 이 플랫폼을 사용하면 그래픽 프로세서의 하드웨어 구조를 모르더라도 어렵지 않게 병렬 프로그램을 작성할 수 있다.

　벡터 프로세서(vector processor)는 하나의 명령어로 여러 개의 데이터를 처리한다는 점에서 배열 프로세서와 같은 SIMD형 프로세서이다. 배열 프로세서는 하나의 명령어를 기능이 같은 여러 개의 처리장치에서 서로 다른 여러 개의 데이터에 대하여 동시에 연산한다. 이에 비하여 벡터 프로세서는 여러 개의 데이터를 벡터 레지스터에 저장해두고 파이프라인 방식으로 연산한다는 점이 다르다.

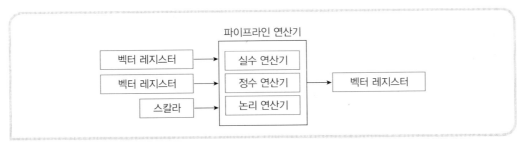

벡터 처리장치

　벡터 프로세서는 여러 개의 벡터 레지스터(vector register)를 갖고 있다. 벡터 레지스터는 여러 개의 데이터를 저장하는 레지스터이다. 예를 들면, 하나의 벡터 레지스터는 32비트 데이터 64개를 저장할 수 있다. 벡터 처리장치인 벡터 연산기는 파이프라인 형태로 동작하도록 만들어져 있고 매 클럭마다 벡터 레지스터에서 공급되는 데이터에 대하여 새로운 연산을 시작할 수 있다. 예를 들어 벡터 레지스터에 대하여 C[n] = A[n]×B[n]을 계산하는 과정을 살펴보자. A, B, C는 크기가 64인 벡터 레지스터이다. 길이가 64인 벡터 데이터가 A와 B 레지스터에 저장되어 있다. 벡터 곱하기 명령어가 실행되면, 파이프라인 연산기에 먼저 C[0]=A[0]×B[0]을 계산하고, 다음 클럭에 C[1]=A[1]×B[1]을 계산한다. 이런 동작을 64번 반복하여 벡터 레지스터에 대한 계산이 완료된다.

　[그림 11-21]은 간단하게 표현한 벡터 프로세서의 처리장치의 구조이다. 벡터 프로세서는 벡터와 스칼라 데이터 간 연산을 위하여 스칼라 레지스터도 포함하고 있다. 벡터 프로세서는 범용 프로세서와 같이 동작하면서 데이터 처리부에 벡터 데이터를 연산하는 벡터 처리기를 포함하고 있다고 생각할 수 있다. 최근에 신호처리 분야에서 많이 사용하고 있는 신호처리용 프로세서들은 내부에 벡터 처리장치를 포함하고 있다. 프로그래머는 벡터 프로세서의 기능에 대하여 알고 있어야 하며, 배열을 처리하는 부분을 벡터 명령어를 사용하도록 소스 프로그램을 작성하여야 한다. 벡터 프로세서 전용 컴파일러는 벡터 명령어가 포함된 기계어 명령어를 생성한다.

〈11.3.3〉 MIMD형 컴퓨터

　MIMD형 컴퓨터에 해당하는 멀티 프로세서(MP, multi-processor) 시스템은 한 개의 컴퓨터 안에 여러 개의 프로세서들이 있고 각 프로세서들이 서로 협력하여 동작하는 컴퓨터이다. 프로세서마다 다른 프로그램을 실행하므로 쓰레드 레벨 병렬도(thread-level parallelism)를 활용하는 구조를 갖고 있다. 멀티 프로세서 시스템은 다양한 형태로 구성될 수 있다. 멀티 프로세서 시스템을 구분하는 관점은 다음과 같다.

- **연결 방법 관점**: 시스템 내부에 상호 연결망으로 연결되어 있으면 밀결합 시스템(tightly coupled MP), 통신장치로 연결되어 있으면 소결합 시스템(loosely coupled MP)
- **기억장치 공유 관점**: 한 개의 기억장치를 공유하면 기억장치 공유 멀티 프로세서(shared memory MP), 각자 기억장치를 갖고 있으면 분산 멀티 프로세서(distributed memory MP)
- **프로세서 종류 관점**: 컴퓨터에 포함되어 있는 프로세서들이 동일한 종류이면 대칭형 멀티 프로세서(SMP, Symmetric MP), 종류가 다른 프로세서들을 포함하고 있으면 비대칭형 멀티 프로세서(Asymmetric MP)

소결합 시스템은 프로세서마다 독립적으로 기억장치, 입출력 채널을 갖고 있으며, 통신 채널에 의하여 서로 연결된다. 한 개의 컴퓨터라기 보다 여러 개의 컴퓨터를 네트워크로 연결하였다고 볼 수 있기 때문에 멀티 컴퓨터라고도 부른다. 이러한 컴퓨터 시스템은 분산 컴퓨터 시스템(distributed computer system)으로 분류되고 별도의 연구 분야에서 다룬다.

밀결합 시스템은 두 개 이상의 프로세서들이 하나의 운영체제에 의하여 통합적으로 제어되는 진정한 의미의 멀티 프로세서 시스템이다. 각 프로세서는 독립적으로 명령어를 수행할 수 있다. 운영체제는 각 프로세서에게 작업을 할당해 주고 파일과 입출력 장치를 공유할 수 있도록 지원한다. 밀결합 시스템은 [그림 11-22]와 같이 기억장치를 공유하는지 공유하지 않는지에 따라 두 가지로 구분될 수 있다.

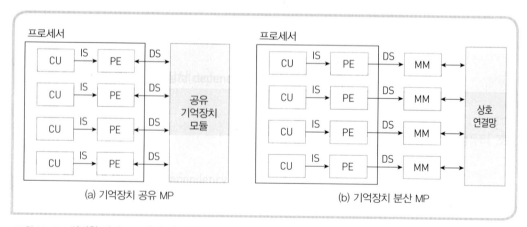

그림 11-22 | 밀결합 멀티 프로세서 시스템

컴퓨터 안에 내장된 프로세서들의 종류가 같고, 프로세서들의 역할이 고정되어 있지 않은 경우에 대칭형 멀티 프로세서 시스템이라고 부른다. 운영체제는 상황에 따라 프로세서에게 운영체제 처리를 수행하도록 지시할 수도 있고 응용 프로그램 처리를 지시할 수도 있다. 이와 상대적으로 프로세서마다 역할이 고정되어 있으면 비대칭형 멀티 프로세서 시스템이라고 부른다. 비록 프로세서 종류가 동일하더라도 역할이 다르다면 비대칭형 멀티 프로세서로 분류한다. 예를 들어, 한 개의 프로세서는 운영체제만 담당하고 다른 프로세서는 응용 프로그램만 담당한다면, 이러한 시스템은 비대칭형이다.

대칭형 시스템의 경우 프로세서의 역할이 정의되어 있지 않으므로 한 개의 컴퓨터에 프로세서를 추가할수록 컴퓨터의 전체 성능이 따라서 증가할 가능성이 높다. 비대칭형 시스템인 경우에는 프로세서의 역할이 고정되어 있으므로 운영체제를 수정하여야만 프로세서 수 증가에 따른 성능 개선 효과를 볼 수 있다. 최근의 개인용 컴퓨터 운영체제인 윈도우즈와 리눅스는 대칭형 멀티 프로세서 시스템을 지원한다.

⟨11.3.4⟩ 병렬처리의 한계

컴퓨터를 구성하는 자원의 수를 증가시키면 성능도 그에 비례하여 증가하는 성질을 비례성 (scalability)이라고 부른다. 실제로 프로세서의 수를 늘리더라도 성능은 그 수에 비례하여 증가하지 못한다. 그 이유는 하나의 작업을 프로세서들 간에 나누어 실행하는 과정에서 서로 동기화(synchronize)가 필요할 수도 있기 때문이다. 즉, 프로세서들은 서로 자신에게 할당된 데이터만으로 모든 작업을 수행하지 못하고 중간에 서로 데이터를 교환하거나 한쪽에서 처리한 결과를 다른 쪽으로 전달할 필요가 있기 때문이다. 병렬처리 프로세서의 성능 한계를 제시하는 두 가지 유명한 법칙이 있다. 하나는 암달의 법칙(Amdahl's law)이고, 다른 하나는 구스타프슨의 법칙(Gustafson's law)이다.

암달의 법칙은 프로세서의 수를 늘리더라도 속도를 개선하는데 한계가 있다는 입장이다. 프로그램 전체의 크기를 1이라고 하고, 이 중에서 병렬로 처리할 수 있는 부분을 $P(0 \langle P \langle 1)$라고 하면, 직렬로 처리할 수 있는 부분은 $(1-P)$이다. 한 개의 프로세서로 이 프로그램을 실행할 때 처리 시간은 다음과 같다.

단일 프로세서 실행 시간 = {직렬 처리 시간 + 병렬 처리 시간} = $(1-P) + P = 1$

S개의 프로세서로 이 프로그램을 실행하면 병렬 부분만 속도를 P/S로 개선할 수 있으므로,

전체 처리 시간은 다음과 같다.

다중 프로세서 실행 시간 = {직렬 처리 시간 + 병렬 처리 시간} = (1−P) + P/S

그러므로 프로세서 수가 S개로 증가함에 따른 속도 개선은 다음과 같다.

속도 개선 = 1/{(1−P) + P/S}

이 속도 개선을 그래프로 그린 것이 [그림 11−23]이고, 프로세서 수를 늘리더라도 속도 개선은 한계에 도달함을 보여준다.

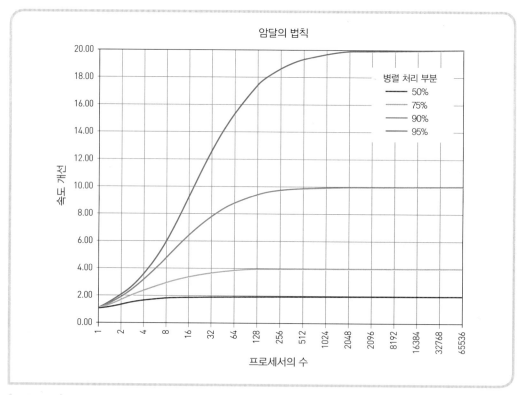

그림 11-23 | 암달의 법칙

구스타프슨의 법칙은 프로세서의 수에 비례하여 처리 속도가 개선될 수 있다는 주장이다. 이번에는 S개의 프로세서로 작업을 실행한 시간을 기준으로 정한다. S개의 프로세서로 실행한 시간 중에서 순차 부분을 처리한 시간을 a라고 하고, 병렬 실행한 처리 시간을 b라고 하면, 전체 처리 시간은 다음과 같다.

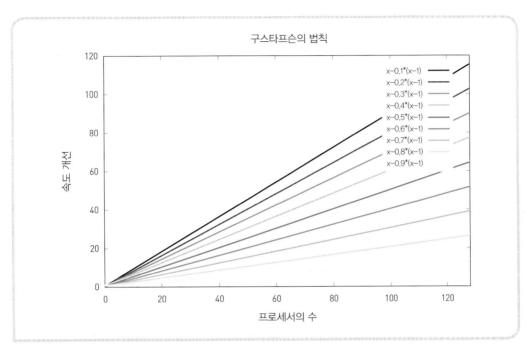

그림 11-24 구스타프슨의 법칙

　　　　　다중 프로세서 처리 시간 = a + b

만일 이 프로세스를 한 개의 프로세서로 모두 실행한다면 처리 시간이 b×S로 증가한다. 따라서 한 개의 프로세서로 실행한 시간은 다음과 같다.

　　　　　단일 프로세서 처리 시간 = a + b x S

그러므로 프로그램 중 직렬로 처리한 부분의 비율을 α=a/(a+b)라고 할 때, 속도 개선은 다음과 같다.

　　　　　속도 개선 = (a+b x S)/(a+b) = S − α x (S−1)

이 식은 만약 문제의 크기가 증가함에 따라 병렬처리 시간 부분(b)이 커진다면 a의 값이 작아지고, 성능은 프로세서 수(S)에 비례할 수 있다는 의미를 포함하고 있다. 이 식을 그래프로 표현한 것이 [그림 11-24]이다. 암달의 법칙은 프로세서의 수가 증가함에 따라 작업의 양이 함께 증가한다는 것을 고려하지 않았다. 처리할 데이터의 양이 일정할 때 프로세서의 수만 자꾸 늘린다고 해서 병렬처리 성능이 그 수에 비례하여 증가하지 않음은 당연하다고 할 수 있다. 구스타프슨의 법칙은 프로세서의 수가 증가함에 따라 작업할 데이터의 양도 함께 증가한다면 어느 정도 병렬처리의 비례성이 보장된다는 것을 보여준다.

기본형 컴퓨터를 개선하기 위하여 한 동안 계열 개념을 도입하고, 기존 프로세서와 호환성을 유지하면서 명령어 수를 늘리고, 고급 프로그램 언어로 작성된 프로그램을 가능한 적을 수의 기계어 명령어로 변환할 수 있도록 명령어 집합을 개선하였다. 그 결과 프로세서 구조가 복잡해짐에 따라 구조가 간단한 RISC형 프로세서를 개발하게 되었다.

RISC의 특징은 레지스터의 수 증가, 단순한 명령어 형식과 단순한 주소지정 방식, 하드와이어드 제어장치, 명령어 파이프라인 활용도 증대, 그리고 컴파일러에 의한 최적화 기법 도입 등이 있다. 특히 명령어 파이프라인은 자원을 증가시키지 않고 처리 과정을 병렬화함으로써 컴퓨터의 성능을 획기적으로 개선할 수 있는 기법이다. 그렇지만, 명령어 상에 존재하는 데이터 의존성과 분기 명령어로 인하여 명령어들을 파이프라인에 연속적으로 공급하지 못한다. 분기 명령어 문제를 해결하기 위하여 분기 예측 실행 기법을 도입하였다. 분기 예측 기법을 지원하기 위하여 기존에 처리하였던 분기 목적지와 분기 예측을 위한 상태 코드를 저장하는 분기 목적지 버퍼(BTB)를 도입하였다.

슈퍼스칼라 프로세서는 스칼라 명령어 중에서 동시에 실행할 수 있는 명령어들을 동시에 실행하는 프로세서이다. 이를 위하여 명령어 처리부를 여러 개의 처리장치로 분리하고, 명령어 스케줄러가 디코드된 명령어 중에서 동시에 실행할 수 있는 명령어들을 찾아 처리장치로 발송한다. 이 과정에서 프로그램에 존재하는 데이터 의존성이 문제인데, 레지스터 재명명 기법에 의하여 출력 의존성과 반의존성을 해결할 수 있다. 슈퍼스칼라 프로세서는 명령어 병렬성을 최대로 활용하기 위하여 순서와 다르게 발송하는 정책을 채택하고 있으며, 분기 명령어의 예측 실행으로 인한 오류를 수정하기 어려움을 반영하여 순서대로 종료하는 정책을 채택하고 있다.

플린은 컴퓨터가 처리하는 명령어 스트림의 수와 데이터 스트림의 수에 따라 SISD, SIMD, MISD, 그리고 MIMD 네 가지 형태로 컴퓨터 시스템을 분류하였다. 이들 중 SIMD와 MIMD가 병렬처리 컴퓨터에 해당한다. SIMD는 한 개의 명령어에 의하여 여러 개의 데이터를 처리할 수 있는 컴퓨터이고, 배열 프로세서와 벡터 프로세서가 있다. 처리장치의 수가 수천 개에 달하는 배열 프로세서는 주로 보조 프로세서로 사용된다. 배열 프로세서는 멀티미디어 명령어와 그래픽 프로세서 형태로 발전하였다. 벡터 프로세서는 배열 데이터를 한 개의 명령어로 처리하도록 지시하는 벡터 명령어와 벡터 명령어를 처리하기 위한 파이프라인 구조의 처리장치를 갖는다. 최근에 많이 사용되고 있는 신호처리 프로세서들이 벡터 프로세서의 예이다. MIMD형 컴퓨터는 멀티 프로세서 시스템이다. 멀티 프로세서 시스템은 기억장치를 공유하는가 공유하지 않는가에 따라 구분될 수 있다. 그리고 대칭형 멀티 프로세서 시스템(SMP은 시스템을 구성하는 프로세서들의 종류가 같고 그 임무가 고정되어 있지 않다.

멀티 프로세서 시스템은 프로세서의 수에 따라 성능이 비례하여 증가하지 않는다. 비례성의 한계를 제시하는 법칙으로 암달의 법칙과 구스타프슨의 법칙이 있다. 암달의 법칙은 프로세서의 수를 늘리더라도 속도를 개선하는데 한계가 있다고 주장하고, 구스타프슨의 법칙은 프로세서서의 수에 비례하여 처리 속도가 개선될 수 있다고 주장한다.

연습문제

11.1 RISC

01 프로세서 계열(family)의 특징이 아닌 것은?

① 기존 명령어에 새로운 명령어를 추가한다.

② 기존 주소지정방식에 새로운 주소지정방식을 추가한다.

③ 상향 호환성(upward compatibility)을 지원한다.

④ 하향 호환성(downward compatibility)을 지원한다.

02 올바른 것을 선택하라.

(1) RISC는 CISC보다 명령어 수가 (적다, 많다).

(2) RISC는 CISC에 비하여 레지스터 수가 (적다, 많다).

(3) RISC는 (고정 길이, 가변 길이) 명령어 형식을 채택한다.

(4) RISC는 CISC에 비하여 주소지정방식이 (간단하다, 복잡하다).

(5) RISC의 제어장치는 (하드와이어드, 마이크로프로그램) 방식이다.

03 RISC 형식의 컴퓨터에서 찾아보기 힘든 명령어는?

① R1 ← R2 + R3   ② R1 ← R2 + Mem[A]

③ CALL SUBROUTINE   ④ BRZ   TARGET

04 명령어 파이프라인의 특성을 가장 올바로 설명한 것은?

① 여러 개의 명령어를 동시에 인출할 수 있다.

② 명령어 사이클 단계를 시간적으로 중첩해서 실행한다.

③ 연산기를 여러 개 장착하므로 단위 시간당 계산량이 많아진다.

④ 하드웨어가 추가되지만 명령어를 동시에 처리할 수 있어서 문제가 되지 않는다.

05 파이프라인으로 명령어를 동시에 처리를 하는데 가장 문제가 되는 명령어 종류는?

① 시스템 제어 명령어　　　　　　② 데이터 전달 명령어

③ 데이터 처리 명령어　　　　　　④ 프로그램 제어 명령어

06 ARM 파이프라인에서 분기 명령어와 데이터 의존성을 고려하여 다음과 같은 프로그램이 실행되는 과정을 제시하라. 필요하면 중간에 NOP를 추가하라. [그림 11-5]의 ARM 프로세서의 분기 명령어 처리 과정을 참고하라.

```
I1
I2: 분기 명령어이고 I7로 분기한다.
I3
I4
I5
I6
I7: 분기 목적지
I8: I7과 데이터 의존성이 존재한다.
I9
```

07 파이프라인 우회 경로(forwarding path)의 기능은?

① 인출한 명령어들을 저장해 두었다가 실행 단계로 전달한다.

② 분기 목적지를 예측하여 프로그램 카운터로 전달한다.

③ 파이프라인 단계의 처리 결과를 기록하면서 동시에 다른 단계로 전달한다.

④ 주기억장치에서 캐시 기억장치를 거치지 않고 직접 레지스터로 데이터를 전달한다.

08 상태도에 의한 분기 예측 기법을 사용하는 프로세서는 분기 예측 상태를 몇 개나 관리하는가?

① 함수마다 한 개 관리한다.　　　　② 함수 호출마다 한 개 관리한다.

③ 분기 명령어마다 한 개 관리한다.　④ 프로그램 전체에 대하여 한 개 관리한다.

09 연관 액세스 기억장치가 아닌 것은?

① 페이지 테이블(page table)

② 캐시 기억장치(cache memory)

③ 분기 목적지 버퍼(branch target buffer)

④ 변환 우선참조 버퍼(translation look-aside buffer)

10 분기 목적지 버퍼(branch target buffer)를 사용하는 목적은?

　① 분기 예측　　　　　　　　　　② 명령어 해석

　③ 캐시 미스 방지　　　　　　　　④ 데이터 의존성 검사

11.2 슈퍼스칼라 프로세서

01 스칼라 명령어란?

　① 단일 변수를 처리하는 명령어　　② 배열 변수를 처리하는 명령어

　③ 조건 분기를 처리하는 명령어　　④ 기억장치를 액세스하는 명령어

02 슈퍼스칼라 프로세서의 스케줄러의 역할은?

　① 기억장치에서 인출할 명령어를 결정한다.

　② 인출한 명령어들 중에서 디코드할 명령어를 결정한다.

　③ 분기 명령어의 경우 어느 쪽을 예측하여 실행할지 결정한다.

　④ 디코드한 명령어들 중에서 실행 단계로 넘길 명령어를 결정한다.

03 VLIW 프로세서에서 각 명령어들 중에서 동시에 실행할 명령어들을 모아 긴 명령어를 만드는 일은 누가 실행하는가?

　① 컴파일러　　　　　　　　　　② 스케줄러

　③ 프로그래머　　　　　　　　　④ 명령어 인출기

04 기계 병렬성과 밀접한 관련이 있는 슈퍼스칼라 프로세서의 구성 요소는?

　① 스케줄러의 수　　　　　　　　② 처리 장치의 수

　③ 인출 장치의 수　　　　　　　　④ 레지스터 파일의 수

05 프로그램의 명령어 수준 병렬도(degree of instruction parallelism)를 설명하는 것은?

　① 동시에 실행할 수 있는 명령어들의 수

　② 다른 명령어와 함께 실행될 수 있는 특성

　③ 다른 명령어와 함께 실행될 수 없는 특성

　④ 레지스터 때문에 동시에 명령어를 실행할 수 없는 특성

06 다음 명령어들 중에서 동시에 실행할 수 있는 명령어는?

```
I1:   LOAD     R1, Mem(A)
I2:   ADD      R3, R3, R2
I3    STORE    Mem(B), R3
```

① I1, I2   ② I2, I3   ③ I1, I3   ④ I1, I2, I3

07 문제 6번의 명령어들 중에서 I1과 I3 간에 존재하는 의존성은?

① 반의존성   ② 자원 의존성

③ 출력 의존성   ④ 데이터 의존성

08 다음 프로그램을 레지스터 재명명하여 다시 작성하라.

```
I1:   LOAD     R1, Mem(A)
I2:   LOAD     R2, Mem(B)
I3:   ADD      R3, R1, R2
I4:   ADD      R1, R2, R4
I5:   SUB      R1, R2, R4
```

09 조건이 [그림 11-15]와 같을 때, 그림의 왼쪽 프로그램을 수행하는 과정을 표시하라.

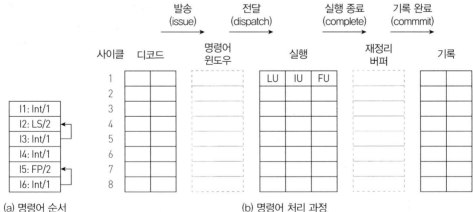

(a) 명령어 순서   (b) 명령어 처리 과정

11.3 병렬처리 컴퓨터

01 Flynn은 SISD, SIMD, MISD, MIMD로 컴퓨터를 분류하였다. 설명에 해당하는 컴퓨터를 적어라.

(1) 실제로 구현된 적이 없는 컴퓨터는?
(2) 단일 프로세서 컴퓨터는 어느 종류인가?
(3) 배열 프로세서 컴퓨터는 어느 종류인가?
(4) 멀티 프로세서 컴퓨터는 어느 종류인가?

02 주로 대용량 계산을 수행하는 보조 프로세서로 사용되는 것은?

① 범용 프로세서
② 배열 프로세서
③ 벡터 프로세서
④ 슈퍼스칼라 프로세서

03 그래픽 프로세서는 어떤 구조를 갖는다고 볼 수 있는가?

① SISD
② SIMD
③ MISD
④ MIMD

04 SIMD 멀티미디어 확장 명령어를 올바로 설명한 것은?

① 그래픽 연산을 처리하는 명령어
② 그래픽과 음성 데이터를 처리하는 명령어
③ 배열 데이터에 대한 계산을 수행하는 벡터 명령어
④ 큰 연산기로 크기가 작은 데이터 여러 개를 병렬로 계산하는 명령어

05 A[n] x B[n]과 같이 배열에 대한 실수 연산을 한 개의 명령어로 수행할 수 있는 프로세서는?

① 범용 프로세서
② 배열 프로세서
③ 벡터 프로세서
④ 슈퍼스칼라 프로세서

06 소결합 시스템에 해당하는 것은?

① 리눅스 시스템
② 분산 처리 시스템
③ 멀티프로세서 시스템
④ 공유 기억장치 시스템

07 기억장치 분산 멀티 프로세서 시스템에서 프로세서 간에 데이터를 교환하는 장치는?

① 기억장치   ② 통신 장치

③ 벡터 연산기   ④ 상호 연결망

08 대칭형 멀티 프로세서 시스템(SMP)의 조건을 모두 선택하라.

① 기억장치를 공유한다.

② 프로세서의 종류가 같다.

③ 프로세서의 임무가 고정되어 있지 않다.

④ 프로세서와 기억장치가 대칭적으로 배치되어 있다.

09 비례성(scalability)이란?

① 기억장치 용량을 측정할 수 있는 특성

② 프로세서의 처리 능력을 측정할 수 있는 특성

③ 슈퍼스칼라 프로세서의 처리장치의 수가 많은 특성

④ 자원의 수를 증가시키면 성능도 비례하여 개선되는 특성

10 암달의 법칙에서 프로그램의 병렬처리 효율을 제한하는 요인은?

① 시스템에 내장된 프로세서의 수

② 시스템에 내장된 기억장치 모듈의 수

③ 프로그램 중에서 직렬로 처리해야 하는 부분

④ 프로그램 중에서 병렬로 처리할 수 있는 부분

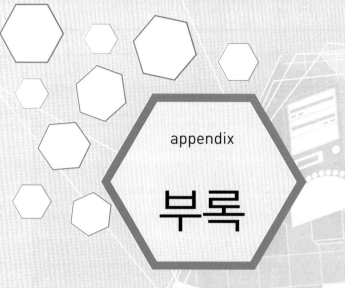

appendix

부록

ToyCOM 시뮬레이터

부록 ToyCOM 시뮬레이터

ToyCOM 시뮬레이터는 '7장 중앙처리장치 설계'에서 제안한 ToyCOM을 실행하는 프로그램이다. 시뮬레이터의 실행 화면인 [그림 A-1]은 [그림 7-1]의 ToyCOM 프로그래머 모델을 그대로 보여준다. 컴퓨터가 프로그램을 실행하는 과정을 한 눈에 볼 수 있도록 이 프로그램을 개발하였다. 텍스트 형식으로 작성된 프로그램을 기억장치에 적재할 수 있고, 클럭 단위로 명령어를 실행시키면서 프로세서 내부의 동작을 확인할 수 있다.

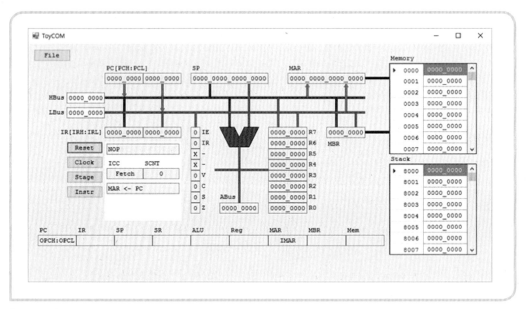

그림 A-1 리셋 후 ToyCOM 시뮬레이터 초기 화면

기능

- ToyCOM 프로그램 적재: 텍스트 파일로 작성된 ToyCOM 프로그램을 기억장치에 적재한다.
- 명령어 실행: 기억장치에 적재되어 있는 프로그램을 시뮬레이션에 의하여 실행하고 그 결과를 화면에 표시한다. ToyCOM 시뮬레이터는 프로그램을 세 가지 단위(시스템 클럭 단위, 명령어 사이클을 구성하는 단계 단위, 또는 명령어 단위)로 시뮬레이션한다.
- 레지스터와 기억장치 상태 표시: 중앙처리장치 내부의 레지스터와 버스 그리고 기억장치의 상태를 표시한다. 기억장치의 값을 수정할 수도 있다.
- 제어장치의 상태 표시: 명령어 레지스터(IR)에 적재되어 있는 명령어를 해독하여 니모닉 코드로 표시하고, {명령어 사이클 코드(ICC), 명령어 실행 클럭 수(SCNT)}에 생성하여야 할 제어 신호를 표시한다.

A.2 화면 구성

ToyCOM 시뮬레이터의 실행 화면에는 시뮬레이터의 동작을 제어하기 위한 5개의 실행 버튼이 있고, ToyCOM의 상태를 보여주는 시스템 버스와 연산기 버스, 레지스터, 제어장치 그리고 기억장치가 표시되어 있다. 이것은 '7장 중앙처리장치 설계'에서 제시한 프로그래머 모델과 같다.

- 실행 버튼
  - File: ToyCOM 기계어 프로그램을 적재한다.
  - Reset: ToyCOM을 리셋한다.
  - Clock: 한 개의 클럭 단위로 프로그램을 실행한다.
  - Stage: 명령어 사이클의 한 단계 단위로 프로그램을 실행한다.
  - Instr: 명령어 단위로 프로그램을 실행한다.

- 버스
  - HBus(파란색): 시스템 버스 중에서 상위 바이트의 값을 표시한다.
  - LBus(초록색): 시스템 버스 중에서 하위 바이트의 값을 표시한다.
  - ABus(초록색): 연산기의 출력 값을 표시한다.

● 레지스터

레지스터	기호	비트 수	연결
프로그램 카운터	PC[PCH:PCL]	16	HBus, LBus
명령어 레지스터	IR[IRH:IRL]	16	HBus, LBus
스택 포인터	SP	16	HBus, LBus
범용 레지스터	R0~R7	8	HBus, LBus, ABus
상태 레지스터	SR	8	ABUS: 플래그의 값을 표시한다.
기억장치 주소 레지스터	MAR	16	HBus, LBus
기억장치 버퍼 레지스터	MBR	8	HBus, LBus

● 기억장치

- 전체 용량은 64KB이다.
- Memory 부분은 0000~7FFFh까지의 프로그램 영역을 표시하고, Stack 부분은 8000~FFFFh 범위의 기억장치 값을 보여준다.
- 그리드를 조절하여 확인하고자 하는 주소를 변경할 수 있다.

● 제어장치

- 명령어를 IR에 인출한 후 기계 명령어를 디코드하여 어셈블리 명령어를 표시한다.
- 제어장치의 명령어 사이클 코드(ICC)와 시퀀스 카운터(SCNT)의 값을 표시한다. 따라서 현재 진행 중인 명령어 사이클의 단계와 클럭 수를 알 수 있다.
- 해당 {ICC, SCNT}에서 수행해야 하는 마이크로오퍼레이션을 표시한다.
- {ICC, SCNT}에서 생성해야 할 마이크로오퍼레이션을 수행하기 위하여 제어장치가 생성하는 제어신호를 표시한다.
- 생성된 해당 제어신호에 의하여 동작하는 레지스터가 실행부에 표시된다.

A.3 ToyCOM 프로그램

ToyCOM 시뮬레이터는 텍스트 파일로 작성된 ToyCOM 프로그램을 기억장치에 적재하는 기능을 갖고 있다. 텍스트 파일의 한 줄은 다음과 같은 세 개의 필드로 구성된다.

주소: 데이터 ; 주석

- 주소 필드: 16비트의 주소를 16진수로 적고 콜론(:)을 붙인다.
- 데이터: 한 개 이상의 8비트 데이터를 16진수로 나열한다. 한 줄에 여러 개의 수가 나열될 수 있으며, 주소 필드로 지정한 주소부터 연속적으로 기억장치에 배치한다.
- 주석: 한 줄에서 세미콜론(;) 이후는 모두 주석으로 처리된다.

ToyCOM 프로그램을 적재하는 과정은 다음과 같다.

1. ToyCOM 어셈블리 프로그램을 작성한다. 이 때 프로그램이 적재될 기억장치 주소도 고려해야 한다. 예제 프로그램은 다음과 같다.

```
0000: BR       100h              // 100h 번지로 무조건 분기

0100: LDI      R1, #20h          // R1 ← 20h
0102: LDI      R2, #40h          // R2 ← 40h
0104: CALL     200h              // CALL 200h
0106: HALT                       // 프로그램 종료

0200: ADD      R0, R1, R2        // R0 ← R1+R2
0202: RET                        // 리턴
```

2. 프로그램을 수동으로 기계어로 번역하고, ToyCOM 데이터 형식에 맞추어 데이터 파일을 작성한다. 예제 프로그램에 대한 데이터 파일은 다음과 같다.

```
; ToyCOM Program Example

0000: FE 80    ; 0000 offset: 10000 000 11111110   BR 100h offset = 100h − 2 = 0FEh

0100: 20 09    ; 00001 001 00100000    100h: LDI R1,#20h
0102: 40 0a    ; 00001 010 01000000    102h: LDI R2,#40h
0104: FA F8    ; 11111 offset(0fa)     104h: call 200h offset = 200h − 106h = 0FAh
0106: 01 00    ; 00000 xxx 000 00001   106h: HALT

0200: 28 28    ; 00101 000 001 010 00   ADD R0,R1,R2
0202: 00 48    ; 01001 x  x  x  00      RET
```

3. ToyCOM 시뮬레이터의 [File] 버튼을 누르면, [그림 A-2]와 같은 파일 열기 다이얼로그가 나타난다. 소스 파일을 선택하고 열기를 누른다. ToyCOM 시뮬레이터는 데이터 파일을 해독하여, 기억장치에 적재한다. [그림 A-3]과 같이 화면의 메모리 그리드에서 데이터가 적재되었음을 확인할 수 있다.

그림 A-2 파일 열기 화면

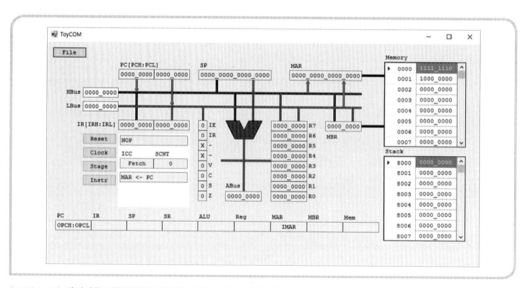

그림 A-3 데이터를 기억장치에 적재한 후 ToyCOM의 상태

[리셋] 버튼을 누르면, SP를 포함한 모든 레지스터의 값이 모두 0으로 초기화된다. [그림 A-3]은 예제 프로그램이 적재되고, 리셋한 후의 상태이다.

- 제어장치의 상태는 {ICC=Fetch, SCNT=0}이다.
- 마이크로오퍼레이션으로 MAR ← PC를 실행한다.
- 제어장치는 PC에 출력 제어신호 OPCH, OPCL을 생성한다. 이에 의하여 PC의 값이 HBus와 LBus에 실린다.
- 제어장치는 MAR에 인가되는 입력 제어신호 IMAR을 생성한다. 이 신호에 의하여 HBus와 LBus의 값이 다음 클럭이 인가된 후에 MAR로 적재된다.

이 상태에서 클럭 버튼을 누르면, 첫 번째 클럭이 다음의 ToyCOM 상태를 화면에 표시한다. 그 결과는 [그림 A-4]이다.

- 클럭이 인가된 후 HBus와 LBus의 값이 MAR에 적재되고, 제어장치의 상태는 {ICC=Fetch, SCNT=1}이다.
- 마이크로오퍼레이션 MBR ← Mem[MAR], PC ← PC+1을 실행하기 위한 제어신호 MR(Memory Read)와 IncPC(Increment PC)를 생성한다.
- 제어 신호가 생성되었지만, 아직 레지스터에 결과가 반영되지 않는다. 클럭이 하나 더 인가된 후에 MBR과 PC의 값을 갱신한다.

클럭 버튼을 누를 때마다, 제어 신호가 생성되고 이에 따라 ToyCOM의 상태가 변한다. [그림 A-5]는 명령어 인출 단계가 끝난 후 시스템의 상태를 보여준다. 인출한 명령어가 BR 100이고 제어 신호로 PC ← PC + offset을 생성한다. 이 명령어가 실행되고 나면, [그림 A-6]과 같이 PC의 값이 0100h으로 변경되고, 다시 명령어 인출 단계로 들어간다.

이와 같은 방법으로 프로그램을 클럭, 단계, 또는 명령어 단위로 시뮬레이션하여, ToyCOM의 상태 변화를 확인할 수 있다.

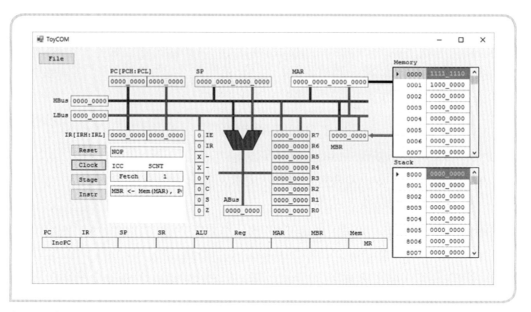

그림 A-4 ▸ 첫 번째 클럭 인가 후 ToyCOM의 상태

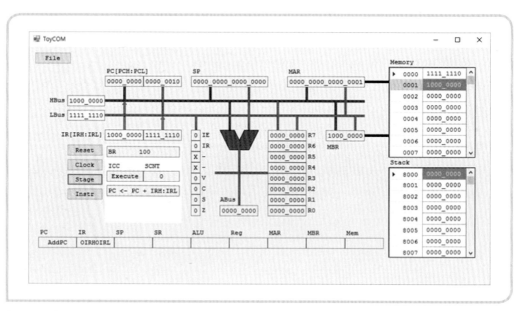

그림 A-5 ▸ 명령어 인출 후 ToyCOM의 상태

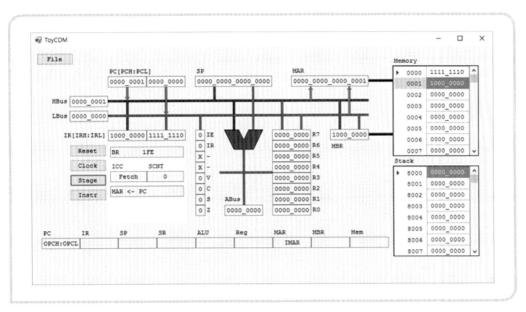

그림 A-6   분기 명령어 실행 후 ToyCOM의 상태

A.5   이전 버전과의 차이점

ToyCOM3는 이 교재 초판과 함께 배포한 ToyCOM2를 수정한 것이다. ToyCOM3은 스택 운영 방법이 이전과 다르다. 이 차이점을 다음 표에 정리하였다. 스택 운영 방법이 수정됨에 따라, CALL, RET 명령어의 마이크로오퍼레이션도 수정되었다. 그리고 소스 코드를 수정하는 과정에서 발견된 몇 가지 오류도 수정하였다.

항목	TOYCOM2	TOYCOM3
Stack 운영	PUSH 때 SP 증가	PUSH 때 SP 감소
SP 초깃값	8000h	0000h
Stack area	8000h ~ C000	FFFF ~ C000
PUSH	SP ← SP +1 Mem(SP) ← Rs	P ← SP – 1 Mem(SP) ← Rs
POP	Rd ← Mem(SP) SP ← SP – 1	Rd ← Mem(SP) SP ← SP +1

연습문제 정답

1장 컴퓨터 구조 소개

1.1 컴퓨터 구조의 범위

1. ④　　2. ①　　3. ④　　4. ①　　5. ①

1.2 컴퓨터의 구성 요소

1. ④　　2. ①　　3. ①, ②　　4. ②　　5. ④　　6. ④　　7. ①　　8. ①, ③　　9. ①　　10. ④

1.3 컴퓨터의 발달 과정

1. ①　　2. ③　　3. (1) 진공관 (2) 집적회로(IC)

4. ④ $((2016-1980)/2 = 36/2 = 18, 2^{18} = 256K = 262,144배)$

5. ①

6. (1) 마이크로프로세서　　(2) 마이크로제어기

7. ④

2장 논리회로 기초

2.1 수와 코드

1. $(2195.12)_{10} = 2 \times 10^3 + 1 \times 10^2 + 9 \times 10^1 + 5 \times 10^0 + 1 \times 10^{-1} + 2 \times 10^{-2}$
$$= 2000 + 100 + 90 + 5 + 0.1 + 0.02 = (2195.12)_{10}$$

2. (1) $(421.3)_5 = 4 \times 5^2 + 2 \times 5^1 + 1 \times 5^0 + 3 \times 5^{-1} = 100 + 10 + 1 + 0.6 = (111.6)_{10}$

   (2) $(726.4)_8 = 7 \times 8^2 + 2 \times 8^1 + 6 \times 8^0 + 4 \times 8^{-1} = 448 + 16 + 6 + 0.5 = (470.5)_{10}$

3. 0, 1, 2, 3, 4, 5, 6(7개의 수 사용)

4. (1) $(101111101)_2$　　(2) $(101\_111\_101)_2 = (575)_8$　　(3) $(1\_0111\_1101)_2 = (17D)_{16}$

5. 8진수: $1\_010\_100\_111\_011\_010.101\_011\_1 = (124732.534)_8$

   16진수: $1010\_1001\_1101\_1010.1010\_111 = (A9DA.AE)_{16}$

6. (1) '♡◇◇♠' = 10_01_01_00 = 1001_0100 = 94h

   (2) 10111100 = 10_11_11_00 = ♡♣♣♠

7. 여러 가지 답이 가능하다. 가능한 답의 예는 다음과 같다.

   • 동물이 16종류이므로 2진수 0000~1111의 수를 부여한다.

   • 동물을 가축, 조류, 파충류, 야생동물 순으로 나열한다.

   • 동일한 종류 안에서 가나다 순서로 동물을 배치한다.

동물	이진수	동물	이진수	동물	이진수	동물	이진수
개	0000	거위	0100	개구리	1000	늑대	1100
말	0001	닭	0101	도마뱀	1001	원숭이	1101
소	0010	오리	0110	두꺼비	1010	치타	1110
양	0011	학	0111	뱀	1011	호랑이	1111

8.

10진수	BCD 코드	3 초과 코드
301	0011_0000_0001	0110_0011_0100
408	0100_0000_1000	0111_0011_1011
516	0101_0001_0110	1000_0100_1001
1026	0001_0000_0010_0110	0100_0011_0101_1001
1225	0001_0010_0010_0101	0100_0101_0101_1000

9. C: 43   o: 6F   m: 6D   p: 70   u: 75   t: 74   e: 65   r: 72   ' '(공백): 20

   A: 41   r: 72   c: 63   h: 68   i: 69   t: 74   e: 65   c: 63   t: 74   u: 75   r: 72   e: 65

⟨ 2.2 ⟩ 조합 논리회로

1. (1)

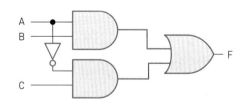

   (2)

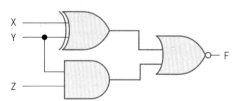

2. 네 비트 A, B, C, D를 더하여 한 비트의 자리올림수(C)와 두 비트의 합(S_1S_0)을 구한다.

입력				자리올림수	합		설명
A	B	C	D	C	S_1	S_0	$A + B + C + D = C\_S_1S_0$
0	0	0	0	0	0	0	0 + 0 + 0 + 0 = 000(0)
0	0	0	1	0	0	1	0 + 0 + 0 + 1 = 001(1)
0	0	1	0	0	0	1	0 + 0 + 1 + 0 = 001(1)
0	0	1	1	0	1	0	0 + 0 + 1 + 1 = 010(2)
0	1	0	0	0	0	1	0 + 1 + 0 + 0 = 001(1)
0	1	0	1	0	1	0	0 + 1 + 0 + 1 = 010(2)
0	1	1	0	0	1	0	0 + 1 + 1 + 0 = 010(2)
0	1	1	1	0	1	1	0 + 1 + 1 + 1 = 011(3)
1	0	0	0	0	0	1	1 + 0 + 0 + 0 = 001(1)
1	0	0	1	0	1	0	1 + 0 + 0 + 1 = 010(2)
1	0	1	0	0	1	0	1 + 0 + 1 + 0 = 010(2)
1	0	1	1	0	1	1	1 + 0 + 1 + 1 = 011(3)
1	1	0	0	0	1	0	1 + 1 + 0 + 0 = 010(2)
1	1	0	1	0	1	1	1 + 1 + 0 + 1 = 011(3)
1	1	1	0	0	1	1	1 + 1 + 1 + 0 = 011(3)
1	1	1	1	1	0	0	1 + 1 + 1 + 1 = 100(4)

3. $Y_0 = \overline{I_1} \cdot \overline{I_2}$, $Y_1 = \overline{I_1} \cdot I_2$, $Y_2 = I_1 \cdot \overline{I_2}$, $Y_3 = I_1 \cdot I_2$

4. (1) Enable 신호: 부논리(L일 때 enable)

   (2) Select 신호: 정논리

   (3) Output 신호: 부논리(선택된 출력이 L)

5. 256개의 입력 조합들 중 8개만 사용한다. 입력 신호들 중 여러 개의 입력이 1인 경우 인코더로서의 기능을 상실한다.

6. 입력(INPUTS): 부논리

   출력(OUTPUTS): 부논리

7.

입력									출력			
1	2	3	4	5	6	7	8	9	D	C	B	A
H	L	H	H	L	L	H	L	H	L	H	H	H
H	L	H	H	L	H	H	H	H	H	L	H	L

8.

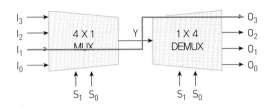

9. A와 B가 선택선으로 사용되고, 이 값에 따라 G1의 입력이 네 개의 출력 중 하나로 전달된다.
문제의 경우 G1에 인가된 값 0이 Y2로 전달된다.

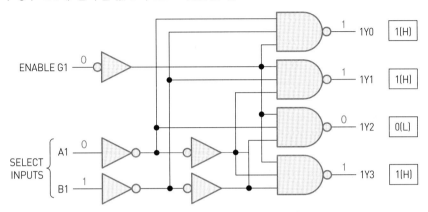

10. $CS_3S_2S_1S_0 = A_3A_2A_1A_0 + B_3B_2B_1B_0$

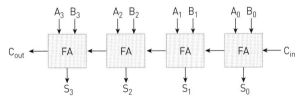

<2.3> 순차 논리회로

1.

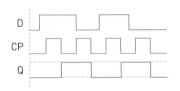

2.

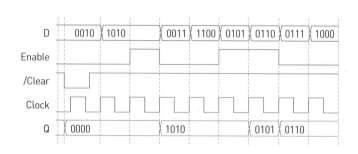

3. (1) 키가 12개이고 2^3 <= 12 <= 2^4이므로, 4비트

   (2) 코드를 만드는 장치가 필요하므로 인코더

   (3) 코드를 저장하고 나서 직렬로 변환해야 하므로 시프트 레지스터

4. 시계, 신호등, 전기밥솥, 세탁기, 전자레인지 등 시간을 측정하는 모든 기계

〈2.4〉 레지스터 전송 언어

1. ②, ④

2. (1) INT: PC ← 8   (2) R3 ← R1 − R2   (3) A+B: R1[0] ← 1   (4) T2: IR ← MBR

3장 〉 컴퓨터 구조의 개요

〈3.1〉 프로그램의 실행

1. (1) 프로그램 (2) 다르다 (3) 이진수 코드 (4) 어셈블리어 (5) 폰 노이만

2. ①, ③   3. ③

〈3.2〉 컴퓨터의 구성 요소

1. (1) 프로그램 카운터(PC): 다음에 실행할 명령어의 주소를 저장한다.

   (2) 명령어 레지스터(IR): 현재 실행 중인 명령어를 저장한다.

2. (1) 다음에 실행할, 명령어의 주소   (2) 현재 실행 중인, 명령어 코드

3. ③   4. ③   5. ②   6. (1) 변경하지 않고 (2) 변경하여 (3) PC (4) 데이터 처리

7. (1) 데이터 전달 (2) 프로그램 제어 (3) 데이터 전달 (4) 데이터 처리 (5) 데이터 처리

8. ③   9. ②   10. 주소 1100번지에 저장된 1000_1101이 출력된다.

11. (1) 64K×8bit 또는 64Kbyte (2) 64M×8bit 또는 64Mbyte   12. ④

13. (1) 주소 (2) 입출력 포트 (3) 기억장치 주소공간, 입출력 주소공간 (4) 적재/저장

(5) 입력/출력 (6) 기억장치 맵 (7) 독립 입출력

3.3 시스템 버스

1. ④   2. ③   3. 4G바이트   4. ③   5. ①   6. ②   7. ②

3.4 명령어

1. ②   2. ①   3. ④   4. ④   5. ③   6. ④   7. ①   8. ②   9. ④

10. (1) 4비트 (2) 16비트 (3) 24비트 (4) 16비트

  (5) -2^{15}부터 $2^{15}-1$까지(16비트 정수의 표현 범위와 같다.)

11. (1) 6(동작 코드) + 4(레지스터) = 10비트

  (2) 6(동작 코드) + 4(레지스터) + 16(즉치 데이터) = 26비트

  (3) 6(동작 코드) + 24(기억장치 주소) + 4(레지스터) = 34비트

  (4) 6(동작 코드) + 4(레지스터) + 16(입출력 주소)= 26비트

  (5) 6(동작 코드) + 4(레지스터) + 4(레지스터) + 24(기억장치 주소) = 38비트

12. ④   13. ④

3.5 명령어 실행 과정

1. (1) 8비트 (2) 8비트 (3) 4비트

2.

레지스터 전송문	어셈블리 명령어	명령어 코드
R11 ← Mem[64h]	load R11, Mem[64h]	0010_1011_0110_0100
Mem[48h] ← R13	store R13, Mem[48h]	0011_1101_0100_1000
R13 ← Mem[80h]	load R13, Mem[80h]	0010_1101_1000_0000
R13 ← R14 and R15	and R13, R14, R15	1010_1101_1110_1111

3. ② (기억장치의 용량이 256바이트이므로 1004번지가 없다.)

4. (1) IR=2281h, PC=24h   ; IR에 Mem[23h]:Mem[22h]가 저장되고, PC가 2 증가한다.

  (2) R2 ← Mem[81h]   (3) R2=44h

4.1 중앙처리장치 구성 요소

1. ④   2. ③   3. ④   4. ②   5. ②   6. ②   7. ①   8. ④

4.2 레지스터의 종류

1. ④   2. ③   3. ②   4. (1) 라 (2) 다 (3) 나 (4) 가 (5) 마

5. 부호 플래그=0 제로 플래그=0 자리올림수=0 짝수 패리티=1 오버플로우= 0

6. ①   7. ③   8. (1) 기억장치의 일부 (2) Last-In-First-Out (3) 한 곳

9. ②   10. ④

11.

R3	3456h		100eh	89abh
R2	2222h		100ch	789ah
R1	1111h		100ah	6789h
R0	1111h		1008h	1111h
			1006h	2222h
SP	1006h		1004h	0000h
			1002h	2345h
			1000h	1234h

12.

R3	789ah		100eh	89abh
R2	2222h		100ch	0000h
R1	1111h		100ah	2222h
R0	1111h		1008h	1111h
			1006h	4567h
SP	100ah		1004h	3456h
			1002h	2345h
			1000h	1234h

13. ②   14. ①   15. ②

4.3 인터럽트

1. ①   2. ②   3. C–A–B–E–D   4. ①, ④   5. ②, ⑤   6. ③   7. ②

8. PC=1234h: 스택의 탑인 Mem[800ah]를 PC로 적재한다. SP는 8008h로 감소한다.

    SR=8042h: 스택에서 값을 인출하여 SR로 적재한다. SP는 8006h로 감소한다.

    SP=8006h

9. (1) 인터럽트 서비스 루틴을 수행하면서 상태 레지스터의 값이 변경될 수 있기 때문에

    (2) 인터럽트 서비스 루틴을 수행한 후 프로그램을 수행하던 위치로 복귀하기 위하여

10. ①, ④   11. ②   12. (1) ③ (2) ⑤   13. ④   14. ①, ③, ④

4.4 명령어 사이클

1. ④   2. ②

3. (1) 인출 단계와 실행 단계를 거치므로, 클럭 8개 소모한다.

    (2) 인출 단계, 간접 단계, 실행 단계를 거치므로, 클럭 12개를 소모한다.

(3) 인출 단계, 간접 단계, 실행 단계를 수행하고, 인터럽트 단계를 거친 후 인터럽트 서비스 루틴으로 들어간다. 그러므로 클럭 16개를 소모한다.

5장 연산기

5.1 연산기 개요

1. ②   2. ①, ③   3. ②   4. ②

5.2 정수

1. ③   2. (1) $-(2^{n-1}-1) \sim (2^{n-1}-1)$ (2) $-(2^{n-1}-1) \sim (2^{n-1}-1)$ (3) $-2^{n-1} \sim (2^{n-1}-1)$

3.

방법	+29	-29	+120	-120
부호화 크기	0001_1101	1110_0011	0111_1000	1000_1000
1의 보수	0001_1101	1110_0010	0111_1000	1000_0111
2의 보수	0001_1101	1110_0011	0111_1000	1000_1000

4. (1) 0000_0000_0000_0000, 1000_0000_0000_0000

   (2) 0000_0000_0000_0000, 1111_1111_1111_1111

   (3) 0000_0000_0000_0000

5. (1) 42 (2) −63 (3) −5

6.

수	8비트	16비트
+78	0100_1110	0000_0000_0100_1110
-78	1011_0010	1111_1111_1011_0010

5.3 논리 연산

1. (1) R1=56h(0101_0110) (2) R1=2ah(0010_1010) (3) R1=bfh(1011_1111)

   (4) R1=30h(0011_0000)

2. A6h(1010_0110)   3. ①   4. (1) bfh(1101_1111) (2) 20h(0010_0000)

⟨5.4⟩ 시프트 연산

1.

16진수	2진수	왼쪽 시프트(2진수, 16진수)	오른쪽 시프트(2진수, 16진수)
9Bh	1001_1011	0011_0110 (36h)	0100_1101 (4Dh)
D2h	1101_0010	1010_0100 (A4h)	0110_1001 (69h)

2. (1) −54 (2) 1001_0100 (3) −108, 같다. (4) 1110_0101 (5) −27, 같다.   **3.** ③   **4.** ③

⟨5.5⟩ 정수 산술 연산

1. (1) 0011_1100 (2) 0111_1010 (3) 1011_0110 (4) 182 (5) −74

　　(6) 부호 플래그=1, 제로플래그=0, 자리올림수=0, 오버플로우=1

2. (1) −22 (2) 0010_0000 (3) 0011_0110 (4) 1100_1010 (5) 1110_1010 (6) −22 (7) 같다.

3.

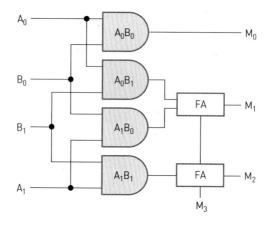

4.

단계	상태	M	C	A	Q	P
1	초기 상태	1011	0	0000	0101	4
2	곱 계산		0	1011	0101	4
3	오른쪽 시프트		0	0101	1010	3
4	오른쪽 시프트		0	0010	1101	2
5	곱 계산		0	1101	1101	2
6	오른쪽 시프트		0	0110	1110	1
7	오른쪽 시프트		0	0011	0111	0

5.

단계	상태	M	C	A	Q	P
1	초기 상태	1011	0	0111	1011	4
2	왼쪽 시프트		0	1111	0110	4
3	CA ← A−M		1	0100	0110	4
4	Q ← 1		1	0100	0111	3
5	왼쪽 시프트		0	1000	1110	3
6	CA ← A−M		0	1101	1110	3
7	CA ← A+M, Q ← 0		1	1000	1110	2
8	왼쪽 시프트		1	0001	1100	2
9	CA ← A−M		1	0110	1100	2
10	Q ← 1		1	0110	1101	1
11	왼쪽 시프트		0	1101	1010	1
12	CA ← A−M		1	0010	1010	1
13	Q ← 1		1	0010	1011	1

⟨5.6⟩ 실수

1. ① 2. ①, ④ 3. ②

4. (1) −101.00101 (2) −1.0100101 × 2^2

(3) 0100_1010_0000_0000_0000_000 (소수점 이하에 오른쪽을 0으로 채운 23비트)

(4) 1000_0001 (2+127=129)에 해당하는 2진수 (5) C0A50000

5. 생략 6. (1) 42f53EFA (2) 2.782227

⟨5.7⟩ 실수 연산

1. A−C−D−B 2. ③ 3. ②

6장 명령어 집합

⟨6.1⟩ 명령어 특성

1. ④ 2. ③ 3. ④ 4. ①

5. (1) Complex Instruction Set Computer (2) Reduced Instruction Set Computer

6. ④ 7. ②

6.2 주소의 수

1. ④

2.

(1) 3-주소 명령어 형식	(2) 2-주소 명령어 형식	(3) 1-주소 명령어 형식

MUL R1, B, C
ADD R2, A, R1
SUB R3, D, E
DIV Y, R2, R3
	LD R1, B
	MUL R1, C
	ADD R1, A
	LD R2, D
	SUB R2, E
	DIV R1, R2
	ST Y, R1
		LD D
		SUB E
		ST T
		LD B
		MUL C
		ADD A
		DIV T
		ST Y

3. ③   4. ④   5. ①

6.3 주소지정방식

1. (1) 500 (2) 800 (3) 300 (4) 200 (5) 752

2. (1) 621 (2) 621 − 530 = 91 (3) 11_1010_0101 (−91에 대한 10비트 2의 보수 표현)

3. (1) 0 (2) 2 (3) 0 (4) 1   4. (1) 부호 없는 수 (2) 정수 (3) 정수 (4) 짧다 (5) 인덱싱

5. ②   6. (1) 120 (2) 216 (3) 812 (4) 423   7. ④   8. ④

6.4 오퍼랜드 저장

1.

시작 주소	Little-endian	Big-endian	정렬 여부
1200	23202842	42282023	O
1203	4f8e2423	23248e4f	X
1208	34892d7b	7b2d8934	O
120a	cda23489	8934a2cd	X
120c	10f7cda2	a2cdf710	O

6.5 명령어 종류

1. (1) exchange (2) output (3) translate (4) set carry flag (5) test (6) clear bit

2. (1) Zero = 0, Carry = 1, Sign = 0, Overflow = 0 (2) R1 = 227, R2 = 194 (3) [(C=0)] = FALSE (4) not taken (5) R1 = −29, R2 = −62 (6) [(S ⊕ OV) = 1] = false (7) not taken

3. ①   4. ④

5. PC=2420 SP=6502 Mem[6502] – 80, Mem[6503] = 31   6. ①

7. PC=4523, SR=7b65, SP=6500   8. ④

7장 　중앙처리장치 설계

7.1 　프로그래머 모델

1. (1) 64 (2) 16 (3) 16, 2 (4) 16 (5) 16 (6) 8 (7) 없다   2. ①   3. ③   4. ④

7.2 　명령어 형식

1. ②, ④   2. ①   3. (1) 3 (2) −128~127 (3) −1024~1023   4. ②   5. 4개

7.3 　명령어 집합

1.

레지스터 전송 언어	명령어	명령어 코드
R5 ← #45h	LDI R5, #45h	00001_101_01000101 (0D45)
R4 ← R7	MV R4, R7	00010_100_111_001_00 (14E4)
Mem(R7:R6) ← R5	ST (R7:R6), R5	00010_110_101_000_01 (16A1)
R1 ← R2 + Mem(500)	명령어 없음	없음

2.

명령어		이진수 코드	16진수 코드
INC	R2	00100_010_000_000_00	2200h
NOT	R4	00100_100_000_000_11	2403h
SUB	R0, R0, R2	00101_000_000_010_10	280Ah
XOR	R1, R6, R7	00110_001_110_111_10	31DEh

3. (1) XOR R3, R3, R3 R3=0 (2) NEG R2 R2=DDh (3) DEC R1 R1=A7h (4) AND R1, R4, R5 R1=0Bh   4. (1) 0 (2) 1 (3) 0 (4) 0   5. ①   6. ①, ②

7.

조건 분기 명령어	2진수 코드	16진수 코드	PC 값
BRC + 20h	10110_000_0010_0000	B020	2122
BRAE - 20h	10110_111_1110_0000	B7E0	20E2
BRLT + 10h	11110_000_0001_0000	F010	2102
BRGT - 10h	11011_111_1111_0000	DFF0	20F2

8. ④   9. ③

10. 기존의 명령어와 중복되지 않는 비트 패턴을 할당하면 모두 정답. 아래는 정답의 예시이다.

명령어	비트 패턴					동작
	15 - 11	10 - 8	7 - 5	4 - 2	1 - 0	
MFSP SP, (Rs+1:Rs)	00010	—	Rs	010	00	SP[15:8] ← Rs+1, SP[7:0] ← Rs
MTSP (Rd+1:Rd),SP	00010	Rd	—	010	01	Rs+1 ← SP[15:8], Rs ← SP[7:0]
PUSHSR	00011	—	—	001	00	SP ← SP + 1/Mem(SP) ← SR
POPSR	00011	—	—	001	01	SR ← Mem(SP)/SP ← SP – 1

7.4 명령어 사이클

1. ④   2. ④   3. ①

7.5 마이크로오퍼레이션

1. ④   2. ②   3. ④   4. ③   5. ④   6. ④

7.

주소	명령어	인출 단계 클럭수	실행 단계 클럭수	소계
0000h	BR 100h	6	1	7
…				
0100h	LDI R1, #20h	6	1	7
0102h	LDI R2, #40h	6	1	7
0104h	CALL 0200h	6	9	15
0106h	HALT	6	0	6
…				
0200h	ADD R0, R1, R2	6	1	7
0202h	RET	6	6	12
총계		42	19	61

7.6 제어 신호

1. ④   2. ②

8장 제어장치

8.1 제어장치 기능

1. ①   2. ④   3. ②   4. ④   5. ④   6. ②

〈 8.2 〉 제어장치 종류

1. ①, ④   2. ③   3. (1) 제어주소 레지스터 (2) 제어단어 (3) 제어버퍼 레지스터

4. (1) ○ (2) X (3) ○ (4) ○ (5) X

〈 8.3 〉 하드와이어드 제어장치

1. ①   2. ②   3. ④   4. ②   5. ②   6. ④

7.

명령어	비트 패턴					명령어 추출 논리식
	15 - 11	10 - 8	7 - 5	4 - 2	1 - 0	
MV Rd, Rs	00010	Rd	Rs	001	00	MV = OP[2] · SOP1[1] · SOP2[0]
ASR Rd	00100	Rd	X	001	11	ASR = OP[4] · SOP1[1] · SOP2[3]
SUB Rd,Rs1,Rs2	00101	Rd	Rs1	Rs2	10	SUB = OP[5] · SOP2[2]
BRA target	11001	Target ⟨offset⟩				BRA = OP[25]

〈 8.4 〉 마이크로프로그램 제어장치

1. (1) 제어 기억장치 (2) 제어 주소 레지스터(CAR) (3) 제어 버퍼 레지스터(CBR)

   (4) 순서 제어기

2. ③   3. ②   4. ①   5. ④   6. ①

7. 4비트(아무 것도 동작하지 않는 경우도 고려해야 하므로, 9개의 신호를 부호화해야 한다.)

8. ①   9. ①   10. ④ (서브루틴의 시작 주소는 주소필드(target)로 주어진다.)

11. FET, FET+1, ⋯, FET+n, EXE, EXE_INST1, ⋯, EXE_INST1+e1, EXIT, EXIT+1

9장 〈 기억장치

〈 9.1 〉 기억장치 특성

1. ①   2. ①   3. ②   4. ①   5. ④   6. ②   7. (1) D (2) A (3) C (4) B   8. ④

9. ②, ④   10. ①, ②   11. B–A–D–C   12. ③   13. ①   14. ④

〈 9.2 〉 반도체 기억장치

1. ③   2. ③   3. (1) $2^{24} \times 8 = 16M$ (2) $2^{24} \times 8 = 16M$ (3) $2^{18} \times 8 = 256K$

4. ①   5. ④   6. ④   7. ①   8. ④   9. (1) 블록, 페이지 (2) 블록 (3) 블록 (4) 페이지

1. (1) 주소 19비트, 데이터 8비트 (2) 주소 22비트, 데이터 32비트 (3) 8배 (4) 4배 (5) 32개

    (6) 3×8 디코더   2. (1) SRAM12 (2) SRAM02 (3) SRAM13 (4) SRAM03

⟨ 9.4 ⟩ 캐시 기억장치

1. ④   2. (1) 단어 (2) 블록   3. 평균 액세스 시간 $= t_c + (1 - h) \times t_m = 20nsec$ 4. ④

5.

매핑 방법	주소의 구성			비교기	
	태그 필드	라인 필드	단어 필드	비트	개
직접 매핑	13	12	7	13	1
완전 연관 매핑	25	0	7	25	2^{12}
4-way 집합 연관 매핑	15	10	7	15	4

6. ④

7. ⟨ 캐시 기억장치 상태 ⟩

라인 번호	태그	캐시 라인 번호				USE
		11	10	01	00	
00	0000	03h	02h	01h	00h	3
01	0010	0bh	0ah	09h	08h	0
10	1010	2bh	2ah	29h	28h	2
11	1101	37h	36h	35h	34h	1

⟨ 주소 2Eh: (실패) ⟩

라인 번호	태그	캐시 라인 번호				USE
		11	10	01	00	
00	1011	2fh	2eh	2dh	2ch	0
01	0010	0bh	0ah	09h	08h	1
10	1010	2bh	2ah	29h	28h	3
11	1101	37h	36h	35h	34h	2

⟨ 주소 36h: (적중) ⟩

라인 번호	태그	캐시 라인 번호				USE
		11	10	01	00	
00	1011	2fh	2eh	2dh	2ch	1
01	0010	0bh	0ah	09h	08h	2
10	1010	2bh	2ah	29h	28h	3
11	1101	37h	36h	35h	34h	0

⟨ 주소 33h: (실패) ⟩

라인 번호	태그	캐시 라인 번호				USE
		11	10	01	00	
00	1011	2fh	2eh	2dh	2ch	2
01	0010	0bh	0ah	09h	08h	3
10	1100	33h	32h	31h	30h	0
11	1101	37h	36h	35h	34h	1

8. ③   9. ②, ③

10. M(Modified, 수정), E(Exclusive, 배타), S(Shared, 공유), I(Invalid, 무효)

1.

가상 주소	페이지 테이블 인덱스	페이지 테이블 값	물리 주소/부재
1130h	1	0	0130h
2400h	2	3	3400h
43FFh	4	x	Page fault
5730h	5	2	2730h
689ah	6	1	189ah
74bah	7	x	Page fault

2. ③ 3. ① 4. ① 5. ② 6. ② 7. (1) D−B (2) D−C−B (3) D−C−A−B

10장 입출력

10.1 입출력장치의 개요

1. (1) 느리다 (2) 바이트 (3) 전자기계식 (4) 크다 2. ② 3. ② 4. ④ 5. ③

6. (1) − ㉠ (2) − ㉢ (3) − ㉡ (4) − ㉣ 7. ④

8.

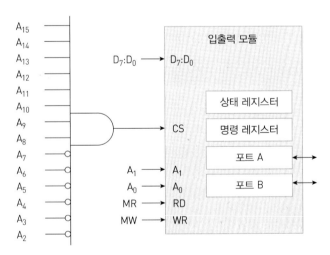

9. (1) LOAD R0, FF00h (2) STORE FF01h, R1 (3) LOAD R2, FF02h (4) STORE FF03h, R3

10. ②

⟨10.2⟩ 프로그램에 의한 입출력

1. ①   2. ②   3. ④   4. ③

5.

```
pstatus = IO_STATUS;

pdata = IO_DATA;

while ( (*pstatus & READY) == 0 ) ;

return *pdata;
```

⟨10.3⟩ 인터럽트 구동 입출력

1. ④   2. (1) 실행 단계 (2) 마스크 한다 (3) 마스크하지 않는다 (4) 인터럽트 가능 상태

3. C–B–A–D   4. ②   5. ②   6. ④   7. ③   8. ③   9. ④   10. 데이지 체인

11. ④   12. ③

⟨10.4⟩ 직접 기억장치 액세스

1. ②   2. ①   3. E–C–D–F–G–A–B   4. ②   5. ③   6. ④

⟨11장⟩ 고성능 컴퓨터

⟨11.1⟩ RISC

1. ④   2. (1) 적다 (2) 많다 (3) 고정 길이 (4) 간단하다 (5) 하드와이어드   3. ②

4. ②   5. ④

6.

명령어	1	2	3	4	5	6	7	8	9	10	11	12	13	14	15	16
I1	FI	DI	EI	BD	WB											
I2		FI	DI	EI	BD	WB										
I3			FI	DI												
I4				FI												
I7					FI	DI	EI	BD	WB							
NOP						FI	DI	EI	BD	WB						
I8							FI	DI	EI	BD	WB					
I9								FI	DI	EI	BD	WB				

7. ③   8. ③   9. ①   10. ①

⟨11.2⟩ 슈퍼스칼라 프로세서

1. ①　　2. ④　　3. ①　　4. ②　　5. ①　　6. ①　　7. ②

8.

      I1:　　LOAD　　R1a, Mem(A)

      I2:　　LOAD　　R2, Mem(B)

      I3:　　ADD　　R3, R1a, R2

      I4:　　ADD　　R1b, R2, R4

      I5:　　SUB　　R1c, R2, R4

9.

(a) 명령어 순서　　　　　　　　　　　　(b) 명령어 처리 과정

⟨11.3⟩ 병렬처리 컴퓨터

1. (1) MISD (2) SISD (3) SIMD (4) MIMD　　2. ②　　3. ②　　4. ④　　5. ③　　6. ②

7. ④　　8. ②, ③　　9. ④　　10. ③